刘又辛语言学论文集

刘又辛 著

商务印书馆
2005年·北京

图书在版编目(CIP)数据

刘又辛语言学论文集/刘又辛著.—北京:商务印书馆,2005
ISBN 7-100-04432-4

Ⅰ.刘… Ⅱ.刘… Ⅲ.汉语—语言学—文集 Ⅳ.H1-53

中国版本图书馆 CIP 数据核字(2005)第 035257 号

所有权利保留。
未经许可,不得以任何方式使用。

LIÚYÒUXĪN YŬYÁNXUÉ LÙNWÉNJÍ
刘又辛语言学论文集
刘又辛 著

商 务 印 书 馆 出 版
(北京王府井大街 36 号 邮政编码 100710)
商 务 印 书 馆 发 行
北京中科印刷有限公司印刷
ISBN 7-100-04432-4/H·1108

2005 年 12 月第 1 版　　开本 850×1168 1/32
2005 年 12 月北京第 1 次印刷　印张 17⅝
印数 4 000 册

定价:28.00 元

目 录

一　文字篇

关于汉字发展史的几个问题 …………………………………… 1
纳西文字、汉字的形声字比较 ………………………………… 22
从汉字问题谈起 ………………………………………………… 43
谈谈汉字的规范问题 …………………………………………… 51
谈谈《说文解字》的历史地位和学术价值 …………………… 62
《原本玉篇》引《说文》笺校补 ………………………………… 78
谈谈假借字,异体字,古今字和本字 ………………………… 171
关于"全汉字"研究的几个问题 ……………………………… 187
关于异体字的几个问题 ……………………………………… 199
关于整理异体字的设想和建议 ……………………………… 210
《秦汉魏晋篆隶字形表》读后 ………………………………… 231
谈谈汉字教学 ………………………………………………… 236
少数民族地区汉语教学中的几个学术问题 ………………… 253

二　词源篇

谈谈汉语词源研究 …………………………………………… 263

《汉语同族词的系统性与验证方法》序 …………………… 279
古联绵词音变规律初探 ………………………………………… 285
阴阳对转规律与汉语词族研究 ………………………………… 299
汉语同族复合词的构成规律及特点 …………………………… 316
释"曾" …………………………………………………………… 331

三　书序篇

吴秋辉先生《说经》序 ………………………………………… 338
《汉语史论文集》前言 ………………………………………… 344
《重庆方言词解》序 …………………………………………… 348
《四川方言词语考释》序 ……………………………………… 352
《汉语结构类型演变新论》序 ………………………………… 356
《上古汉语语法研究》序 ……………………………………… 360
《左传词汇研究》序 …………………………………………… 365
《音韵学论著五种》序 ………………………………………… 371
《汉字、汉语、中国文化论集》序 …………………………… 374
《古汉语散论》序 ……………………………………………… 378
《简帛药名研究》序 …………………………………………… 382
《古汉语词义丛考》序 ………………………………………… 386
《现代汉语语法表解》序 ……………………………………… 390

四　治学篇

我和文字训诂学 ………………………………………………… 393
我这二十年 ……………………………………………………… 414

我还没有老	424
罗莘田先生的训诂学研究	427
沈兼士先生文字训诂研究述评	432
闻一多先生讲《诗经》	450
忆胡适先生	454
怀念罗庸先生	459
记魏建功先生两件事	483
梁漱溟先生的一生	486
谈谈孔子的仁学	491
《论语》"三十而立"解	511
吴宓先生的贡献	519
谈谈教学和治学	528
怎样培养汉语史研究生	532
我的一个建议	542
编后语	549

关于汉字发展史的几个问题[*]

我和方有国写的《汉字发展史纲要》就要出版了(此书为中华基金资助项目,今年由大百科全书出版社出版)。在研究和撰写的过程中,有几个关键性的问题,需要从理论上加以探讨,因为体例所限,有些话不能在书中多说,于是决定写这篇文章。这里打算谈五个问题:一、"六书"和"三书";二、汉字的发展和划分阶段的依据;三、秦代"书同文字"政策的实质;四、比较文字学的方法;五、研究汉字史的意义。

一、"六书"和"三书"

"六书"是研究汉字一向必须熟悉的问题,也是当代文字学必须弄清楚的一个根本问题。

班固在《汉书·艺文志》中首先列出"六书"的名称,许慎在《说文解字序》中才对指事、象形、形声、会意、转注、假借这"六书"作了简略的解释,并举出例证。从此"六书"就成为历代文字学家研究汉字构造的标准框架。有的人至今深信不疑,有的稍加修正。但

---

[*] 载《语文建设》1998年第11、12期。

至今尚无定论,成为汉字学中一个重大的疑难问题。

从比较文字学的观点看,许慎的"六书说"有可取的一面,也有不合理的一面。

在一千八百多年前,许慎对汉字的构造勾画出了"六书"的框架,这是个很了不起的成就。他对于象形字、假借字、形声字的解释,比欧洲学者要早一千六七百年。法国学者对埃及象形文字、假借字的研究,一直到19世纪才初见端倪。近代大语言学家布龙菲尔德,还把形声字和会意字混而为一,不知两者的区别。从这一方面看,许慎的"六书说"的确是了不起的成就。

但是"六书说"有一些缺点。第一,同拼音文字比较,汉字的造字方法的确比较复杂,不像拼音文字只用几十个拼音字母单纯记录词语语音这样一种方法。但是也不会竟有六种造字方法。第二,它把象形、指事、会意分列为三种造字法,其实这三类应合并为一类,即表形字。象形字"画成其物,随体诘诎",是用写实的手法表形;指事字"视而可识,察而可见",是用象征的手法表形;会意字"比类合谊,以见指撝",是用较繁复的象形法表形。这三类字实际上都是一类。事物有具体抽象之分,因而手法也同中有异。具体之物如"人、马、竹、木、山、水"之类,可以直接描绘,就用写实法。"上、下、一、二、三"等,无法用写实法描绘,就用象征法。繁复的事物,如"武"字从止从戈,"止"象"趾"形,"戈"是武器,用以表示荷戈出征的意思,这就是"武"字的本义,"林"字、"森"字用两木(树木)、三木表示树林、森林义,都是会意字。但是有很多字是"兼类"的,例如"亦"字古文字作夾,象一人站立,两腋下各点一点表示腋的部位,只好说它是象形兼指事。"刃"字从刀,再加一点,也属于此类。

这类字同会意字也难区分。"粪"字的古文写作㚔,象两手持箕,倒掉秽物形。可以说是个会意字,但用几个小点表示秽物,因而又有人说它是会意兼指事。许慎并没有在《说文解字》中一一注明某字属某"书",在解说中有时也说得极含混。清代的王筠,在《文字蒙求》一书中,曾用"六书"(转注、假借除外)对所收字一一加以分类,于是出现了许多新类。例如,象形字中有"以会意定象形者"、"以会意定象形者而别加一形者"、"兼声意之象形"、"似会意之象形"、"全无形而以意声为形者"等小类;指事字中的"纯体指事"外,又有"以会意定指事者"、"即意即事者"、"兼意兼声兼形者"、"省象形字以指事者"、"形不可象变而为指事者"、"借象形为指事者"、"亦借象形为指事而兼意者"等小类。名目烦琐,令人发笑。其实这不完全是王筠的过错。归根到底,"六书"中的象形、指事、会意这三"书"本来就只是一类。这一类字是从远古的记事图画演变而成的,其共同点是用表形法(描绘事物的形状、状态、特点)记录词语。在造字方法上当归为一类,不必分成三"书"。这三"书"合而为一同形声、假借两"书"并列,才属于一个层次。假借字只用其音,不用其形,是表音字,形声字兼表形和音。汉字的造字法也只有这三类。

  清代的文字学家已经发现了"六书说"的缺点。戴震首先提出"四体二用说",认为造字法只有象形、指事、会意、形声这四类;假借和转注两者是用字法,不是造字法。这个说法影响很大,很多大文字学家都接受了他的观点。现在看起来,他把转注排除在造字法之外是正确的,但是把假借也加以排除,认为不是造字法,则是很大的错误。其次,他没有提出象形、指事、会意这三书应该合并的问题。

近代文字学家第一个提出"三书说"的是唐兰先生,他打破了两千年来的"六书"传统,提出"象形"、"象意"、"形声"的"三书说",可以说是汉字学领域内的一次大胆的革命性新说。他的破旧立新之功在学术界已有定论。但一种新学说往往带有某些缺陷。唐先生的"三书说"也有两个缺点:一是"象形"和"象意"这两类字难以区分。实质上是把六书中的象形、指事、会意合并为两类,其实这两类都是表形字,没有本质差异。第二是把假借字排除在外。在汉字中除掉表音的假借字,是个很大的缺失。假借字不但在古汉字中占有极重要的位置,在现代汉字中也还保留了两三百个。不承认假借字是汉字造字法的一种,就不可能对汉字的性质作出科学的说明,也不可能对汉字体系作出全面的分析。

经过几十年的学习、思考,我在1957年提出了汉字发展三阶段的"假说"(见《文字训诂论集·从汉字演变的历史看文字改革》一文,中华书局1993年出版),在这篇文章中,我提出了新的"三书说",认为汉字的造字方法有三种:一是表形字,这是继承远古人类记事图画的方法造出的文字。一切古文字如埃及古文字、苏美尔文字以及云南纳西族的象形文字,都有大量与汉字手法相同的表形字。第二种是假借字,假借字就是借音字,用一个表形字表示一个同音词,只用其音,不用其形。这是文字脱离表形的束缚向表音文字发展的一个关键性变化。例如,甲骨文的"其"字本象"箕"形,本义当为簸箕,却借为"其雨""其风"的虚词"其"。"西"字本象鸟栖巢中形,是"栖"(棲)字初文,但古代文献都借用为东西南北的西。这种文字,在埃及古文字、苏美尔文字中也大量存在。法国学者19世纪破译出埃及碑刻中的一些借音字,给这类字取了rebus(字谜、画谜)这么个怪名字。这其实就是许慎说的假借字。第三种是形声字,这是兼用表形、表声方法造成的字。这种造字法在埃及古文字和纳西文字中都有,但是为数不多,只有汉字发展成了以形声字为主体的文字体系。人类创造文字,也只有这三种方式:或表形、或表音、或兼表形音。除此以外,还有少数既不表形也不表音的约定俗成的符号。例如数学上的"+(加)、-(减)、×(乘)、÷(除)"等符号,使用汉语的人读作加、减、乘、除,使用英语、俄语、日语的人,各有不同的读法。这类符号不是文字,只是约定俗成的书写符号。

用这"三书"来审查汉字,可以免除"六书说"中的兼类苦恼,又可用以说明汉字发展过程中这三类字的变化、主次问题。因为在书中举出例证很多,这里就不再举例了。

陈梦家先生在他的《殷墟卜辞综述》一书中,把甲骨文字也划分为象形、假借、形声三类,同我的"三书说"相同。陈先生从甲骨文的发展得出了这个结论,我是从比较文字学的角度得出了相同的结论。但是,我的看法又有与陈先生大不相同的地方。我的"三书说"同汉字发展三阶段的假说相联系,陈先生则认为,甲骨文字已经定型,三千多年来的汉字没有本质的变化。这是两者的大不相同处。关于这个问题,我在《论假借》一文中说得比较清楚(《文字训诂论集》42—46页,中华书局1993年版),这里就不多说了。

"六书"中还有个转注的问题,是至今还纠缠不休的问题。其实许慎在解释转注时,也并不是把它当作造字法来对待的,"建类一首,同意相受,考老是也",是说"考"和"老"两字的关系是"同意相受"。他在解释"老"字的构造时,则说"从人、毛、匕,言须发变白也",明明定其为会意字。在"考"字下说:"从老省、丂声",明定其为形声字。可见许慎对"六书"中的转注,也并没有说是造字法。段玉裁明确说明:"转注犹言互训也……数字辗转互相为训。"这个解释比较符合许慎的原意。关于这个问题,至今还有人讨论,如果把有关的论文搜集起来,可以编成厚厚的一部书,只用上面的两段话,当然不能令人心服,我准备另写一篇关于转注的专文,这里就不多说了。

我的新三书说,排除了这个掺杂在造字法中而实际上并非造字法的转注,汉字造字法就显得比较简单而且容易理解了。

二、汉字的发展阶段问题

汉字,从甲骨文到现在已经有三四千年的历史。经过这么长的时间,汉字在字体上发生了几次大的变化,从甲骨文、金文变成小篆,又从小篆变为隶书、楷书。这种变化,古人早有认识,三国时张揖曾做过《古今字诂》,南北朝时江式著《古今文字》,都以解说小篆隶变过程中产生的异体字为主。

除了汉字字体的变化以外,古今汉字是否还有什么本质性的变化?遍读群书,只有清代的文字学家段玉裁(1735—1815)曾谈到了这个问题。他在《说文解字注》"谊"字下说:

> 凡读经书者,不可不知古今字。古今无定时,周为古则汉为今,汉为古则晋为今;随时异用者谓之古今字,非如今人所

言，古文、籀文为古字，小篆、隶书为今字也。

段氏明确指出，所谓古今字不同，不是字体的不同，而是文字的不同。例如，《说文》："谊，人所宜也。"段氏说："谊、義古今字，周时作谊，汉时作義，皆今之仁義字也。其威儀字则周时作義，汉时作儀。"解说谊、義、儀三个字的时代变化，非常清楚。

段氏在书中解说了很多古今字的变化，使人们树立了古今文字发展变化的观点。这是一个了不起的发现。可惜，他只是列举了古今文字变化的大量实例，却没有从这些资料中归纳出古今文字变化的规律。后来的学者虽然有人探讨文字孳乳变化的问题，但多半不是从文字的历史演变着眼，所以段氏的这一发现，迄今没有得到发展。

近代研究汉字演变的专著，当以容庚先生的《中国文字学形篇》为最早（1931年燕京大学国学研究所出版），影响也较大。这部书共分为两章：第一章"叙说"，为绪论；第二章"字体"，下分"造字之传说"、"字体之种类"、"古文"、"小篆"、"隶书"、"正书"、"草书"、"行书"等八节。这种以字体演变为汉字发展框架的看法，对近几十年的文字史研究影响很大。这个框架也代表了一两千年来文字学论著的传统看法。

欧洲人到19世纪才对古文字的研究有所突破，1821年，向波良（Jean Francois Champollion）利用罗塞塔石碑（Rosetta Stone）的铭文，译释出古埃及象形文字中的假借字（他名之为字谜、画谜 rebus）。在这块石碑上，刻有并列的埃及圣书字和希腊文，用希腊字母文字同埃及古文字逐一对照，因而得知圣书字的意思。用同样的方法,其他学者还分别释读了巴比伦—亚述利亚语的铭文,利用希太特语的字典形式的词表铭砖,释读了希太特文。在释读古文字的基础上,20世纪形成了比较文字学的雏形。

欧洲的比较文字学研究,建立了人类文字从原始的象形文字发展成拼音文字的框架,功不可没。但是,直到现在,他们都没有对汉字的发展史作过认真的研究。甚至连古今汉字的区别也没有谈到。

沈兼士先生在20年代首先注意到汉字的历史发展,他提出了"文字画"这个有名的观点。他认为,在甲骨文、金文以前,有个文字画阶段,是原始记事图画向文字发展过渡期初期文字。这个设想很了不起,我们提出的汉字发展三阶段说,第一阶段基本上采纳了沈先生的意见。

但是,沈先生关于汉字历史阶段的划分,只是把"六书"加以先后排列,没有加以认真的分析。

我的三阶段说,把第二阶段(从商代到秦始皇)的汉字叫做假借字阶段。这一阶段使用的假借字,约占70%左右。表形字只占20%左右,形声字更少,只有10%左右。假借字就是表音字,因此,这一阶段的汉字可以叫做表音文字,或者叫做以表音文字为主的阶段。

秦汉文字的特点,使大量汉字演变成形声字,《说文解字》所收的形声字竟占80%以上,这是个本质性的变化,也是汉字与世界拼音文字分道扬镳形成特殊文字体系的根本区别。因此,我们把秦汉以后的文字划为第三阶段,这样古今汉字的区别就清楚了。根据三阶段的划分法,可以纠正国外文字学家把汉字看作象形文字、表意文字或表音文字等举棋不定但都不准确的观点。

将这个划分法同我国传统的以字体为划分标准的办法比较，可以明显地看出两者的优劣。字体的变化，是一切文字都有的，拼音文字只有几十个字母，也有大写、小写、正体、手写体等许多不同的字体，有些字体也与历史演变有关，但是都不能把字体当作划分文字发展阶段的标准。汉字字体的演变，确实与时代的关系很密切，但同样不能把它当作划分历史阶段的标准，更不能把它当成惟一的或主要的标准。

三、关于秦始皇"书同文字"政策的实质

从中国历史上看，秦始皇灭六国，建立了第一个封建大帝国，对后来两千多年的历史格局产生了巨大的影响。从中国文字发展史的角度看，当时的"书同文字"政策，也给两千多年来的汉字体系建立了基础。有些人对于秦代"书同文字"的实质弄不清楚，认为秦始皇统一天下，骄横自专，硬把六国文字加以废除，只准用秦国自造的文字。秦亡后，这个政策也就中止了。——这类看法如不清除，就不能正确理解汉字发展史，不能理解我们为什么把秦代当作划分汉字发展第二阶段和第三阶段的界限。

关于这一段历史，《史记·秦始皇本纪》、《李斯列传》、《六国年表》都有记载，但对"书同文字"的内容却都没有说。说得较详细的是许慎。许慎在《说文解字·序》中说，周代原来的文字本是统一的，到战国时代，"诸侯力政，不同于王，恶礼乐之害己，而皆去其典籍，分为七国。田畴异亩，车涂异轨，律令异法，衣冠异制，言语异

声,文字异形。秦始皇帝初兼天下,丞相李斯乃奏同之,罢其不与秦文合者。斯作《仓颉篇》,中车府令赵高作《爰历篇》,太史令胡毋敬作《博学篇》,皆取史籀大篆,或颇省改,所谓小篆者也,是时……初有隶书,以趣约易,而古文由此绝矣。"这一段话是理解秦国"书同文字"政策的最重要的材料。

战国时代,七国"不统于王",即脱离周王朝的统治,各自向独立的方向发展,语言文字也有"言语异声,文字异形"的独立发展趋势。秦始皇统一六国后,因"文字异形"不便于统治,便以秦国通行的文字为规范,废除六国文字中与秦文字不合的异体字,这就是"书同文字"的具体内容。

为什么把秦文字当作"书同文字"的规范呢?这还得从秦民族的历史和文化继承关系谈起。据《史记·秦本纪》记载,秦人的祖先大概属于西戎的一支,同周民族的关系较密切。秦人本是西北方的游牧民族,历来以善养马、驾车马著名,后来逐渐与周民族融合,接受了周族的文化。周平王东迁后,秦人据有了周族在西北的土地并继承了周的全部文化,也包括周的文字。

李斯等人编写的字书《仓颉篇》等,许慎说是"皆取史籀大篆,或颇省改"。史籀就是周宣王时的《史籀篇》,是中国第一部字典。这部字典是根据西周时王室使用的文字编纂的。西周还处于奴隶社会,那时只有王室的史官(家内奴隶的一种,相当于现在某些少数民族的巫师)能使用文字,这些人世代相传,各地小奴隶主的史官也是从王室派下来的。所以很少有文字异形的情况。但到东周以后,奴隶制解体,形成"诸侯力政,不统于王"的局面。文字的创造使用权也从史官扩大到新兴的"士"这个阶层,自然很容易形成

"文字异形"的情况。于是六国文字逐渐同西周《史籀篇》的文字不相同了。

但秦国文字却"皆取史籀",同传统的《史籀篇》文字基本一致,只是"或颇省改"而已。"或"是少数字,少数字或有所省简,或有所变化。西周时的《史籀篇》和李斯等人的三部书当时都还在,用以比较,可以得出两者基本相同的结论。许慎的话是可靠的。

中国的字典有个传统,后出的字典总是把前代字典收的字全部收进去,然后加以增补。李斯等三人编的三部字书,几乎把《史籀篇》的字全部收录(只是"或颇省改")。许慎的《说文解字》也依照这个原则,把《仓颉》《爰历》《博学》三部字典的字全予收录,又加进汉代出现的大量新字。现在我们已经看不到周代和秦代的字书了,但这些字典所收的字却基本上都保存在《说文》中;而《说文》中的字,又被后来的字书保存下来。从《说文》的收字以及许慎的话可以看出,秦国文字基本上保存了西周文字的传统,只是字体上稍有变化。所以秦始皇时的"书同文字"政策,不过是以西周以来的传统写法为规范,并不是凭借其权势硬把一套秦国新造的文字强加给统一后的全国人。也正因为这一点,秦代虽然很快就灭亡了,但是李斯等人所推行的文字政策却并未失败,汉代及以后的文字,都是在李斯等人的文字政策下向前发展的。

再看看,所谓六国文字异形,究竟差异在哪里?

据我们考察,得出两点结论。第一,并不是所有的文字,六国文字都与秦文字不同。不同的只是一部分。第二,所谓"异形",多半是异体字的不同。比如,"春、夏、秋、冬"四个字,楚国文字多写做"旾、頿、䆉、夎",四个字都是以"日"为形符的形声字或表形字

(见《楚帛书》)。中山国文字的"燕"作"郾","上"作"尚","從"作"䢔","反"作"彶","將"作"酒"等(见《中山王䜌方壶》)。这类情况不少,都是异体字,一部分是因假借字不同而形成的通用字。汉字在三四千年的发展过程中,一直在不断地产生异体字,历代政府也不断地加以干预规范,至今未止。李斯等人的"书同文字"政策,可以看作是中国历史上第一次异体字整理和规范工作。

除异体字而外,秦文字还有一个特点,那就是形声字的增多。从战国时期各国的文字看,形声字增加是一种普遍现象。但比较起来,秦文字的这一趋势更为明显。例如,六国文字"謂"字都用假借字"胃",秦国的《石鼓文》已用形声字"謂"。六国文字"诸"、"論"用"者"、"侖",秦《睡虎地秦简》已用"诸"、"論",这种向形声字发展的趋势,是汉字从表音文字(假借)向形声字演变的重要标志,所以李斯的文字政策又是符合汉字自身发展规律的。以后历代的文字改革,凡是符合这个规律的,就容易成功,否则就会失败。例如,南北朝时期出现了许多新造的会意字,武则天做皇帝时也硬造了许多新字,但都因为不符合汉字发展的规律而被淘汰了。这正反两方面的经验教训,很可以说明秦代文字改革的实质。

四、比较文字学的研究方法

用历史比较法研究社会文化,是 19 世纪以来的主要学术思潮。莫尔根的《古代社会》(又名《人类从蒙昧经过野蛮至文明之发展道路研究》Researches in the Lines of Human progress from Savagery through Barbarism to Civilization),于 1878 年出版。恩格斯根据马克思读此书的笔记,写成《家族、私有财产及国家的起源》,于1884年出版。这部书成为历史唯物史观的经典著作。自此以后,研究社会、政治、文化等方面的学者,几乎都采用了这种历史比较法。

用历史比较法研究语言,也是在这种风气下形成的,欧洲语言学家博普、格林等人用这种方法对印欧语系作了深入研究,拟测出印欧语系诸语言发展变化的谱系。这个学派形成了19世纪到20世纪语言研究的主流。

用历史比较法研究汉语,是从高本汉、罗常培、赵元任、李方桂几位先生开始的。他们应用这种方法调查汉语方音,以音韵的变化规律为主,拟测上古、中古音系。由于他们的研究,使汉语音韵学的研究跃入一个新阶段。

用历史比较法研究文字,成效不像语音研究那样显著。这有两个原因:第一,世界上仍在使用的文字,绝大多数都是字母文字;上古时期曾经使用过的古文字,如埃及象形文字、苏美尔文字以及墨西哥发现的古文字全都成了"死文字",只有汉字是例外。但是,国外的语言文字学家都对汉字的历史所知甚少,而国内的文字学家又对历史比较法不甚熟悉。第二,用历史比较法研究文字发展史,同研究语言、语法、音韵很不相同。由于这两个原因,至今在汉字历史研究领域,还处于摸索的阶段。

我们在研究汉字发展史时,首先考虑到用纳西文字同汉字作比较研究,用埃及象形文字作参考。因为除汉字外,纳西象形文字是现在仍在应用的古老文字。这种文字虽然只有一千多年的历史,但就文字的性质来说,却同商周的古汉字属于同一个发展阶段,比商周文字更具原始性。经过比较,发现这两种文字有许多共同点,也有明显的差异。

纳西象形文字的基础是表形字,这同甲骨文金文的情况基本相同,凡是有形可象的具体事物如自然界的山水草木,人身的手足五官,动物中的鸟兽虫鱼,都有相应的象形字,较复杂的事物则用会意、指事等手法,只是许多象形字更接近图画,更接近实物的形状,而甲骨文、金文则明显地简化了。

两种文字都有大量假借字,纳西象形文字的假借字更多,几乎每一个表形字都有两种或两种以上的用法,一种用法同字形相关,另一二种用法是假借。甲骨文中的假借字也很多,也有一个字借用为二三个同音字的情况,但是不像纳西文字那么多,许多表形字并不兼做假借字。

两者都有一些形声字,但甲骨文金文的形声字已形成兼表音、形的特点,而纳西文字中的这类字,形和声的结合不够紧密,同汉字的形声字还不完全相同。(详见《纳西文字、汉字的形声字比较》,中央民族学院学报1993年第1期)甲骨文、金文中的形声字虽然不多(估计只占百分之十几),但这种新出现的结构已经显示出很强的生命力。到春秋战国时期,形声字发展很快,估计已达到40%左右。

由于这两种文字的共同点,我们把这两种文字划为同一个发展阶段——即以表形文字为基础以假借字为主体的初级表音文字阶段。以此类推,所谓埃及象形文字,其实也同纳西文字相类,也属于这个阶段。因而进一步得出结论,世界上一切古文字的发展,都曾经历过以假借字为主的阶段,这是所有文字发展的共同道路。为什么不同民族不同时代的文字竟会按照同一规律发展?这是在人类文化研究中经常遇到的问题,都可以用历史唯物主义的分析予以解答。文字是记录语言的书写符号。这种符号从最原始的表形法发展为以记音为主的假借法,这是文字的一次大发展。不管哪一种文字,如果没有经过这个发展,就不可能创造出成熟的或较成熟的文字,而只能停留在记事图画阶段。

根据两种文字的差异,我们拟测出商代以前的文字面貌。甲骨文是今天所能看到的中国最早的文字,但甲骨文已是比较成熟的文字。根据历史记载,夏代肯定已有了文字,这种文字应以表形字为主体,假借字很少。纳西族东巴教的经文,常常只用表形字(或加上少数假借字)记录一段话中的主要词语,只有熟悉经文的经师(巫祝)才能把全部语句一一念诵出来。我们认为汉字的前身——夏代文字,可能同纳西文字的这类情况相同,这种构拟法是比较文字学方法的一个方面。

人类文字经过假借字阶段以后,分别向两个方向发展。大多数文字从初期表音阶段(假借字阶段)继续向表音的高级阶段发展,成为表音节的音节文字(日本的片假名音节文字)和表音素的拼音文字。这类文字用几十个字母记录各自语言的语音。纳西文字也向这一方向发展,因而创造了一套表音文字,叫做哥巴字。不过用这种文字写的经文很少。

与此相异,汉字却向形声字方向发展,到秦汉以后,这种文字体系完全成熟,成为一种既表形又表音的独特文字体系。

过去国外的语言文字学家,以欧洲文字为标准,认为拼音文字是最进步的文字,认为汉字是同埃及古文字、苏美尔文字等属于同一发展阶段的原始文字。他们不知道汉字有古今的大不相同,因此他们描绘的世界古今文字发展图表,不能反映汉字的发展道路,也不能正确表示人类文字发展的全貌。我们研究的结果,纠正了这类偏见,勾画出新的文字发展蓝图,从而使人们可以从宏观上理解汉字在世界文字发展历史中的地位。人类文字从初期表音文字(假借字)向前发展,不仅可以发展为拼音文字,还可以发展成兼表形音的形声文字。至于向哪个方向发展,由内因和外因两方面的因素决定。汉字之所以走向形声字方向,有两方面的原因:内因,汉字是以单音节词为基础的语言,同音词特多,用单纯的表音文字,不易区分意义,采用兼表形音的方法,可以解决这个矛盾;外因,中国从夏商开始,已经倾向于建立以中原地区为中心的统一政治实体,秦始皇建立了第一个统一的封建帝国以后,这种统一局面更为明显,在如此幅员广大、方言分歧的大国,必须采用以形声字为主的文字,才能充任全国人的书面交际工具,这是历史的选择。所以,汉字体系绝不是落后的原始文字。

  文字学的历史比较法同语言的历史比较有很大的区别。文字是人类创造的文化中的一种,不同地区不同民族的文化,往往有惊人的相似之处,许多文化也常常按照相同的规律发展。文字也是这样,埃及古文字、中国的甲骨文,地区、民族互异,有些欧洲学者认为甲骨文是从埃及传到中国来的,这是误会,他们不懂得文字创造中不谋而合的特点。纳西象形文字虽产生在中国,纳西族虽然也是华夏族的一个分支(纳西族原是羌族的一支),但这种文字同甲骨文并没有任何继承关系。这是用历史比较法必须注意的问题。

  用历史比较法研究文字,还有许多工作要做。马学良先生在为本书写的序言中说：

> 我国比较文字学起步较晚，……汉字比较应收集国内外字型文字比较，仅国内少数民族汉字型文字就有30种，我们有如此丰富的文字遗产，正是文字比较的珍贵资料。当然，文字比较跟语言历史比较不一样，首先要有正确的文字比较的方法论。作者在本书中的甲骨文与纳西文字的比较研究，已作出古汉字与其他文字比较的示范篇。

我希望对此感兴趣的同好，在这方面多作些比较研究，把这项研究推向一个新阶段。

五、研究汉字发展史的意义

第一，可以使人们对汉字有一个正确的看法。

从清末开始，国内有些改革家、教育家就提出过改造汉字的方案。五四运动时更有废除汉字的主张。国外语言学家的汉字落后观点，对国内学者的影响也很大，因而在语言学界形成了一系列关于汉字的错误观点，如认为汉字难学难记、落后等等，这些观点同汉字在历史上的地位和国际地位极不协调。汉字已经使用了三四千年，是中华民族五千年文明史的主要文化载体。用汉字写下的典籍，其数量之大、内容之丰富，举世无双。在当前，汉字是国内外炎黄子孙的主要交际工具，使用人数之多远远超过其他文字。目前，我们国家的国际地位日益提高，世界各国学习汉语汉字的人日益增多,中国正处在国运中兴的时代。在这样的形势下,过去那些对汉字的不公正的评价和错误观点,应该加以纠正了。

我们在本书中提出的世界文字发展历史新框架,把汉字发展的形声文字阶段,同表音文字的字母文字阶段列为并行的两条发展道路,这样,便纠正了汉字落后的谬论。可以理直气壮地说,现代汉字是中国人民两三千年来创造的一种具有中国特色的文字,是一种伟大的创造。我希望,在有关教材中要把这一点写进去。中华民族的传统道德之一就是爱国,爱我们的优秀文化,汉字应该包括在内。

第二,有助于汉字教学。

汉字教学历来是个没有解决的难题。小孩子从幼儿园开始就学认字、写字,一向流行的方法,是从笔画的顺序开始,先写哪一画,再写哪一画,每一个字都是无理性的符号。"人"字先写一撇,再写一捺。"山"字先写中间一竖,再写凵,至于"人"和"山"为什么要这么写,不必去管。这样教汉字,当然难学、难记。从符号学的角度看,符号有两类,一类是无理性的符号,一类是有理性的符号。数学中的"加(+)、减(-)、乘(×)、除(÷)"等符号是无理性符号,符号与它所表示的事物没有必然的联系,只是硬性规定、约定俗成,这叫做无理性符号。马路转弯的牌子上画个弯道形、再画个喇叭,告诉汽车司机要注意,要按喇叭。装毒药的瓶子上画个打×的骷髅,表示这是毒药,小心不要中毒。这些符号,人人只要一看就懂,这是有理性的符号。

文字也有这样两类,一切拼音文字都是无理性文字,汉字中的绝大部分是有理性的文字。例如,英语"男人"一词写作 man,用三个字母记下这个词的音。这三个字母和"男人"没有实质性的联系。汉字的"男"字从田从力,表示一个人用力(古文字"力"即"耒"字,象掘土农具耒形。)在田中劳动,是有理性的文字。学习前者必须用死记硬背的办法,学习后者则有形象可据,要容易得多。

现代汉字字库中包括三类字:第一类是表形字(包括"六书"中的象形、指事、会意这三类字),第二类是形声字,这两类字都是有理性的文字。第三类是假借字,这类字是无理性的文字,学习时要用死记硬背的办法。例如,"者"(学者)、"也"(你去,我也去)、"其"(其他)、"岂"(岂有此理)等,这类字原来多是有理性的表形字,但用为假借字后,丢掉了原来的字义,只当作记音的符号,就变成了无理性的字了。

清代的王筠做过一部《文字蒙求》,用"六书"的分类讲解汉字的构造,用以教学童识字。他的用意是好的,但由于"六书说"的缺点,搞得分类(兼类)极复杂,因而失败了。根据我们的三类划分法,基本上可以把汉字划为三类,大部分汉字都可以用理性分析法进行教学,如果这个设想实现了,那么,传统的汉字教学法将会彻底改变,汉字难学、难记的错误观点也将一扫而光。

当然,要做到这一点,有许多工作要做。例如,要编写一两部适合中小学语文教师用的汉字教学字典。必要时要对教师进行短期培训。要编写新的文字学教材。

第三,可以总结历代的文字整理经验和教训,当作今后文字改革的参考。

从汉字发展的历史可以看出,汉字的发展受到内因和外因的制约,形成了自身特有的发展规律,规律的主要内容是从初期表音文字(以假借字为主)向兼表形音的文字(以形声字为主)发展,这是个总趋势。

历代的政府和文字使用者,经常有意或无意地对文字进行改革。这些改革有成功的,也有失败的。凡是符合汉字发展规律的,都是成功的。反之,则是失败的。秦始皇的"书同文字"政策是成功的,南北朝时和武则天创造新会意字的做法是失败的。从汉代开始用"正字"以区别异体字的做法,基本上符合汉字发展的规律,是行之有效的。

当前的汉字,也有一些尽人皆知的"文字异形"现象。例如,国内和新加坡、马来西亚等华人社区使用简化字,台港澳及其他国外华人使用繁体字。将来必会有一天要趋向于"书同文字"。这个问题不可能立即解决。简化字已经在国内实行了几十年,不能轻易变动,但也不能要求台湾和海外华人废繁用简。只能等待将来再解决。目前可以进行学术讨论,有关的理论问题和具体的问题研究清楚了,将来改革时可以少些失误。

在国内,关于繁简字的使用也并不一致,书法家完全用简化字,确实有困难。用楷书或隶书写"书"字、"尧"字,怎么下笔? 就是著书也有困难,就拿我写的这本书来说,本来是用的简化字,但引用古书,讲文字的字形结构,有时又不能不用繁体。取舍之间简直伤透了脑筋。这类问题,也不是靠政府一个命令或一个文件所能解决的。

汉字体系也像其他文字一样,还处在不断变化中。比较起来,汉字的变化也许会更大些。因为语音的变化,许多形声字的声符已经失去了表音功能,有些字的笔画还需要合理的简化,用新形声字取代旧字的情况会继续出现。唐兰先生曾设计过一个大胆的方案,把所有的形声字声符都改用注音符号。这等于废除所有的汉字,重新创造一种新的形音文字。这个设想好像很好,实际上做不到。因为汉字有悠久的历史,中国人民对于汉字有不可估量的深厚的民族感情,任何想要废除或变相废除汉字体系的设想,都是行不通的。为了弥补汉字表音的不足,似乎只能加强拼音方案的辅助作用。

以上五个方面的问题,有的是语言文字学界争论未决的问题,有的是尚待讨论的问题。我们在《汉字发展史纲要》一书即将出版的时候,特别把这些问题提出来向专家同行和关心这些问题的朋友请教。

纳西文字、汉字的形声字比较[*]

秦汉以后直到今天的汉字，是以形声字为主体的形音文字体系。这种后期汉字的特点是形声字的比例占绝对优势。1800年前许慎在《说文解字》中所收的汉字，形声字占80%以上。这个比例在历代的字典中不断增加。清代的《康熙字典》和最近出版的《汉语大字典》，形声字都占95%以上。

东巴文字通称纳西象形文字，大约产生于公元11、12世纪，比起汉字来，是很年轻的文字。但从文字发展阶段来看，则是一种比较原始的文字。东巴文字同汉字无同源关系。我们用纳西文字同汉字作比较研究，一个原因是纳西文字中也有一批形声字。

一

纳西东巴字中的形声字，多数是加注音符而成的早期形声字。是在象形字、会意字上加注表音成分而成。例如：

241 𦥑 [sa^{33}] 蔴。或作𦥑，象蔴形，为象形字。又作𦥑，蔴形旁

---

[*] 本文刊于《中央民族学院学报》1993年第1期。东巴文例字前的数码为该字在方国瑜《纳西象形文字谱》中的序号。文中古文字字形原为集中制版，今由喻遂生教授重新扫描分散插入文中，东巴文标音声调由竖标改为数码，并删去原有关说明文字。

加⊨[sa⁵⁵]气形以注音。这就造出了形声字。(见方国瑜先生《纳西象形文字谱》156、161页)方国瑜先生解释说:"草木名,因字形多相似,故有记音以识别。"这大概是形声字产生的一个原因。不只是草木名,鸟兽虫鱼、人、鬼神,都有因"字形相似",难以分辨,需要加注音符以识别的情况。下面把《字谱》(《纳西象形文字谱》的简称)中的这类注音形声字列下。这类形声字又分两类:一类字与表形字并用。例如:

105 ◿ [æ²¹]岩。象山岩形。或作◢,加注🐔鸡声[æ²¹],两字并行。

224 ⚘[mu²¹]野杜鹃。象杜鹃枝叶形,为象形字。又作⚘,加注⬤簸箕[mu²¹]声,为形声字。两字并行。

171 ♣[bi³³]林。象树木众多形,为象形字。或作♣,加注✦搓[bi²¹]声,为形声字。

250 ⚘[çi²¹]稻。象稻穗上有稻粒形,为象形字。或作⚘,加注十百[çi³³]声。

170 ⚘ [dzər²¹] 树。象树形,为象形字。或作⚘,加注⚘唱[dzər³³]省声。

57 ⚘[k'y⁵⁵]年。象鼠形,鼠为十二肖之首,因用为年字。又作⚘,加注⚘获[k'y³³]声。

901 ⚘[k'ua⁵⁵]碗。象碗形,为象形字。又小碗作⚘,加▲坏[k'ua²¹]声。大碗则作⚘,加⚘蛙[pa³³]声,因而也读[pa⁵⁵]。

1190 ⚘[zi³³]美。脸上有花,表示很美,为会意字。又作⚘,从花,加注⚘草[zɿ³³]声,成形声字。

928 ⚘ [tʂ'ua⁵⁵]米。象米在碗中,为会意字。或作⚘,为象形字。或作🈯,加注🈯鹿角[tʂ'ua⁵⁵k'o³³]声的前一音节。

553 🈯[ŋə²¹]我。象人以手自指形,相当于六书中的指事字或象形兼指事字。或作🈯,加注🈯五的藏文音[ŋə³³]注音。东巴文字有时用藏文注音,此其一例。

548 🈯[bə³³]普米族。象人冠饰垂发形,象形字。又作🈯,从人形,加注🈯脚底[bə³³]声,因为有了注音,所以人形省去头部冠饰和长发的特点,只作人形。这样的形声字,形符开始简化、类化,跟上面的注音形声字稍有不同。

603 🈯[ly²¹]举。象人举双手形。又作🈯,从人,加🈯石[ly³³]声。人拿着石头,可分析为会意兼形声,人形也有所简化,取消了两手上举形。

632 🈯[dʑi³³]行。象人行路形,为会意字。又作🈯,加🈯酒药[dʑi³³]声。

636 🈯[za²¹]降下。象人自上下行状,为会意字。又作🈯,加🈯[za²¹]声,星名。

633 🈯[dʐə²¹]象人跑状,为会意字。又作🈯,加🈯秤锤[dʐə²¹]声。

903 🈯[ʂər⁵⁵]满。象碗中盛满了食物,为会意字。又作🈯,从碗形,🈯七[ʂər⁵⁵]声。碗中省去食物形。

936 🈯[tʂ'ər²¹]干肉。象干肉形,为象形字。又作🈯,加🈯代[tʂ'ər⁵⁵]声。

647 🈯[dzər³³]唱。象人歌唱时声音颤动形,为会意字。又作🈯,形符省去人形,加🈯树[dzər²¹]声。

645 🈯[ʂə⁵⁵]言。象人说话形,为会意字。又作🈯,加哥巴字🈯

[ʂə⁵⁵]，为声符。

以上这些形声字，都有与之并存的表形字可作比较，可以确认是由表形字加上注音而形成的早期形声字。另外，有些形声字，虽然找不到与之并存的对应表形字，但就其形音结构看，也可确定其为注音形声字。如：

530 ＊[zl²¹]仇敌。象人以手执矛，表示对付仇敌，会意；＊山柳[zl²¹]声，也可省去矛形，从人形，山柳声。形符向简化、类化演变，就不是注音形声字而是一般形声字了。

642 ＊[tʂʻər³³]洗。形符象人取水形，加 ＊代[tʂʻər⁵⁵]声。

1011 ＊[zə̣r²¹]柱。形符作柱形，以 ＊四的藏音[zə̣r³³]注音。

927 ＊[ho³³]汤。碗中有热气表热汤，加 ＊肋[ho²¹]为声符。形符又作碗中盛水形。

733 ＊[sər⁵⁵]肝。形符作肝形，＊木[sər³³]声。

697 ＊[ko²¹]爱。形符为男女两人对坐以表相爱义，以 ＊针[ko²¹]注音。

572 ＊[gu²¹]病痛。形符为人卧病状，以 ＊仓[gu²¹]注音。

558 ＊[tʻɯ³³]他。形符象人以手他指状，声符 ＊[tʻɯ²¹]象碗中置匙以表喝义。

545 ＊[ho²¹]汉族。形符象人发辫状，声符为 ＊肋。

1235 ＊[ko⁵⁵]祭米。形符作碗中盛米，以表祭米义，以 ＊鹤[ko³³]注音。

95 ＊[ko²¹]深山、草原。形符从山上有草，表示草原，以 ＊针

[ko²¹]注音。

1225 ☒ [tv²¹]幡柱。形符象幡柱形,以 ☒千[tv²¹]注音。

1168 ☒ [tʂ'u²¹]快。从人行走,以 ☒珠串[tʂ'u²¹]注音。

1169 ☒ [ho²¹]慢。从人行走,以 ☒肋[ho²¹]注音。

按:快慢两字的形符相同,都作人行路状,读[dʑi³³]。

84 ☒ [ho⁵⁵]深。从地穴形,以 ☒八[ho⁵⁵]注音。

以上这些字,虽无与之相对应的表形字加以印证,但从其造字原则看,除几个字的形符开始类化外,其余都属注音形声字。

东巴文的第二类形声字,其显著的特点是形符开始向简化、类化演变。例如:

1173 ☒ [pa²¹]宽。从板形,蛙[pa³³]声。

"板"和"宽"只有意义的联系(木板比木条、木棒宽),但是单用"板"字不能表示宽,必须加上声符蛙[pa³³],才能表"宽"这个词。比起注音形声字来,这类形声字的形符开始类化,声符的作用已不仅是"注音",而是"表音"了。

1056 ☒ [dʐu³³]帐目。从书形,☒飞石[dʐu²¹]声。帐目与书同类,所以从书形。

324 ☒ [tsɿ⁵⁵]水葫芦鸟。从鸟,☒系[tsɿ³³]声。

325 ☒ [tʂə²¹]秧鸡。从鸟,用哥巴字 ☒ [tʂə²¹]表音。以上两字都属鸟类,形符相同,形符已类化。

189 ☒ [by³³]粗。从树形,☒粉[by²¹]声。

190 ☒ [ts'ɿ²¹]细。从树形,☒铧[ts'ɿ³³]声。按:粗、细两字都从树形。这也是形符类化的一个办法。

771 ☒ [tɕ'i²¹]甜。象有物含口中形,☒[tɕ'i³³]亦声符,类似形声兼会意字。

1119 ᚠ [tər⁵⁵] 结。从线形，🗆 砧[tər²¹]声。因线可打结，故用线形为形符。

550 ꠰ [lo³³lo³³] 彝族。从人，▱ 轭[lo²¹]声。试与"普米族"(548)、"汉族"(545)两字比较，形符类化明显。

555 ꠰ [nɣ²¹] 你。从人，🌿 黄豆[nɣ²¹]声。跟"他"(558)、"我"(553)比较，形符类化明显。"他"象人用手他指以表"他"义；"我"象人用手自指以表"我"义；"你"只从"人"形。

608 ꠰ [dɯ³³] 得。从人，⭘ 大[dɯ²¹]声。按："得"的形符用"人"形，类化、虚化非常明显。

610 ꠰ [tɕ'i³³] 卖。从人，⟋ 刺[tɕ'i³³]声。"人"才能卖东西，用"人"为形符。

888 ꠰ [lo²¹] 待客。从盆，꠰ 黑麂[lo²¹]声。待客要用盆盛菜，故从盆。

987 ꠰ [pɣ⁵⁵] 邻居。从屋，꠰ 瓯[pɣ⁵⁵]声。

988 ꠰ [be³³] 村落。从屋，꠰ 雪[be³³]声。邻居、村落都有屋子，因而都用"屋"为形符。

这类形声字的形符，同注音形声字的表形部分已经大不相同。注音字的表形部分是这个字的主体，字形能比较切实地表示出字义，声符只是起注音的作用，去掉声符，有时仍然可以同样应用。上面这些字就大不相同。第一，形符不能单独表示这个字的字义；第二，有些形符同这个字只有某种关联。这些形声字已经跟汉字中的形声字很相近了。可是，东巴文中这类形声字不很多；东巴文字向形声字的演变只走到这一步，没有充分利用这种造字法当作主要造字手段。

另外，东巴文中还有少数形声兼会意字；还有一些读两个音节的形声字。例如：

663 ◇ [tsʻa⁵⁵]咬。从人口咬盐块状，◇盐[tsʻe³³]又是声符。又作 ◇，从人口咬肉。前者是形声兼会意，后者为会意字。

609 ◇ [hæ²¹]买。从人，◇金[hæ²¹]声，人持金买物为会意，"金"又兼声符。

641 ◇ [tsɿ⁵⁵]塞。从人张口，◇拴[tsl³³]声。按：以束草塞口中，为会意兼形声。

44 ◇ [so²¹]曙光。从日光，◇山岭[so²¹]声。日光照山岭，又为会意。

776 ◇[zɿ³³]握。从手执◇青稞[zl³³]状，为会意字，"青稞"兼表声。

这类会意兼形声字，在会意字基础上加上注音，同注音形声字一样，也属形声字初级阶段。

此外，东巴文中还有很多一字多声的注音字，汉字没有这种字，这里也举几个例子：

313 ◇ [lo³³mæ²¹]百灵鸟。从鸟，◇轭[lo²¹]、◇尾[mæ³³]两声。

314 ◇ [tɕi³³do²¹]画眉鸟。从鸟，◇剪[tɕi⁵⁵]、◇傻[tɕi³³]两声。

301 ◇ [tɕi⁵⁵ʂə³³]鹊。从鸟，◇剪[tɕi⁵⁵]、◇[ʂə⁵⁵]哥巴字母两声。

这类字跟前面谈到的注音形声字，在造字原则上完全相同。东巴文中这类注音字很多。

以上是东巴文形声字的大致情况。

附带说一下,《纳西象形文字谱》把一些"合文"也认为是形声字,应加以扬弃。如:

782 ⿱ [nɯ³³hɯ²¹] 放心。⿱象心形[nɯ³³],⿱象牙形[hɯ³³],"心"为象形字,"牙"假借为放下义,有点像会意字,其实是"放""心"两词的合文。《字谱》解为"从心,牙声",不妥。因为"心"也兼表声。

82 ⿱[lɯ³³k'o⁵⁵] 田间。从田,上有⿱[k'o³³]角形。"田"读[lɯ³³],当为会意字。《字谱》解为"从田、角声"。不妥。因"田"也表声,两音节各用一字符,合成一词。

452 ⿱ [p'y³³] 或 [ə²¹p'y³³] 祖父。为象形字,象老人长发披散形。又作⿱[sʅ³³bv³³ə²¹p'y³³],老人形外,又加⿱羊毛[sʅ³³]、⿱锅[bv³³]两声,共四个音节表示祖父一词。"老人"也兼声,因而不能释为形声字。

这类字东巴字中颇多,都不是形声字。以上是东巴文中形声字的情况。

二

用东巴文形声字跟甲骨文、金文的形声字比较,可以大致看出两者的异同,并可据此拟测这两种文字体系的发展阶段和发展趋势。

第一,两者都有相当数量的形声字,这是容易看到的,不必多说。

第二，东巴文中的注音形声字特别多，甲骨文中也有几个这样的字。如：

"凤"——🐦《殷契拾缀》二·一五八、🐦《战后京津新获甲骨集》五一八，又作🐦《殷虚书契后编》上一四·八。按：前两形为象形字，后者注"凡"声。

"星"——🌟《殷虚文字甲编》六七五、🌟《佚存》五〇六，为象形字。又作🌟《前编》七·二六·三、🌟《甲骨续存》下一四七，加注"生"为声符。金文作🌟《麓伯星父簋》，战国文字作𠻘《楚帛书》，省星形为"日"，于是变成一般的形声字。

"服"——🤚《佚存》三二〇，象以手服人形，意为制服、降服，为会意字。又作🤚《林》一·二四·五，加"凡"声，成注音形声字。

"鬻"——🫕《续》五·三〇·一六，象鼎中有肉形，会意字。《诗·周颂》："我将我享。"此字当"将"字初文。鼎中有肉，以祭享。又作🫕《京》二一二，或🫕《南明》五〇四，加注"爿"声。有些字甲骨文为象形字或会意字，金文及中国文字或加注声符。如：

"齿"——甲骨文作🦷《后编》下五三、🦷《乙编》五八八三，象齿形，《中山王壶》作🦷，《仰天湖楚简》作🦷，加注"止"声。

"其"——甲骨文作🧺《乙编》三四〇〇、🧺《乙编》八六八五。金文多加"丌"声，🧺《仲师父鼎》、🧺《中山王鼎》。

"宝"——甲骨文作🏠《后下》一八·三、🏠《粹》一四八九，从室内有贝、玉，为会意字。《史颂匜》作🏠，加注"缶"声。

"耤"——甲骨文作🚜《前编》七·一五·三，象人以足踏耕具，从人有趾，从"耒"，为会意字。甲骨文用为耕作义。与《说文》"帝秸千亩"的解释相合,当是"秸"字初文。《令鼎》作🝆,加注"昔"声。

甲骨文、金文的注音形声字比东巴文少得多。注音字是表形文字演变为形声字的初级阶段。甲骨文以前,这类字可能比较多,到甲骨文时期已经逐渐淘汰,上面这几个字是一种残留。

第三,两种文字对比,甲骨文的形声字已经脱离了注音的作用,形符开始"类化",已经脱离了具体事物的形象,成为与之有关联的事物的"类符"。试以从"水"的字加以比较,甲骨文中以"水"为形符的形声字共有30多个。东巴文字中与水有关的形声字却没有。

甲骨文的水名,如河、沮、涂、洛、汝、淮、洹等,都是形声字。东巴文的水名多为"水"加借音字的合文。例如:

126 〰 [na³³dʑi²¹]纳西江。"江"读[dʑi²¹],又借 ✥ [na²¹]大声,合称[na³³dʑi²¹]。不能把这类字叫做形声字,只能称之为"合文"。因为形声字的形符不读音。

甲骨文中还有些水名以外的字。如"洚"。洚水即洪水,从水、夅声,是个形声字。东巴文的"洪水"读[dʑi²¹bər²¹](《字谱》119),作水漫地面形,是个会意字。

甲骨文有"潢"字,从水、黄声,《说文》解为"积水也"。东巴文的"池潭",象水积成潭状,也是个会意字。

可以看出,甲骨文中的形声字已经脱离了注音阶段,渐趋成熟。形符不是直接描绘事物的形象,而是表示事物的类别或关联词。甲骨文还不是以形声字为主体的文字,形声字在当时文字中约有20%。但商代的这些形声字,却奠定了汉字最终发展成以形声字为主体的汉字体系的基础。东巴文字没有继续向这个方向发展。纳西还有一种标音文字——哥巴字。哥巴字是13世纪创造的。两种文字至今仍同时存在。相形之下,东巴文字居于优势,哥巴字也是没有完全定型的文字,东巴文字如果继续发展,也可能走汉字以形声字为主的路子。

三

下面谈谈秦汉以后汉字形声字的发展情况。甲骨文以后的形声字日益增加,据粗略考察,春秋战国期间的形声字约为总字数的40%(这个数字是方有国根据《金文编》统计的)。

秦始皇采取了李斯"书同文字"政策,废除了与秦文不相合的字,促使汉字成为以形声字为主体的文字体系。东汉许慎著《说文》,形声字上升到80%以上。例如,《说文》"水"部形声字共390个,比甲骨文"水"部字增加了13倍。宋代的《类篇》又增至700多个。《汉语大字典》增至1650个。这种情况可以代表整个汉字形声字发展的情况。

这些形声字是怎么孳生出来的?从甲骨文到秦汉以后的形声字,有五个来源:

第一个来源:在表形字上加注声符而造成的初期形声字。这类字在甲骨文、金文中已经很少,以后也并无能产性。

第二个来源:假借字加形符而成形声字,甲骨卜辞、金器铭文以及春秋战国的典籍,包括地下出土的简书、帛书,都有大量假借字。假借字是初期阶段的表音文字,假借字在商周文字中处于主导地位,字数约占总字数的70%以上。到战国以后,尤其是秦以后,大量假借字加上形符成为形声字。例如：

"伯"字，甲骨文、金文都用假借字"白"。战国时加"人"形成"伯"。

"诸"字，甲骨文、金文、战国文字都用"者"，秦朝才有"诸"字。

其他如地名，"邢"原借用"井"；"祖"原借用"且"；"作"原借用"乍"；"盘"原借用"般"；"终"字原借用"冬"；"福"字原借用"畐"；"禘"字原借用"帝"；"神"字原借用"申"；"斋"字原借用"齐"；"锡"、"赐"原借用"易"；"纯"字原借用"屯"……。这些字到战国以后都加上形符成为至今仍在使用的形声字。

近几十年来在湖南、湖北、山东、安徽等地出土大批春秋到秦汉的帛书、简书，有大量假借字。例如，1942年长沙出土的楚帛书，是战国时在楚国通用的文字，其中借"乍"为"作"，借"生"为"牲"，借"成"为"城"，借"者"为"诸"，借"尚"为"常"，借"非"为"犯"，借"胃"为"谓"等。（见饶宗颐《楚帛书文字编》）

1975年在湖北出土的云梦睡虎地战国秦简，也有不少假借字。如借"失"为"泆"（淫泆），借"斥"为"诉"，借"直"为"值"，借"列"为"裂"，借"采"为"菜"，借"者"为"诸"等。（见《云梦睡虎地秦简》，文物出版社）

又长沙马王堆汉墓出土的帛书《老子》中的假借字，也与此相似。如借"胃"为"谓"，借"争"为"诤"，借"勺"为"赵"，借"句"为"苟"，借"隋"为"髓"，借"延"为"诞"，借"义"为"仪"，借"兄"为"况"，借"成"为"城"，借"夬"为"决"，借"司"为"伺"，借"齐"为"剂"，借"躬"为"穷"，借"若"为"诺"，借"次"为"恣"，借"禺"为"遇"，借"余"为"除"，借"曹"为"遭"，借"曾"为"憎"，借"巨"为

"钜",借"史"为"使",借"羊"为"祥",借"因"为"姻"等。(见《马王堆汉墓帛书》)可见到汉初假借字仍然很多。

又我国古代医学典籍中的假借字,较其他典籍更多。1972年武威出土的医简,较同时期资料,假借字较多。如借"豆"为"脰",借"寺"为"痔",借"久"为"灸",借"兼"为"廉",借"弱"为"溺",借"畀"为"痹",借"唐"为"溏",借"奏"为"凑",借"夜"为"腋",借"意"为"噫",借"以"为"似",借"付"为"跗",借"扁"为"偏",借"山"为"疝",借"丈"为"杖",借"叚"为"瘕",借"益"为"嗌",借"胃"为"谓",借"食"为"蚀",借"臧"为"脏",借"扁"为"编",借"间"为"痫",借"尤"为"疣",借"加"为"痂",借"畺"为"薑",借"般"为"瘢",借"安"为"按",借"方"为"肪",借"廷"为"挺",借"直"为"置",借"次"为"恣",借"采"为"菜",借"卒"为"淬",借"信"为"伸",借"果"为"颗",借"复"为"腹",借"最"为"撮",借"丘引"为"蚯蚓",借"勺"为"芍",借"疾黎"为"蒺藜",借"贲"为"喷",借"宰"为"滓",借"俞"为"愈"、"逾",借"奏"为"腠",借"冥"为"螟",借"者"为"煮",借"朱臾"为"茱萸",借"霍"为"藿",借"乃"为"扔",借"吾"为"语",借"阑"为"烂",借"乐"为"药",借"丰"为"锋",借"方"为"防",借"直"为"膱",借"娄"为"屡",借"戋"为"溅",借"寻"为"燖",借"逢"为"蓬",借"爵"为"嚼",借"古"为"辜",借"齐"为"斋",借"无夷"为"芜荑",借"庆良"为"蜣蜋",借"寿"为"擣",借"奚"为"鸡",借"养"为"痒",借"扁辐"为"蝙蝠",借"段"为"煅"等。(见《武威汉代医简》,文物出版社)

以上这些假借字后来都演化为形声字。演化的办法就是在假借字上加形符。(有少数假借字本身已是形声字,那就另外再加形符,而以原来的假借字做声符,如"逢"已是形声字,假借为"蓬",加形符草头,"逢"是声符。)

第三个来源:在表形字上再加形符,原来的表形字兼做声符。这类字可称为形声兼会意或形声兼象形。例如:

"丞"字甲骨文作⊗,象人落井中以双手拯救形。《说文》"抍"字下说:"上举也。"大徐本徐铉注:"今俗别作拯。"其实"丞"乃"拯"字初文,后又加"手"为形符,"丞"便退居声符兼表义的地位。

"㝵"字甲骨文作⊗,象以手持贝形。《说文》:"得,行有所得也。"从彳,㝵声。㝵,古文省彳。"㝵"是得字初文,为会意字,加形符"彳"为形声兼会意字。

"渊"字甲骨文作⊗。《说文》:"渊,回水也。从水,象形。左右,岸也,中象水皃。开,渊或省水。⊗古文从口、水。"许慎的解释极是。"开"当是初文,春秋以后才有加"水"形的形声字"渊"。

"仪"字的初文为"义"。《说文》:"义,己之威义也。从我、羊。"甲骨文、金文都无"仪"字,《王孙钟》《沇儿钟》《楚帛书》等"威仪"都作"威义"。郑玄《周礼》注:"故书仪为义。""义"字乃"我"头上加上羊的头饰,用以显示威仪和仪表,会意字,加"人"形成形声字。

"酒"字甲骨文、金文都作"酉",象酒器形,后加水形成形声字。

"箕"字甲骨文作⊗,象箕形。金文加注"丌"音为"其",为注音形声字。《说文》有"箕"字,加形符,成为第二层次的形声字。

"或"字甲骨文作⊗,象以戈守邑形,会意字。《说文》:"或,邦也。从口、从戈以守一。一,地也。域,或又从土。"加土的"域"和另加囗的"国",都是加形字。

"叜"——《说文》:"叜,老也。从又,从灾。阙。"许慎释"叜"为老,误。"叜"借为老人义,不是本义。甲骨文作👁《前编》四·二八·七,象人持火炬在屋搜物形,后加手形成"搜"。

"仰"字初文为"卬"。《说文》:"卬,望欲有所庶及也。从匕从卪。诗曰:高山卬止。"象一人直立,另一人跪而仰望形。当是"仰"之初文。"仰"加形符"人"。

"从"——《说文》:"从,相听也,从二人。"段玉裁说:"从者,今之從字;從行而从废矣。"段说是。"从"是会意字,象二人相从。后加"彳"形为"從"。

"北"——《说文》:"北,乖也,从二人相背。"韦昭《国语》注:"北者,古之背字。""北"象两人相背形,为会意字。后加"月"(肉)形为"背"。

"监"——《说文》释为"临下也。"戴侗《六书故》以为是"鑑"字初文。是。古人在皿中盛水为鑑(镜子),象人俯首在器皿上照面孔。会意字。后有了铜镜,才造出"鑑"字。

"须"——《说文》:"须,面毛也。"象人胡须。《玉篇》才有加"髟"的"鬚"字。

"包"——《说文》:"象人怀妊,巳在中,象子未成形也。"为会意字,当是"胞"字初文。以后"包"用作引申义包裹、钱包义,本义加"月"(肉)成"胞"。

"兑"——甲骨文、金文作🔣,象人喜悦时口旁纹理分裂状,当是"悦"字初文。"悦"是加形形声字。

"巿"——《说文》:"巿,韠也。上古衣蔽前而已。巿以象之……韍,篆文巿从韋从犮。""巿"是象形字。"韍"从"韋",声符改为"犮",

是进一步的变化。

"曾"——"曾"字甲骨文作𠔼,象用甑蒸饭时热气上升状。当是"甑"字初文。"甑"加"瓦"形为形声字。又"層"字从"尸",为层次字。因"甑"有两层,下为水,上层用以蒸米,"層"字和"曾"、"甑"为同一词的分化。又有"憎"、"罾"、"嶒"字,都有高义。这些字同属一个词族,因形符不同而使用的范围稍有不同。从形声字的类别和来源分析,都属于"加形"这一类。

"并"——"并"字象两人相并而立形,会意字。后加"人"形为"併";或加"骨"形为"骿"(骿胁);或加"月"(肉)形为"胼"(胼胝);或加"食"形为"饼";或加"女"形为"姘";都是"并"的孳生形声字。

这一类形声字很多。

第四类形声字可以叫做类化形声字。在上述第二第三类形声字形成的过程中,有一个选用形符的问题。一个形声字究竟选用哪一个形符,有的容易决定,有的不容易。因而常有同一个字而有两个以上不同形符的情况。这就产生了一大批异体字。这也是形声字数目日趋膨胀的原因之一。例如:

"玼"、"泚"——《说文》:"玼,玉色鲜也。从玉,此声。诗曰:新台有玼。"但今本《诗·新台》作"新台有泚。"毛传:"泚,鲜明皃。"这个字大概原来只写做"此",是个假借字,加上形符"玉"或"水"都可以表示鲜明皃。后来"玼"被淘汰,"泚"字通行。但字典中这两个字都保留下来了。

"瑲"、"锵"——《说文》:"瑲,玉声也。从玉,仓声。诗曰:鞗革有瑲。"今本《诗·周颂·载见》作"鞗革有鸧。"毛传:"本亦作鎗"。"有鎗"即"鎗鎗",是表示玉器撞击的象声词,《诗经》描绘玉声或銮铃的声音,或用"将将",或用"锵锵"。这些字读音当相同或相近,记录的是同一个词,形符用玉、金、鸟。这些字经过多年的使用、淘汰,最后才定型为"锵锵"。

"玎"、"铮"、"丁"——象声词丁丁、丁当、玎玲等,也是这种情况。《诗经》中的"伐木丁丁"、"椓之丁丁",用假借字"丁丁",以后乃有"玎"、"铮"等字。《说文》:"玎,玉声也。"又:"玲,玉声也。""铮,金声也。"又:"铃,令丁也。""令丁"也是象声词,近代又出现"叮噹"、"玎珰"等词。这类字至今多未定型。

"旳"、"玓"、"馰"——《说文》:"旳,明也。从日,勺声。"又:"玓,玓瓅,明珠色。"又:"馰,马白额也。"旳、玓、馰这三个字当是一组异体字。从"日"从"玉"都取其明亮义。马的额头白色,也因明亮而得名。《尔雅·释畜》说:"馰颡,白颠。"这是名马中的一种,或名白顶、玉顶、的颅、的卢。"玓瓅"则是"玓"的复音化词。司马相如《上林赋》:"明月珠子,旳瓅江靡。""旳"《说文》作"玓",李善注:"玓与旳音义同。又作灼烁。"扬雄《羽猎赋》:"隋珠和氏,焯烁起陂。"李善注:"焯,古灼字。"可见这些字都是一组异体字的演化。

这种因类而及的形声字,发展到极端,甚至会产生一些荒唐可笑的"多余"的字。例如,《玉篇》有"騄駬"两个字,是骏马名。为什么叫这个名字?极不可解。《汉书·地理志》:"得华聊绿耳之乘。"师古注说:"华聊,言其色如华之赤也。绿耳,耳绿也。"可证"騄駬"即"绿耳"。红色的马有两只绿色的耳朵,是当时的一种名马。这同马顶白色而名"馰颡",因而造出"馰"字的道理一样。但"騄駬"这两个形声字却是多余的。害得编词典的人都解释不清楚。

还有"凤凰"的"凰"这个字,也很可笑。"凤"是个注音形声字,前面已经分析过,后来这个词演变成双音词"凤皇","皇"字是个假借字。"凰"字大概是宋代创制的,这个字是受"凤"字的同化而造出来的。但"凤"字从"鸟"、"凡"声;而"凰"字却从"几"从"皇";"皇"是声符,但"几"既不是形符,也不是声符;只是同"凤"字有点形似而已。从造字原则上说,实在不伦不类。

第五类形声字来源于历代的所谓"俗字"。"俗",一是通俗;二是群众创造的。在士大夫的眼里,这些字不能在正式场合使用,所以名为"俗字"。"俗字"不都是形声字,但多数是形声字,大约从宋以后,俗字大量产生,这大概跟民间文学的兴盛有关。大量俗字旋生旋灭,有的被保存在字典里,有的逐渐通用,取得公认的正体地位,摘掉俗字的帽子。

例如,徐铉在整理《说文解字》时,往往注出宋代出现的俗字,"叩"字下注:"或通用讙,今俗别作喧。非是。"可知"喧"是宋人所造的俗字。徐铉以为这种俗字不足取,"非是"。但是这个字后来成为正体字,一直使用到现在。

又"裵"下注说:"《汉书》裵回用此。今俗作徘徊。""裵回"是假借字,"徘徊"是专用形声字("裵"也是形声字,但不是"徘徊"的本字),至今仍沿用。

"炒"——"炒"字的异体共有20几个。《说文》作"䉼"。徐铉注说:"今俗作煼,别作炒,非是。""炒"字在唐代已经使用,徐铉还不承认它的合法地位,但这个俗字却取代了所有20几个"炒"的异体字。

又"樘"字下徐注:"今俗别作撑"。"樘"和"撑"都是形声字,因为"樘"的声符已经不能准确地表示字音,所以换了个声符,造出

"樘"字。

这些俗字,或将原字加以简化,或把表形字改为形声字,或因音变而调整其声符,都在不断对旧字形加以简化、优化。

宋元以来的白话小说曲剧中出现的新形声字很多。例如:

"哈"——王实甫《西厢记》:"哈!怎不回过脸儿来?"按:《说文》中本有"哈"字,释为"蚩笑也。"同《西厢记》的"哈"只是字形相同,是偶合。

"咋"——《玉篇》:"咋,声大也。"现代方言中的"咋"当是"怎么"的合音,"咋办"即怎么办,"咋说"即怎么说。同《玉篇》的"咋"无关。

"吖"——元高文秀《黑旋风》第三折:"不索你没来由这般叫天吖地。""叫天吖地"意为呼天喊地。"吖"当读 yā。又江苏剧《花魁记》:"吖唷,花魁也来的!""吖唷"即今"啊呀"、"唉哟",因方音小异而字不同。

"唚"——潮州方言称亲吻为"唚"。今通作"亲"。又读 qìn:《红楼梦》第七回:"那是醉汉嘴里胡唚。""胡唚"即胡说。

上面几个字都是口部字。《说文》口部字只有 211 个;《大广益会玉篇》增至 523 字;《康熙字典》增至 1454 字;《汉语大字典》收 1588 字。从这些数字可看出口部字增长的情况。在这些增加的形声字中,大多数是不断产生的俗字。

在现代新形声字中,还要加上化学家和其他科学家创制的新字。如氢、氧、喹啉(guinalina)、哌嗪(piperzine)、吨、呎、磅等。

以上五类,是汉字形声字五个来源。第一类为数甚少。第二第三是形声字造字的主要来源。第四第五则是形声字的调整和自我完善。由于第二第三两个来源,汉字完成了以形声字为主体的文字体系。由于后面两类形声字的调整完善,因而现代汉字可以在这个庞大的字库中应用其中的一小部分(大约4000多个)作为当今的书面交际工具。

当今汉字中的90%都是形声字,还有少量的表形字(约700—800个),少量的表音字(约300多个)。这就是现代汉字的全貌。

与此相异,纳西文字却远远没有完成形声文字体系这个路程。纳西的哥巴文字也还没有完成字母文字体系的路程。纳西的这两种文字的前途如何?是两者并存,还是一种文字取代另一种?现在还不能说定。

四

人类文字的初期阶段是从记事图画演变而成的象形文字,但完全用表形的方法创造的文字,不可能把口语中的词语全部记录下来。于是产生了假借法,这是从表形文字发展成表音文字的一个飞跃。许多文字都沿着表音的方向,逐渐发展成音节文字或字母文字。但是纯粹的表音文字不适合汉语这种以单音节为基础而方言复杂的语言。于是走了兼表形音的路。

从古代文字来看,现在能解读的四种古文字——苏美尔文字,埃及古文字,赫梯文字和以甲骨文为代表的古汉字,都已经脱离了象形文字阶段而进入以假借字为主体的初期表音文字阶段。后来前三种古文字都继续向表音方向发展,埃及古文字发展成西部闪米特音节文字、腓尼基文字、希伯来文字等,最后又发展成希腊字母文字、拉丁字母文字等。只有汉字走了另一条独特的道路。上面三种古文字都没有形声字,因而不能在这方面作比较。

纳西东巴文字是11世纪才产生的文字,同汉字没有同源关系。就整个文字体系来看,保留的原始成分较多,文字体系尚未定型。但是在许多方面可以同汉字作比较研究。过去有些学者对两种文字的象形字、会意字作过比较,我在这篇文章中专门比较两种文字的形声字,希望有助于汉字发展史的探讨。

从汉字问题谈起*

去年,我和方有国合写的《汉字发展史纲要》完稿后,曾写过一篇谈汉字问题的文章;《光明日报》又登载了人文社会科学规划办公室介绍这部书的《成果要报》;因而引起许多关心汉字研究的朋友的关注。出版后(大百科全书出版社2000),接连收到同行友好的来信,来电话,表示祝贺。来信说的都是称赞的话。我希望能看到一些批评的意见,但因信息不灵,至今未见到。这部书的框架,我在1957年发表的一篇文章里已经提出来了。不久,梁东汉先生就在《光明日报》上发表文章,对我的汉字发展三阶段说加以批评。可惜,那时"反右"斗争已经开始,我已失去了写文章的自由,无法答辩。现在这部书出版了,我想,在汉字问题上持不同见解的学者,一定会对这部书的观点有不同的看法,我非常希望看到这类文章。为了促使这个问题的深入讨论,也因此而联想到与此相关的问题,所以又写出这篇文章。

首先谈谈我为什么要写这部书。

汉字是每一个中国人从小就要学习的文字,不少外国人也在学习汉语、汉字。照理说,对于这样一种重要的文字,理应有个公

---

* 中华人民共和国史学会《当代思潮》杂志社《国事》邀稿,2000。

平的评价和认识。对于13亿多中国人来说,更应该认识到汉字的优越性和先进性而倍加喜爱。然而,整个20世纪,无论国外和国内,多都把汉字认作一种落后的文字,难学、难记、难写,阻碍教育的普及,因而须加以废除。从清朝末年到五四运动,许多社会改革家和语言学家,都有这一类主张。当时的这种思潮,是救亡图存的爱国主义的一种反映,应该理解。至于国外对汉字的看法,则是欧洲中心主义的产物。一个具有五千年文明历史的中华民族,具有三四千年历史的汉字,难道真是落后文字而且必须加以废除吗?这是我考虑了几十年的问题。回答这个问题,只能用科学方法加以认真的研究,才有说服力。近来有些人为汉字翻案。用日本医学界关于失语症的研究,从生理、心理上说明汉字的优越性。这类研究也重要,但不是关于汉字本身的研究,用这类研究结果就说汉字如何如何优越,似乎还不足以服人,这就是我立志写这部书的原因之一。

我想,近几十年来,中国日益强大,中国人民的自信心和凝聚力日益增强,对于中国固有文化中的优良部分,也应该有一种共识。汉字是我们使用了三千多年的独具特色的文字。历史已经证明,汉字不但在奴隶社会、封建社会发挥了巨大的文化载体作用,而且在今天和今后,仍会发挥更大的作用。我们对于自己的文字,没有理由不加珍爱。记得年幼时,一般人把文字视为神明;大树上、学校里,到处都挂着一具一具的小木箱。箱子上写四个字:"敬惜字纸",凡是写了字的纸,便投在箱子里,有专人收拾好烧掉。如果用写了字的纸擦拭污物,便是大不敬。当时觉得好笑,现在想来,这其实是可贵的习俗。

记得年幼时读过法国小说家都德写的小说《最后一课》。是描写德法战争时法国把两块国土分割给德国,一个小镇子的小学里上最后一堂法语课的故事。因为德国占领以后,学校里就要改学德文了。小说用极为感人的笔法描绘了小镇居民和小学师生拼写法语的情景,把对国家的热爱之情完全寄托在法语文字上。

我想,无论在国内和国外,汉字仍然是当今凝聚中华民族和中国人民的极为珍贵的交际工具。我们在这个问题上应该反思,消除过去对汉字的无端指责,使它恢复应有的地位。我这部书如果在这方面有所助益,那就是最大的欢喜了。

其次,我想谈谈研究汉字历史的治学方法问题。

我研究汉字史,是从 50 年代开始的。1957 年写了《从汉字变迁的历史看文字改革》一文(《中国语文》1957 年第 5 期),这篇文章初步拟构了汉字发展三个阶段的历史。用历史演化的观点研究汉字史,这不是我的创造,是行之多年的老方法。许慎在《说文解字·序》中,叙述了文字产生后从大篆变为小篆、隶书的历史,大概是最早从历史演化的角度研究汉字的学者,他的叙述虽然简陋,但在 1900 多年前能够用这个观点讲述文字,的确了不起。

可惜许慎的观点,近两千年来一直没有实质性的发展。直到晚清,有几位文字学家,在这一领域的研究中曾提出新的观点。一位是清代的段玉裁,他在《说文解字注》中提出了"古今字"这个概念,认为古今字的不同,不是大篆、小篆、隶书等字体的不同,而是用字和字义不相同。他在"谊"字下说:

谊、義古今字,周时作誼,汉时作義,皆今之仁义字也。其

> 威仪字,则周时作义,汉时作仪。凡读经传者,不可不知古今字。古今无定时,周为古则汉为今,汉为古则晋宋为今;随时异用者谓之古今字,非如今人所言,古文、籀文为古字,小篆、隶书为今字也。

这段话说得极为明白,段氏早已看出,文字是不断变化的,古今字的不同,不是字体的不同,而是"随时异用"的文字的不同。两百多年前的段玉裁突破了许慎的框架第一次提出了新的历史观点。

在近代文字学家中,沈兼士、唐兰两位先生的贡献都给我许多启发。沈兼士先生的"文字画"说和唐兰先生的"三书说"都是用历史比较法研究文字的新观点。他们都提出了汉字发展历史的设想,把汉字发展的历史分为四个时期。两人的分法有同有异,但都是在许慎"六书"的基础上建立的。这些设想没有进一步的论证,也没有指出历史分期的时代。

前人的这些研究,虽然并未完备,有其时代的局限性,但他们在当时提出的新观点,却很有指导意义,我在早年开始对这个问题发生兴趣并立志钻研,就是在他们研究的基础上开始的。

作研究,无论是社会科学或自然科学,都要做到两点:一是占有材料,二是用科学的研究方法,二者缺一不可。拿汉语研究来说,30年代,罗常培先生同赵元任、李方桂两位先生翻译出高本汉的《中国音韵研究》一书,出版了《中国音韵学导论》,对一些方言进行了调查研究,因而使音韵学这门学问成为科学,走到文字学、语法学、训诂学等姊妹学科的前头,这是公认的。音韵学研究的成功,关键在于研究方法。音韵学的研究方法是欧洲语言学家用之有效的方法,高本汉用这个方法研究中国音韵学,虽然他对中国典籍和有关资料的熟悉远不及章太炎、黄侃等人,但因方法不同,却能开辟一条新路。他应用的方法就是历史比较法,语言学上的历史比较法是历史语言学和比较语言学的合流,高本汉用方音作比较,以《切韵》为准则,构拟出中古音的读音,既是比较法,又是历史法。

那么,能不能用这个方法研究汉字的发展史呢?用历史法,前人已经开始了,他们虽然没有写成完整的著作,但可证明,这路子可以走,他们缺少的是"比较法"。如何把比较法应用在文字研究上?我很长时间在探索这个问题。抗战期间,在昆明看到李霖灿的《麽些象形文字字典》,董作宾在序中把麽些象形文字同甲骨文作了一些比较,我又找了两位纳西族的朋友,向他们请教关于纳西(即麽些)象形文字的情况,于是决定把它同汉字作比较研究,进而同埃及古文字、苏美尔文字作比较,果然有重要的发现。这个发现就是对"六书"中的假借有了新的认识,从而打开了汉字发展史这个堡垒的突破口。

前人对假借在汉字发展史上的地位,一直缺乏认真的研究,因而对古书中假借字的看法也多不准确。后来我发现,所谓假借,就是人类文字从表形文字向表音文字转变的一种造字法,一切古文字都曾经经过这个阶段,古汉字、埃及古文字、苏美尔文字、纳西象形文字,无一例外。后来有的由假借而音符化、字母化,最后成为拼音文字;而汉字则走向兼表形音的文字体系。欧洲的文字学家也用过比较法,但是他们没有认识到古今汉字的根本变化,因而论点虽变,却没有得到令人信服的结论。

历史比较法的开创者应该归功于莫尔根。这位社会人类学家在1878年出版了《古代社会》一书,他利用印第安人的社会文化研究,描绘了人类社会从野蛮到文明的过程。马克思对此书非常重视,写了大量札记。后来恩格斯根据此书写成《家族、私有财产及国家的起源》一书。这两部书在人文社会科学领域的研究方法上是一次飞跃,这种方法应用到语言研究方面,于是产生了历史比较语言学。

不过,据我的体会,用这种方法研究文字,又有它的特殊处。用这种方法研究汉语音韵学已经有了丰硕的成果;研究汉语词汇学、语法学,也逐渐显示出效果。这三者在使用这种方法时都各有不同,研究汉字也是如此。

有几位好友对《汉字发展史纲要》这本书称誉过分,我不敢接受,我对于古文字资料,只是利用了多位文字学家的考释。我的研究,是在几位老师和前辈的基础上起步的,若说创新,也只是在研究方法上摸索出一点新意而已。

我认为,任何课题的研究,都不是单靠一个人的能力所能包办的,所以我从来不对前人妄加否定,对同辈和后辈的成就,往往喜不自胜,更从无嫉妒之心。任何课题的研究,都希望后继有人,后来居上。

最后,我想谈谈"汉语"、"汉字"的名称问题。

我们现在推行的"普通话",明清时叫"官话",辛亥革命以后称"国语"、"国文"。"国语"是"中国语言"的省称。大学里有个"中国语言文学系",简称为"中文系"。50年代,派来中国的苏联专家语言组,对我国有关语言文字的各项政策提出许多改革意见,其中被接受的一项,就是把"国语"改称为"汉语","中国文字"改称"汉字",大学的"中文系"改称"汉语言文学系"。但在国外,仍多用旧称。外语翻译,也多译为旧称。只有日本,有时用"汉"代表中国。如把中医学叫做"皇汉医学",那是因为日本人接受汉唐文化很深的缘故。近十几年来,大学"汉语言文学系"的名称逐渐恢复了"中文系"的旧称。但"汉语"、"汉字"这类名称,至今仍与"国语"、"中国文字"形成内外有别的局面。这名称问题看来是个小事,但是像中国这样一个在世界上很有影响的大国,用什么语言作为代表国家的语言,不应该看作是小事。因此,我在这里想谈谈这个问题。

我以为,用"汉语"、"汉字"这两个词不很恰当。"汉语"的"汉"指的是汉族。但是"汉族"这个族名的来历和汉族这个群体的实质很不相符。"汉"本指汉水,项羽、刘邦等人打败秦王朝以后,刘邦被封为汉王,汉成为国名。刘邦打败项羽后,建立了汉王朝,汉又成了朝代名。汉代时,北方民族同汉王朝经常发生战争和交往,因称汉王朝的人为汉人。这时的汉人,绝不是一个单一的民族,如果从民族的角度分析,中华民族本来就是若干来源不同的民族融合而形成的。大约在殷周时期,中华民族之间形成了一种共同的语言和文字,这种共同语叫做"雅言",文字就是从殷代流传下来的中国古文字。到了汉代,从血统到语言文字,都是历史的继续和发展,并没有因汉王朝的建立而产生了"汉族"和新的语言。再从汉代以后的历史来看,从南北朝到唐代,中原地区又一次民族大融合,然后是唐以后的五代十国。13世纪元朝统治百余年,所有进入中原的蒙古族军民全部融入所谓"汉族"。清朝三百余年,几乎全部满族人都融入这个民族共同体。所有这些民族都对这个"共同体"作出过贡献,并且或多或少地把自己原有母语的一些成分融入"汉语",而所谓"汉族",也因新鲜血液的不断注入而弥新。费孝通先生曾把这种民族融合的过程比作滚雪球,非常准确。所以,"汉族"、"汉语"这个名称,实在名实并不相符。"汉族"实际上是中华民族这个共同体的核心,"汉语"则是中华民族的代表语言。

中国的历史同苏联或俄国的历史很不相同,50年前苏联语言学专家关于改"中国语"为"汉语"的建议,是根据俄国和苏联的情况提出来的。"俄语"是俄罗斯的民族语言,而"汉语"早就被认为是中华民族的"国语"。新中国建立后,全国各民族空前团结,凝聚力日益加强,竟使全国人民早就公认的"中国语"改称"汉语",实在很不恰当,名实既不相符,也忽视了中国历史发展的实际。

不过,这只是我个人的看法,不敢肯定,而且这也不是一两个人说改就改的小事,我只是提出来供思考而已。

以上三点,是我五六十年代以来钻研文字学的经过和想法。年近九十,欣逢盛世,老而未衰,宿志未竟,能够在这块经营了一生的园畦中施点肥料,使收获更丰,也就心满意足了。

谈谈汉字的规范问题^{*}

1955年召开了全国文字改革会议和现代汉语规范化学术会议,会上决定推广普通话,推行汉语拼音方案和简化汉字三大任务,谋求中华民族共同交际工具的全面规范化,这是中国历史上第一次提出的宏伟目标。现在中国在国际上的地位发生了巨大的变化,教育部、语委将要制订《规范汉字表》,在制订之前,组织各方面的有关人士加以讨论,力求这个字表的高度科学性,这实在是适应当前时代需要的重要措施。

几十年来,"推广普通话"和"推行汉语拼音方案"这两项任务,进展得比较顺利,新出现的矛盾较少,现在全国各族人民,包括海外华人,多数都能听懂广播、电视上的普通话,这实在是很了不起的成就。相形之下,在汉字规范方面,问题就多了点。例如,繁体字和简体字的使用,群众新造简体字的问题等等。这些问题的产生有许多原因:一是汉字从甲骨文到汉代以后的文字,都不断产生异体字。这类异体字,从来就没有全面规范过,大体上是按其自身的规律不断发展。使用汉字的人,常因其职业、地位的不同而有所取舍。五六十年代进行的异体字整理和公布的《简化字总表》,只

---

* 《汉字规范百家谈》,商务印书馆,2004。

是汉字规范的一些初步措施。二是当时对这一问题的看法跟现在很不相同,那时对汉字的评价和前途,缺乏理论根据。三是对这个问题讨论不足。四是局势不同,当时新中国成立不久,在群强包围下形成被迫独立的状态,对语言文字的政策,自然只能着眼于国内。现在却因中国的强大与改革开放,汉语的影响日益扩大,讨论汉字规范,则要着眼于全世界,不但要使海外华人信服,而且要使学习汉语汉字的外国人改变对汉字的旧观念。因此,我认为,在编写《规范汉字表》之前,用各种方式展开有关汉字和汉字规范的讨论,至关重要。

讨论汉字规范,自然要从50年代异体字整理和《简化字总表》谈起。

整理异体字是整理汉字的一项重大工作,应该有一个较长的使用、检验过程,可是这个字表在尚未公布时,就开始了汉字简化的制定和推行工作,以致在《异体字整理表》中刚刚确定为正字的,在简化字表中又制定了新字,因而在"异体字表"发布时不得不加以"说明":"各字组中选用字暂未采用简化字,《汉字简化方案》公布后,应以方案中所规定的字形为标准,随简化字推行情况逐步修改。"这个"说明"一共49个字,用了8个简化字,在《异体字整理表》中的这8个字,在公布之初便取消了其"标准"地位。由此可以看出当时这种两步当作一步走和急于求成的心情。

对于汉字《简化字总表》,应该加以实事求是的分析和评价,全面肯定或全面否定都不符合实际。

从历史上看,由繁到简,是汉字演变的主要趋势。汉字简化符合汉字发展的总方向,也符合广大人民群众学习文化的迫切愿望。

40多年来的实践也证明,汉字简化的方向应该肯定。

现代汉字的组成,可分为表形字(包括"六书"中的象形、指事、会意)、假借字和形声字这三类。这三类字代表着汉字造字的三种方法。从整个汉字发展的历史来看,从甲骨文到现代汉字,一直使用这三种造字方法。古今汉字体系的实质区别,是这三类汉字占有的比例不同。商周文字以假借字为主要成分,表形字是基础(很多表形字兼用为假借字),形声字只占少数。秦汉以后的汉字,则以形声字为主要成分,表形字多成为形声字的部件,假借字只剩下极少数。这是汉字的发展规律。我们谈论汉字简化,也以此为准则。

在表形文字中,有些简化字是很值得赞许的。例如:

"龍"简化为"龙","龜"简化为"龟","塵"简化为"尘","豐"简化为"丰","兒"简化为"儿"等。这些字都见于古代字书,说明这些字都曾被使用过,笔画都比与之相应的繁体字少得多,符合简化的基本原则。"龙"字在甲骨卜辞中是多见字,写法较多,其中有的笔画多,后来楷书写做"龍",有的笔画少,后来写做"龙",现在简化为"龙"。"龟"字也是如此,楷书写成"龜"、"龟",简化字采用"龟"字。"塵"字《说文》作"麤",释为"鹿行扬土也。"是个会意字。鹿喜群居,三鹿表示一群鹿,一群鹿田野中奔跑,腾起一片"塵"土,因而造了这个字。鹿土这东西不可能用象形法画出来,于是造出这三鹿奔腾使塵土飞扬的画面,生动极了。可惜这个字写法太繁,于是简化为"塵",把三只鹿减成了一只。到明末清初的《字汇补》,才收了简化的"尘"字,《简化字总表》采用了它,才有了合法地位。

形声字在现代汉字中占90%以上,是现代汉字的主要字类,简化字中形声字也比较多,其中很多于古有据,由繁到简,是易于推行的字。

形声字由形符和声符两个部件制成,形符和声符本身原都属于表形字。早期的形声字笔画较多较繁。例如现在用的"炒"字,《说文》作"鬻",解为"熬也。从鬻、芻声",形符炊象器煮食物蒸气上升形,声符为"芻"。后来形符简化为"火",成为"煼"字(见《广韵》)。《方言》又有"聚"字。大约在唐代已经造出了"炒"字。这个"炒"字的演变,很可以说明形声字简化的历史过程。《简化字总表》很多字符合这个演变规律。

有少数简化字虽然于古无据,但因仍保持形声字的条件,所以也能被接受。例如,"襖"简化为"袄","袄"初见于《正字通》。"壩"简化为"坝"。(《简化总字表》又简化为"坝")"蠶"见于《广韵》:"蠶,俗作蚕"。这个字由从虫、朁声的形声字简化为从天从虫的会意字,虽不符合汉字发展的主流,但因于古有据,笔画减少,而且以"天虫"会意也很有新意,所以也容易被接受(蚕字的"天",本是"旡"的讹变)。

"徹"字简化为"彻",于古无据,但声符的简化实在好,因为"徹"字的声符"散",连许慎也没有说清楚,只说是"从支从育",罗振玉说是以手持鬲食毕撤去之形。简化字十脆把声符换成"切",既与"彻"音相近,又便于记认,符合形声字简化的规律,所以可以试一试。如果以后能做到约定俗成,不但这个"彻"字可以长久使用下去,也许将来还可以把与此声符相同的"撤"、"澈"等字也一并加以简化。

"燈"简化为"灯","體"简化为"体","臺"简化为"台"等字,不但都见于古字书,而且早已约定俗成,都是简化得比较成功的字。

用同音替代的办法制定简化字,也有少数字是比较好的。例如:

"纔"简为"才"。"纔"字本义是雀头色的绢帛。用为副词,乃是同音假借。"才"字的本义为"草初生",用为副词,是引申义,不是假借。汉代的《广雅》已有"纔,暂也"的解释,汉唐以来诗文都用"纔"不用"才"。简化字采用"才"字,不但笔画减少,而且符合汉字发展中的另一规律,即字义与词义具有内在联系的规律。

"號"简化为"号",也像是同音假借,其实两字都见于《说文》,"号"字释为"痛声也","號"字释为"呼也,从号从虎"。段玉裁已认为是异体字。因"號"字通行而"号"废,简化字恢复了"号"字。

"鞦韆"简化为"秋千"。据宋人记载,秋千这种游戏,是汉代宫廷游戏中的一种,用"千秋祝寿之意",据此,字本当恢复作"秋千"。古代写做"鞦韆",成为形声字,则是受汉代以后形声字大量出现的影响所致。

"鼕"字简化为"冬"。"鼕"为鼓声专用字。其实,鼓声"冬冬"和铃声"丁丁"一样,都是象声词,只用借音字就行,不必另造"鼕"和"玎珰"这些形声字。我曾提出过,这类字可以干脆用汉语拼音方案记音。这个办法在二三十年代的文艺作品中,有些作家使用过。当然,这种用法要加以较严的限制。

我认为,以上这三类字中的简化字是可以肯定的。即使是保守者,也很难说出反对的充分理由。

《简化字总表》可以说是汉字简化运动的主要成果之一。从五四运动以来,许多致力于普及教育,提倡白话文和从事语言文字改革的学者,都作过这方面的研究和倡导。新中国成立后,1956年公布的两个"简化字表",凝聚着许多人的心血。其中也包括我的几位师长的劳动在内。这个表可以说是中国历史上第一次大规模"书同文字"改革的尝试。秦始皇时期李斯的"书同文字"政策,人们常误认为是李斯以个人的创造,强行推广于全中国。其实,那次的书同文字,只是把秦国通行的文字加以推广,废除了六国文字中的异体字而已,不能同新中国的文字改革相比。就我个人说,我当时对这个字表是抱着崇敬的态度的,但是也有所怀疑。记得1955年参加"现代汉语规范学术会议"时,曾带着我的一篇论文初稿《从汉字演变的历史看文字改革》。这篇文稿是我对汉字发展规律及其前途的一个"假说",当时没有在会议上宣读,是觉得这类论点在当时会引起非议,而我这个假说也还有待大量的研究加以论证。2000年出版的《汉字发展史纲要》就是我经过40年的研究、思考完成的。因此,我这里谈汉字简化,有些意见是这几十年来逐渐形成的,现在说出来请大家指教。

历史上汉字整理工作一直不断地在进行,但是整理时多半遵循"述而不作"和"约定俗成"的原则。"述而不作"就是整理者不制造新字,只是把已经使用的字加以提倡或贬抑。李斯的书同文字是历史上第一次大规模的汉字整理,废弃了六国文字中与秦不同的异体字,李斯自己并没有制造新字。颜元孙的《干禄字书》是私人整理异体字的一部书,他把通行的异体字分成"正、通、俗"三类,没有说要废除俗字或通用字。历代的字书(字典),经常把当时出现的新字收录在书中,也是汉字整理的一种方式,因为有些新字往往取代旧有异体字的地位。

也有反面的事例。唐代女皇武则天时的《武后字海》一书,收了一些新造的异体字,如以"坔"代"地",以"恧"代"忠",以"曌"代"照"。用新会意字代替通行已久的形声字,完全违背了"述而不作"、"约定俗成"的原则,所以这些新字很快便被淘汰,这种乱造会意字的风气,是南北朝时兴起的一股歪风,例如把斋字写做"㪰",把"蘇"写做"甦",把"侄"写做"䇎"(兄之子)等。武则天不懂文字学,以致在汉字整理史上留下了笑柄,正可以当作后代的鉴戒。

这些历史教训和经验也可说明,汉字发展本身有其形成的规律。汉字从以借音文字为主的阶段,发展为以形声字为主的阶段,是历史发展规律的体现,整理汉字者遵循"述而不作"、"约定俗成"的原则,其实就是遵循了这个汉字发展的规律,如果承认这个原则,便可用来分析《简化字总表》中的简化手段,对于今后的工作,不能说没有好处。

第一类,关于简化字中的符号字。

所谓"符号字"就是"把原字笔画繁难的部分,用简单的笔画(或字)代替,这些符号在这类简化字中只作符号,不起表音表义作用。"(见《第二次汉字简化方案(草案)说明》)例如"鄧"简化为"邓",用符号"又"代替"登","鄧"字是从"阝"(邑)"登"声的形声字,"邓"字却失掉了形声字的性质。这个"又"又可以代替好多不同的部件,在"鸡"字中代替声符"奚",在"难"字中代替声符"堇",在"对"字中代替"䇂",在"树"字中代替"壴",在"戏"字中代替"虛",在"劝"、"权"、"观"等字中代替"雚",在"仅"字中代替"堇",在"凤"字中代替"鸟"和原字"凡"声的一横,在"聂"字中代替"耳"。在"风"、"区"、"赵"、"冈"等字中,符号"乂"也是如此,一符多代。

"云"字是"雲"的简化字,古文字中的"云",象雲气回转形,"芸"、"纭"、"耘"等字,"云"字都作声符,"澐"字简化为"沄",亦同。但在简化字"动"、"尝"、"会"、"坛"等字中,则用为代替"重"(动)、"甞"(尝)、"會"(会)、"壇"(坛)的符号。

这类字还有一些,这些符号字笔画是少了些,但是却破坏了汉字的造字原则,把原来的理性文字变成非理性文字。

第二类,轮廓字。

所谓轮廓字,就是"保留原字的轮廓,省略其中部分笔画。用这个方法简化的字与原字形体相近。"

例如,"瘧"字简化为"疟",把声符"虐"简化为"𠂆",但简化字表中,"虐"字并未简化。因而在认识"疟"字时,只能先识"瘧"字,才明白"疟"是其简化字,而且也破坏了原形声字的结构。

"獨"简化为"独","燭"、"濁"简化为"烛"、"浊","敵"简化为"敌","導"简化为"导","隸"简化为"隶","婦"简化为"妇",都变得结构无法解说。

第三类,同音代替字。

同音代替,按"说明"是"在不引起意义混淆的原则下,用笔画简单的同音字代替笔画较繁的字。"例如以"发"代"髮",以"范"代"範"等。这就是"六书"中的"假借字",是商周时汉字中的主要成分,现代汉字中还保留了一小部分。从汉字发展的总趋势看,这种表音文字简化法,不符合这个趋势。

例如,"鬥"字简化为"斗","後"字简化为"后","醜"字简化为"丑","瞭"字简化为"了","裏"字简化为"里","麵"字简化为"面","葉"字简化为"叶","餘"字简化为"余"等。

第四类,草书楷化字。

用行书草书的写法代替楷书的写法,可以减少笔画,这是优点。但草书的笔法与楷书不同,结构也不同。从交际工具这个角度看,草书只在略识书法的少数知识分子范畴内可以通行,不宜于用为简化汉字的手段。例如,"書"字简化为"书",笔画结构同一般楷书的结构完全不相同,学习者很难写得完全正确。"堯"字简化为"尧",原字的三个"土"本来很好写,简化为非草非楷的"戈",把两个可以据形解释的字变成不可理解的符号。

以上四类简化字,都涉及到简化汉字的手段和原则问题。并不是说这几类简化字都不好,也有好的,上面举的例子,只是讨论汉字整理的原则。如果承认这些简化手段,那么,按这条路走下去,应该简化的字还有很多。为什么"二简"拿不出来,一露面就被否定了呢?这实在值得深思。

我认为,我们的前辈,包括现在还健在的语文工作者在内,从五四到新中国成立,在整理汉字方面作了很多工作,提出了很多有价值的研究成果,有些成果已经在试行,有些则没有,例如,"第二次简化字(草案)。"这些成果无论是否已经试行,都是整理汉字过程中的宝贵资料。对过去的成果进行总结和反思,对成功的经验继续加以肯定,对可议之处加以深入的讨论,确立原则,则是当前汉字整理大业的必要过程。

下面大胆提出几条看法,以供参考:

一、1955年的"现代汉语规范学术会议"上谈的是现代汉语的规范,并没有讨论汉字规范。关于汉字,只谈到异体字整理和简化汉字,直到《国家通用语言文字法》,才提出了"规范汉字"这一用语。按照这一用语在文中的使用看(第十七条),同"规范汉字"形成对立的不规范汉字为繁体字和异体字,那么,汉字中凡是没有简化的字,是否也应叫做"规范汉字"?可能对这个问题会有不同的看法。

二、50年代讨论文字改革时的思潮跟今天很不一样。五四运动以来的文字改革急进派,有一种较普遍的看法,认为汉字是一种落后的文字,又是难学难写的文字,应该把汉字改成拼音文字。简化汉字只是文字改革的过渡。当时也有相反的意见,对简化字中的一些字有意见,认为有些简化字把汉字体系搞乱了,于是受到批判。记得有一篇文章专门批判这个怕乱的观点,说汉字最后终归要消灭的,要改用拼音文字,目前改革汉字不要怕乱,越乱越好。等到大家都认为汉字乱得不成样子,也就不再反对拼音化了。那时的思潮就是这样。那时制定的《简化字总表》,当然受这种思潮的影响。上面谈到的四类简化字之所以不符合汉字造字的根本原则因而造成"乱",根源就在于此。我们今天制订规范汉字,是否应该把这个问题重新提出来,加以分析判断?

三、讨论简化字的简化原则和总结前一阶段的工作得失,是为了考察下一步的工作怎么做。即使从学术的角度,确实说明"简化字表"中有些不当之处,也不能仓促加以改变。因为,简化字已推广了四五十年,影响之大,方面之广,难以想象。目前不论有任何大的改动,都会影响到当前安定前进的大好局势。人文社会科学研究的成功与失败,往往跟自然科学不同,一项科学技术,试验失败是常事,可以换一个思路重新来,直至成功。社会科学就不一样,失败了,有时还不能立即改正。我觉得,汉字整理的研究工作,正是如此。当然,从学术研究的角度看,即使全面失败,也是很有价值的,何况在这项工作中,积极的经验是主要的。但当前的汉字规范主要的是要慎重。对当前的汉字分歧现象,如繁体字的使用范围等,不在法外多加限制。在将来的适当时机,繁简字的问题自然会得到解决的。当前则要加强这方面的学术研究。分两步走,第一步先研究好应该怎么做;第二步,将来再着手改正试行。

四、我建议,应加强有关汉字学的学术研究工作。汉语是世界上使用人口最多、历史最悠久的语言,汉字是历史最悠久、具有中国鲜明特色的文字。但是,我们在汉字学方面的研究实在太薄弱了。多年来我们受到国外汉语研究者的影响,错误地认为汉字是落后的文字,很多人认为应该废除汉字改用拼音文字。许多有识之士反对这种观点,但是缺乏令人信服的论证。我们目前有一大批古文字学家和中国传统语言文字学专家,国家还有一些与此有关的研究机构。要对有关汉字的许多重要问题,在全国范围内进行讨论,在"百家争鸣"的基础上逐渐达到共识,在这共识的基础上制定政策。

以上是我的一些"陋见"。多年来我僻居西南地区,孤陋寡闻,对自己的这些看法,不敢自以为是,只是因为对祖国语言文字的一种痴爱之情和对后世负责的心情,写出来向所有关心这个问题的朋友请教。

谈谈《说文解字》的历史地位和学术价值[*]

许慎的《说文解字》(以下简称《说文》)成书已经1800年了。时至今日,仍有很多人使用、学习、研究这部字书,目前,大有再次掀起一个"说文热"高潮的趋势。为什么一两千年以前的一部字典会有这样强的生命力和魅力?这是个耐人寻味的问题,在这里我想谈谈《说文》的历史地位和学术价值,用以回答这个问题。

一

先谈谈《说文》的历史地位。

《说文》是一部字书,一部汉语字典。从宏观上看,这是中国第一部真正的汉语大字典,也是人类历史上前所未有的这种类型的字典。

字(词)典这类著作,是民族文化发展到某一阶段的产物,不是随便在哪个时代哪个民族就能编写出来的。文字是记录语言的符号,是人类进入文明时期的标志。有了文字,才有可能把前人的智

---

[*] 中国许慎研究会编《说文解字研究》(第一辑),河南大学出版社,1991。

慧、经验、事迹记录下来传给后人。这就开始了人类文明的历史。后来这些文字记录的资料多了,时间久了,有些字一般人看不懂了,于是有人把这些难字加以注释,或把这些文字编在一起供人学习。这就是最早的字(词)典。但这只是字(词)典的雏形。后来这类东西不能满足需要时,才有真正的字(词)典出现。这是字典发展的规律。

中国最早的字(词)典有两类:一类以《古籀篇》为代表。这是周代(相传为周宣王时)史官编纂的。这是一种识字课本。四字一句,把偏旁相同或同类事物的字编在一起,以便记认。秦始皇统一中国后,为了统一文字,李斯等人又编了《仓颉篇》、《爰历篇》、《博学篇》三部字书,是在《古籀篇》的基础上加以增改而成的。其作用除当作学童的识字课本以外,在当时还起到规范汉字的重大作用。汉代合三书为一。以后司马相如又作《凡将篇》,史游作《急就篇》,李长作《元尚篇》,扬雄作《训纂篇》,字数增加到5300多字。这类字书只是供学童使用的识字课本,还不能算作真正的字(词)典。因为这种字书,既没有对字形字义的解释,也没有可供检查的编排次序。

另一类是《尔雅》一类著作。大概在春秋战国间就有了注释古籍词语的工作。朝廷的史官和私人讲学,都需要对古籍加以解说。最初只是口耳相传,后来把这些注释记录下来,再加以编排就形成了《尔雅》的雏形。汉人经过补充,就成为至今犹存的《尔雅》。后来又有《小尔雅》、《广雅》等同类著作。《尔雅》类著作同《仓颉篇》类识字课本不同。它按百科分类,并且对词义作出了解释。这部书被公认为训诂学的第一部经典著作,词典学者认为它是全世界

第一部百科全书。这些看法都无可非议。从词典学的角度看,同《说文解字》相比较,它也只是真正词典的先驱。

还有扬雄的《方言》,这是另一类型的词典。是一部各地方言词汇调查的汇编。《说文》也吸取了这部著作的一些解释。

以上三类字(词)典都是《说文》的先驱。《说文》正是在这些字(词)书的基础上创造出来的。

《说文》在收字、解形、释义、分部等方面都有所创新。《说文》共收字9353,重文1165字,共10000余字,大体上是当时所见和所使用的汉字总汇。每个字都加以字形分析和词义解释。有的字还列出了书证。在编排方面,许氏创造了部首编排法,用540个部首为纲排列9000多个字。这种编排法,至今仍在沿用。用现代字(词)典的标准加以衡量,《说文》是中国第一部真正的汉语大字典。

让我们再看看其他国家的情况。

据古希腊史记载,当时已有一些早期的字书和著作,可惜都没有流传下来。估计这些著作不会比中国的《古籀篇》、《尔雅》更完备。直到中世纪,欧洲才出了一些拉丁文词典,这些词典多为注释《圣经》和古典作品之用,其性质约相当于我国战国时期的早期《尔雅》。欧洲第一部真正的民族语词典是1612年意大利编写的《词集》(Vocabolario)。1694年法兰西学士院出版了《法语词典》。第一部大型英语词典是1755年编成的。比《说文》晚了一千五六百年。

我们评价《说文》的历史地位应该用这种比较的方法加以衡量。

二

现在谈谈《说文》的学术价值。先谈《说文》在字形分析方面的贡献。

汉字是当今世界上仅存的历史最悠久而又独立于拼音文字之外的特殊文字体系。汉字和拼音文字大不相同，拼音文字用二三十个字母作表音符号，用这些字母组合为成千上万的词。这类文字的字形没有再加分析的必要，只要记住某个词是哪几个字母组成和怎样排列的就行了。汉字却不是这样，汉字通用的常用字大约只有三四千，但后世大字典中汉字的总数则多到五六万，一个字有一个字的写法。每一个字的写法都是按照汉字本身的造字规律和演变规律形成的。一部真正的汉语大字典，必须对每个字的构造加以分析，才能使人认识和使用。

分析汉字的字形，不是一件容易的事。文字是不断变化的，从商代的甲骨文到许慎(约58—约147)已经有一千多年的历史。这一千多年，汉字有了巨大的变化，这变化可分为两个方面：一是字体的变化，从大篆(甲骨文、金文)变为小篆，又从小篆变为汉代通行的隶书。二是汉字实质的变化，大概在战国以前，汉字中的假借字占的比重最大，秦以后则变为以形声字为主。这两种变化合在一起，就造成了识字的困难。例如，汉代人认为"長"字是"馬"字头加上"人"，"苟"字是"止"、"句"，这是根据隶书的写法来分析字形而造成的错误。许慎著《说文》，从小篆的形体出发分析造字之本意，有助于人们认识汉字。下面举几个例子来加以说明。

① 血——《说文》:"㿽祭所荐牲血也。从皿,一象血形。"这是个象形字。人或动物的血很难用象形的办法绘制出来。古人于是用祭祀时荐牲血为象而造字。祭祀时用器皿盛牲血以享鬼神,这是古人常用的礼俗,至今少数民族地区还有此遗风。解放前民间会道组织祭神盟誓喝血酒,也是这种风俗的遗迹。甲骨文的"血"字同小篆相仿,不过用小圆点或小竖表示皿。因为《说文》的这个字形分析,甲骨文的"血"也容易辨认了。

② 启——《说文》:"启开也。从户、从口。"这个字后来写做"啓",简化字又恢复为"启"。是个会意字,甲骨文或作"启",或作"啓"。有人在外喊门(从口),主人用手开门,这就造了"啓"字。这个字大篆小篆变化不大,有了《说文》的这一条解说,甲骨文的"启"字便很容易认识了。

③ 盥——《说文》:"盥澡手也,从臼、水临皿。"澡手即洗手。许氏解形精确。现在仍有盥洗一词。甲骨文 𥁃 京津三〇八五 𥁃 拾一三·一四,因为有《说文》的解说,可以辨识。

④ 牢——《说文》:"牢闲。养牛马圈也。从牛、冬省,取其四周帀也。"甲骨文作 牢 甲三五七六 牢 粹五七四。古人放牧牛马,多用树桩绕以绳索成圆形。许氏误以圆形为"冬省",误。但他说"取其四周帀",则是对的。释义也非常精确。因而甲骨文的"牢"字得以辨识。至于现代汉语中牢狱、牢固等词中的"牢",则是引申义,引申的线索也因而可以看出。

⑤ 尹、君——《说文》:"尹治也。从又、丿,握事者也。"又:"君尊也,从尹发号故从口。"甲骨文尹、君为一字,作 尹 乙八六七 或作 君 存一·一五〇七,象以手握杖形;或从口。"多尹"和"多君"同,是商代

大臣的称谓。古代酋长或帝王,多以杖为权力的象征。"尹"和"君"即根据这种风习造字,是个会意字。不过到了汉代,"尹"和"君"分化成两个字。这是个很不容易辨识的会意字,如果没有《说文》的解说,甲骨文中的"尹"、"君"是很难辨识的。

⑥ 即、既——有些字,《说文》虽然解释错了,但因为释义正确,仍有助于这些字的辨认。《说文》解"即"字为"即食也。从皀、卩声。"解"既"字为"小食也,从皀、旡声。"两个字都把会意字解成形声字。甲骨文"即"字作 ⿰皀卩 簠典九九 ⿰皀卩 甲二六〇九 象人在食器前就食形。"既"字作 ⿰皀旡 佚六九五 ⿰皀旡 乙〇〇九五 象人吃饱了掉头不欲再食之形。两字都是造形生动的会意字。许氏误释为形声字。但因释义基本正确,仍有助于甲骨文中这两个字的考释。

⑦ 叟(変)——《说文》:"変,老也。从又从灾,阙。𤕽籀文从寸。𠊯,変或从人。"许氏对这个字的字形分析有误。朱骏声认为,"変"当是"搜"字初文,朱说是。甲骨文作 前四·一九二 前四·二八·七,象手持火在室内搜索形。隶书讹变作叟,楷书因误为"叟"。"叟"用为老叟,当是假借。许氏误以为本义。但因为有这个假借义为线索,朱氏用以同金文对照,因而断定其为"搜"字初文。这可以说明,即使《说文》解形错误,仍可用为沟通古文字与现代汉字的桥梁。

⑧ 粪——《说文》:"粪弃除也。从𠬞推𠦒粪采也。官溥说,似米而非米者,矢字。"甲骨文作 后下八—五 象两手执箕弃除秽物形。箕上小点,小篆变似"米"字,表示秽物。箕形也有讹变,所以许氏析形有误。但由于释义准确,因而得以考释出甲骨文的"粪"字。甲骨卜辞的"粪"字都借用为地名,没有弃除义的用法;如果没有

《说文》这条分析,是很难认识的。

像上面这类例子俯拾皆是,不胜枚举。

反之,甲骨文、金文中有些字不见于《说文》,就很难加以考订。例如,甲骨文的"安"字,象室内女人形,《说文》同,很容易辨认,但与此类似的㊗京一四〇四㊗人二〇五四卜辞中用为地名、人名或官职名,便不知为何字,又有㊗前六二九·二二和㊗乙七四七六,也都未能考释。甲骨文字中未能考释的字还有三千多,几乎全不见于《说文》。用这正反两方面的例子加以对比,更可看出《说文》对辨识古文字的重要性。

至于《说文》小篆和楷书的关系,也是很密切的。

小篆变为隶书和楷书,笔画发生了很大的变化,以至象形字变得不象形了,会意字也看不出原来造字的意思了,这是不可否认的。但是楷书究竟是从甲骨文、金文、小篆逐渐变来的,有些字的确已经变得面目全非,但大多数还保留着古文字的影子,比如"水、山、人、鱼、火、牛、羊、虎、象"这类象形字,拿来同小篆、大篆比较,都可以看出演变的痕迹。不能说这些字是毫无意义的"记号字"。这无论从文字演变史的角度还是从汉字教学的角度看,都有重要的意义。从文字史的角度看,如果认为这些字都已变成不象形、不表意的"记号",那就割断了古文字和现代汉字的关系。这是说不通的。从教学的角度看,更不能认为汉字是一些笔画毫无意义的堆积。拿象形字、会意字来说,古文字的写法类似写生画,楷书类似印象派、象征派的画法。如果在教学时适当应用一点古文字知识,会大有益于学习的。

例如,"涉"字是"水"旁加个"步"字。如果按照"记号"来教学,

"水"和"步"有何关系？这个字为什么有涉水、跋涉义？这些都不必过问，只须死记硬背便可。反之，如果知道了这个字的本义和原来的写法，效果就完全不同。《说文》说："㴇徒行濿水也。从沝、从步。涉，篆文从水。"甲骨文、金文都象两足(止)涉水形。"徒行濿水"就是徒步涉水，是个很生动的会意字，小篆字形基本上保持了古文字的面貌。这样一来，认识和使用这个"涉"字就容易多了。

又如，"臣"字现在已经不大使用了，但稍读历史书籍，便会遇到。这个字为什么要写成这样古怪的笔画？如果把它看成"记号"，那为什么要制造这样古怪的记号？如果稍加考察，便知也是个会意字(或象形字)。《说文》说："臣牵也。事君也。象屈服之形。"这个"臣"字《中山王鼎》作𠂤，《老子帛书》作𠂤，最象一人屈服被缚的样子。这是古代俘虏的形象。有才能的俘虏可以做家庭奴隶，侍奉奴隶主，这就是家臣。后来这类家臣的地位提高了，于是成为王室的大臣。楷书的"臣"，也还保留着屈服被缚的影子。

另外，汉字字库中有大量异体字，还有不少假借字，还有假借字转化为形声字等复杂情况。要弄清楚这些情况，《说文》是必不可少的著作。

例如，以"炒"字为例。《说文》有"䵅"字，"熬也，从鬻叜声。"这就是最早的"炒"字，大徐本注说："今俗作熝，或作炒。"《玉篇》收㷅、熝、炒、䵅四个异体字。"炒"字初见于南北朝时的《齐民要术》，大概到唐代以后"炒"字通行，其他的异体字都淘汰了。许多常用汉字，从产生到现代，多有一组一组的异体字。在这方面，《说文》也往往可提供一些线索。

又如，现在的"前"、"剪"两字，古今变化有假借和异体两个方面,情况较为复杂。现在的"前",《说文》本作"歬","不行而进谓之歬。从止在舟上。"许氏分析字形有误。这无疑是个会意字,但为什么以"止(趾)在舟上"来表示向前的意思？却很费解。沈兼士先生以为"舟"本履形(古人的履和舟形相似),脚趾穿上履以表前进义。说法可取。《说文》又有"前"字,"前,齐断也。从刀,歬声。"当是"剪"字初文。《玉篇》始收"剪"、"翦"两字。用为前后的"前",初见马王堆帛书《七十二病方》及《睡虎地秦简》,可见在秦汉前已借"前"为"歬",用为前后字。汉以后"歬"字废而"前"行；于是又造"剪"以表齐断义。这种假借与异体相纠缠的情况,也可在《说文》中找到其演变的痕迹。

从上面的例子可以看出,《说文》实在是汉字演变长河中的一个桥梁。这部贯通古今字形变化的大字典,是其他字书不能与之比拟的。

三

现在谈谈《说文》的释义和在词汇方面的贡献。

字(词)典的另一个重要任务是释义,现代词典学对于解释词义的要求,一是精确,二是简练,三是能指出这个词的来源。《说文》在这三个方面都能基本做到。

先说释义的准确和简练,例如:

① 袜——《说文》"袜"字作"韈":"足衣也,从韦,蔑声。"用"足衣也"三个字解释"袜"字。试用现代词典的释义比较。《新华字典》说:"袜子——穿在脚上的东西,用布、纱线等做成。"《现代汉语

词典》改为："穿在脚上的东西,用棉、毛、丝、化学纤维等织成或用布缝成。"用以同《说文》的"足衣也"比较,繁与简不说自明。就准确而言,也似乎不如前者。因为,"穿在脚上的东西",除了袜子,还有鞋子靴子,鞋子也可以用上述这些材料做成。古人最早的袜子大概是用兽皮做成,上面的解释恰恰遗漏了这一项。两相比较,也不如"足衣"之准确。

② 齿——《新华字典》解释"齿"字说:"牙齿——人和动物嘴里咀嚼食物的器官。"用牙齿的作用来释义,当然不算错,但是牙齿的作用不仅仅是咀嚼食物,许多动物的牙齿是自卫和进攻的武器。人的牙齿除咀嚼食物外,还可在劳动时当作辅助器官(例如用牙齿咬住麻绳以便搓捻),在发音时作为发音器官的一部分(如发唇齿音[f]、齿间音[θ]等)。况且单就咀嚼食物说,还要加上舌头和下颚的作用,才能发挥牙齿的咀嚼作用。所以这个解释不够全面。《说文》解为"口齗骨也","齗"即"龈",即牙床子,用牙床子骨解释"齿"字,是从人体解剖的角度加以解释的。比较起来,准确与简练似乎都比今释为优。

③ 龋——《新华字典》解释"龋齿"说:"龋齿——因口腔不清洁,食物渣滓发酵,产生酸类,侵蚀牙齿的釉质而成空洞,这样的牙齿叫做龋齿,俗叫虫牙或虫蚀牙。"《说文》的解说也只有三个字:"𪘚,齿蠹也。""蠹"字下解释说:"蠹,木中虫。"虫在树中叫蠹,如虫在齿中成"龋齿",用以释义,既准确又简练。《辞源》释"龋"字说:"齿病名,即蛀牙。"实际上是采用了《说文》的解说而加以变通。"蛀"即"蠹"字音变。

④ 企——《新华字典》释为"踮着脚看。"甲骨文"企"字作 ᗡ 前

五·二七七象人形,下突出足部,是个会意字,表示一个人举起脚踵的样子。《老子》说:"企者不立,跨者不行。""跨"是蹲下,企是举起脚跟。跂起脚跟便不能站立,蹲下身去不能行步。《汉书·高帝纪》说:"日夜企而望归。""企"也是跂起脚的意思。"企"本身并没有"看"的意思。《说文》释为"举踵也。"非常准确。《辞源》释为"跂起脚跟",显然是根据《说文》的。

⑤ 步——《说文》说:"步,行也。从止少相背。"甲骨文"步"字象两足形,左右足一前一后,以示行进义,可知《说文》的释义是符合造字本义的。后来"步"引申为量词,一步两步的步,又引申为徒步、步兵的步。《辞源》、《辞海》"步"的第一义项为步行、行步,都依照《说文》。

⑥ 监——《说文》释"监"为"临下也。"为什么"监"有临下义?原来"监"字是"鑑"字初文,即古人用以照视容貌的东西。古人在没有发明铜鑑以前,便知以水为鑑。甲骨文、金文的"监"字象皿中盛水,人俯其上睁目下视用以照视自己面貌的形状。在皿中照视时,必须临水下视,所以许氏解为"临下也"。《说文》又解"临"为"监临也。"金文"临"字象人在水潭上俯视形,当是"以水为鑑"的初形。《诗经·小雅·小旻》:"战战兢兢,如临深渊,如履薄冰。""临深渊"就是在深渊边上照视自己的面貌,那当然是非常危险的,所以用战战兢兢来形容监临时的心情。后来在器皿中盛水为"监",用不着担心了,但仍须低头俯视才行,所以用"临下"为释。《辞源》释"监"字为"以上临下",仍沿用《说文》。后来引申为监察、监督、监视等用法,也仍带有以上临下的意思在内。

《说文》中这类确切、简明的释义很多,这些释义的科学性和文字的简洁性,已经达到了现代词典学所要求的水平。

《说文》释义的另一个特点就是以释本义为主。

字词义是不断变化的。有的词,词义变了,记录这个词的字也变成另外的字。有的词,词义变了,但文字并没有改变。这种字名为多义字。多义字的义项有今义,有古义。本义是最早的字义。在阅读古代典籍的时候,必须严格区分某些字的本义和引申义,区分古义和今义。一般地说,先秦典籍多见本义或古义。《说文》以释字的本义为主,正好成为释读古籍的依据。下面来举几条例子:

① 走——现代汉语"走"的常用义为行走、走路。但这不是它的本义。《说文》云:"走,趋也。"趋是跑,走的本义应是跑。金文"走"字象人奔跑时两手前后摆动形,正是奔跑的形象。《韩非子·五蠹》说:"兔走触株,折颈而死。"兔走当是奔跑,不是慢行;快跑才会碰到树上折颈而死。这个"走"用的是本义。又《孟子·梁惠王》:"弃甲曳兵而走。""走"是逃跑,也是本义。后来"走"字引申为行走义。

② 粪——现在"粪"义同"屎",如粪便、大粪等。但《说文》释为"弃除也"。《礼记·曲礼上》:"凡为长者粪之礼,必加帚于箕上。"是说扫除秽物时,把扫帚掩盖在簸箕上,以防止秽物尘土飞散。甲骨文的"粪"字作两手执箕、箕中有秽物形,正象弃除、扫除形。后引申为粪便义。

③ 脱——现在"脱"字常用义为脱去,如脱帽、脱衣服等,又引申为摆脱、解脱、逃脱等义项。《说文》释其本义为"消肉臞也"。"臞"(qú)是瘦瘠。段玉裁说:"今俗语谓瘦太甚者曰脱形,言其形象如解蜕也。"《列子·天瑞篇》说:"其状若脱。"即是此义。"脱"字

从"肉",也是这个缘故。

④ 罪——《说文》云:"罪,捕鱼竹网。从网、非。秦以罪为皋字。"可知"罪"的本义当为渔网,秦以后用以为"皋"是假借义。但过去的注释者往往把古籍中用为本义的"罪"字误解为刑罪、犯罪字,因而误解了古籍。例如:《诗·小雅·小明》:"岂不怀归,畏此罪罟。""罪罟"当是个并列复合词,罪和罟都是网类物,这里比喻为当权者对人民群众的种种苛政,如用网捕杀鱼兔一样。但郑玄《笺》云:"我诚思归,畏此刑罪罗网我。我恐触其罗网而得罪,故不敢归耳。"误解"罪"为刑罪,不知"罪罟"即是罗网,所以解释迂曲,不能自圆其说。又《诗·大雅·瞻卬》:"邦靡有定,士民其瘵;蟊贼蟊疾,靡有夷届;罪罟不收,靡有夷瘳。"这一节诗是说国家不安定,人民群众痛苦不堪;国内坏人祸国,没有加以制止;如果不收回捕杀人民的网罗,国家不会平定。"罪罟不收"就是不收罗网。只有罗网才能说"收",现在还有收网这个词。但《毛传》释罪罟为"设罪以为罟"。郑玄笺:"时施刑罪以罗网天下而不收敛。"这种解释既不合《诗经》语法,意思也迂曲难通。又《大雅·召旻》:"天降罪罟,蟊贼内讧。"和上句同。毛、郑也都误释罪为刑罪。

其实,"罪"字的本义用法,到汉代仍可见到。司马迁《报任少卿书》这一名篇中有一句话说:

(周文王、李斯、韩信等人)此人皆身至王侯将相,声闻邻国。及罪至网加,不能引决自财。

"罪至网加"两个主谓结构并列,"罪"与"网"、"至"与"加"两两相对,词性和意义都相同或相近。"罪至"和"网加"意思也一样。注释者也误以"罪"为刑罪,这就难以理解司马迁的愤激之情了。

周文王、李斯、韩信等人本无罪,是商王、赵高、汉高祖等人以罗网施及这些人;若释"罪至"为犯了罪,那就完全误解了司马迁的本意。

秦汉以后,古籍上有些"辠"字改写为"罪",这大概是事实。但用为本义的"罪"字却因之也被误解,这是注释者的失误。"罪"字的本义因为《说文》而得以保存下来。

⑤ 拉——"拉"字现在的常用义为拉手、拉住、拉拢,但本义则为摧折,《史记·齐世家》:"使力士彭生抱上鲁君车,因拉杀鲁桓公。"这是齐襄公谋杀鲁桓公的故事。齐侯宴请鲁桓公,桓公喝醉了酒,齐侯便指使力士彭生把鲁桓公抱上车,摧折胸肋而死。《说文》说:"拉,摧也。"这里的"拉杀"即摧杀。用力摧压胸部,可以使心脏破裂致死。又《汉书·邹阳传》:"范雎拉肋折齿。""拉"、"折"义同,都是折断义。成语"摧枯拉朽",摧、拉相对,"摧枯"与"拉朽"同义,仍保留着"拉"的本义。

《说文》的释义以本义为主,这一特点有很重要的实用价值和词义发展的理论价值。

下面再从词典学、词汇学和古代文化历史的关系这个角度谈谈《说文》的价值。

一部大型字词典,往往是一个民族长期文化历史的记录;这个民族社会文化活动的各个方面,都可以从中整理出宝贵的材料。《说文》就是最早的一部著作。《说文》一共收录了九千多个字。这九千多字,有很多是历史上曾经使用过、现在已经不再使用的"死"字,正是这些死字可以成为研究历史文化的重要资料。

例如,《说文》"马"部共收了120个字。这些字绝大多数都是

"死"字，现在都不用了，但是从战国到汉代，这些字都曾使用过。可以看出，在这一时期，人们关于马的知识是很深刻很广博的。一岁的马，两岁的马，三岁八岁的马都各有专名。马因不同的颜色也有专名。如白色而黑鬃黑尾的马叫"骆"，青白杂色的马叫"骢"，胯部色白的马叫"骊"，面颊皆白的马叫"駹"，头部赤色的马叫"騂"……共有24种之多。此外，良马的专名有十几个，形容马行或奔跑快慢的字有24个。从这些关于马的字词中，可以看出当时有一种丰富多彩的马文化。

我国春秋战国时期已经开始形成了这种马的文化。早期的游牧民族只是用马当作狩猎的工具。春秋时则成为战争的工具。战国时用千乘、万乘当作衡量国力的标准，因为当时兵车已成为军事上的主力。秦始皇墓发掘出的兵马俑，说明马在秦代的军事地位之重要。汉代以后，马除了在军事上的用途以外，还成为皇帝贵族用以观赏、享乐、炫耀的特殊动物。拿管理马的官员来看，其规模之大，是很令人吃惊的。秦代的"太仆"是个高官，是专管皇帝舆马的。汉代太仆下设大厩、未央、家马三令，各五丞一尉。又有车府、路轮、骑马、骏马四令丞。又有龙马、闲驹、橐泉、騊駼、丞华五监长丞。又边郡六牧师菀令，各三丞——这个庞大的官僚机构，相当于现在国务院的几个部，都是管理皇帝舆马的。当时的皇帝一共养了多少马供他狩猎、摆仪仗、摆阔气呢？据师古《汉书》注引《汉官仪》记载，当时的"牧师菀"（即养马场）共36所，分别设在现在的蒙古、新疆、青海一带，共养马30万头之多。又说，"天子六厩，马皆万匹。"就是说，单是选中的良马养在宫中的就有六万匹！饲养、牧放、训练、管理这些马匹的，有许多"技巧官"，这应该包括兽医、相马技师、驯马师、配种师等许多专家。正是当时的那种社会,产生了有关马的文化,许慎把这些词一一记录下来,收录在"马"部下,于是成为今日研究这一历史文化的宝贵资料。现在社会发生了大的变化,马这种动物虽然存在,但是它已经不像汉代那样重要,因而许多关于"马"的字词也大部分在现代汉语词汇中消逝了。

又如,《说文》"玉"部共有140字。这些字也多数成为死字,其中有许多玉名及其用途还可同古代典籍和地下发掘文物互相引证得以考订,从中可以看出商周贵族生前、祭祀和殡葬时所使用的各种玉器及其礼俗。这又是一种"玉文化"的资料。

其他如草部、禾部、木部、竹部的文字,可看出古代农业、林业、医药、工艺等方面的发展情况;水部、山部、邑部的字可以考订山川地理方域的变迁。总之,一切先民历史文化活动,大都可以在这个巨大的字库中觅得痕迹。

这又是《说文》在整个民族文化历史研究中的价值。现在有人在提倡"汉字文化",这方面的研究正应该是汉字文化的重点。

以上是对《说文》的一些粗浅的看法。因为主要说它的学术价值和历史地位,就只说优点,没谈缺点。有些缺点,是时代使然。我在《训诂学新论》一书中已经谈了一些(巴蜀出版社1989年出版);还有一些将在另外的文章中再谈,这里就不多说了。

《原本玉篇》引《说文》笺校补[*]

《〈原本玉篇〉引〈说文〉笺》是马学良教授在抗战时期写的一部草稿。1937年七七事变后,学良兄回山东,在青岛大学图书馆用了一个月左右的时间,写了这部书稿。后来北平沦陷,北大南迁,在长沙成立了临时大学,随后又到了云南,他一直背着这部书稿到昆明,交给罗常培老师批阅,罗先生看后在书稿第一页用朱笔批写了几十个字:

> 此中可用《字镜》及《万象名义》再校一遍。可用笺记中所据野王录例条例为序文。成书若干卷,以原有部为卷。如何?

但当时西南联大初建,南迁时图书甚少,不可能按照罗先生的意见整理成书。学良兄后随李方桂先生研究彝语彝文。抗战胜利及新中国成立后,又一直以研究少数民族语言为主,无暇整理旧稿。于是这部书稿一直搁置了近六十年。1995年我在中央民族大学小住,他把这份幸未遗失的书稿交给我,希望我物色一个学生,按照罗先生的意思整理成书。我回重庆后,反复阅读了原稿,决定自己

---

[*] 载《文史》2005年第一辑。

动手完成这个工作。并且把这个项目的做法提出来同他商量，他回信非常高兴，并"坦白"说，他本来的意思正是要我做，但不好直说，那几年我正撰写《汉字发展史》的书稿，只得两项工作同时进行，这样断断续续做了一年，只做了言部二十几个字。1996年，他知道我忙，曾把书稿要回去，交给他新招收的一位博士生接着做，但后来又交回来，由我继续做。因为《汉字发展史》已经完成，以为可以集中精力早日完成这项工作了，但因对汉字发展的演变知道得多了点，对前稿修改颇多，因而进展仍然迟缓。这样一面校补原稿，一面一再修改，好容易做得比较顺手了，却忽然接到学良兄逝世的消息，这对于我是个很大的震动。我早知道他心脏不好，只有一条血管通向心脏，"随时都有闭塞的可能"。果然，在同一位同事谈话时突然发病，来不及抢救，就那样"走"了。在三天前我们还通过电话，他语言清楚，不像要"走"的样子。他同我一块儿考入北大，在十六个同班同学中，只有三个人爱好语言文字学。他当时在文字方面特别受到沈兼士先生的赏识。面对老友的遗作，我实在无法抑制自己，只得暂时放下来。经过两年多感情上的平息，现在又拿出来重加修订，虽然不完全满意，但也只好如此了。

  以上是关于这部书稿以及我们两人合作的经过。下面回到正题，谈谈《玉篇》和《说文》以及做这项研究的意义。

  许慎的《说文解字》是流传至今的一部最早的中国字典。"说文"从造字方法的角度解说汉字结构，"解字"从字义方面加以解释；从这两个方面对九千多个汉字加以说解，编成字典。这是史无前例的一项工作。汉字是中华民族五千年文明的主要载体。要研究中华民族的历史，就要首先学习汉字。学了汉字，才能阅读古代的典籍。

《说文解字》在"解字"即释义方面，保存了许多古义。汉代还没有印刷术，书籍流传全靠抄写，在抄写时难免错误，有时一错再错，以致面目全非。因此考订《说文》的解说在传抄中是否有误，便成为研究《说文》的一项重要任务。研究的方法就是用比较法，一是用《说文》的不同版本校勘；二是用后世引用《说文》的材料来印证。用《原本玉篇》引《说文》的材料加以比较，前人做得很少。学良兄六十多年前作的这项研究，选题是很有眼光的。在今天看来，也并不过时。近二十年来，国内外的许多有识之士，越来越感到研究中国传统文化的重要；也越来越感到研究汉语汉字历史发展的必要。《说文》这部书的重要性也日益为更多的人所认识，因此，用《原本玉篇》同现在通行的大徐本《说文》作比较研究，也就不能说没有意义了。

《原本玉篇》是南北朝时梁代大同九年（543）黄门侍郎太学博士顾野王撰著的《玉篇》。这部书现在已无完本，清代末黎庶昌、罗振玉先后在日本发现了《原本玉篇》的残卷写本，1984年中华书局汇集影印成《原本玉篇残卷》一书。这部书大概还不是"残卷"的全部。1985年我在武昌华中工业大学中国音韵学研究班讲课时，在该校语言研究所图书馆看到过魏建功先生收藏的原本玉篇长卷，全卷装在一个檀木箱里。我没有用它同中华书局本校对，不知此本所收字是否有所不同。当时主编"残卷"的中华书局编辑刘尚慈同志正在那个研究班学习，谈及此事，她也深表惋惜，说如果早见此本，当将其一并影印。现在我在校补学良兄这部遗稿时，也常以不能引用此本材料为憾。除此以外，日本是否还有黎、罗没有见到的残本,还需要继续查寻。

为什么要用《原本玉篇》来校《说文》呢？因为顾野王的《玉篇》同唐宋人增补的《玉篇》大不相同。顾野王以后,唐代孙强上元元年(674)增补本,字数增加了不少,但体例大不相同。宋代陈彭年、吴锐、丘雍等又有所增益,名为《大广益会玉篇》,体例同上元本。这两种《玉篇》现在有传本。

顾野王的《原本玉篇》在当时可以说是一部很有创意的字典,可以用《说文》同它作比较：

《说文》从"说文"和"解字"两方面对文字加以解说,例如,"誐"字下云：

誐,嘉善也,从言,我声,诗曰：誐以溢我。

"嘉善也"是解说"誐"字的字义。"从言,我声"是"说文"解说这个字的造字方法。引《诗经》"誐以溢我"为证,是"解字"的补充和书证。

《原本玉篇》"誐"字下说：

誐,鱼何反。《说文》：喜善也。

比《说文》多了反切注音,减去《说文》中"从言,我声"。但《原本玉篇》的释义和书证,比《说文》要详细得多,例如：《说文》："讴,齐歌也,从言,區声。"

《原本玉篇》云：

> 謳,於候反,《左氏传》:"謳者乃山(黎本"山"作"出")"。
> 野王案:《说文》:"謳,齐歌也。"《孟子》绵驹处于高唐,而齐右
> 善謳是也。《广雅》:"謳,喜也。"《埤苍》或为呕字,在口部。
> 《字书》为慪字,在心部。

不但引用了《说文》,而且对《说文》的"齐謳"两字做了考证。又引了《广雅》、《埤苍》的解释和异写。

《玉篇》解字,有时并不引用《说文》,而是自己根据古籍用法加以疏解,例如:

> 詠,为命反。《尚书》:搏拊瑟以詠。野王案:詠长歌言之
> 也,《国语》以歌詠之,《毛诗序》言之不足,故嗟叹之,嗟叹之不
> 足,故詠歌之是也。《礼记》:"人喜则斯陶斯詠。"郑玄注:"詠,
> 謳也。"或为咏,在口部也。

这一段释文不引《说文》,而是引用《尚书》、《国语》、《毛诗序》、《礼记注》等训诂材料为书证。这一类型的释义方式形成了这部字书的突出特点。这种特点,在唐代的孙强本《玉篇》和宋代的《大广益会玉篇》中,都没有保存下来。

为什么《原本玉篇》具备这种广征博引的特点呢?这要从顾野王所处时代特点与他本人的学术思想和抱负来加以说明。

顾野王生活在南北朝分裂割据的年代,那时战争频繁,民生涂炭,是中华民族从秦汉统一以后的一次大分裂时代。从文化思想方面看,这时期也是一次大变动的时代。这时佛教传入中国后,风

靡南北,而儒家思想却在吸取佛、玄思想的成分后,又有重新恢复主导地位的趋势。顾野王、颜之推、刘勰等人的著作,虽内容不同,但都有一个共同的目标,即在总结传统文化的基础上,重新振兴中国文化。顾野王本人是吴郡人,"幼好学。七岁,读《五经》……长而遍观经史,精记嘿识,天文地理,耆龟占候,虫篆奇字,无所不通。梁大同四年,除太学博士"。他在行动上又是反对战乱的志士,"侯景之乱……乃召募乡党数百人,随义军援京邑……杖戈被甲,陈君臣之义,逆顺之理,抗辞作色,见者莫不壮之"。"野王少以笃学至性知名……观其容貌,似不能言,及其励精力行,皆人所莫及","其所撰著《玉篇》三十卷,《舆地志》三十卷,《符瑞图》十卷,《顾氏谱传》十卷,《分野枢要》一卷,《续洞冥纪》一卷,《玄象表》一卷。并行于世"(《陈书》卷三〇《顾野王传》)。可以看出,顾野王不仅是个文字学家,而且是精通传统文化的学者。他做《玉篇》的目的,是因为"设教施法,无心尚兹;经业治俗,岂先乎此?但微言既绝,大旨亦乖,故五典三坟,竟开异义,六书八体,今古殊形;或字各而训同,或文均而释异;百家所谈,差互不少;字书卷轴,舛错尤多;难用寻求,易生疑惑",于是"总会众篇,校雠群籍,以成一家之制,文字之训备矣"(见朱彝尊重刊上元本孙强《玉篇》附顾野王序,中国书店,1983年)。以上这一段序言,表明了顾野王撰著《玉篇》的原因和撰著方法,他看到南北朝政治上分裂,传统文化"微言既绝,大旨亦乖",文字上是"今古殊形","舛错尤多",如果要"设教施法","经世治俗",必须从文字的整理做起。南北朝时期的文字混乱情况,在颜之推的《颜氏家训》中《书证》、《音辞》、《杂艺》等篇列举的许多有关训诂、字形的例子,可以作为注脚。可以看出,顾野王做《玉篇》的眼光和做法，是一代学人希冀中华重新统一的心声。

从字典学的角度看，顾野王《玉篇》的"总会众篇，校雠群籍"的做法，也是字典编纂格局的创新之作。《说文解字》这部字书，已经具备了字典的必要条件。但书证太少，不便使用。《原本玉篇》补充了若干书证，弥补了前者的缺点，这是个了不起的创意。因为唐代孙强本《玉篇》对原本书证的省略，影响所及，宋代以后的字书（包括韵书）如《广韵》、《类篇》等，无不如此。一直到明代的《字汇》、《正字通》，才恢复了顾野王的这个传统。《康熙字典》保持了这个传统，因而成了独领风骚三百年的汉字字典。

为什么要用《玉篇》引用的《说文》释义来同今传本《说文》作比较研究呢？这主要是为了考订《说文》。《说文》这部书的价值不必多说，历代典籍多所引用，已经成为研究中国古代文化的必不可少的重要著作。因此考订《说文》释文的错误，便成为《说文》学中一项重要内容。此书自公元121年完稿后，经过几百年的传抄，到宋代才由徐铉等制版行世（公元986年），称大徐本；徐锴另作《说文系传》，叫做小徐本。大徐本显然并非《说文》原本，对于徐本的可疑之处，清代段玉裁等人多加改正。后人对这类改正或持疑议，则是因为证据不足所致。《原本玉篇》中所引用的字书，除《说文》外，还有《苍颉篇》、《字书》、《埤苍》等字书，顾野王所见到的《说文》抄本，同大徐本有所不同。若把二者加以比较，可以考订今本的一些错误。这当然还得用别的字书加以参证。例如，日本僧人空海所编《篆隶万象名义》（公元1114年，宋徽宗政和四年），是根据顾野王《玉篇》的收字、分部编成的，可视为《玉篇》的节略本，删去了书证，只留下释义，有些字条可以参证。慧琳等撰《一切经音义》是唐代翻译佛经用语的注释，引用了许多古代典籍，包括《说文》的释义在内。其中有些引文可以当做佐证。《切韵》、《广韵》的释义，有些也来自《说文》。许多研究《说文》的传注中，有不少很有价值的考证。所以，要想利用这类材料考证《说文》原本，是一项很不容易做的工作。

学良兄当时做这项工作时，只用了黎庶昌、罗振玉的《玉篇》残卷和丁福保的《说文解字诂林》，还没有来得及参阅更多的材料，当时一个二十来岁的学生，能做出这部草稿，已经很了不起了。我这些年试着完成这项研究，越来越感到其难度之大。因为读书多了些，要求也高了，总想把所发现的问题，一一加以解决。往往为了一个字的释义，桌子上堆满了书，一面学习，一面思考，如有所得，往往乐不可支。若百思不得其解，便只能废然而止。或发奇想，若是有这么一天，忽然在什么地方竟然出土了汉唐的《说文》简书，那该多好！不过，搞这套学问，不能用浪漫主义。退一步看，就是现在这三百多字的考证，也有相当的收获。

我根据学良兄原作的用意，加以自己多年来和文字打交道的经验，勉强考订的这三百多条，大体上可归纳为以下一些条例：

一、因为《原本玉篇》只留有残卷，只好依照中华书局影印本的次序排列。

二、《玉篇》引《说文》，凡与今本《说文》相同的，一般不列字条。

三、有些字的解说，大徐本《说文》与顾野王《玉篇》的引文不同，但据现有资料无法辨别其是非，便以存疑的方式待将来有新的考古资料出现时加以考订。

下面举出几条例子,加以说明,用以证明这项工作并非毫无价值。

050 諽:

《说文》言部"諽"字下说:"諽,飾也,一曰更也。"这条解说的可疑,段玉裁、王筠都已指出,因为它同《广韵》的"諱也"义相左,认为"飾"当是"餝"字之讹。这个说法是对的。但苦于没有直接的证据。顾野王《原本玉篇》引《说文》作"餝也"。"餝"字显系"飭"字的笔误。可见顾野王所见《说文》原本作"飭也",可视为确证。大徐本一字之误,贻误至今,幸得《玉篇》残卷的流传得以识其原貌。

133 纑

《说文》"纑"字下云:"纑,粗緒也。"这个解释也很可疑。段玉裁以为《说文》"纑"字前后十二字都训缯名,"纑"字独训"粗緒",同《说文》体例不合,因而假说为"纑今之綿紬"。綿紬即今之綿绸,也是缯之一种。此说甚精,可惜没有证据。《原本玉篇》引做"粗紬也"。粗紬即粗绸,是古代缯名。可见《说文》原本当如是,大徐本"緒"字乃是"紬"字之讹。这条校勘,只是一字之差,但从中国丝绸文化的角度来看,多此一字之确义,正可补足秦汉时中国丝织品及技术之面貌。

147 紞

《说文》:"紞,冕冠塞耳者。"这个解说不清楚。《左传》注:紞,冠之垂者"。《正义》又加解说云:"悬瑱之绳垂于冠之两旁,故曰冠之垂者。"瑱为玉制,系于冠缨下端,垂于耳旁,所以名为充耳或塞耳。这个解说非常清楚。大徐本解为"冕冠塞耳者","冠"字后脱落了个"垂"字,以致不知所云。《原本玉篇》引作"冕冠垂塞耳也",

可见《说文》原本原貌,研究古代服饰的学者,一定会为此而高兴。

291 斛

《说文》:"斛,水衡官谷也。"解说不可理解。有些学者的考证,便在"谷"字上下功夫,白费了精力。《原本玉篇》引《说文》作"水衡官名也",方知大徐本把"名"字误抄为"谷"。水衡都尉是汉代高官之一,下属六丞,丞下官名颇多,"斛"当是水衡都尉下属的一个官名。一字之差,竟致面目全非。这条考证,对研究汉代官制的学者,当有裨益。

以上四字归为一类。这类字不少,这里只举出四个字。

古人著述,一般不用句读,《说文》中常因此而生歧义。有的用《原本玉篇》引文,可加以辨析。例如:

031 論

《说文》:"論,便巧言也。"古籍中常用"便佞"、"巧言"两词,无"便巧言"为一词语的用法,王筠《说文句读》已识其非,以为原本当作"便也,巧言也。"大徐本脱一"也"字,以致两个义项合而为一。但也只是揣测,没有校勘证据。《原本玉篇》引作"巧言也"。只引了一个义项。顾野王引《说文》有时只引用《说文》解说的一个义项。这个做法,可以说明,他依据的《说文》原本,或者两个义项间有句读标记,或者中间有个"也"字。从这类对比材料推测,大徐本脱"也"字的情况较合实际。

042 嚊

《说文》:"嚊,失气言,一曰止也。"《原本玉篇》引作:"失气也,一曰不止也。"大徐本"失气言",不可解。"一曰不止也",与字义无涉。以《原本玉篇》对校,"失气言"之"言"字当属第二个义项"言不止",原本大徐本的"言"字安错了地方。

有些字的解说,大徐本《说文》和《原本玉篇》的引文都可疑,但从《宋本玉篇》等书中引文加以比勘,或可测知《说文》原貌,也有利于词义考订。例如:

245 座

《说文》:"座,礙止也。"《原本玉篇》引作:"礙山也。"都可疑。《宋本玉篇》作:"座,礙也,止也。"三者相较,当以《宋本玉篇》的解说较为可信。以此为准,大徐本"礙"字下盖脱"也"字。《原本玉篇》"山"为"止"之讹,亦脱"也"字。这种揣测,当然不像前面几条的证据确凿,但也决非毫无根据的臆说。

有些字的解说,大徐本和《原本玉篇》不同,但难以辨别是非,便根据其他材料加以分析。例如:

127 繒

《说文》:"繒,帛也。"《原本玉篇》引作:"帛总名也。"二者解说不同,后世字书的解说也分两派,有的解为"帛",有的解为"帛之总名也"。究竟孰为《说文》原本,很难判定。但全面加以比较,似以"帛总名也"的解说较胜。

059 瞽

《说文》:"瞽,狱之两曹也,在廷东……治事者。"《原本玉篇》引作:"狱之两曹,治事者也。"二者相较,大徐本解说混乱,不如顾野王本解说之通畅。虽证据不足,尚待考证,但有了顾野王的这条引文,至少是一条重要的参考。

074 嗣

《说文》:"嗣,诸侯嗣国也。"《原本玉篇》引作:"诸侯子曰嗣国也。"后者解说似较明确。虽不能据以判定《说文》原本面貌,但亦不失为一条重要参照材料。

以上种种情况都对考订大徐本《说文》的错误或不足有校勘学的价值。

在校补学良兄的文稿时,因为已不能与故友讨论,只得独自"以意为之",这"意"也前后并不一致。原本打算利用《原本玉篇》引文,扩而大之,详参唐宋字书,利用出土古文字的考释,对所涉及的字,逐字进行穷原竟委的考订。但试了一下,只得知难而退。因为这样一做,便大大超出了本文的范围。而且有许多字,就现有的资料,还很难做到这一步。所以只好退到原来的设想,基本上遵照罗莘田老师的意见,勉强做成现在的样子。这三百多字的考订,有的简略,有的较繁,也可看出我在撰写过程中进退失据的痕迹,完稿以后,本来可以把那些繁细的字条加以删改,但因为已经费了些心力,舍不得删除,结果便成为现在的样子,有的用工笔细描,有的用粗线勾画轮廓。这一切都无法征求故友的意见了。

九旬老翁,面对老友六十年前的遗稿和我的校补稿,也算了却一件文字因缘。我这一生,本来只想在传统文化的一些重要方面做出一些贡献,但至今只在文字训诂方面初识门径,自觉生当否极泰来的盛世,实在愧对教我助我的师友。趁此拉拉杂杂写来,当作前言。

本文稿原名《〈原本玉篇〉引《说文》笺》,现在加上校补两字,以示文责我负和我们两人合作之意,请友好指正。

001 誐

大徐本《说文解字》(以下简称《说文》):"誐,嘉善也。从言,我声,诗曰:誐以溢我。"

顾野王《原本玉篇残卷》(以下简称《原本玉篇》)引《说文》作:"喜善也。"

按:"喜善"当是"嘉善"之讹,因"喜"与"嘉"形近,因而传抄致误。日释空海《篆隶万象名义》亦沿用。《广韵》作"嘉善也",与《说文》同,王筠《说文句读》云:"嘉善盖汉人恒言。"即今所说"常用词"。《说文》"脙"字下云:"脙,嘉善肉也。"《大戴礼记·千乘》云:"百姓齐以嘉善。"

焦赣《易林》:"必得嘉善,长受安福。"可证"嘉善"为常用词,"嘉"、"善"同义。《广雅·释诂》:"嘉,善也。""嘉善"一词当属同义并列复合词。"喜善"非词。用以与《说文》比较,可证明《说文》是而《原本玉篇》的抄本误。这类比较,可以说明大徐本《说文》所据宋以前抄本,虽历经传抄,仍然大部分保持原著原貌,若无确证不宜妄加改易。

002 翖

《说文》:"翖,大言也。从言,羽声。"

《原本玉篇》引《说文》作:"人语也。"

按:《说文》释"翖"为"大言"是。《汉书·扬雄传》:"尚泰奢丽夸翖。"颜师古注:"翖,大也。""夸翖"即夸大。《新唐书·杨贵妃传》作"夸翖",都与《说文》"大言"义相合。《原本玉篇》抄本作"人语",唐宋本《玉篇》因袭其释义,抄写致误。《汉语大字典》"翖"字下亦因袭其误,列"人语"为一义项。《篆隶万象名义》似已知《原本玉篇》抄写之误,故释"翖"为"普"、"遍",用其引申义。

003 諰

《说文》:"諰,思之意。从言从思。"

《原本玉篇》引《说文》作:"思之意也。"

按:《说文》通例,释文后皆有"也"字。顾野王所据《说文》原本是。唐宋本《玉篇》及《类篇》均作:"思之意也。"

004 謝

《说文》:"謝,辤去也。"

《原本玉篇》引《说文》作:"辭也。"

按:今本《玉篇》作:"辭也,去也。"《文选·别赋》注引《说文》作:"辭也。"《广雅》:"謝,去也。"《楚辞·大招》王逸注:"謝,去也。"无以"辤去"释谢之例。大徐本《说文》盖脱"也"字,古本当作"辤也,去也"。《原本玉篇》但引其"辤也"一义。今本《玉篇》所引是。

又《说文》"辤""辭"二字异。"辤,不受也。"籀文作"𦍋",为辤谢字。"辭,讼也。"籀文作"𤔲",为文辞字。今简化字"辞"兼表辞谢、文辞义。盖二字混用,六朝时已然。

005 訒

《说文》:"訒,顿也。"

《原本玉篇》引《说文》作:"鈍也。"

按:《说文》:"頓,下首也。"为顿首字。"鈍,錭也。""錭,鈍也。"刀剑不锋利谓之钝。引申为迟钝义。《广雅·释诂》:"訒,难也。""难"与"迟钝"义近,可知"鈍也"为释"訒"字之正字,《说文》"顿也"字乃假借字。《汉书·贾谊传》:"顽顿之耻。"颜师古注:"顿读曰钝。"可证。疑《说文》原本当作"鈍也",顾野王所据《说文》原本是。

006 訥

《说文》:"訥,言难也。"

《原本玉篇》引《说文》作:"难也。"

按:言难乃言之迟钝。顾野王《玉篇》脱"言"字。唐宋本《玉篇》作:"言难也。"可证。

007 讘

《说文》:"讘,讘㜽也。"

《原本玉篇》引《说文》作:"讘諁也。"

按:《广雅》及唐宋本《玉篇》均作"諁也。""讘諁"乃古复音词。依《说文》通例,复音词皆以一字为正字,另一字为假借字,《说文》无"諁"字,故假借"㜽"字,顾野王时盖已有"諁"字,因改为"讘諁"。

"讘諁"义不详。近人老舍《骆驼祥子》:"虎姑娘瞪了老头子一眼,回到自己房中,讘諁着嗓子哭起来。"讘諁,读音为 zhā lù,为象声词。

008 雠

《说文》:"雠,犹䧹也。从言,雔声。"

《原本玉篇》引《说文》作:"犹應也。"

按:《说文》:"應,当也。"《韵会》作"䧹"。"䧹"、"應"、"膺",当是一组异体字。古代典籍多作"應","應"字行而"䧹"、"膺"废。《说文》:"䧹,以言对也。"又:應,当也。《说文》"䧹"字当据顾野王所据原本改为"應"。

009 謷

《说文》:"謷,不肖人也。从言,敖声。一曰哭不止,悲声謷謷。"

《原本玉篇》引《说文》作:"不肖人也。一曰哭不悲也。"

按:段玉裁据《韵会》改为:"不省人言也。"不可信。今大徐本

《说文》及顾野王所据古本均为"不肖人也",不宜妄加更改。"肖"当解为"似","不肖人"即不像人(的言语)。《方言》七:"凡言粗类亦谓之肖。"注:"肖,似也。"《楚辞·九思》:"令尹兮謷謷。"王逸注:"不听话言而妄语。""妄语"即胡说八道,不像人说的话。"謷謷"犹今语哇拉哇拉地乱说。"悲声謷謷"的"謷謷"像人痛哭时的声音,今作嗷。《原本玉篇》误作:"哭不悲也。"不可据,大徐本《说文》"不肖人也",不误。

010 𧩙

《说文》:"𧩙,𧩙讘也。"

《原本玉篇》引《说文》作:"拾𧩙也。"

按:《集韵》作:"𧩙讘,多言。"与《说文》同。徐锴云:"《史记》灌夫曰:'生平毁程不识不值一钱,今日者长者行酒,乃效儿女子呫囁耳语!'当作此𧩙讘字也。"徐锴说是。"𧩙讘"乃复音词。《史记》作"呫囁",《原本玉篇》所据《说文》古本作"拾𧩙",皆同一词之异形,"拾𧩙"即"𧩙讘"。后人不知,或解"拾"为实词,如《广韵》:"拾人语也。"今本《玉篇》:"拾也。"皆误。

011 詐

《说文》:"詐,慙也。"

《原文玉篇》引《说文》作:"慙语也。"

按"慙"即"惭"字。《说文》:"怍,慙也。"又:"詐,欺也。""慙,媿也。""惭怍"、"惭愧"皆为"慙"、"詐"(詐)孳生的复合词。顾野王所据《说文》古本或作"暂语"。"暂"乃"慙"字假借。汉以后正字与假借字混用的情况比比皆是。此乃文字从以假借字为主的阶段进入以谐声字为主的过程中所产生的过渡现象。段玉裁等以"詐"为

"诈"的假借,抹煞詐、诈二字的关系,不可取。

012 詒

《说文》:"詒,相欺詒也,一曰遗也。"

《原本玉篇》引《说文》作:"一曰相喜也。字书或为贻字。"

按:《说文》无"贻"字。《广雅·释言》:"詒,遗也。"与《说文》同。经典或用"贻"字。《诗经·小雅·天保》:"詒尔多福。"又《王风·丘中有麻》:"贻我佩玖。""詒"、"贻"二字同义,可通用,"相喜"二字不词,盖误。今本《玉篇》引《说文》与今本同。

013 謟

《说文》:"謟,言謟嚻也。"

《原本玉篇》引《说文》作:"謟嚻也。"又引《声类》:"謟嚻,言不止。"

按:段玉裁以"謟嚻"为叠韵词,是。今本《说文》盖衍一"言"字。当据顾野王所引古本删正。

014 譺

《说文》:"譺。騃也。"

《原本玉篇》:"《说文》:'譺,咍也。'《苍颉篇》:'譺,欺也。'《广雅》:'譺,调也。'野王案:'相啁调也。'"

按:野王所据《说文》古本是。大徐本"騃也"疑为"詒"字之误,"詒"与"咍"同。《一切经音义》卷一七"调譺"条下引《苍颉篇》:"譺,欺也。"又卷三八引《通俗文》:"大调曰譺。譺,欺也。"今本《玉篇》亦作"譺,欺也"。《说文》:"詒,相欺詒也。"又:"咍,蚩笑也。"《楚辞·九章·惜诵》:"行不群以巅越兮,又众兆之所咍。"王逸注:"咍,笑也。楚人谓相调笑曰咍。"相调笑有相欺弄之意。以上都可证明顾野王所据《说文》古本是，大徐本"駃也"的"駃"，当为误字。《说文》："駃，马行仡仡也。"乃形容马行走勇壮貌，或假借为呆愚字，都与欺咍义无涉。

015 誣

《说文》："誣，加也。"

《原本玉篇》引《说文》作："加言也。"

按：《一切经音义》卷六、卷一八引《说文》作："加也。"卷五八、卷七四、卷七八、卷八九引《说文》作："加言也"。又卷五一引作："加言曰誣。"是隋唐时《说文》传抄本已有不同。《说文》："加，语相增加也。"是"加"字已有加言义。释"誣"为"加也"，非误。但古籍中"加"字多用为增加义，故释"誣"为"加言"，亦与汉代"加"字常用义相合，两种古本，疑难定是非。

016 誃

《说文》："誃，离别也。"

《原本玉篇》引《说文》作："分离也。"

按：《万象名义》："誃，离、别。"今本《玉篇》："誃，离也。"《集韵》引《说文》："誃，离别也。"与《广韵》同。疑顾野王引作"分离"义，不可据。

017 訕

《说文》："訕，譸也。"

《原本玉篇》云："《说文》亦譸字也。"

按：《说文》："譸，訕也。"与"訕"字转相训。"譸訕"即"诅咒"之异文。《一切经音义》卷三二"訕詛"条下云："《考声》云：訕，亦詛也。经文从口作呪，俗字也。"又卷八六："呪咀，俗字也。"卷二七又作:"祝詛。"《广韵》:"呪,呪詛。"《集韵》又作"咒";"咒,詛也。古作祝,或从言。"又《说文》:"詶,訓也。"钱坫《说文斠诠》以为释典咒字即此。可知訓、祝、呪、詋、咒等字皆同一字之演化。甲骨文"祝"字作㝨、㞢,象人跪于神主前祷告之形,或不从示。多用为祭祀名。在神前祷告有两个目的,一是求福,二是诅咒仇敌。于是分裂为二字二义。戴侗《六书故》云:"凡福祝曰祝,恶祝曰诅。"至今祝福、祝祷与诅咒乃形成反义词语,顾野王以为訓、譸二字为异文,与甲骨文时"祝"字用法基本相合。

018 詶

《说文》:"詶,訓也。"

《原本玉篇》引《说文》作:"祝也。"

按:今本《玉篇》亦作"祝也"。《万象名义》释作"祝",皆与原本《玉篇》同。"訓"乃"祝"字异体,故《说文》古本或异,与上"訓"字考释比较,似以"祝也"义较胜。

019 䜌

《说文》:"䜌,亂也。一曰治也,一曰不绝也。"

《原本玉篇》引《说文》作:"䜌,亂也。一曰理也,一曰不绝也。"

按:段玉裁以为,䜌与矞、亂二字音义皆同。段说是。《说文》云:"矞,治也。一曰理也。"野王或因以"理也"代"治也"。

020 誒

《说文》:"誒,可恶之辞。从言,矣声。一曰誒然。《春秋传》曰:誒誒出出。"

《原本玉篇》引《说文》作:"誒誒,可忌之辞也。《春秋传》曰:誒誒出出是也。"又云:"一曰然也。"

按:今本《玉篇》作:"可恶之辞也。"与《说文》同。"譺"与"唉"为异体字。《史记·项羽本纪》:"唉!竖子不足与谋!"《索隐》云:"唉,叹恨发声之词。"《汉书》"唉"之作"譺",表叹恨而发"唉"(譺)声,故称为"可恶之辞"。《玉篇残卷》"可忌之辞","忌"当是"恶"字之讹。又《说文》:"唉,膺也。"即"一曰然也"的"唉"。今本《说文》误作"一曰譺然",脱"也"字。

021 譆

《说文》:"譆,痛也。"

《原本玉篇》引《说文》作:"哀痛也。"

按:今本《玉篇》:"譆,悲恨之声也。"《万象多义》:"譆,哀、痛。"段玉裁以为"痛也"当作"痛声也"。痛声即悲痛时所发出的感叹词。《左传·襄公三十年》:"或叫于宋大庙,曰:譆譆出出!鸟鸣于亳社,如曰譆譆。甲午,宋大灾。"可知"譆譆"、"出出"都是表示悲叹声的象声感叹词。《说文》"譺譺"与"譆譆"同属叹词,有时可通用。这类叹词,今写作譺、欸两字,读音因感叹之场合、语气而异,皆来源于譺、唉、譆等字。

022 詥

《说文》:"胆气满,声在人上。从言,自声。读若反目相眜。"

《原本玉篇》引《说文》作:"胆满气。"又引《苍颉篇》:"胡市也。"《声类》:"在人上也。"《字书》:"一曰市决后悔也。"

按:此字待考。

023 讁

《说文》:"讁,讁訍,多言也。"

《原本玉篇》引《说文》作:"讁忚,多言也。"又引《方言》:"讁怈,欺侮之语也。郭璞曰：亦中国相轻易蚩弄之言也。"

按：今本《方言》十："眠娗、脉蜴、赐施、茭媞、䛐謾、惃怋，皆欺谩之语也。""惃怋"即謕詍、謕怋，同一复音词。王筠《说文句读》云："吾乡谓相慢曰謕戏，盖謕詍之转。"王说是。今山东方言仍有此语。读音为 lǐ xì，或写做俚戏，大人与小孩调戏也。如"他这人常和小孩子俚戏，小孩子都喜欢他。"可知謕詍的"欺侮"义，正如郭璞说的，"相轻易蚩弄之言"。《说文》释"謕詍"为"多言"，疑误。《说文》"詍"字下云："詍，多言也。"或因于此。

024 訾

《说文》："訾，不思称意也。从言，此声。诗曰：翕翕訿訿。"

《原本玉篇》引《说文》作："思称意也。"

按：《诗经·小雅·小旻》作："潝潝訿訿。"毛传："潝潝然患其上，訿訿然思不称乎上。"是毛传乃《说文》所本，但大徐本《说文》"不思称意"，与野王所据古本《说文》"思称意也"，句意相反，于是后世讨论字义者分为两派，难辨是非。余以为，欲明其初义，当从《诗》中词义之推究为主，《小旻》一诗，当是诗人不满周幽王时国政混乱而作。当时"谋犹回遹，何日斯沮？谋臧不从，不臧覆用"，是说国事的商讨，非常混乱；好意见不被采纳；不好的意见全被执行。"潝潝訿訿，亦孔之哀！""我视谋犹，伊于胡底？"是说参加商讨的人，或唯唯诺诺，深怕得罪别人；或互相讪谤，唇枪舌剑，我看这种情况，将把国家弄到什么地步（采用陈子展《诗经导读》中解释）？如果这样解释"訾义"，完全摆脱毛传，似可得本义。

025 謅

《说文》："謅，往来言也。一曰小儿未能正言也，一曰祝也。"

《原本玉篇》引《说文》作："往来言也。一曰视也，一曰小儿未能正语也。"

按：《原本玉篇》"视也"当为"祝也"之误，《万象名义》亦作"祝"，可证。"正语"与"正言"同义，今语叨叨、唠叨，皆言语重复，絮絮不止之意。小儿学语言，亦反复不已，与成人异。"祝"即祝祷，盖人在祝祷时，也是絮絮叨叨，反复不已，可知詷字盖为唠叨字之初文。

026 詀

《说文》："詀，詀詀多语也。"

《原本玉篇》引《说文》作："詀詀多言也。"

按：《万象名义》及今本《玉篇》均作"多言"。依《说文》通例，亦以"多言"为妥。又，《集韵》以詀、諵、喃为异体字，今以喃为规范字。

027 讄

《说文》："讄，语相反讄也。"

《原本玉篇》云："《说文》：'讄諧也。'《字书》：'讄諧，相及也。'"

按：今本《说文》"语相反讄也"，"反"盖"及"之误，又衍"讄"字。"讄諧"乃复音词，野王所据《说文》古本是，元代戴侗《六书故》十"讄"字下云："唐本《说文》曰：'言语相及也'"《万象名义》："语相及也。"可证。《方言》："迨、還、及也。东齐曰迨，关之东西曰遝，或曰及。"人相及为遝，言语相及为"讄"，"讄"似与"遝"字同义。

又徐灏《说文段注笺》以为"讄"即"答"字本字，待考。

又"諧"字，《说文》及《原本玉篇》引文同，均作"諧，讄諧也"。段氏《说文解字注》据以改正"讄"字下释文。

028 訮

《说文》："訮,静語訮訮也。"

《原本玉篇》引《说文》作："争語訮訮也。"

按：《广韵》："訮,争也。""争語"与"静語"不同。"静語"义为正语,诤臣义为正臣。"静語"、"争語"未知孰是,待考。

029 譜

《说文》："譜,言壮皃。一曰数相怒也,从言,雟声。读若画。"

《原本玉篇》引《说文》作："言疾皃也。一曰相数譜也。《字书》或为嘴字,在口部也。"

按：大徐本《说文》"言壮皃"当为"言疾皃"之讹,"言壮皃"不可解。今本《玉篇》亦作"言疾皃"。野王所据《说文》古本是,当据改。

030 訇

《说文》："訇,駭言声,从言,匀省声。汉中西城有訇乡。"

《原本玉篇》引《说文》作："駭言声也。"《说文》又曰："汉中正有訇乡也。"

按：段玉裁依《韵会》改"駭言"为"駭言"不可取。《说文》："駭,马行仡仡也。""仡,勇壮也。""駭言"即语声粗壮。"訇"为大声,凡人的身体健壮者,说话甕声甕气,故称"駭言声"。顾野王所据《说文》古本与大徐本同,更可证大徐本不误,不当因《韵会》及今本《玉篇》之释为"駭言"而妄改也。

031 諞

《说文》："諞,便巧言也,从言,扁声。《周书》曰:戳戳善諞言。《论语》曰："友諞佞。"

《原本玉篇》引《说文》作："巧言也。"

按：大徐本《说文》以"便巧言也"解"諞"字。王筠《说文句读》已识其非，以为当作"便也，巧言也"，但无法证实。今知野王所据《说文》古本正作"巧言也"，可知"便"下当有逗号，"便"即《论语》"便佞"之"便"，"巧言"即《论语》"巧言令色"字。《万象名义》袭野王作"巧言"，今本《玉篇》作"巧佞之言也"，皆可证野王所据古本可信。一个逗号之有无，关系之大如此。

032 讐

《说文》："讐，匹也。"

《原本玉篇》引《说文》作："讐，比也。"又曰："野王案：毛诗'国步斯讐'，是也，今为頻。"

按：《诗经·大雅·桑柔》："国步斯頻。"郑玄笺："頻犹比也。"《广雅·释诂》："頻，比也。"可证"讐"之训比甚明，大徐本"匹也"疑误。

033 訊

《说文》："訊，扣也，如求妇先言荟之。"

《原本玉篇》引《说文》作："訊，扣也，如求妇先訊发之。"野王案："以言相扣发也。《论语》'訊其两端'，《公羊传》'吾为子口隐'，并是也。"

按：大徐本《说文》"言荟"二字不可解，当为"訊發"之讹。徐锴《说文系传》作"訊荟"，"發"讹为"荟"，大徐本又讹"訊"为"言"。三者相较，传抄致误之迹宛在。《万象名义》"訊"字释为"發"，可为旁证。当据改。

034 譜

《说文》："譜，加也。"

黎庶昌本《玉篇残卷》云："《说文》：'加言也。'野王案：与增字同。"

又罗振玉本《玉篇残卷》云:"《说文》:'恒言也。'野王案:与增字同。"

按:今本《玉篇》亦作"加也",《万象名义》"譜"字下:"加,增字。"《广韵》:"譜,加言也。"可证《说文》"加也"义不误,《原本玉篇残卷》罗振玉本"恒言也"误,幸有黎庶昌本相比照,得知其误,也可知原本《玉篇》残卷,黎、罗两人所集并非全部。希望有志于此道者,在日本、韩国广为访求,将来所得必远胜今日,那时再用以与《说文》相较,必还胜于今也。

035 誕

《说文》:"誕,詞誕也。"

《原本玉篇》引《说文》作:"調誕也。"

按:《说文系传》云:"妄为大言也。又大也。"是"詞誕"当为言词夸大不实之谓,《原本玉篇》讹为"調誕",不可解。今本《玉篇》作"大也",亦不从其解,以"調誕也"释"誕",亦与例不合,待考。

又《原本玉篇》列《说文》誕字籀文为字条,作䛴,与大徐本"𫷷"形异。

036 誾

《说文》:"誾,眼戾也。"

《原本玉篇》引《说文》作:"即很也。"

按:《说文系传》作:"誾,很戾也。"古本当为"很也,戾也","眼"即"很",为古今异体。《原本玉篇》"即"当为"眼"字笔误,释语当为"眼,很也"。野王引《说文》常只引其一义。此沈乾一说。

037 訐

《说文》：" 訆,大呼也。从言,丩声。《春秋传》曰：或訆于宋大庙。"

《原本玉篇》引《说文》作："《说文》：訆,忌言也。《春秋传》曰：或訆宋大庙。《字书》或叫字也。叫,嘘也,在口部。"

按：今本《玉篇》："訆,妄言也。"《原本玉篇》"忌言",大徐本无此义项,待考。

038 謈

《说文》："謈,大呼自勉也。"

《原本玉篇》引《说文》作："大呼也,自冤也。"

按：《广韵》、《经典释文》"自勉"均作"自冤"。《广雅·释训》"爆"字下作："大呼也,自冤也。"可证大徐本"自勉也"当为"自冤也"之误,"大呼"下脱"也"字。

039 謬

《说文》："謬,狂者之妄言也。"

《原本玉篇》罗振玉本误作："狂者之志言也。"黎庶昌本不误,与大徐本同。

按：此条罗本与黎本异。可知流传于日本的抄本非出自同一抄本。"妄言"讹为"志言",乃抄写者的笔误。

040 訏

《说文》："訏,诡譌也。"

罗振玉本《玉篇残卷》引《说文》作："一曰说譌也。"黎庶昌本引与大徐本同。

按：罗本误抄"诡譌"为"说偽"。黎本不误。

041 訾

《说文》:"訾,咨也。"

《原本玉篇》引《说文》作:"訾,嗟也。"

按:《万象名义》训"訾"为"咨",疑空海所据原本《玉篇》作"咨也",与大徐本《说文》同。

又《说文》:"咨,谋事曰咨。""嗞,嗟也。"但典籍中常以"咨"为感叹词,与"嗞"字为异体。咨又用为咨谋,为另一义项,"咨"、"訾"二字同义,"嗟"、"訾"二字为异体。

042 譶

《说文》:"譶,失气言,一曰不止也。"

《原本玉篇》引《说文》作:"失气也。一曰言不止也。"

按:大徐本"失气言"不可解。《史记·项羽本纪》索隐、《文选·东都赋》李善注等引《说文》皆曰:"譶,失气也。"今本《玉篇》:"譶,言不止也。"皆与《原本玉篇》同,可证大徐本"失气言"之"言"字当移至"不止也"之前。

043 誣

《说文》:"誣,相毁也,从言,亞声。一曰畏亞。"

《原本玉篇》引《说文》作:"相毁也。"又曰:"亦云畏誣也。"

按:徐锴《说文系传》作"一曰畏誣",与原与《玉篇》同。"畏亞"之"亞"为假借字,"誣"为正字,此处当以用"誣"字为胜,大徐本当据改。

044 訐

《说文》:"訐,面相斥罪,相告訐也。"

《原本玉篇》引《说文》作:"面相斥罪相桀訴。"

按:《说文》释"訐"字"面相斥罪相告訐也"语义难解,说者不一。《原本玉篇》作"相榮訴",与"相告訐"异。王筠《说文句读》、《说文释例》两书所释可取:一则曰,此条有二义:"面斥"为一义,"告訐"为另一义。二是以为"相告訐也"乃"相告訴也"之误。野王所据古本作"榮訴",可以证其说。

045 譴

《说文》:"譴,謫问也。"

《原本玉篇》引《说文》作:"譴,问也。"

按:王筠《说文句读》断句为:"謫,问也。"是古本盖作:"譴,謫也,问也。"顾野王但取其"问也"一义。《万象名义》"譴"字下分列问、诃、责、怒等义,亦以"问"为一义,无"謫问"义项,可证。

046 誶

《说文》:"誶,讓也。从言,卒声。《国语》曰:誶申胥。"

《原本玉篇》引《说文》作:"誶,讓。《国语》曰:吴王誶申胥。"是也。

按:《原本玉篇》"讓"下脱"也"字。

047 諲

《说文》:"諲,责望也。"

《原本玉篇》引《说文》作:"相责諲也,今为望字。"

按:《万象名义》作:"相责望。"今本《玉篇》:"諲,相责也。"可证大徐本、《说文》古本当作"相责望也"。今本脱"相"字。

048 詭

《说文》:"詭,责也。"

罗振玉本《原本玉篇》引《说文》"责"作"青",黎庶昌本与《说文》同。

按:罗本误将"责"字抄写为"青"字。细玩罗本抄写者的书法较胜于黎本,何以笔误反而较多,殊不可解,罗氏疑为黎氏所改,若得黎氏在日本所见之抄本原件相比较,方可加以判断。

049 誰

《说文》:"誰,何也。"

《原本玉篇》引《说文》作:"誰,訶也。"

按:"誰"有代词之誰和訶问两义。大徐本与顾野王所据古本各录其一义。待考。

050 諄

《说文》:"諄,飾也,一曰更也。"

《原本玉篇》引《说文》作:"一曰餝也。"

按:段玉裁、王筠等皆以"飾也"义与《广韵》"謹也"义相左,疑为"飭也"之误。野王《原本玉篇》作"餝也",显系"飭也"笔误。可证大徐本"飾"字乃"飭"字之误。飭有整飭、谨敬义,正与"諄"字义合,当据改。

051 讕

《说文》:"讕,怟讕也。"

《原本玉篇》引《说文》作:"譲讕也。"

按:段氏谓怟讕犹俗语抵赖,是。野王《玉篇》"譲"字误。

052 讄

《说文》:"讄,祷也。累功德以求福。"

《原本玉篇》引《说文》作:"相祝累功臣以求禄。"

按:《说文》:"《论语》云:讄曰:祷尔于上下神祇。"今本《论语》"讄"作"誄"。又《释名》:"誄,累也。累列其事而偶之也。"今本《玉篇》:"䛐,累功德以求福也。"与大徐本《说文》同。野王《原本玉篇》盖衍"相祝"二字。

053 諱

《说文》:"諱,誋也。"

《原本玉篇》引《说文》作:"諱,忌也。"

按:《周礼·春官·小吏》、《史记·秦始皇本纪》皆以"忌諱"为词。今本《玉篇》亦作"忌也",段氏改大徐本《说文》"誋"为"忌",是。野王《玉篇》所据古本,可为确证。

054 諆

《说文》:"諆,耻也。从言,奘声,譀,諆或从夒。"

《原本玉篇》引《说文》作:"諆詢,耻辱也。"

按:今本《玉篇》亦作"諆詢,耻辱"。"諆詢"乃复音词。《庄子·天下》:"諆髁无任,而笑天下之尚贤也。"《楚辞·九思》:"违群小兮諆詢。"《荀子·非十二子》:"无廉耻而忍諆詢。"《汉书·贾谊传》:"顽顿亡耻,傝詢亡节。"皆以"諆詢(詢)"为复词。《说文》:"詢,諆詢,耻也。"段氏改大徐本为"諆詢,耻也",是。野王所据古本同,可为确证。

055 譯

《说文》:"譯,传译四夷之言者。"

《原本玉篇》引《说文》作:"传四夷之语也。"

按:大徐本《说文》盖愆"譯"字。《文选》司马长卿《喻巴蜀檄》注引《说文》:"譯,传也,传四夷之语也。"与野王所据古本同。

056 諳

《说文》:"諳,悉也。"

《原本玉篇》引《说文》作："大声也。"

按：今本《玉篇》："諳，记也，知也，诵也，大声也。"《广韵》："諳，记也，忆也。"所列义项多不相同。或以"諳"与"喑"字通，故有"大声"义。待考。

057 誩

《说文》："誩，竸言也。"

《原本玉篇》引《说文》作："竸言之也。"

按：《万象名义》作"誩，竸言。"今本《玉篇》亦作"竸言也。"野王《玉篇》盖衍"之"字。

058 沓

《说文》："沓，语多沓沓也。"

《原本玉篇》引《说文》作："语交沓沓也。"

按："语交沓沓"不可解。今本《玉篇》："沓，重叠也，多言也，合也。"《广韵》同。疑野王《玉篇》"交"字盖"多"字之讹。

059 䇂

《说文》："䇂，狱之两曹也，在廷东，从㯥，治事者从曰。"

《原本玉篇》引《说文》作："狱之两曹，治事者也。"

按：大徐本解说混乱，野王所据古本较通畅，但难为确证，待考。

060 乃

《说文》："乃，曳词之难也，象气之出难。"

《原本玉篇》引《说文》作："乃者，申辞之难也。"

案："乃"字甲骨文象奶形，《说文》所释为虚词用法。大徐本以"曳词之难"释"乃"字，野王所见古本作"申辞之难"，似较易解说，沈乾一君已有所论述，待考。

061 丂

《说文》："丂，气欲舒出，勹上碍于一也。丂，古文以为亏字，又以为巧字。"

《原本玉篇》引《说文》作："气欲舒出也，古文以为丂字，又为巧字也。"罗振玉本"古文"二字笔误为""□"形，或因所据古本"古文"二字残损所误。

按：甲骨文"丂"字用为地名，字形待考。《说文》所解不足据，野王所据古本较胜。

062 粵

《说文》："粵，亟词也。从丂从由。或曰粵，俠也，三辅谓轻财者为粵。"

《原本玉篇》引《说文》作："極词也，或曰使也。"

按：野王《玉篇》"或曰使也"当为"或曰俠也"之讹。"粵"与"傅"为古今字。《说文》："傅，俠也。"又："俠，傅也。"是二字同。《史记·季布列传》："为气任俠。"《集解》云："俠，傅也。"可证。

063 乎

《说文》："乎，语之余也。"

《原本玉篇》引《说文》作："语之舒也。"

按：《一切经音义》卷四一"乎"字下引《说文》："语之餘声也。"疑野王《玉篇》"舒"字当为"餘"之讹。

064 粵

《说文》："粵，亏也。审慎之词者，从亏，从宷，《周书》曰：粵三日丁亥。"

《原本玉篇》引《说文》作:"亦审慎之词也,《周书》'粤三月丁亥'是也。"

按:大徐本"审慎之词者","者"字当为"也"字之误。野王所据古本是。此条可证段氏说。段氏云:"也,各本作者,今正。"

065 章

《说文》:"章,乐竟为一章。"

《原本玉篇》引《说文》作:"乐歌竟为一章也。"

按:"章"字"从音,从十。十,数之终也"。乃会意字,故解为"乐竟为一章"。疑野王本衍"歌"字。

066 竟

《说文》:"竟,乐曲盡为竟。"

《原本玉篇》黎庶昌本引《说文》作:"乐曲竟也。"

按:依通例,原本当作"竟,乐曲盡也"。黎本"竟也"非误,但以"盡也"为胜。罗振玉本误为"乐明竟也"。

067 䜐

《说文》:"䜐,急告之甚也。"

《原本玉篇》黎庶昌本引《说文》作:"䜐,急也,告之甚也。"罗振玉本作:"急也,告之也。"缺"甚"字。

按:黎本较胜。大徐本"急"下脱"也"字,致语义不明,分列二义,词义甚明白。王筠《说文句读》以为"急"当句绝,是。野王所据《说文》古本"急"下有"也"字,可为确证,段氏曲解"急告之甚,谓急而又急也",不可取。

068 嚴

《说文》:"嚴,教命急也。"

《原本玉篇》引《说文》作："教令急也。"

按：戴侗《六书故》引《说文》亦作"教令急也"，与野王《玉篇》所引同。"命"、"令"二字殷周时本为一字，但汉代已分为二字，《说文》原本当作"教令急也"。大徐本应据改。

069 㗊

《说文》："㗊，譁訟也。从叩，屮声。"

《原本玉篇》引《说文》作："諤訟也。"

按：《万象名义》："㗊，譁訟。"可证野王《玉篇》"譁"误为"諤。"

070 嚚

《说文》："嚚，语声也。从㗊，臣声，𠴦，古文嚚。"

《原本玉篇》引《说文》作："嚚，顽也，语声也。"

按：大徐本称"顽也"义，疑脱。《万象名义》及今本《玉篇》皆存"顽"义。《广雅·释诂》："嚚，愚也。"愚、顽义近，皆可证《说文》古本当有"顽也"义。

071 嵒

《说文》："嵒，多言也。从品相连。《春秋传》曰：次于嵒北。读与聂同。"

《原本玉篇》引《说文》作："嵒，聂也，又若言也。"

按：野王《玉篇》"若言"盖"多言"之讹，《万象名义》作"多言"，可证。

072 喿

《说文》："喿，鸟群鸣也。"

罗振玉本《原本玉篇》引《说文》作："鸟群明也。"黎庶昌本作："鸟群鸣也。"

按：罗振玉本"鳴"讹为"明"。《万象名义》与大徐本同，不误。

073 籥

《说文》："籥，管乐也。"

《原本玉篇》引《说文》作："《说文》：管有七孔也。"

按：《说文系传》："籥，管乐也，七孔。"《万象名义》作："管有七孔。"以数本相较，疑大徐本脱"有七孔"三字。

074 嗣

《说文》："嗣，诸侯嗣国也。"

《原本玉篇》引《说文》作："诸侯子曰嗣国也。"

按：野王《玉篇》所引较大徐本多"子曰"二字，存疑。

075 扁

《说文》："扁，署也。从户、册。户册者，署门户之文也。"

《原本玉篇》引《说文》作："扁，署也。扁门户之文也。"

按：野王"扁门户之文也"，"扁"当为"署"字之讹。

076 嚚

《说文》："嚚，声也，气出头上。"

《原本玉篇》引《说文》作："气生头上也。"

按：野王"气生头上"，"生"字当为"出"之讹，"嚚"与"欯"音同义近。《说文》欯字下云："欯欯，气出皃。"与嚚字"气出头上"义同，可以为证。

077 器

《说文》："器，皿也，象器之口，犬所以守之。"

《原本玉篇》引《说文》作："四曰器也。"

按：器字从四口，从犬。原始人以石块烧热后，用以炙狗肉，如今之烤牛羊肉。用以祭祀,故器之本义为礼器,《说文》所解不足取。

078 只

《说文》:"只,语已词也。"

《原本玉篇》引《说文》作:"语之词也。"

按:野王"语之词也","之"字当为"已"字笔误,今本《玉篇》引与大徐本同,可证。

079 㕯

《说文》:"㕯,言之訥也。"

《原本玉篇》引《说文》作:"言之内也。"

按:《说文》:"訥,言之难也。"野王"言之内也","内"当为"訥"字之讹。

080 矞

《说文》:"矞,以锥有所穿也。从矛,从㕯。一曰满有所出也。"

《原本玉篇》引《说文》作:"以锥有所穿也,一曰满也。"

按:《广韵》"矞"字下引《说文》与野王《玉篇》同,疑大徐本"一曰满有所出也",衍"有所出"三字。

081 㰤

《说文》:"㰤,欠皃。"

《原本玉篇》引《说文》作:"不皇也。"

按:野王《玉篇》"不皇"当为"欠皃"误字。《玉篇残卷》抄本"皃"字与"皇"字形近,因而致误。今本《玉篇》作"欠皃",不误。可证。

082 欨

《说文》:"欥,吹也。一曰笑意。"

《原本玉篇》引《说文》作:"欥,欠也,一曰笑意也。"

按:野王《玉篇》"欠也"当是"吹也"之讹。《广韵》引《说文》与大徐本同。《万象名义》亦训"欠",当是沿野王《玉篇》之误。

083 欯

《说文》:"欯,喜也。"

《原本玉篇》引《说文》作:"欯欯,书也。"

按:"书"当为"喜"字之讹。《广雅·释训》:"欯欯,喜也。"可证。大徐本《说文》盖脱"欯欯"两字,徐锴云:"此今俚俗言也。"今语有"笑嘻嘻地","嘻"、"欯"为古今异体字。

084 歓

《说文》:"歓,欯歓也。从欠,鼀声。𠴿,俗歓。"

《原本玉篇》引《说文》作"歓":"鸣歓也。"野王案:"口相鸣之声也。或为嗷字,在口部。"

按:《说文系传》云:"歓,欯歓,从欠,鼀声。徐锴曰:口相就也。""俗歓,从口从就。"《说文》:"欯……一曰口相就。"《原本玉篇》欯字下云:"《说文》又曰:二口相就也。"可知"欯歓"为复音词,义当为"二口相就"。二口相就,即今语接吻,明人小说《金瓶梅》中常用之,野王"相鸣之声也",疑当作"相嗷之声"。欯歓为象声词,象二口相吻时的声音。

085 欤

《说文》:"欤欤,戏笑皃。"

《原本玉篇》引《说文》作:"欤欤,戏笑皇也。今为蚩字。"

按:《原本玉篇残卷》写本"皃"字多讹化写"皀",或讹为"皇",

因形近致误。又"欤"与"蚩"通用,"蚩"为假借字,今作"嗤"。

086 欣

《说文》:"欣,笑喜也。"

《原本玉篇》云:"《毛诗》:'旨滔欣欣。'传曰:'欣欣,乐也。'《说文》:'茂皇也。'《广韵》:'欣欣,喜也。'亦与䜣字同。"

按:欣、䜣、听三字音义同。《说文》:"䜣,喜也。""听,笑皃"。《楚辞·九歌》:"君欣欣兮乐康。"王逸注:"欣,喜皃。"野王《玉篇》引作"茂皇",当为"喜皃"之讹。大徐本作"笑喜",或为"笑也,喜也"之误,或为"笑皃"之讹,待考。

087 弞

《说文》:"弞,笑不壞顔曰弞。"

黎庶昌本《原本玉篇》引《说文》作:"笑不壞顔也。"与大徐本同。

罗振玉本误为"欥",引《说文》:"笑不懷頓也。"

按:《说文》无"欥"字。"懷頓"当为"壞顔"之讹,因形近致误。今本《玉篇》:"弞,式忍切。笑不壞顔也。"又:"欥,呼来切,笑不壞顔也。"可知"欥"字当由"弞"字讹变而成。野王《玉篇》"欥"亦"弞"字之讹。

088 欼

《说文》:"欼,怒然也。《孟子》曰:曾西欼然。"

《原本玉篇》:"《说文》:'欼,愁皃也。'《孟子》曰:'曾西欼然。'是也。"

按:《万象名义》云:"感愁皃也。""曾西欼然",今《孟子·公孙丑》作"蹵然"。"愁然"与"蹵然"皆为心中不安义。怒然、蹵然、感然、跛踖、局促，并为同族词。

089 欻

《说文》："欻，有所吹起。……读若忽。"

《原本玉篇》引《说文》作："有所欻起也。"

按：《文选·赭白马赋》："欻耸擢以鸿惊。"李善注引《说文》与大徐本同。野王《玉篇》"欻起"当为"吹起"之讹。

090 歌

《说文》："歌，詠也。"

《原本玉篇》引《说文》作："詠歌也。"

按：《万象名义》"歌"训"詠"。今本《玉篇》"歌，詠声也。"疑野王《玉篇》"詠歌也"，衍"歌"字。

091 欪

《说文》："欪，含笑也。"

《原本玉篇》引《说文》作："合哭也。"

按：《万象名义》、今本《玉篇》"欪"字均训"含笑"。野王《玉篇》作"合哭"，与"含笑"形近致误。

092 歍

《说文》："歍，人相笑，相歍瘉。"

《原本玉篇》引《说文》作："相笑相歍翰也。"

按："歍瘉"，《后汉书·王霸传》作"邪揄"，今本《玉篇》作"歍歈"，今作"揶揄"，野王《玉篇》"翰"字误。

093 歊

《说文》："歊，歊歊，气出皃。"

《原本玉篇》引《说文》作："嚣嚣气出皃也。"

按：今本《玉篇》亦作"歇歇"，与大徐本同。野王《玉篇》"嚚嚚"盖误。

094 歓

《说文》："歓，卒喜也。"

《原本玉篇》引《说文》作："平喜也。"

按：野王《玉篇》"平喜"当为"卒喜"之误。"卒喜"即"猝喜"，段说可从。

095 欨

《说文》："欨，訾也。"

《原本玉篇》引《说文》作："知訾也。"

按：今本《玉篇》作："欨，訾也。"野王"知訾也"之"知"字盖衍。

096 饎

《说文》："饎，饭气蒸也。"

《原本玉篇》黎庶昌本作："饭气蒸也。"与大徐本同，罗本误为饭气菜也"。

按：桂馥《说文义证》云："饭更炊谓之饎。"桂说是，今山东方言仍有此用法。米饭、馒头蒸熟时曰蒸，如蒸包子、蒸馒头等，熟食再蒸曰饎，如：把包子饎一饎。故曰"气蒸"。段氏不知，改为"气流"，不可从。黎庶昌本与大徐本同，可证。

097 飴

《说文》："飴，米糵煎也。"

《原本玉篇》引《说文》作："米"。

按：野王《玉篇》引作"米"，下脱"糵煎"二字。《万象名义》释义与大徐本同，可证。

098 䵮

《说文》:"䵮,熬稻粻程也。"

《原本玉篇》罗振玉本引《说文》作:"熬稻张䅜也。"黎庶昌本作:"熬稻餦餭也。"

按:粻程,餦餭,《急就篇》作"张皇",《方言》作"餦餭",皆同一词"张皇"乃假借字,其余皆形声字而形符稍异。此汉代形声字字形未定时的常见现象,尚不能定其规范也。

099 餳

《说文》:"餳,饴和䵮者也,从食,易声。"

《原本玉篇》引《说文》作:"饴䵮和也。"

按:"餳"字野王《玉篇》作"䬼",徒当反。段玉裁亦改为"从食,易声"。野王所据古本可证段氏说。"饴䵮和",显系"饴和䵮"之误。

100 饘

《说文》:"饘,糜也。周谓之饘,宋谓之餬。"

《原本玉篇》引《说文》作:"周谓之饘,卫谓之餬也。"

按:《原本玉篇》罗振玉本脱"餬"字。黎庶昌本有"餬"字,与大徐本同。又段玉裁以为"宋"当改为"宋卫",可从。

又,罗振玉1917年为其汇集的《玉篇》残卷影印本作的跋中,对黎庶昌的残卷本多所指责,但从"饘"字下黎本有"餬"字推断以及以上数条中罗、黎的异文看来,黎本实较罗本为善。至于黎本所得原抄本的来源,尚待将来广为搜集,一一加以比较,方可得其究竟。

101 饡

《说文》:"饡,以羹浇饭也。"

《原本玉篇》罗振玉本引作:"以義浇饭也。"黎庶昌本引同大徐本。

按:罗振玉本《原本玉篇》"義"字显系"羹"字笔误。

102 餘

《说文》:"餘,晝食也。"

《原本玉篇》罗振玉本引作:"盡食也。"黎庶昌本引与大徐本合。

按:罗本"盡"字显系"晝"字笔误。今午餐山东谓晌午饭。餘重文作"餯",与晌音同义近。晝食即晌午饭,即此餘字。

103 餭

《说文》:"餭,饑也。……一曰廉潔也。"

《原本玉篇》罗振玉本引《说文》作:"餭,唤也,一曰廣潔也。"黎庶昌本引作:"一曰廉潔也。"

按:"唤"当是"饑"字笔误。"廣潔"当是"廉潔"之误。

104 餽

《说文》:"餽,吴人谓祭曰餽。"

《原本玉篇》引《说文》作:"吴人谓祭曰馈也。"

按:"餽"、"馈"古通用。《万象名义》"餽"字下云:同"馈",今本《玉篇》引同《说文》。

105 飽

《说文》:"飽,猒也。"

《原本玉篇》罗振玉本引《说文》作:"飽,饜也。"又,黎庶昌本与《说文》同。

按：罗本《玉篇》"髒"当是"猒"字之讹。

106 饐

《说文》："饐，饭伤熱也。"

《原本玉篇》引《说文》作："饭伤熟也。"

按：野王《玉篇》"熟"当为"熱"字笔误。食物熱久则变坏。

107 餲

《说文》："餲，饭餲也。从食，曷声。《论语》曰：食饐而餲。"

《原本玉篇》引《说文》作："饭伤湿也。"

按：《说文》："饐，饭伤湿也。"野王《玉篇》盖误引"饐"字释文于"餲"字下。但餲、饐两字义近，《论语》孔注："饐餲，臭味变也。"皇侃疏："饐，食经久腐臭也。餲，经久味恶也。"二字盖同一词族而音义小异。

108 餟

《说文》："餟，祭酹也。"

《原本玉篇》黎庶昌本引与《说文》同。罗振玉本作："祭酌也。"

按：罗本"酌"字盖为"酹"字笔误。《万象名义》亦训"祭酹"可证。

109 䬴

《说文》："䬴，马食谷多，气流四下也。"

《原本玉篇》黎庶昌本引与《说文》同。罗本引作："马食谷多，气流逃下也。"

按：罗本"逃"字盖"四"字之误。马吃谷过多则生病，"气流四下"为马病时之症状。"逃"字显系误字。

110 幸

《说文》："幸，所以惊人也。从大，从羊。一曰大声也。……一曰读若瓠，一曰俗语以盗不止为幸。"

《原本玉篇》罗本引《说文》作："俗以溢不□□□也，一曰所犯惊人也。"黎本作："俗以盗不送为□也，一曰所犯惊人也。"

按：野王《玉篇》"俗以溢不□□□也"、"俗以盗不送为□也"，疑皆"俗以盗不止也"之讹。此字诸家解说不一，野王《玉篇》"幸"字下又有残缺，待考。

111 鱯

《说文》："鱯，鱼名。"

《原本玉篇》引《说文》作："鱼也。"

按：野王《玉篇》"鱼也"盖"鱼名"之误。《说文》"鱯"字以上鮒、鰹、鮨、鱺、鰻等字，均释为"鱼名"，乃通例，"鱯"字不当独释为"鱼"。

112 綜

《说文》："綜，機縷也。"

《原本玉篇》引《说文》作："機縷持丝交者也。"

按：《一切经音义》卷一四"綜习"条下引《说文》与《原本玉篇》同。《万象名义》："綜，機績絲交者也。"今本《玉篇》："綜，持丝交。"疑大徐本《说文》盖脱"持丝交者"四字。又《说文》"紝"字下亦作"機縷也"，不当二字同解，亦可为证。

113 納

《说文》："納，絲溼納納也。"

《原本玉篇》引《说文》作："絲温納納也。"

按：野王《玉篇》"温"当为"溼"之讹。刘向《九叹》王逸注："納納,濡溼貌。"可证。

114 紡

《说文》:"紡,網丝也。"

《原本玉篇》引《说文》作:"切丝也。"

按:"紡"字释为"網丝",学者以为不通。段氏改为"紡丝"。戴侗《六书故》引蜀本作"拗丝",皆无书证。《急就篇》顾注谓"紡谓紡切麻丝之属",可为野王"切丝"旁证,但亦非确诂,待考。

115 絶

《说文》:"絶,断丝也。"

《原本玉篇》引《说文》作:"絶,断也。"

按:"断丝"当是"絶"字本义,"断也"为引申义。当以大徐本为是。

116 縗

《说文》:"縗,偏缓也。"

《原本玉篇》引《说文》作:"徧缓也。"

按:《诗经》:"檀车幝幝。"《说文》:"幝,车敝皃。"军敝则车行偏邪而行缓,故释为"偏缓"。野王《玉篇》"徧"当为"偏"字笔误。

117 緢

《说文》:"緢,旄丝也。"

《原本玉篇》引《说文》作:耗丝也。"

按:野王《玉篇》"耗"字当为"旄"字之讹。《广韵》:"緢,旄襟丝也。"今本《玉篇》:"緢,旄丝也。"皆可证。

118 縮

《说文》:"縮,乱也。……一曰蹴也。"

《原本玉篇》引《说文》作:"一曰蹙也。"

按:《说文》新附有"蹙"字,为"蹴"字异体。

119 縈

《说文》:"縈,约也。"

《原本玉篇》引《说文》作:"縈,絇也。"

按:"縈"与"约"义同。"约,缠束也。""絇"训远。野王"絇也"为"约也"之误。

120 約

《说文》:"約,缠束也。"

《原本玉篇》引《说文》作:"約,缠也。"

按:今本《玉篇》:"約,束也。缠也。"盖与野王所据《说文》古本同。野王但引其"缠也"义。大徐本《说文》"缠"下疑脱"也"字。

121 纏

《说文》:"纏,繞也。"

《原本玉篇》引《说文》作:"纏,约也。"

按:《万象名义》、今本《玉篇》皆作"约也"。"約"训"纏","纏"训"約","纏""繞"亦互训,且皆有书证,难判其孰是。列此两者以便考证。

122 紾

《说文》:"紾,轉也。"

《原本玉篇》引《说文》作:"紾,縛也。"

按:《说文》:"縛,白鲜色也。"与"紾"义无关。《广雅·释训》:"縛,束也。"野王以"縛"释"紾",盖因此义。段氏以"紾轉"为复音词,可取。野王"縛"乃"轉"字之讹。

123 縸

《说文》:"縸,落也。"

《原本玉篇》引《说文》作:"縸,是也。"

按:《万象名义》作:"是,還。"又野王在"縸"字下引《国语》贾逵注:"縸,還也。"大徐本"落也",当是"絡"字假借,"還"与"縸"当为同族词。"是"义待考。存疑。

124 締

《说文》:"締,結不解也。"

《原本玉篇》引《说文》作:"不解也。"

按:今本《玉篇》亦释为"結不解"。王筠以"結不解"为汉代用语,可信。野王《玉篇》脱"結"字。

125 絅

《说文》:"絅,急引也。"

《原本玉篇》引《说文》作:"引急也。"

按:今本《玉篇》、《广韵》均作:"引急也。"

126 纁

《说文》:"纁,不均也。"

《原本玉篇》引《说文》作:"不糾也。"又引《苍颉篇》:"不勾也。"

按:《说文》:"糾,圜采也。"《万象名义》:"纁,不勾也。"今本《玉篇》作:"相足也,不糾也,不均也。"此字古籍无用例。

127 繒

《说文》:"繒,帛也。"

《原本玉篇》引《说文》作:"帛总名也。"

按:《文选·雪赋》李善注云:"繒,帛总名也。"《汉书·灌婴传》和

《汉书·匈奴传》颜师古注："繒者,帛之总名。"《一切经音义》卷二〇、卷二七"繒丝"条引《说文》云："繒,帛之总名也。"但戴侗《六书故》引与大徐本同,《一切经音义》卷二三"天繒纊"条引《说文》亦与大徐本同,可知宋以前《说文》古抄本已有不同。

128 綺

《说文》："綺,文繒也。"

《原本玉篇》引《说文》作："有文繒也。"

按:今本《玉篇》亦作"有文繒"。《一切经音义》卷一"綺饰"条、卷二一"綺丽"条引《说文》均作"有文繒也。"但《六书故》引与大徐本同。疑《说文》宋以前古本有"有"字。

129 縠

《说文》："縠,细縛也。"

《原本玉篇》引《说文》作："细練也。"

按:《太平御览》卷八一六引《说文》:"縠,细繒也。"从词义看,以"细繒"释"縠"字,较胜。待考。

130 縑

《说文》："縑,并丝繒也。"

《原本玉篇》引《说文》作："兼丝繒也。"

按:《释名》:"縑,兼也,其丝细致,数兼于绢也。"《一切经音义》卷九三"肠縑"条引《说文》:"縑丝繒也。""縑丝"、"兼丝"同。今本《玉篇》释为"丝繒也",盖脱"兼"字。"并"、"兼"义同。

131 縛

《说文》："縛,白鲜色也。"

《原本玉篇》引《说文》作："一曰鲜支也。"又《声类》:"今作绢字。"

按：段玉裁改《说文》"白鲜色也"为"白鲜卮也"。"鲜卮"即"鲜支"，段说是，野王《玉篇》所据《说文》古本可以为证。

132 練

《说文》："練，湅繒也。"

《原本玉篇》引《说文》作："練繒也。"

按："湅"为治丝之法，"湅之暴之而后丝帛之质精"谓之"湅"。《说文》故以"湅繒"释"練"。野王《玉篇》"練繒也"，"練"当是"湅"字之误。

133 纑

《说文》："纑，粗绪也。"

《原本玉篇》引《说文》作："粗紬也。"

按："绪"训"丝端"。《说文》"纑"字前后十二字皆繒名，"纑"字不当训丝端，段玉裁疑为繒帛名，盖今之绵紬。绵紬即绵绸，其说甚精，惜无书证，今得见野王《玉篇》，可为确证。段氏有知，当大为开心也。

134 絹

《说文》："絹，繒如麦䅌。"

《原本玉篇》引《说文》作："生霜如陵稍也。"

按："䅌"为麦茎。繒如麦䅌，谓麦茎色白而微黄，繒之颜色相似也。大徐本不误。野王《玉篇》"生霜如陵稍"不可解。"陵稍"盖"麦䅌"之误。《太平御览》卷一七引《说文》："絹似霜。"疑"生霜"或为"似霜"之讹。待考。

135 綃

《说文》:"綪,帛青经缥纬。一曰育阳染也。"

《原本玉篇》引《说文》作:"帛青经缥纬也。一曰綪阳染也。"

按:大徐本"纬"下盖脱"也"字。育阳为地名,属汉南郡,在洧水北,以制帛美,故称育阳染。

136 絑

《说文》:"絑,纯赤也。《虞书》,丹朱如此。"

《原本玉篇》引《说文》作:"纯赤繒也。《虞书》舟字也如此。"

按:王筠《说文句读》云:"絑即从糸,则是染彩之赤,非天生之赤矣。上下文说解皆言帛,而;'絑'独不言帛,未详何故。"野王所据古本解为"纯赤繒也",可释王氏之疑,盖大徐本脱"繒"字。野王本"舟"为"丹"字笔误。

137 緹

《说文》:"緹,帛丹黄色。"

《原本玉篇》引《说文》作:"帛赤黄色也。"

按:《急就篇》顾注:"緹,黄赤色也。"《广雅》:"緹,赤也。"《一切经音义》引《说文》与野王同。大徐本"帛丹黄色"。

138 繱

《说文》:"繱,帛青色。"

《原本玉篇》引《说文》作:"青白色也。"

按:徐锴《说文系传》及今本《玉篇》均作"青白色",《尔雅》、《广雅》、《集韵》均为"青色",与大徐本同。

139 紺

《说文》:"紺,帛深青扬赤色。"

《原本玉篇》引《说文》作:"白染青而扬赤色也。"

按：段玉裁改为："帛深青而扬赤也。"段说是。大徐本"色"为"也"字笔误，野王《玉篇》"染青"当为"深青"笔误。两本相较，各有得失，因而可用以证实段氏说，且可恢复《说文》古本原貌也。

140 縹

《说文》："縹，帛如紺色，或曰深繒。"

《原本玉篇》引《说文》作："帛如紺色也，或曰深霜也。"

按："深繒"、"深霜"皆误。疑当作"深紺"。待证。

141 纔

《说文》："纔，帛雀头色，一曰微黑色，如紺纔淺也。"

《原本玉篇》引《说文》作："帛雀头色也。一曰微黑色也，一曰如紺也，一曰淺也。"

按：大徐本疑有脱误，"微黑色，如紺纔淺也"，词义不明。野王所据古本是，当据改。

142 緅

《说文》："緅，帛雛色也。"

《原本玉篇》引《说文》作："帛雛色也。"

按：雛、雛二字音同义近，通用。待考。

143 縓

《说文》："縓，帛戾艸染色。"

《原本玉篇》引《说文》作："帛荺染也。"

按：《说文》："荺，艸也，可以染留黄。"疑大徐本"戾艸"盖为"荺艸"，"色"为"也"字之讹。

144 緂

《说文》："緂，白鲜衣皃。从糸，炎声。谓衣采色鲜也。"

《原本玉篇》引《说文》作："穴谓之綊,谓衣采色鲜也。"

按:大徐本"白鲜衣皃"与"衣采色鲜也"二义相左。《说文》"纻"字下云:"白鲜衣皃"二字不应同义,盖衍。野王《玉篇》所据古本是,惟"穴"字疑讹。

145 縟

《说文》:"縟,繁采色也。"

《原本玉篇》引《说文》作:"繁采饬也。"

按:段玉裁改大徐本为"繁采飾也。"野王所据古本可为确证。

146 絭

《说文》:"絭,纕卷也。"

《原本玉篇》引《说文》作:"絭,纕也。"

按:絭、纕双声义同。《说文》释"纕"为"冠系",絭即纕,故野王所据《说文》古本作"絭,纕也。""纕卷"二字不成词,段氏虽多曲解,仍不能自圆其说。大徐本"纕卷也","卷"字衍。

147 紞

《说文》:"紞,冕冠塞耳者。"

《原本玉篇》引《说文》作:"冕冠垂塞耳也。"

按:野王《玉篇》所据《说文》古本"冕冠"下有"垂"字,当据以改正。《左传·桓公二年》"紞"字下注:"紞,冠之垂者。"又《国语·鲁语》韦昭注:"紞所以县瑱当耳者。"瑱为玉制,系于冠纕下端,因垂于耳旁,故名充耳,或名塞耳。大徐本《说文》在解说中脱一"垂"字,因而古制难解。野王《玉篇》所据古本,可证大徐本之失。即此一条,亦可说明野王保存《说文》古本之功。

148 緌

《说文》:"緌,系冠缨也。"

《原本玉篇》引《说文》作:"繼冠缨也。"

按:《尔雅·释诂》:"緌,繼也。"《万象名义》"緌"字下:"繼、系、冠饰。"今本《玉篇》:"繼冠缨也。"《说文》古本盖作"繼冠缨也。"大徐本"系"当为"繼"字之讹。繼,续也。緌当是冠缨下之丝繐。当据改。

149 緄

《说文》:"緄,织带也。"

《原本玉篇》引《说文》作:"织成带也。"

按:《文选·七启》李善注及《后汉书·匈奴传》注引《说文》均作"织成带也",与野王所据古本同。但《后汉书》、《东观汉记》等史书均有"緄带"名,释緄为"织带",亦非大误。待考。

150 綎

《说文》:"綎,綖維也。"

《原本玉篇》引《说文》作:"绶,綎也。"

按:《万象名义》作:"古佩璲。"《后汉书·舆服志》:"綎者,古佩璲也。""佩璲"与"綖維"同。大徐本不误。

151 綢

《说文》:"綢,绶紫青也。"

《原本玉篇》引《说文》作:"绶紫青色也。"

按:大徐本《说文》盖脱"色"字。今本《玉篇》及《后汉书·西域传》均作"绶紫青色也",与野王《玉篇》所引同,可证。

152 组

《说文》:"组,绶属。其小者以为冕缨。"

《原本玉篇》引《说文》作:"綬属也,其小者以为冠缨。"

按:段玉裁改《说文》"冕"为"冠"字。段氏说是,野王所据古本可以为据。

153 纂

《说文》:"纂,似组而赤。"

《原本玉篇》引《说文》作:"似组而赤黑也。"

按:《万象名义》亦作:"似组赤黑。"《类篇》引作:"文组而赤。"古代典籍"纂"字皆无赤黑义,疑野王《玉篇》所据《说文》抄本"黑"字衍。待考。

154 纽

《说文》:"纽,系也,一曰结而可解。"

《原本玉篇》引《说文》作:"纽,丝也。一曰结可解也。"

按:野王《玉篇》"丝也"当为"系也"之误。

155 綸

《说文》:"綸,青丝绶也。"

《原本玉篇》引《说文》作:"纠青丝绶也。"

按:段玉裁据《文选·西都赋》注、《急就篇》注,以为大徐本"青丝绶也"前脱"纠"字。野王所据古本《说文》有"纠"字,可作为段说确证。

156 綖

《说文》:"綖,系绶也。"

《原本玉篇》引《说文》作:"絲绶也。"

按:段玉裁考证,"系"当作"絲"。段说是,野王《玉篇》正作"絲绶",可为确证。

157 繐

《说文》:"繐,细疏布也。"

《原本玉篇》引《说文》作:"或以为今有如白越布者也。"

又"縡"字下引《说文》云:"蜀细布也。《声类》亦繐字也。"

又"繐"字下引《类声》云:"亦繐字也。"

按:繐、縡、繐三字当为一字重文。《说文》无"繐"字,将"繐"、"縡"分释为二字。野王将三字列为一义,是,但"繐"字释文错落不可解。疑当依"縡"字"蜀细布也"之释,与大徐本同,合三字为一。

158 褱

《说文》:"褱颈连也。"

《原本玉篇》引《说文》作:"领连也。"

按:《万象名义》及今本《玉篇》均释为"领连"。段玉裁以为:"颈当作领。连领于衣也。"野王所据《说文》古本正作"领连",可证段氏说。

159 衿

《说文》:"衿,衣系也。"

《原本玉篇》引《说文》作:"衣丝也。"

按:野王《玉篇》"衣丝"非词,当是"衣系"之讹。《尔雅·释器》"衿"字训"衣小带",可证。

160 縛

《说文》:"縛,蕺貉中女子无绔,以帛为胫空,用絮补核,名曰縛衣。状如襜褕。"

《原本玉篇》引《说文》作:"蕺貉民女子无绔,以帛为胫空,同补絮裱,名曰縛衣,状如襜襦也。"

按：《说文》"縛"字说解甚详，野王所据本文字稍异，以二本相校，可以互补。此字为记载当时少数民族薉貊族女子服装之词，薉貊族东汉时在松花江流域，曾建扶馀国，其风俗衣饰，《后汉书》中有所记载，如能在东北少数民族风习中得此遗绪，可使这类字词得其确释。

161 紴

《说文》："紴，絛属。……读若被。或读若水波之波。"

《原本玉篇》引《说文》作："扁诸属也。"

按：《说文》："絛，扁绪也。"野王《玉篇》误引于"紴"字下。大徐本不误。

162 絛

《说文》："絛，扁緒也。"

《原本玉篇》引《说文》作："扁諸也。"

按：《广雅》作"编緒"。《急就篇》作"偏諸"，《汉书·贾谊传》同《急就章》。盖以"编諸"为是。待考。

163 緎

《说文》："緎，采彰也。一曰东马饰。"

《原本玉篇》引《说文》作："緎采也。一名事马君也。"

按：段氏据《汉书》注改"车马饰"为"车马帬"。段说是。野王《玉篇》"一名事马君也"，"事"乃"車"字笔误，"君"当为"帬"字之误。若然，则此条可为段说证。

164 纕

《说文》："纕，援臂也。"

《原本玉篇》引《说文》作："紆臂也。"

按：《说文》无"衦"字。野王《玉篇》："衦，公但反。《字书》亦衦字也。衦，摩展衣也，在衣部。""紆臂"与"援臂"是否有关，待考。

165 纁

《说文》："纁，维纲中绳。"

《原本玉篇》引《说文》作："维紭中绳也。"

按：《说文》"纲"字解云："维紭绳也。"段氏改为"網紭也。"疑纲、紭盖为异体。

166 緅

《说文》："緅，持网纽也。"

《原本玉篇》引《说文》作："維持維繩紐者也。"

按：大徐本是，野王"維"字衍。又"繩"盖"綱"字之误。

167 綅

《说文》："綅，絳綫也。……诗曰：贝胄朱綅。"

《原本玉篇》引《说文》作："縫綖也。"

按：大徐本"絳綫"当为"縫綫"之误。《诗经·鲁颂·閟宫》："贝胄朱綅。"形容军士身穿甲胄的形状，其中"朱綅"为红色缝线连缀甲胄状。"朱"是红色，"絳綫"又为红色线，两义重叠。可知"絳"当是"縫"字形误。段氏以为大徐本衍"絳"字。桂馥以为"絳綫"当作"縫綫"，野王引作"縫綖"当是"縫綫"之误。可为桂氏说证。

168 緁

《说文》："緁，緶衣也。緆，緁或从習。"

《原本玉篇》分緁、緆为二字。緁字下引《说文》作："緶緆，緁也。"緆字下引《说文》云："亦緁字也。"

169 緤

《说文》:"铁,缝也。"

《原本玉篇》引《说文》作:"缝衣也。"

按:今本《玉篇》及玄应《一切经音义》卷五二"缝铁"条下引《说文》均作"缝衣也"。大徐本《说文》盖脱"衣"字。

170 褏

《说文》:"褏,衣戚也。"

《原本玉篇》引《说文》作:"衣蹙也。"

按:今本《玉篇》亦作"衣蹙也。"《类篇》引作:"衣縬也。""戚"为假借字,蹙、縬皆汉代新造正字。疑《说文》古本当作"衣蹙"或"衣縬",方合解说常例,野王所据古本是。

171 縱

《说文》:"縱,刀剑縱也。"

《原本玉篇》引《说文》作:"釛維也。"又引《苍颉篇》作:"刀剑首青丝扁缠也。"

按:《广韵》:"刀剑头缠丝为維。"盖刀剑之柄,以丝缠以便握持,大徐本是。野王"釛"当为"剑"字,"縱"为"維"字之误。

172 緊

《说文》:"緊,戟衣也。……一曰赤黑色缯。"

《原本玉篇》引《说文》作:"戟徽也。一曰赤黑色缯也。"

按:戟衣当为保护戈戟之套。《古今注》所谓"油帛而韬之"是也。野王"戟徽也","徽"字盖误。

173 絮

《说文》:"絮,扁绪也。一曰弩腰鉤带。"

《原本玉篇》引《说文》作:"编绳也,一曰弩腰钩带。"

按：《集韵》训"編繩"，与野王所据《说文》同。疑大徐本"扁緒"当为"編繩"之误。

174 紖

《说文》："紖，繟繩也。"

《原本玉篇》引《说文》作："撣繩也。"

按：段玉裁改"繟繩"为"單繩"，是。《太平御览》卷七六六"繩"字条下引《通俗文》："合繩曰糾，單繩曰紖，織繩曰辮，大繩曰絚。"《广韵》"紖"亦训"單繩"。野王"撣繩"当为"襌繩"之讹。"襌"即"單"字。《说文》："襌衣不重。"大徐本之"繟繩"盖亦当作"襌繩"。"繟"训"带缓"，与單繩义无涉。但汉代常有以同声之形声字通用之现象，亦不可遂以为非。段氏说可从。

175 綷

《说文》："綷，紆未縈绳。一曰急弦之声。"

《原本玉篇》引《说文》作："紆縈繩也。一曰急殆之声也。"

按：大徐本"紆未縈繩"，不词。戴侗《六书故》云："徐本《说文》曰：紆未縈繩。一曰急弦声。蜀本曰：紆木縈索也。"徐锴《说文系传》作"紆未縈繩"。各本不同。待考。

176 紝

《说文》："紝，乘与马飾也。"

《原本玉篇》引《说文》作："紝緓，乘与马餙也。"

按：段玉裁于"紝"字下增"紝緓"二字，云："各本少此二字，今依全书通例补。"野王所据古本与段氏说合，可为段说确证。

177 鉹

《说文》："鉹，马髦飾也。……《春秋传》曰：可以称旌鉹乎？"

《原本玉篇》作"繁",引《说文》作:"马髦髦饰也。《春秋传》:可以称铃繁乎。"

按:大徐本是,鉥(繁)即马饰繁缨,故解为"马髦饰"。野王"髦"字衍,"铃繁"为"旌鉥"之讹。

178 繮

《说文》:"繮,马紲也。"

《原本玉篇》引《说文》作:"马䋺也。"

按:紲、䋺为重文。今本《玉篇》亦作"䋺"。

179 絼

《说文》:"絼,绊前两足也……汉令蛮夷卒有絼。"

《原本玉篇》引作:"《说文》:绊前两足也。《汉书》:蛮夷本令有枭絼也。"

按:《说文》"汉令蛮夷卒有絼"不可解,有脱落,野王《玉篇》解说亦不清楚。段氏补改较好,然例证不足。待考。

180 絚

《说文》:"絚,大索也。一曰急也。"

《原本玉篇》引《说文》作:"索也。"

按:《字林》、《广韵》、《类篇》均训"大索",与大徐本同,野王《玉篇》盖脱"大"字。

181 綌

《说文》:"綌,治敝絮也。"

《原本玉篇》引《说文》作:"结治敝絮也。"

按:野王《玉篇》盖衍"结"字。结训结缔,与治絮无涉。《万象名义》作"治敝絮",今本《玉篇》作"治絮",皆无"结"字。

182 緍

《说文》:"緍,钓鱼繁也。……吴人解衣相被谓之緍。"

《原本玉篇》作"緍",引《说文》云:"钓鱼繁也。"

按:《说文》无"緍"字,当为"緍"字异体。《说文》从民声,字或从昏(昬),如珉、怋等。盖《说文》古本"緍"字作"緍",野王所据古本是。

183 紙

《说文》:"紙,絮一苫也。"

《原本玉篇》引《说文》作:"箔也。一曰絮也。"

按:"絮一苫也"不可解。段氏改苫为箔字,近是。《说文》原本盖作:"絮也,箔也。""絮"为造纸之原料,箔为造纸之竹具,故皆用以释紙字义。野王《玉篇》"箔"疑为"箔"字之误。

184 絮

《说文》:"絮,敝绵也。"

《原本玉篇》引《说文》作:"幣帛也。"

按:大徐本是,野王《玉篇》"幣"当为"敝"之误。

185 絮

《说文》:"絮,絜縕也。一曰敝絮。从糸,奴声。《易》曰:需有衣絮。"

《原本玉篇》引《说文》作:"絮縕也。一曰弊絮也。《易》曰:濡有衣絮。"

按:桂馥此条考证可参考。

186 繘

《说文》:"繘,繋繘也。一曰維也。"

《原本玉篇》引《说文》作："繫繡也。一曰絓也。"

按：今本《玉篇》云："繡，繫繡也，一曰絓繡也。"大徐本《说文》"維也"盖"絓也"或"絓繡也"之误。"絓"训丝头，"繫繡"为"恶絮"，义相近。野王《玉篇》所据古本是，当据改。

187 縐

《说文》："縐，絺之细也。诗曰：'蒙彼縐絺。'一曰蹴也。从糸，芻声。"

《原本玉篇》引《说文》作："絺之细也。一曰纤也。"

按：段玉裁据毛诗笺，改"蹴也"为"戚也"，以为"戚"乃"蹙"字异文。可从。戚就、戚施、戚缩、縐，皆有縐紋义，今丝织品中仍有此类面有縐纹者。此类丝绸有两个特点，一为丝细；一为面有縐纹，故《说文》有此二训。野王《玉篇》"纤也"义虽与"细"义合，但縐缩义因而丧失，可疑。

188 紵

《说文》："紵，檾属。细者为绖，粗者为紵。"

《原本玉篇》引《说文》作："檾属，细也。"

按：《一切经音义》卷一五"麻紵"条云："紵，细布也。"又卷五七"毳紵"条下引《说文》云："檾属。细者为绖，布白而细曰紵。"又卷八一"种紵"条下引《说文》云："檾属，细者也。"段氏据以改大徐本为"布白而细曰紵"，野王所据《说文》古本可为证。

189 緦

《说文》："緦，十五升布也。一曰两麻一丝布也。"

《原本玉篇》引《说文》作："一曰两麻丝布也。"

按：大徐本是。疑野王《玉篇》"丝"字前脱"一"字。由此字可以推知,汉代以前,中国已有用丝、麻合织之纺织品。

190 屦

《说文》:"屦,履也。一曰青丝头履也。"

《原本玉篇》引《说文》作:"一曰素丝绳履也。"

按:野王《玉篇》所引与大徐本异。"屦"为履名,无异说。履有多种,履名亦多,各家多有考证,尚无定论。待考。

191 縣

《说文》:"縣,聊微也。从系从帛。"

《原本玉篇》引《说文》:"綿聯衛徽也。"

按:二本小异。野王《玉篇》:"衛"字盖衍。"徽"当为微或散之误。

192 綽

《说文》:"綽,緩也。从素,卓声。綽,綽或省。"

《原本玉篇》引《说文》作:"綽,緩也。或为綽字,在糸部。"

按:野王《玉篇》多将《说文》重文分列二条,綽、綽、緩、緩皆然。盖此类重文在汉代尚未规范,常通用,故传抄本有此异。

193 繘

《说文》:"繘,绠也。从糸,矞声。繘,古文从丝。繘,籀文繘。"

《原本玉篇》"絭"字下曰:《说文》"籀文繘字也。繘,汲绠也。"

按:《说文》繘字,盖为"繘"字初文,象以两手持丝绳以汲水形。繘、汲皆后起形声字。汲绠今名井绳。大徐本"绠"上盖脱"汲"字,当据补。

194 絭

《说文》:"絭,織絹。从糸,贯杼也。"

《原本玉篇》"繎"字下云:"《说文》:織緝以絲貫杼也。"

按:野王此条"繎"字盖"䋽"字之误。今本《玉篇》:"䋽,織緝以絲貫杼也。"可证。大徐本"从糸",盖"从糸絲"之误。野王"緝"为"絹"字之误。

195 黹

《说文》:"黹,箴缕所紩衣。"

《原本玉篇》引《说文》作:"鍼缕所黹紩文也。""或为襧字,在衣部。"

按:段玉裁以为,"箴当作鍼,鍼所以缝也",黹字象刺纹形,是。野王所见《说文》古本正作"鍼",可以证段氏说。

196 黺

《说文》:"黺,袞衣山龙华虫,黺,画粉也。"

《原本玉篇》引《说文》作:"书粉也。今亦为粉字,在米部。"

按:二本微异。黺、粉盖为古今异体字,后"粉"行而"黺"废。

197 迟

《说文》:"迟,古之遒人以木铎记詩言,从辵从丌,丌亦声,读与記同。"

《原本玉篇》引《说文》作:"古之遒人以木铎记時言,故从辵从丌声也。"又:"《声类》:此古文记字也。"

按:迟、记盖为重文。"記"行而"迟"废。又大徐本"記詩言",野王作"記時言",未知熟是。待考。

198 差

《说文》:"差,贰也。差不相值也。"

《原本玉篇》引《说文》作:"差,贰也。不殖也。"

按:大徐本"差不相值也",野王《玉篇》作"不殖也",疑脱"相"字。

199 卟

《说文》:"卟,卜以问疑也。"

《原本玉篇》引《说文》作:"卜以疑问也。"

按:今本《玉篇》释义与大徐本同,野王"疑问"盖"问疑"之误。

200 䎿

《说文》:"䎿,易卦之上体也。商书曰:贞曰䎿。"

《原本玉篇》引《说文》作:"卦之上体也。今为悔字,在心部。"

按:大徐本"易卦之上体也",野王所据本脱"易"字。

201 甫

《说文》:"甫,男子美称也。从用父,父亦声。"

《原本玉篇》引《说文》作:"从用从父,父声也。"

按:大徐本脱"从"字,当据补。

202 棥

《说文》:"棥,藩也。从爻从林。《诗》曰:营营青蝇,止于棥。"

《原本玉篇》引《说文》与大徐本同。野王案:"林藩也,今为樊字。"

按:今本《诗经》作"樊"。毛傅:"樊,藩也。"棥为初文,樊、藩为后出形声字。

203 軓

《说文》:"軓,车轼前也。从车,凡声。《周礼》曰:立当前軓。"

《原本玉篇》引《说文》作:"式前也。《周礼》:立当前軓。"

按:野王《原本玉篇》"式"字前盖脱"车"字。"式"为假借字,

"軾"为汉代新制形声正字。

204 䡎

《说文》:"䡎,车骑上曲铜也。"

《原本玉篇》引《说文》作:"䡍""車倚上曲銅也。"又"䡎"字下云:"《字书》亦䡍字也。"

按:段氏以为,当作"车骑上曲鉤也",是。大徐本及《原本玉篇》均误为"曲銅",待证。

205 輫

《说文》:"輫,车横軨也。"

《原本玉篇》引《说文》作:"横笒也。"又:"或为樹字。"

206 軨

《说文》:"軨,车轄间横木。从车,令声。轜,軨或从霝,司马相如说。"

《原本玉篇》引《说文》作:"车轄间横木也。"又"轜"字下云:"《说文》:司马相如说軨字如此。"

207 轚

《说文》:"轚,车籍交错也。"

《原本玉篇》引《说文》作:"车藉交革也。"

按:段氏改大徐本"交错"为"交革",野王《玉篇》正引作"交革",可为段氏说证。又改"车藉"为"车箱",无确证,待考。

208 軡

《说文》:"軡,轺车前横木也。……读若帬,又读若禪。"

《原本玉篇》引《说文》作:"轺车从横也。读若君,一曰名若禪。"

按：大徐本是。野王所引"轺车从横也，"，不可解，盖脱误。"名若襌"盖为"读若襌"之误。

209 靷

《说文》："靷，礙车也。"

《原本玉篇》引《说文》作："擬车也。"又："《声类》：或为柅字，在木部。"

按：今本《玉篇》："礙车轮木。"段氏以意改大徐本为"所以礙车也，礙车即今语刹车，刹车之物名车闸"。

210 輩

《说文》："輩，若军发车百两为一輩。"

《原本玉篇》引《说文》："军发车百乘为一輩。"

按：大徐本"若"字衍，野王所据古本是。"百乘"亦较"百两"为胜。

211 軌

《说文》："軌，车徹也。"

《原本玉篇》引《说文》作："车轍也。"

按："轍"为《说文》新附字，后出，盖许慎时尚未通行，故用"徹"字。野王所见之《说文》抄本，或已改用"轍"字矣。

212 輾

《说文》："輾，车輾鍘也。从车，真声。读若《论语》'铿尔，舍瑟而作'。又读若擎。"

《原本玉篇》引《说文》作："车輾鍘声。一曰擎也"。

按："輾鍘"为象声词，大徐本"车輾鍘也"，盖脱"声"字。

213 墊

《说文》:"摰,抵也。"

《原本玉篇》引《说文》作:"低也。"

按:桂馥《说文义证》云:徐锴作"低",大徐本"抵"为后人所改。野王《玉篇》亦作"低也",可为桂氏说佐证。

214 輟

《说文》:"輟,车小缺复合者。"

《原本玉篇》引《说文》作:"车小缺合也。"

按:野王《玉篇》引文盖有脱字。又网部有叕字,重文輟,说者不一。待考。

215 輆

《说文》:"輆,礙也。"

《原本玉篇》引《说文》作:"輆儗也。"

按:"輆"字无书证。待考。

216 軻

《说文》:"軻,接轴车也。"

《原本玉篇》引《说文》作:"椄轴也。"又引《声类》:"小车轴折更治曰軻。"

按:段玉裁改大徐本"接"字为"椄"。野王所据本正作"椄轴",可为段说证。但野王引《声类》"小车轴折更治曰軻",更切合軻字之义。《说文》"椄"训"续木",与"接"当为同族字,通用。

217 軵

《说文》:"軵,反推车令有所付也。"

《原本玉篇》引《说文》作:"推车有所付也。"

按:二本小异。大徐本"反"字盖衍。

218 軬

《说文》:"軬,蕃车下庳轮也。一曰无辐也。"

《原本玉篇》引《说文》作:"藩车下卑输。一曰无辐。"

按:徐锴《系传》与野王所引同。

219 俞

《说文》:"俞,空中木为舟也。"

《原本玉篇》引《说文》作:"空木为舟也。"

按:今本《玉篇》亦作"空木为舟",大徐本盖衍"中"字。

220 舳

《说文》:"舳,艫也。从舟,由声。汉津名船方长为舳艫。一曰舟尾。"

《原本玉篇》引《说文》作:"汉律名船方长舳为艫也。"

按:"舳"字为单音词,"舳艫"为复音词,可并存。段氏改大徐本为"舳,舳艫也",否定其为单音词,待商。

221 艫

《说文》:"艫,舳艫也。一曰船头。"

《原本玉篇》引《说文》作:"一曰船头也。"

按:野王《玉篇》是取其单词义,可为上条说参证。

222 艘

《说文》:"艘,船著不行也。"

《原本玉篇》引《说文》作:"船著沙不行也。"

按:《万象名义》训"船著沙"。《广韵》作"船著沙不行也",与野王同。大徐本盖脱"沙"字,"著不行"三字不可解。

223 猵

《说文》:"猲,山在齐地。从山,狙声。《诗》曰:遭我于猲之间兮。"

《原本玉篇》引《说文》作:"猲山在齐也。"

按:段氏改大徐本为:"猲,猲山也,在齐地。"野王所据古本正作"猲山",段说是。但野王"在齐也"之"也"盖"地"字之误。

224 崞

《说文》:"崞,山在雁门。"

《原本玉篇》引《说文》作:"崞山在雁门也。"

按:段氏补大徐本为:"崞,崞山。"是野王所据古本可为段说佐证。

225 崵

《说文》:"崵,崵山在辽西。从山,易声。一曰嵎铁崵谷也。"

《原本玉篇》引《说文》作:"首崵山在辽西,一曰嵎铁阳谷也。"野王案:"《论语》'饿死于首崵之山'是也。"

按:大徐本"崵山"之前盖脱"首"字,今本《玉篇》亦作"首崵山在辽西"。当据改。

226 巒

《说文》:"巒,山小而锐。"

《原本玉篇》引《说文》作:"山而高也。"

按:野王本"山"下有脱字。《尔雅》作"山狭而高"。

227 嵈

《说文》:"嵈,尤高也。"

《原本玉篇》引《说文》作:"层高也。"

按:"尤高"、"层高"皆不可解。桂馥、王筠以为当作"危高",可从。今本《玉篇》作"危高皃"。野王《玉篇》"戺"字盖为"危"字之误。大徐本与野王所据本皆误而犹可考订其原本者,此可为一例。

228 嶞

《说文》:"嶞,山之嶞嶞者。"

《原本玉篇》引《说文》作:"山之施施者也。"

按:《韵会》引作:"山之隋隋。"徐灏云:"隋长之隋无正字。山之嶞嶞即山之隋隋。""施施"与"嶞嶞"音近义同,故可通用。盖山之长而绵延不断者即为嶞。"施"字今读为施舍之施,与古音异。《孟子》"施施从外来"之"施"当读为"隋隋"之音,义与今之"拖"同。山形长者拖延不断,也形容人行路做事时拖拖拉拉,盖皆属同一词族之演化。

229 崛

《说文》:"崛,山短高也。"

《原本玉篇》引《说文》作:"尌高皀也。"

按:"尌"为"短"字异体。二本小异。大徐本似脱"皃"字,野王所据本脱"山"字。

230 崇

《说文》:"崇,嵬高也。"

《原本玉篇》引《说文》作:"崇,嵬也。"

按:《尔雅》:"崇,高也。"《说文》:"高,崇也。"是"高也"为一义。野王《玉篇》取"嵬也"义,为另一义。《说文》原本盖作"崇,嵬也,高也"。大徐本脱一"也"字。

231 巁

《说文》:"巁,巍高也。从山,歷声。读若厉。"

《原本玉篇》引《说文》作:"巁,巍也。"

按:"巁"即"巁"。今本《玉篇》及《广韵》均作:"巁,巍也。"大徐本疑衍"高"字。

232 嵒

《说文》:"嵒,山巖也。从山、品。读若吟。"

《原本玉篇》引《说文》作:"嵒,巖也。"

按:林义光《文源》以为嵒、嚴为一字之异体,象山岩形。后"嚴"借用为嚴厉字,又出"巖"字异体。《说文》品部有"嵒"字,训多言。当为另一字,因隶变而误与山部"嵒"同形。若从文字演化观点看,《说文》所解不妥。盖许慎所见商周文字不多,当时又处于文字大变化时期,故解说或有不足,不足怪也。

233 屵

《说文》:"屵,岸隅高山之节。"

《原本玉篇》引《说文》作:"陫禺而高下之节也。"

按:"岸隅"为复合词。野王"陫"盖"岸"字之讹,"下"为"山"字之误。

223 嶅

《说文》:"嶅,山名。"

《原本玉篇》引《说文》作:"嶅,丘也。"

按:段玉裁以为当解为"丘名"。野王所据本可为段说佐证。

235 嵞

《说文》:"嵞,会稽山。一曰九江当嵞也。民以辛壬癸甲之日嫁娶。从屾,余声。《虞书》曰:予娶嵞山。"

《原本玉篇》引《说文》作:"江當塗,民俗以辛壬癸甲曰嫁娶。"

按：野王《玉篇》抄本有脱漏。又"當塗"即"当益"。

236 㞢

《说文》："㞢，崩也。"

《原本玉篇》引《说文》作："㞢，毁也。"

按：《经典释文·列子》"肥"字下云：《说文》、《字林》作"圮"，"毁也"。与野王所据同。盖《说文》古本本有"毁也"义。大徐本脱。

237 廱

《说文》："廱，天子飨饮辟廱。"

《原本玉篇》引《说文》作："天子飨诸侯辟廱。又"廱"字下云："《字书》亦廱字也。"

按：辟廱即古之大学。大徐本与野王据本小异。

238 廬

《说文》："廬，寄也。秋冬去，春夏居。"

《原本玉篇》引《说文》作："秋冬之春夏居之，故为寄。"

按：野王《玉篇》"秋冬之"盖为"秋冬去"之讹，又脱"寄也"二字。

239 廇

《论文》："廇，中庭也。"

《原本玉篇》引《说文》作："庭中也。"

按：二本"中庭"、"庭中"词序异，秦汉以前此类词的词序原无定序，汉以后逐渐演化为方位词在后之"庭中"。当从历史演变的观点看待，似未可以此定其是非也。

240 廥

《说文》："廥，刍藁之藏。"

《原本玉篇》引《说文》作："菊蒿示藏也。"

按：廥为贮藏刍藁之仓库。野王《玉篇》"示藏"之"示"盖为"之"字之讹。

241 屏

《说文》："屏，蔽也。"

《原本玉篇》引《说文》作："屏，敝也。"

按：《说文》："蔽，屏也。""屏"、"屏"为异体。野王"敝"盖为"蔽"字之讹。

242 庀

《说文》："庀，屋牝瓦下。一曰維綱也。"

《原本玉篇》引《说文》作："屋壮凡下也。一曰准結也。"

按：段玉裁据《广韵》"屋牝瓦名"，改大徐本为"屋牝瓦也"。野王据本作"壮凡"，盖"牝瓦"之误。

243 廡

《说文》："廡，屋階中会也。"

《原本玉篇》引《说文》作："屋阶中会也。"

按：大徐本"屋階"，野王《玉篇》作"屋陛"。"階，陛也。""陛，升高階。"廡乃階尽中间宾主相会之处，当以"陛"字为胜。

224 庢

《说文》："庢，礙止也。"

《原本玉篇》引《说文》作："礙山也。"

按：原本当作"礙也，止也"。大徐本脱"也"字，野王"山"为"止"字之误。

245 廫

《说文》:"廮,安止也。……钜鹿有廮陶县。"

《原本玉篇》引《说文》作:"安山也。钜鹿有廮陶县也。"

按:《说文》原本当作"安也,止也"。二本皆脱"也"字。野王本"山"为"止"字之误。

246 庢

《说文》:"庢,山居也。一曰下也。"

《原本玉篇》引《说文》作:"上居之也。一曰下也。"

按:今本《玉篇》作"止也,滞也,下也"。《广韵》:"庢,下也,止也。"大徐本"山居",野王本"上居"皆"止也,居也"之误。

247 廙

《说文》:"廙,行屋也。"

《原本玉篇》作"廒",云:"《说文》:行屋下庑也。"

按:"廒"为"廙"之异体。"行屋"为可任意迁徙之屋舍,如今之蒙古包。野王《玉篇》"下庑"二字盖衍。

248 庳

《说文》:"庳,中伏舍。……一曰屋庳。"

《原本玉篇》引《说文》作:"中休舍也。一曰屋下也。"

按:徐锴云:"低小屋也。"与大徐本"中伏舍"义同。野王"中休舍"盖"中伏舍"之误,"下"当为卑(庳)之误。

249 庤

《说文》:"庤,储置屋下也。"

《原本玉篇》引《说文》作:"储买屋下也。"

按:原本盖作"储也,置屋下也"。大徐本脱"也"字。野王"买"为"置"字之误。

250 㝠

《说文》："㝠，屋麗㝠也。……一曰稬也。"

《原本玉篇》引《说文》作："屋蟲㝠也。一曰舂也。"

按：野王"蟲㝠"即"蠹㝠"之讹。"舂"与"稬"音近通用。

251 庘

《说文》："庘，屋从上傾下也。"

《原本玉篇》引《说文》作："屋从上頓下也。"

按：《广韵》"庘"与"隤"同，"壓也"。今本《玉篇》亦云："庘，厭也。""厭"即"壓"字。"屋从上傾下"即屋隤而下壓。野王"頓"当为"傾"字之讹。

252 庽

《说文》："庽，屋迫也。"

《原本玉篇》引《说文》作："遲迫也。"

按：今本《玉篇》与大徐本同。野王《玉篇》"遲迫"盖"屋迫"之误。王筠云："屋中迫促，少所容也。"王说是。

253 廫

《说文》："廫，空虚也。"

《原本玉篇》引《说文》作："空廬。"

按：廫即廖字。廖廓、廖廖，皆为空虚义。野王《玉篇》"空廬"盖"空虚"之误。

254 厂

《说文》："厂，山石之厓岩人可居。象形。……厈，籀文从干。"

《原本玉篇》引《说文》作："山石之崖岩人可居者也。"

按：大徐本盖脱"者也"两字。古人或在山崖洞穴中居住，故曰

"人可居者"。字象崖岩形。"厈"为后出形声字,为"庵"字初文。

255 厓

《说文》:"厓,山边也。"

《原本玉篇》引《说文》作:"上边也。"

按:野王本"上边"乃"山边"笔误。

256 厥

《说文》:"厥,崟也。一曰地名。"

《原本玉篇》引《说文》作:"厥,崚也。一曰山石也。"

按:今本《玉篇》:"厥,山石下。"《集韵》:"山石皃。"四本各异。疑《说文》古本当有"山石皃"义项。

257 厬

《说文》:"厬,仄山泉。……读若轨。"

《原本玉篇》引《说文》作:"左出杲也。"

按:"厬"即《诗经·小雅·大东》"有洌氿泉"之氿。疑大徐本"仄出",野王"左出",皆不可解,或系"穴出"之讹。

258 厉

《说文》:"厉,旱石也。"

《原本玉篇》引《说文》作:"厉,摩石也。"

按:"厉"字今作"礪",即磨刀石,野王《玉篇》"摩石"即"磨石"。《一切经音义》卷二正引作"磨石"。大徐本"旱石"盖为"磨石"之误。"旱"训"不雨",前人曲解旱石为刚石,不可从。

259 厎

《说文》:"厎,治也。从厂,氐声。"

《原本玉篇》引:"《说文》:厎,一治也。"又云:"《古文尚书》以此为厤,象日月星辰之厤,字在日部也。"

按:厤字或借为曆、歷、礪。"治"为治玉治金之治。治金玉时必磨礪。"靡"为"磨"字假借。

260 庌

《说文》:"庌,石地恶也。"

《原本玉篇》引《说文》作:"石地也。"

按:《说文》"礳"字下云:"礳,石也,恶也。"与"庌"字同解。《广韵》、《集韵》与大徐本同。野王《玉篇》作"石地也",无"恶"字。今本《玉篇》同。未知孰是。

261 㢳

《说文》:"㢳,仄也。"

《原本玉篇》引《说文》作:"㢳,厎也。"

按:段玉裁改《说文》小字本"反也"为"仄也",较胜,但与"㢳"义未合。野王"厎"字不知何字,疑为"陕也"之"夹"字。《说文》:"陕,隘也。"今作狭。陕(狭)隘为义近复合词。㢳即僻字,与狭(陕)义近,故可互训。"夹"当为"陕"(狭)之假借。《说文》"仄也",即狭窄。

262 磏

《说文》:"磏,厉石也。……一曰赤色。"

《原本玉篇》引《说文》作:"厉石赤色也。"

按:大徐本《说文》"磏"字有二义:一为厉石,一为赤色。野王《玉篇》只引"厉石赤色也"一义。王筠引李时珍说,羊肝石即赤礪名。今本《玉篇》亦作"磏,赤礪石",可证野王《玉篇》所据古本是,大徐本误分为二义。

263 碛

《说文》:"碛,水陼有石者。"

《原本玉篇》引《说文》作:"水渚有石也。"

按:"陼"、"渚"二字义同。《说文》:"陼,如渚者陼丘,水中高者也。"《尔雅》:"小洲曰陼。"可知二字音义皆同,故可通用。

264 磙

《说文》:"磙,陖也。"

《原本玉篇》引《说文》作:"磙,堕。"

按:徐锴《系传》:"磙,土墒也。今作墜。"墒、墜、磙、堕音义同,本为一组异体字,后"堕"、"墜"二字分化:"堕"读 duò(堕落),"墜"读 zhuì(耳墜、摇摇欲墜)。

265 碑

《说文》:"碑,竖石也。"

《原本玉篇》引《说文》作:"卧石也。"

按:"竖石"与"卧石"异。前人或用古籍中有关葬礼之记载加以解说。近来考古发现日多,当据此类材料考证之。

266 硈

《说文》:"硈,碎石陨声。"

《原本玉篇》引《说文》作:"猝也,石堕声也。"

按:今本《玉篇》作:"硈,石落声。"野王《玉篇》为二义:"猝也。"盖为"碎也"之误。此为一义。"石堕声"为另一义。

267 磛

《说文》:"磛,礹石也。"

《原本玉篇》引《说文》作:"礛,礹也。"

按：今本《玉篇》："礣，礣礴，山皃。"又："礴，礣礴也，亦作巖。"三者相较，以今本《玉篇》为是。段玉裁已详加分析，可从。

268 礣

《说文》："礣，石山也。"

《原本玉篇》引《说文》作："山皃也。"

按：《说文》古本盖作"礣，礣礴，山皃也"。大徐本"石山"疑误。

269 磽

《说文》："磽，磐石也。"

《原本玉篇》引《说文》作："磽，磐也。"

按：徐锴《系传》作："磽，磐石也。"今本《玉篇》："磽，坚硬也"。可证大徐本是。

270 碎

《说文》："碎，䃺也。"

《原本玉篇》引《说文》作："碎，䃺也。"

按："䃺"为"䃺"字假借。"䃺"即今之"磨"字，磨为碎米面之工具。段玉裁改大徐本"䃺也"为"䊪也"，可议。"䃺"有两种，一为磨，用以磨麦、豆。一为"碾"，即"䊪"字，用以碾米。"䃺"乃兼此二用。后因创制了专用以磨米之工具，于是另造一"䊪"字以为别。若释"碎"为"䊪"，则是把碾米的碾子扩大化，把磨也包括进去了。

271 砥

《说文》："砥，以石扞缯也。"

《原本玉篇》引《说文》作："砥，以石研增缯。"

按："扞"训"扳"，为捍卫义。野王"以石研缯"（衍"增"字）之研，训䃺。缯织后用石磨熨压，使之平整，其作用与今之熨斗同。

"扞缯"、"研缯"义同。今语"擀面",以面杖碾轧面团,与"扞缯"义近。可供参照。

272 礋

《说文》:"礋,石也,恶也。"

《原本玉篇》引《说文》作:"石地也。"

按:徐锴《系传》作"石地恶也。"段玉裁据改大徐本为"石地恶也"。野王《玉篇》无"恶"字。《广韵》作"石地"。《集韵》作"礋,地多石"。皆无"恶"字,疑野王所据古本是。

273 阞

《说文》:"阞,地理也。"

《原本玉篇》引《说文》作:"地也。"

按:今本《玉篇》作"阞,地脉理"。"地理"即"地脉理",《说文》原本盖作"地脉理也"。大徐本脱"脉"字,野王《玉篇》脱"脉理"二字。《广韵》亦作"阞,地脉理"。

274 陰

《说文》:"陰,闇也。水之南山之北也。"

《原本玉篇》引《说文》作:"陰,闇也。水之气也。南山之北曰陰。"

按:二本文字小异。大徐本较胜。

275 阪

《说文》:"阪,坡者曰阪。一曰泽障,一曰山胁也。"

《原本玉篇》引《说文》作:"泽鄣也。一曰胁也。"

按:野王引《说文》常只引其一个义项,此条省去"坡者曰阪"义项。又"胁也"盖脱一"山"字。

276 陂

《说文》:"陂,阪也。一曰沱也。"

《原本玉篇》引《说文》作:"陂,陵也。一曰池也。"

按:"陂"无"陵"字义。野王《玉篇》"陵也"盖"阪也"之误。"陂沱"为连绵词,故"陂"训"沱"。"陂沱"又或作"陂池",《史记·绛灌列传》:"陂池田园。"可知汉代二字通用。

277 限

《说文》:"限,阻也,一曰门榍。"

《原本玉篇》引《说文》作:"限,阻也。一曰门橹。"

按:《说文》:"榍,限也。"故"门榍"即"门限",亦即门槛。"橹"为大盾,与门限义不合,野王"门橹"乃"门榍"之误。

278 陮

《说文》:"陮,陮隗,高也。"

《原本玉篇》引《说文》作:"陮隗,不安也。"又"隗"字下引《说文》:"隗,高也。"

按:今本《玉篇》:"陮隗,不平也。"《广韵》:"陮隗,不平状。""陮隗"、"崔嵬"、《庄子》"畏佳"皆同一词,皆有高而不平义。野王《玉篇》"不安"盖"不平"之误。

279 阭

《说文》:"阭,高也。一曰石也。"

《原本玉篇》引《说文》作:"高也。一曰地名也。"

按:大徐本"一曰石也",野王《玉篇》引作"一曰地名也",今本《玉篇》同,此解似较胜。待考。

280 陋

《说文》:"陋,阨陕也。"

《原本玉篇》引《说文》作:"陋,隘也。"

按:"阨陕"即狭隘,阨与隘同。大徐本不误。野王"隘"盖为"阨"字之讹。

281 嘔

《说文》:"嘔,敛也。"

《原本玉篇》引《说文》作:"敛嘔也。"

按:敛嘔为复音词,大徐本脱"嘔"字。段玉裁改为"敛嘔也",是。敛嘔今作崎岖。野王《玉篇》正作"敛嘔也",可证段氏说。

282 陷

《说文》:"陷,高下也。一曰陊也。"

《原本玉篇》引《说文》作:"高下也。一曰随也。"

按:"高下也"义不明。"陊也"即堕下。"臽"字古文象人陷入地下形。陷乃形声兼会意字,人堕坎中形。野王《玉篇》"随"盖"堕"字之讹。

283 隤

《说文》:"隤,下队也。"

《原本玉篇》引《说文》作:"墜下也。"

按:队本为墜字初文。《说文》:"队,从高队也。"大徐本用初文队,野王用墜。今本《玉篇》、《文选》注、《一切经音义》引《说文》皆作"墜下",可为野王本证。

284 阮

《说文》:"阮,闳也。"

《原本玉篇》引《说文》作:"阮,闻闳。"

按:阬閬为连绵词,《说文》原本当作"阬,阬閬也"。大徐本脱"阬"字,野王误为"閬"字。阬閬或作閌閬,寠窶,皆同词异形。

285 防

《说文》:"防,隄也。"

《原本玉篇》引《说文》作:"防,得也。"

按:古代典籍中防字无训"得"者,野王《玉篇》"得也"盖"隄也"之讹。

286 阢

《说文》:"阢,石山戴土也。"

《原本玉篇》引《说文》作:"石戴主也。"

按:野王《玉篇》脱"山"字,"主"为"土"之误。

287 隄

《说文》:"隄,唐也。"

《原本玉篇》引《说文》作:"隄,隝也。"

按:徐锴《系传》:"隄,隝也"。《广雅》:"隝,隄也。""唐"为"隝"、"塘"之假借。《说文》无"隝"、"塘",盖当时此二字尚未通行。汉以后《说文》传本或改为"隝也",野王所据古本是也。

288 陳

《说文》:"陳,崖也。……读若儼。"

《原本玉篇》引《说文》作:"陳,厓也。"

按:"厓"为"崖"字初文。盖《说文》所传抄本或作"崖也",或作"厓也"。未可据以辨其是非。

289 障

《说文》:"障,隔也。"

《原本玉篇》引《说文》作:"隌,隔也。"

按:野王《玉篇》"隔也"盖"隔也"之讹。《说文》无"隔"字。《集韵》:隔,陋攝,陕兒,为晚出字,不当见于《说文》解说中。

290 隈

《说文》:"隈,水曲隩也。"

《原本玉篇》引《说文》作:"水曲隈也。"

按:段玉裁改大徐本为"隈,水曲也"。野王《玉篇》引作"水曲隈也"。

291 㟎

《说文》:"㟎,水衡官谷也。……一曰小谿。"

《原本玉篇》引《说文》作:"水衡官名也。一曰未谿也。"

按:大徐本"水衡官谷也"不可解。野王《玉篇》引作"水衡官名也",是"谷"乃"名"字之讹。汉代官职中有水衡都尉,下属六丞,官名甚多。"㟎"乃水衡都尉下属一官名。又"未谿"当为"小谿"之误。今本《玉篇》作"小谿"。

292 陕

《说文》:"陕,弘农陕也。古虢国王季之子所封也。"

《原本玉篇》引《说文》:"农陕,古虢国也。"野王案:"季子所封也。"

按:今本《玉篇》:"弘农陕县,古虢国。"《一切经音义》卷一〇引:"今弘农陕县,古之虢国是也。"大徐本及野王所据本均脱"县"字。古本盖作:"弘农陕县,古虢国,王季子所封也。"

293 陬

《说文》:"陬,弘农陕东陬也。"

《原本玉篇》引《说文》作："弘农陝东聚之也。"

按：今本《玉篇》云："隃，陝东县。"《广韵》："隃，地名，在弘农。"野王《玉篇》"除东"乃"陝东"之讹，"陬"训"隅"，"聚"为邑落。盖为陝东县内地名。

294 陵

《说文》："陵，河东安邑陬也。"

《原本玉篇》引《说文》作："河东安邑聚也。"

按：大徐本"陬"，野王《玉篇》引作"聚"。与上条"隃"字所引同。盖"陬"、"聚"通用。大徐本用"陬"，野王本用"聚"。

295 隑

《说文》："隑，上党隑氏阪也。"

《原本玉篇》引《说文》作："上党隑氏陵。"

按：《汉书·地理志》有隑氏县，"阪"盖言其地形。野王《玉篇》引作"陵"，待考。

296 隄

《说文》："隄，如渚者隄丘，水中高者也。"

《原本玉篇》引《说文》作："水才高也。"

按：野王《玉篇》引作"水才高也"，"才"盖"中"字之讹。

297 陳

《说文》："陳，宛丘，舜后妫满之所封。"

《原本玉篇》引《说文》作："陳，宛丘也，舜征妫蒲所封也。"

按：二本小异。野王《玉篇》"征"、"蒲"盖"后"字、"满"字之讹。

298 除

《说文》："除，殿陛也。"

《原本玉篇》引《说文》作:"除,殿阶也。"

按:《广韵》、今本《玉篇》均作"除,阶也"。大徐本用"陛"字。"陛"、"阶"义同音异。汉以后,"陛"专用于称皇帝曰陛下,阶除字不再用"陛",大徐本"殿陛也"盖为《说文》原本,野王所见抄本已改为"殿阶也"。此乃时代变迁而用字有古今之别。

299 陴

《说文》:"陴,城上女墙俾倪也。"

《原本玉篇》引《说文》作:"城上女垣也。"

按:"城上女墙"下当有"也"字,"俾倪也"为另一义。野王只引"城上女垣也"一义。

300 阞

《说文》:"阞,水𠂤也。"

《原本玉篇》引《说文》作:"小阜也。"

按:《广韵》、今本《玉篇》皆训"小阜"。徐锴《系传》:"阞,若湄岸也。"《诗经·魏风·伐檀》:"寘之河之湄兮。""湄"即"阞"字。"水𠂤"即河岸,亦即"水阜"(野王"小阜"盖"水阜"之讹)。大徐本"𠂤"盖"阜"字之讹。

301 隓

《说文》:"隓,败城𠂤曰隓。从𠂤,㒸声(臣铉等曰:《说文》无㒸字,盖二左也。众力左之,故从二左。今俗作隳)。𡐦,篆文。"

《原本玉篇》引《说文》作:"阪成阜曰堕也。"

按:大徐本"隓"字盖"堕"字传抄之误字。徐铉曲为之解,亦不能自圆其说。此字初文为"隊"字,后孳生为"墜"、"堕"二字。野王《玉篇》所据古本保存原本"堕"字,可纠正大徐本。

302 垒

《说文》:"垒,絫墼也。"

《原本玉篇》引《说文》作:"垒,堑。"

按:"垒"即"壘"字。徐锴《系传》云:"今但作壘。壘,壁壘也。""墼"为未烧之砖,今称土坯,盖用以筑壁壘者。野王《玉篇》作"堑"与阬(坑)义同。盖挖掘坑沟用以御敌,与筑壁壘以阻敌之作用同。未知二者孰是。

303 泛

《说文》:"泛,浮行水上也。……古或以泛为没。汎,泛或从囦声。"

《原本玉篇》引《说文》作:"浮于水上也,古文以为没字。"

按:大徐本"浮行水上也"释义不明,野王《玉篇》引作"浮于水上",较胜。今本《玉篇》作"人浮水上",《广韵》同。可参证。

304 休

《说文》:"休,没也。"

《原本玉篇》引《说文》作:"没水中也。"

按:徐锴《系传》:"休,没水也。读与溺同。"今本《玉篇》云:"孔子曰:'君子休于日,小人休于水。'今作溺。"由此参证,大徐本盖脱"水"或"水中"。野王本较胜。

305 没

《说文》:"没,沈也。"

《原本玉篇》引《说文》作:"没,湛也。"

按:沉没字本作"湛",宋代时始以"沈"为沉没字,许慎时不当以"沈"释"没"。《说文》原本当作"湛也",野王《玉篇》所据古本是。

306 滃

《说文》:"滃,云气起也。"

《原本玉篇》引《说文》作:"云气起皃也。"

按:今本《玉篇》云:"滃,滃鬱,川谷吐气皃。"大徐本盖脱"皃"字。

307 澍

《说文》:"澍,时雨澍生万物。"

《原本玉篇》引《说文》作:"时雨所以樹生万物者也。"

按:段玉裁改大徐本为"时雨也,所以澍生万物者也",与野王《玉篇》本相合,可为段玉裁说佐证。

308 瀑

《说文》:"瀑,疾雨也。一曰沫也,一曰瀑資也。从水,暴声。《诗》曰:终风且瀑。"

《原本玉篇》引《说文》作:"疾雨也,一曰霣也,一曰沫也。"

按:大徐本"瀑資也"盖"瀑霣也"之误。《说文》:"霣,雨也。齐人谓雷为霣。"可知"瀑霣"犹今言之雷雨,段氏改"資"为"霣"是。野王本可为段氏说佐证。

309 渾

《说文》:"渾,雨下也。……一曰沸涌皃。"

《原本玉篇》引《说文》作:"雨下皃也。"

按:大徐本盖脱"皃"字,野王《玉篇》引作"雨下皃也",是。

310 濙

《说文》:"濙,久雨涔資也。一曰水名。"

《原本玉篇》引《说文》作:"久雨曰涔濙,一曰水名也。"

按：二本略同。野王本"久雨"下有"曰"字，大徐本脱。又"涔涔"当是汉时常语，大徐本用"资"为假借字，野王本用正字"濱"，乃时代演变使然。此类字，大徐本中屡见。

311 潦

《说文》："潦，雨水大皃。"

《原本玉篇》引《说文》作："雨水也。"

按："潦"即今"涝"字。《广雅》："涝（潦），淹也。"大徐本作"雨水大皃"，是。野王《玉篇》抄本脱误，可反证大徐本之正确，故表出之。

312 渡

《说文》："渡，雨流霤下。"

《原本玉篇》引《说文》作："霤下皃也。"

按：徐锴《系传》、《广韵》、《集韵》均作"雨流霤下皃"，野王《玉篇》引文亦有"皃"字。大徐本"雨流霤下"后当补"皃"字。

313 涿

《说文》："涿，流下滴也。……上谷有涿县。"

《原本玉篇》引《说文》作："流下適涿也。"

按：野王本"流下適涿也"以"適涿"为复音词（"適"为"滴"字假借），可供参考。

314 溹

《说文》："溹，沛之也。"

《原本玉篇》引："《说文》：溹，沛也。又《埤苍》：沛溹，水波皃也。《声类》：水声也。"

按：徐锴《系传》："溹，溹沛也。臣锴曰：流清皃。"大徐本"沛之也"不可解,段氏改从徐锴,是。野王《玉篇》"沛也"前盖脱一"漆"字。

315 浞

《说文》:"浞,濡也。"

《原本玉篇》引《说文》作:"水濡皃也。"

按:徐锴《系传》:"浞,水濡皃。"三本相校,《说文》原本当作"水濡皃"。

316 潍

《说文》:"潍,灌也。"

《原本玉篇》引《说文》作:"潍,沾也。"

按:今本《玉篇》:"潍,霑也。"野王《玉篇》"沾"盖"霑"字假借。霑与灌义同。二本义同而字异。

317 泐

《说文》:"泐,水石之理也。"

《原本玉篇》引《说文》作:"水凝合之理也。"

按:徐锴《系传》:"臣锴曰:言石因其脉理而解裂也。"段氏改大徐本为"水之理也",与野王《玉篇》引文义同。

318 涪

《说文》:"涪,幽溼也。"

《原本玉篇》引《说文》作:"涪,溼也。"

按:大徐本"幽溼"义不明,疑涪、幽对转,"幽"与"涪"义同。幽溼即涪溼,四川方言谓冬季多云天寒曰涪冷(常写作阴冷)。与"幽溼"义同。《说文》原本当作"涪,涪溼也"。

319 沮

《说文》:"沮,水吏也,又温也。"

《原本玉篇》引《说文》作："水吏也,一曰隰也。"

按:汩字解为"水吏",无书证。钱大昕以为"水吏"乃"水文"之讹,可从。"温"乃"濕"之讹。《集韵》:"汩,濕也。"野王《玉篇》"隰"乃"濕"字之讹。

320 瀞

《说文》:"瀞,无垢薉也。"

《原本玉篇》引:"《说文》:无垢也。今或为净字也。"

按:徐锴《系传》、《广韵》均作"无垢也",大徐本盖衍"薉"字。

321 滰

《说文》:"滰,浚乾渍米也。……孟子曰:'夫子去齐,滰淅而行。'"

《原本玉篇》引《说文》作:"乾渍米也。孟子曰:'孔子去齐,滰淅而行。'是也。又曰:滰,浚也。"

按:大徐本"浚"下脱"也"字,以至文义不明。古本盖作:"浚也,乾渍米也。"野王分解二义。

322 浚

《说文》:"浚,浸𣲙也。"

《原本玉篇》引《说文》作:"渍汰也。"

按:徐锴《系传》作"浸沃也"。段玉裁改大徐本为"𣲙汰也"。三本与段氏说皆不同,可相参证。

323 淤

《说文》:"淤,淀滓浊泥。"

《原本玉篇》引:"《说文》:淤,淀滓也。野王案:今谓水中泥草为淤。"

按：大徐本"淀滓浊泥"似为二义。野王《玉篇》引作"淀滓也"，盖《说文》古本当如此。另有野王案为另一解说，可知"浊泥"一解不见于《说文》原本，盖宋代人所增。

324 次

《说文》："次，慕欲口液也。从欠，从水。……㳄，次或从侃。"

《原本玉篇》黎庶昌本引《说文》作："慕也，欲也，亦口液也。"又，罗振玉本引《说文》作："慕也，欲也，亦口依也。"

按：《万象名义》"次"字训："慕，欲，口液。"可证《原本玉篇》所据《说文》古本"慕"、"欲"两字下有"也"字，大徐本脱。又罗振玉本"口依"当为"口液"之误。

325 㵟

《说文》："㵟，侧出泉也。"

《原本玉篇》引《说文》作："侧酒出也。"

按：大徐本"泉"字盖"酒"字之讹。许慎《说文》体例，凡字义相近者多依次排列。"㵟"字上下字为"灑"、"渭"，一训"釃酒"，一训"茜酒"，皆与酒有关，"㵟"字不应训"泉"。今本《玉篇》："㵟，出酒也。"与野王所据本略同，可以为证。

326 液

《说文》："液，盡也。"

《原本玉篇》引《说文》作："液，津也。"

按：《说文》："盡，气液也。"即今之津液字。大徐本用本字，野王《玉篇》用南北朝时假借字"津"。汉字自汉代以后，形声字发展为文字之主体，但有少数舍正字而用假借字，此为另一规律。"津"字本义为渡口，又假借为"盡液"字，便是一例。

谈谈假借字,异体字,古今字和本字[*]

近一年来在几种有影响的杂志上刊载了好多篇讨论假借字、古今字、本字的文章,也牵涉到异体字。本文打算谈谈我对这几个问题的看法。

一、假借字

假借字就是同音假借,利用一个同音字来表示另一个词。也就是许慎讲的"本无其字,依音托事"的假借。例如:

"其"本象箕形,但"其雨"、"殷其雷"、"摽有梅,其实七兮"的"其"就不能当簸箕讲,只是同音假借。因为这两个字同音,就当作标音符号了。

"雅"字从佳、牙声,即乌鸦的鸦字;现借为文雅、雅座字。

"西"字本象鸟栖巢形;今假借为东西的西。

"易"本象蜥蜴的形状;今借用为容易,难易的易。

"北"字象两人相背形,本是"背"的初文;今借用为北方的北。

---

[*]《西南师范学院学报》,1984 年第 2 期。

以上这些假借字都还活在我们的笔下,从文字学的角度看,都是假借字。我们用习惯了,习而不察,不觉得奇怪。这是因为没有跟它相对应的"非假借字"相比较的缘故。

但是我们在古代典籍中遇到的一些假借字,就常常使我们感到困惑。比如:《左传·隐公元年》有一段话:"(武姜)生庄公及共叔段。庄公寤生,惊姜氏,故名曰寤生,遂恶之。爱共叔段,欲立之。"这段话的"寤生"有两种讲法:一说寤生是生下来就睁着眼睛,"寤"解为睡醒,人醒着要睁开眼睛。但是小孩子刚生下来睁开了眼睛,并没有什么可怕,为什么会吓坏了产妇?这不合情理。清代黄生在《义府》一书中说,这个"寤"字应是"牾"字的假借字,牾生就是倒生,古人医术不如今天,孩子倒生会危及产妇的生命,所以才吓坏了姜氏。看来黄生的解释是对的。像这样的假借字就不好办,因为它只见于古书,很难判断它是不是假借字,更不容易指出是哪个字的假借。

又《诗经·硕鼠》:"逝将去女,适彼乐土","逝"字有三种解释:一是按"逝"字的本义,解做"往也"。二是解为"誓"字,"逝"是"誓"字的假借。三是解为语首助词。后面两个说法都认为"逝"字是假借字,只是借用者不同。单从这句话的意思来看,似乎解为"誓"字较为恰当,但是把《诗经》上所有这类用法汇集在一起加以归纳对比,似乎把它看作虚词更为妥当。

有些假借字的确定不很困难。如《史记·廉颇蔺相如列传》:"(白起)纵奇兵,详败走,而绝其粮道,分断其军为二,士卒离心。""详"字是"佯"字的假借,《说文》没有"佯"字,古书中当佯狂讲的"佯"字,多写做"详",或写做"阳",都是假借字。又"廉将军虽老,尚善饭,然与臣坐,顷之三遗矢矣。""矢"当是"屎"的假借。《说文》没有"屎"字,有个"菡"字没有通行,所以古书上多用"矢"代"屎"。

我们读汉代和秦汉以前的书,经常会遇到这些假借字。有的容易判断,能够指出它表示的究竟是哪个词;有的不容易判断,因此同一个字同一句话就有几个不同的解释;有的至今还读不懂。我们明白了假借的道理,就会对某些解释法加以判断,不但知其然,还会知其所以然。对于少数疑难字,也会知道问题的所在。清代的语言学家曾说过,不明假借便不能读古书,这个话并不过分。

现在再附带谈谈什么叫"通假"。

我们查字典,常常遇到"某通某"这类解说,比如"液"字本义为汁液,《康熙字典》水部"液"字下说:"又与掖通",引了《汉书·王莽传》一条书证:"掖庭尉滕未充。""掖庭"就是"掖庭",皇宫后宫嫔妃居住的地方叫掖庭。这里的"液"是假借字,字典里说是与"掖"通。

通就是通用的意思,"假"是"假借"的省略,"通假"又是"通用和假借"的省略。

仔细分析起来,"通用"的范围很广,不限于假借字这一种。如《中华大字典》"併"字下说:"与并通"。又"厐"字下"通庞"。又"凶"字下"通殁",又"通咎"。这些所谓"通"的字有几种不同的性质:"併"和"并"是同源字和孳生字的关系,两者的基本义相同。"凶"和"殁"则是异体关系,两字音、义相同,是一个字的不同写法。至于凶字"通咎",两字读音完全不同。只是同义词。所以说"通"跟"假借"不是一回事,"通"可以包括假借,但除了假借还有别的通用现象。现在许多注释古书和编字典的人经常使用"通"这个术语,分析起来,大约有三种情况:一是同源字,如"骈"、"骿"、"交"、

"骰"之类。二是异体字,如上面的"凶"和"殃"。三是假借字,从清代至今许多人称之为通假字,可以简称为通。——可见"通"这个术语包括的内容很多。有人以为"通"只是通假的简称,那是不对的。

二、异体字

什么叫异体字?两个以上的字音义都相同只是写法不同的,就叫异体字,或者叫做"重文"。

先拿汉代的异体字来看吧。许慎的《说文解字》共有10700个字,内有重文1280个。例如,"祀"字又作"禩";"祟"字又作"祊";"球"字又作"璆";"速"字又作"遬"和"警";"迟"字又作"遟"和"遲";"酒"字又作"酋";"達"字又作"达";"得"字又作"㝵"等。

《说文》中还有些字,许慎没有指出是重文,其实仍然应算是异体字。如口部"嘘"字下说:"吹也"。欠部又有"歔"字说:"欷也。一曰出气也。"嘘、歔两字音义相同,当是异体字。

又口部"喘"字下说:"喘,疾息也。"欠部又有"㰦"字:"㰦,口引气也。"两字音义相同,当是一组异体字。

土部"坡"字下说:"陂也。""陂"字下说:"阪也。"坡、陂应是一组异体字。

山部"崔"字下说:"崔,大高也。"又"崒"字下说:"崒危,高也。"又阜部"陮"字下说:"陮隗,高也。"崔巍、崒危、陮隗是同一个复音词的不同写法,崔、崒、陮三字音义相同,当是一组异体字。(崔字又假借作姓用,在这个意义上跟崒、陮不同义。)

阜部"陵"字下说："陵,陁高也。"山部"崚"字下说："崚,高也。峻,崚或省。"崚、陵、峻三字也是一组异体字。

如果把这些异体字都剔出来,那么《说文》中的重文就会多得多。

还有,许慎在著《说文》的时候,并没有把当时通行的字都收进去。因为他编的是一部篆书字典,有些字是汉代才通行的,不见于历代字书,因而就没有收入。例如,"敢"字在汉代已经通行,但《说文》只作"叡"、"𣪊",没有"敢"字。汉代已有"善"字,但《说文》只有"譱"。这一类异体字更多,因限于《说文》收字的体例,所以没有收。

因此,如果按这个办法对汉代的异体字加以清理,数目至少有两三千。

汉代以前,从地下发掘的材料来看,异体字也是很多的。

汉代以后,新的异体字不断产生,通俗字、讹字成批地出现。唐代以后,出现了很多讲求写字规范化的字书,目的是在异体字中分辨正误。如颜师古《匡谬正俗》、颜元孙《干禄字书》、张参《五经文字》,宋代郭忠恕《佩觿》、李从周《字通》,元代李文仲《字鉴》,明焦竑《俗书刊误》,清龙启瑞《字学举隅》等书,不下数十种。这些字书都搜集了当时通用的许多异体字。《康熙字典》和《中华大字典》收字47000多个,这里面的异体字至少有一两万。至于有些曾在古代抄本、刻本、碑文中使用的异体字而字典没有收录的,那就更不知道有多少了。

我们不禁要问,为什么汉字中会有这么多异体字呢? 这有种种原因。第一,汉字不是表音文字,表音文字用几十个字母把一个个词语的音素或音节记录下来,同音同义的同一个词语一般只有一种拼写法,自然不会产生异体字。汉字却不然,大多数汉字是一半表形义一半表音的形声字,"形"和"声"都不是固定的符号,两者的配合有很多可能,这就会发生几个同音义的字能记录同一个词的现象。比如"峻"字的形旁是"山",又可以是阜(阝)"写作"陖"。"崔"的声符是"隹",又可以是"卒"写做"崒"。第二,方言不统一,各地区的人常常根据方音的不同改变形声字的声符,因而造成一大批带地方色彩的异体字。在秦以前,还要加上政治不统一这个因素,因而形成了"言语异声、文字异形"的局面。第三,古代印刷不便,人们在书写文字时常常有讹变,这也是异体字产生的一个原因。

总之,异体字是汉字在发展过程中必然会产生的现象。我们明白了这个道理,在读古书时遇到这类情况就不会感到困惑了。比如,我们读柳宗元的文章,经常见到一个"隟"字,《康熙字典》说它是"隙"字的古文。似乎来源很古。其实这个字是唐代人抄书抄错了的,字典也跟着错,唐代的大文学家也都这么写。宋代以后这个字才恢复了原来"隙"字的写法。

又如一个极常见的"炒"字,从秦汉到唐代至少有三十几个不同的写法,《说文》中只有"鬻"字,《玉篇》有了"煼"、"䊮"、"炒"、"䵵"、"爯"等字。以后又增加了其他不同的写法。大约在唐代以后,"炒"字才成为最通行的写法。

我们现在阅读的古文选本,是经过专家整理的,有些字是根据现在规定的写法改了的,所以异体字方面的困难也大为减少。如果去阅读那些没有整理过的古书,这方面的困难就显著了。

简化字和繁体字的关系也是异体字关系。唐宋以后,尤其是宋元以后,出现了大批简化字;民间刻印传抄的小说、剧本、唱本,简体字触目皆是。如"国"、"宝"、"孛"等,过去曾有人编辑成书。我们公布的简化字,有些就是从这些历代通行的"俗"字中选定的。不过有些简化字采取了同音代替的办法,如用"斗"代"鬥",用"叶"代"葉",用"干"代"幹"等,是古代的假借法;有的字是人为的,没有多少历史根据,如"卫"字。这类字跟异体字的含义不完全相同。

现在再谈谈异体字和假借字的关系。

从上面的分析看,假借字跟异体字的区别是很明显的。两个字音同义异叫做假借,音义相同才是异体字。比如"斗"和"鬥"只是声音全同(声调不同),而字义完全不同,现在用升斗的"斗"代替鬥争的"鬥",这就是同音假借,跟古代用"亦"(古腋字)代"不亦乐乎"的"亦",用"其"(簸箕)代"其雨"、"殷其雷"的"其",道理是一样的。(不同处只有一点,一个是已有其字,一个是本无其字。)至于异体字,两个字的音义应完全相同,如"學"和"孝"、"学"等。因而从假借和异体字的定义来看,是可以截然划分不会混淆的。

可是在汉字发展过程中,假借字和异体字常常有互相交叉和相互转化的情况;不了解这种情况,也会在阅读时感到为难。

比如,"閒"字从门从月,是个会意字,月光从门缝照进来,所以《说文》解为"隙也。"间隙、间隔、中间、间谍等义都是从"隙"这个本义引申而来。两件事之间的停止也叫间,因而引申出閒暇义。读音和字形都发生了变化:一个读 xián,表閒暇义,仍写做"閒"。一个读 jiān,表中间、间隙义,写做从门从日的"間"。于是分化成两个字,读音、意义都分化了。大约到唐代,有人又借用"闲"字来表

xián暇的"閒",于是唐以后的典籍中常常有"閒"、"间"、"闲"三个字混用的情况。"闲"字从门,木,门口放了一根木头,防止牛马出入,引申为防闲的意思。本来和"閒"字无关,只是因为和"閒"字同音,又因为"间"、"閒"两个字字形上的差别太小,所以就借以代"閒"。因为假借久了,也就成为这一组的异体字。后来简化方案规定以"闲"表闲暇义,以"间"表中间义,老派的"閒"字反而废除了。这是这一组字历史演变的经过,一个不同义的假借字"闲"半路里插进来变成了这一组异体字的成员,而且最后喧宾夺主,排除了老牌的"閒"字。这正是假借和异体相互转化的例子。我们读古书的时候如果遇到这三个字就得注意,看它究竟表示的是哪个词。尤其是"闲"字,因为它既保持着防闲的本义,有时又用作闲暇的假借义,要根据上下文的文义才能加以判断。

这种交叉转化的情况还有更为复杂的。比如,歬、前、剪、翦这几个字的情况。"歬"本是前后的前字,从止在舟上,是个会意字,人的脚站在舟上表示船在前进。(另一说以为舟象履形,止象人的脚,穿上鞋子要前进了。似更合理。)殷周金器铭文都这样写。到了汉代,才借用"前"字为前后字。"前"字从刀,歬声,《说文》说:"齐断也。"本是古"剪"字,汉代以后假借为前后的前。那么原来的"齐断"义怎么办?于是又加个"刀"形造一个"剪"字来表示,或用异体字"翦"字。现在留下"前"、"剪"两个字,分别表示前后、剪裁两个词义。

以上是"借入"的情况,还有些因"借出"而形成的异体关系。比如,"而"字本义为"颊毛",因"而"借为虚词,于是另造"耏"、"髵"两字表示初义;从意义相同看,而、耏、髵当是一组异体,但"而"字既已借出，便不属于这一组字了。"须"和"鬚"的情况也是如此，不过简化字规定"须"字兼胡须、必须两义。"鬚"字就又废除了。

三、古今字

从历史发展的角度来看，汉字是在不断地发生变化。从汉字历史的整体来看，时代越早，汉字的数目越少；时代越晚，汉字的数目越大。秦代曾进行过一次"书同文字"的文字规范化工作，规定了三千多个字的写法。秦以前各国通行的文字，也不会超过这个数目。汉以后汉字的数目日益增多，宋代的字书已经收了三万多字。一千多年内增加了好几倍。从数量上看，也可看出古今文字的差别。

古代字少，不够用，就用同音假借的办法，因而形成了大量一字兼职的现象，一个字当成现在的两三个字用。

比如，"齊"字是个会意字，象三个禾穗很齐整的样子，引申为齐整义。但从古书中"齐"字的用法来看，却代表好几个和"齐"同音的字。例如：

① 假借为"脐"——《左传·庄公六年》："若不早图，后君噬齐。"杜预注："若齧腹齐，喻不可及"。腹齐就是腹脐。古代借用"齐"，今作"脐"。

② 通用为"剂"——《后汉书·华佗传》："精于方药，处齐而过数种，心识分铢，不假称量。""处齐"即处剂，中医处方叫方剂，一副药称一剂药。"剂"字《说文》已收录，古书中多用"齐"。

③ 假借为"躋"——《礼记·乐记》："地气上齐，天气下降。"郑

玄注说:"齐,读为跻,跻,升也。"上齐就是上跻,上跻就是上升。《说文》:"跻,登也。"登和升同义。原借"齐"表升义,"跻"字后起。

④ 假借为"懠"——《离骚》:"荃不察余之忠情兮,反信谗而齐怒。"王逸注说:"齐,疾也。言怀王不徐察我忠信之情,反信谗言而疾怒。"《诗·大雅·板》:"天之方懠。"毛传:"懠,怒也。"《说文》没有"懠"字。《离骚》用"齐"是假借字。"懠"字当是后起专用字。《诗经》的"懠"字可能本亦作"齐",后人改为后起字"懠"。

⑤ 假借为"斋"——秦以前,斋戒的"斋"多作"齐"。汉代以后,"斋"、"齐"两字逐渐分工明确。

⑥ 古籍中又假借为"赍"。

⑦ 又假借为"荠"。

一个"齐"字竟然可以代替七八个字,可见古今字的差别之大。

除了同音假借以外,古和今比较起来,还增加了一大批同源字。

同源字,清代人叫做分别字、区别字。本来是一个字,因为词义引申而形成了一词多义现象,就另造一些字各代表字义的一个方面,于是一个字就孳生出几个字,形成了一组同源字。例如:

"并"字象两人持干相从,是个会意字。以后凡两者相并都叫并,而且孳生出一批新字:骨相比并叫"骿";手上老茧比并叫"胼胝";两匹马驾车叫"骈";可以合并又可打开用以蔽人的屏风叫"屏";一种面食叫"饼"……。骿、胼、屏、饼等字都是从"并"字孳生出来的,来源相同,所以叫同源字。

"交"字象两腿相交形,引申为交结的交。又造"骹"字专表交胫义。又有"佼"字专表交会义。用木栅相交造成栅栏以阻拦野兽的东西叫"校"。用竹子交错制成竹索叫"筊"。上下齿相交叫"咬",或作"齩"。城乡交界的地方叫"郊"。"绞"字也是"交"的孳生字。

"斯"字的本义是"析",即劈开、解析。《诗经·墓门》:"斧以斯之",用斧子劈开,用的是本义。这个字现在写做"撕"。引申为从事劈柴等家务劳动的奴仆叫做"厮"。声音破裂叫"嘶"或"澌",如声嘶力竭、嘶哑。人死魄散叫做"澌",也写做"澌"。冰散也叫"澌"。这又是一组同源字。

除此而外,古今字中还包括一大批异体字。许多字书和古书注释都有这一类记载。例如:

唐·颜元孙《干禄字书》是一部给应考者编的讲正字法的字书,多列举异体字,指出哪是正字,哪是俗字。有一些指出了古今的不同。例如:

童、僮——上童幼,下僮仆。古则反是,今所不行。

锺、鍾——上酒器,下鍾磬字。今并用上字。

孰、熟——上谁也,下煮也。古作𩱧,今不行。

三组字都指出了古今用法或写法的不同。

张参的《五经文字》把不同时代的写法排列出来,加以说明,时代更为明确,比笼统地说"古"更为具体。如:

明、朙、眀——上古文;中《说文》;下石经。今并依上字。

藩——本藩篱字,亦作藩屏字。今独用为藩篱字。

须——音需,面毛也。今借为须待字。本作頿,今不行已久。

彊、强——上弓有力,强盛字本合用此字。强者虫名,《尔雅》强蜥是也,今经典相承通用之。

皃、貌——二同，上《说文》；下籀文。今经典用下字。

顾野王《玉篇》(宋人增益名《大广益会玉篇》)也经常使用这一类术语。如：

壑——智也，明也，圣也。古睿字。

𤱿——古昏切。《说文》云：周人谓兄曰𤱿也。今作昆，同。

譱——大也。《说文》曰：吉也。

善——同上。今作善。

遣——乱也，交遣也。今为错。

大徐本《说文》，在有些字条后面有徐的小字注文。如：

颿字下注："臣铉等曰：舟船之颿本用此字；今别作帆。非是。"

份——文质僣也。彬，古文份。注，臣铉等曰：今俗作斌。非是。

柟——木也。从木，冉声。注：臣铉等曰：今俗作杉。非是。

瞚——开阖目数摇也。注：臣铉等曰：今俗别作瞬。非是。

𤎅——键也。注：臣铉等曰：今俗作𤐫别作炒。非是。

徐铉认为像帆、斌、杉、瞬、炒等"今"日通用的异体字是"俗"，而且认为不应该用——"非是"；这表现了徐铉的保守观点，但是他注出在宋代通行的和《说文》相对应的古今字，则是一项很可贵的文字史资料。

宋代娄机做了一部《班马字类》。对《史记》、《汉书》的一些用字作了注释和解说，也多用古今对比的方法。如，

鸿——《汉书·司马相如传·子虚赋》：鸧鹅鹄鸨。古鸿字；《史记》作鸿。

麋——《汉书·王莽传》："赤麋闻之不敢入界。"麋，眉也。古字

通用。

蠭——《史记·项羽本纪》："楚蠭起之将"。蠭，古蜂字。

䛐——《汉书·五行志》，"见巢䛐尽堕地"。古然字。

儋——《汉书·西域传》："负水儋粮"。古担字。

清代段玉裁曾给古今字作过一段说明，可供参考。他说：

凡读经传者，不可不知古今字。古今无定时，周为古则汉为今，汉为古则晋宋为今，随时异用者谓之古今字。非如今人所言古文籀文为古字、小篆隶书为今字也。

(见《说文解字注》"谊"字注)

段氏对《说文》中的字，也多用今字加以解释，指明汉代文字和今字的不同。如：

但——《说文》："但，裼也。"

段注："古但裼字如此。袒则训衣缝解，今之绽裂字也。今之经典凡但裼字皆改为袒裼矣。……古今字之不同类如此。

騐——《说文》："騐，马名。"

段注：今用为譣字，证也，征也，效也，不知其何自始，騐行而譣废矣。

灘——《说文》："灘，水濡而乾也。诗曰，"灘其乾矣。灘，俗灘从隹。"

段注：后人用为沙滩。此之谓古今字也。沙滩字亦作潬。

溺——《说文》，"溺，溺水。自张掖删丹，西至酒泉。"

段注："按今人用为休没字，溺行而休废矣。又用为人小便之尿字，而水名则皆作弱。

毌——《说文》："毌，穿物持之也"。

> 段注：古贯穿用此字，今贯行而毌废矣。……后有串字，有弗字，皆毌之变也。

这些解说相当精确地说明了这些字的古今变化情况。

上面列举的古今字，有些是古代的假借字变成了后来的专用字；有些是从一个初文分化出的同源字；有些是异体字。但从历史演变的角度来看，都属于古今字的范围。古今字划分的标准是时间的今古；跟假借字、异体字、同源字划分的标准不同，因此不能拿古今字跟假借字、异体字、同源字相对立；不能说某某字是古今字，不是假借字等等。如果这一点不搞清楚，就会把几个术语纠缠在一起，越说越糊涂。

四、本字

最后再谈谈"本字"的问题。

有人把古今字的"古"和清代小学家所说的"本字"混而为一，认为本字就是古来就有的。因此就把"古今字"和"本字"两个术语搅在一起了。

其实"本字"的时代并不一定都很古，按时代说，大多数本字是汉代产生的。在汉以前，许多与这些本字相对应的是假借字。比如：

"捨"字，《说文》说："释也"。这是舍弃、施舍的本字。但在汉以前没有这个"捨"字，所有古代典籍中的"捨"都用假借字"舍"。

"谋"字，《说文》："虑难曰谋"。这是谋划、计谋的本字。但在金文、简书、帛书中，这个字都用假借字"某"（"某"是"梅"的象形字,和谋划义完全不相干,只是读音相同)。

"谓"字是云谓字的本字,但地下出土的先秦文字都用假借字"胃"来记音。

这样的本字在《说文》里可以找出几千个,都是汉代以前没有的。

还有些本字是在《说文》以后才产生的。比如:

羱——《说文》没有"羱"字。《后汉书·鲜卑传》:"野马原羊。"唐李贤引郭璞《尔雅》注说:"原羊似吴羊而大角,出西方。但今本《尔雅·释兽》有"羱如羊"一条,"羱"字大概出现于《说文》后,后来只用"原"字。

蝌蚪——《说文》没有"蝌"、"蚪"两字,《尔雅·释鱼》只写做"科斗"。《广韵》才有了蝌蚪两字。

獍——《说文》无"獍"字。古代借用"镜"字。例如《史记·封禅书》:"祠黄帝用一枭破镜。""镜"就是"獍"。《汉书·郊祀志》同。《广韵》才有"獍"字。

磁——《说文》无"磁"字。古书上多借用"慈"字。如《吕氏春秋·精通篇》:"慈石召铁。"《淮南子·说山训》:"慈石能引铁。"《汉书·艺文志》:"慈石取铁。"都只用"慈"字。《广韵》才有"磁"字。

羚——《说文》无"羚"字,古书多借用"灵"字。如《汉书·西南夷传》:"有灵羊,可疗毒。"李贤注引《本草经》说:"灵羊角味咸,无毒,主疗青旨蛊毒,去恶鬼,安心气,强筋骨也。""灵羊角"就是现在中药羚羊角。"灵"是假借字,"羚"是后起本字。其实,《说文》里有个"麢"字,"大羊而细角",正是"羚"字的异体。不过这个"本字"没有流通。

以上这些"本字"都产生在唐代以后。

可见把"本字"和"古今字"的"古"混同起来，认为本字都很古的看法是不对的。"本字"和"古今字"是用不同的标准分析文字的两个术语，不要把这两个术语搅在一起。

那么，"本字"究竟指的什么字，本字的"本"又应怎样理解呢？我们说，"本字"是跟假借字相对而说的。按清代学者王念孙的说法，所谓"本字"，就是符合"制字之本义"的字；否则，如果用一个字和"制字之本义"毫无关系，那就是假借字，不是本字了。比如"捨"字的"制字之本义"是"释也"。因而用在捨弃、取捨、锲而不捨。这些词语中的"捨"就是"本字"；古书中借用"舍"代"捨"，就是假借字。"舍"字制字的本义是"市居曰舍"。用为房舍、舍字义时是本字，借用为"捨"则是假借字。

"本字"的问题按道理说应该跟假借字一起谈，不应该放在古今字后面；因为有上面谈到的错误看法，为了加以澄清，所以在这里谈一谈。

（《西南师范学院学报》1984年第2期）

关于"全汉字"研究的几个问题*

[提要]本文分四部分:第一、第二谈汉字的性质和汉字历史发展阶段的分期,这是有关汉字研究的两个理论问题。这两个理论问题清楚了,才能谈具体问题。第三部分谈异体字问题,从异体字产生的原因,数量估计到整理办法,都作了分析。第五部分谈假借字和词族两个问题,两者都谈得比较简单,因为作者在这两方面都写过专著和论文。作者建议,在"全汉字"的整理工作中,最好先编出异体字字典、假借字典和汉语词族谱这三部字典,然后据以编码;这样可以大大提高 HHDOS 系统在这方面的质量。

读了深圳大学与中文计算中心(北京)合作研制全汉字操作系统(HHDOS)的协议和有关论文,非常高兴。当计算机刚刚引进到国内时,有些人曾断言汉字不能输入。近几年来在这方面的研究有所突破,汉字编码方案提出几百种,比较成功的已有几十种。可以证明,汉字利用这个新载体的问题已经得到初步解决。但是所有这些机件的整体设计,都还是以拼音文字为依据的;用在汉字身上,终究有削足适履的味道,不像用在拼音文字上那么得心应手。

---

* 提交"全汉字"研讨会论文,1991,深圳。

研制 HHDOS 系统的计划完成后,将会根本改变这种状态;汉字文化将会插上有力的翅膀,在世界文化的太空中自由翱翔。

完成这个宏伟的计划,必然会在两方面遇到困难:一是机器设计的困难;二是在汉字研究方面的困难。第二方面的困难可能更大。我在这里只就这一方面的几个问题提出来向各位请教。

一、汉字性质和汉字的历史地位问题

汉字是一种什么性质的文字?她在人类文字发展史上居于什么历史地位?这是在谈论汉字时必须回答的理论问题。在这个问题上,我们一直跟在国外文字学家的后面走,亦步亦趋,很少提出过自己的看法。大约在 20 年代以前,国外学者都认为汉字和埃及古文字都是象形文字,是一种落后的原始文字。我国 50 年代以前的许多著作,都采用这个说法,并用以当作废除汉字的理论根据。30 年代美国语言学家布龙菲尔德在《语言论》一书中提出,汉字是表意文字,这种提法虽然连布氏本人也在犹豫,但却被国内许多学者所接受,解放后出版的有关著述,几乎全都采用了这个说法。后来《大英百科全书》、《文字分类条》(15 版)又把汉字、埃及古文字、苏美尔文字和赫特文字都划入"表音文字"的初级阶段,国内也有人附和。以上这些说法有一个共同点,都认为汉字是一种落后文字。后一种虽然把汉字"提升"为表音文字,但仍然落后于音节文字和拼音文字。

这是个理论问题,许多具体问题都要从这个基本问题谈起,不能避而不谈。

我在《论汉字的性质》一文中(见拙著《通假概说》"附录",巴蜀书社)提出新的看法,现在再加以补充如下。

我认为,秦汉以后的汉字是形声字为主体的文字体系。这是一种有中国特色的独特的文字。她既不同于原始的象形文字或表意文字,也不同于纯粹表音的音节文字或字母文字,而是一种既表形又表音的形音文字。按其发展阶段来说,她同拼音文字一样都是进步的文字。必须从理论上纠正过去几乎一个世纪以来关于汉字性质和历史地位的错误论点,重新加以认识。

二、关于汉字发展的问题

汉字在过去三四千年中是否有过本质性的发展变化?这是另一个重要理论问题,也关系到对一些具体问题的处理和认识。多年来国外语言文字学家都把古今汉字看成是同一类型的文字体系,古今汉字只是字体不同,并无本质的差别。这种看法不符合汉字发展的历史事实。

黎锦熙先生曾提出过"汉字发展七阶段说"(见《国语辞典·序》,商务印书馆,民国二十六年出版)。唐兰先生曾提出过著名的"三书说",认为汉字经历过象形、象意、形声三个阶段,这两位老前辈的论述虽然还有些可以商榷之处,但是比起国外那种把古今汉字混而为一的幼稚观点,要高明得多。

我在1957年第一次提出了"汉字发展三阶段说"(《从汉字演变的历史看文字改革》,见《中国语文》1957年第5期)。在这篇文章里,我把整个汉字发展的历史划分为三个阶段:商代以前的文字属于象形文字阶段(因为这类文字很少出土,这一阶段只能"拟测")。从商代到战国文字,属于假借字为主的阶段。从秦代至今,是以形声字为主的阶段。这三个阶段的文字有本质的不同:象形文字是一种表形文字;假借文字是表音文字;形声字则是既表形又表音的形音文字。

现在我们再在这个基础上对汉字中的各种文字加以分析,以利于解释和处理下面几节将会谈到的具体问题。

如果对汉字作平面的分析,汉字究竟有多少种不同的造字原则?过去的传统文字学家,大概都以1700多年前许慎对"六书"的解释为框架,有的说是六种,有的说是四种。有的则认为应当完全跳出"六书"的圈子,作全新的分析。我认为,应该用比较文字学的方法和观点对"六书"说加以改造,使之适合于汉字的实际情况。

我认为,从商代的古文字开始到现代汉字,按其造字原则来分析,实际上只有三类字。第一类是表形文字。包括"六书"中的象形、指事、会意这三类字。这"三书"虽然各有特点,但都是表形的,不是表音的,这是这三类文字的共性。例如,山、水、牛、羊、人、女、竹、木等象形字,林、休、信、武、或(国)等会意字,刃、亦、上、下等指事字,都是用记事图画的手法发展而成的表形文字。

第二类是假借字。许慎给假借字下的定义是"本无其字,依声托事",即用一个同音字表示那个本无其字的词,这就是表音文字的开端。法国学者在19世纪研究埃及古文字时也发现了这种现象,给这种文字取名为"画谜"(rebus),因为考订这些文字就像猜画谜一样。假借法的发明是汉字和其他古文字的一个飞跃。因为许多用表形法无法"画"出的字,用假借法却可以轻而易举地借用,不必另外造字。例如,"来"字本象麦形,当是"麦"字初文,但从甲骨卜辞开始,"来"就借用为往来义,至今依然。又如"或"字,古文字象一人持戈守城形,是个会意字,当是"国"字初文。但甲骨卜辞借用为人名。《诗·小雅·北山》:"或燕燕居息,或尽瘁事国",或借用为代词。《战国策·魏策》:"臣甚或之",又借为"惑"。又如"西"字本象鸟栖巢形。但甲骨卜辞已借用为方位词西方的西,至今依然。这类假借字在商周文字中特别多,约占当时全部汉字的70%左右,这时所用的假借字,到秦汉以后,大部分演变为专字专用的形声字。但在现代汉字中仍有三四百个残留的假借字。

第三类字是兼表形音的形声字。甲骨文、金文中已有少数形声字。到了战国时期,形声字的比重大为增加。秦汉以后变为以形声字为主,奠定了现代汉字形声文字体系的基础。东汉许慎的《说文解字》一书,形声字占80%以上。许多国外文字学家往往认为汉字同埃及古文字、苏美尔文字都是属于同一类型的文字。其实世界上除现代汉字以外,没有哪一种文字是以形声为主的。埃及古文字只有极少数注音字,是一种早期的形声字,但埃及文字没有向这方面发展。

以上用三种造字法造出的三类文字,可以概括古今汉字中的几乎所有文字。但在两个历史阶段,三类文字的比重不同。殷周文字中的假借字占70%以上;其次是表形字;形声字很少。秦汉以后,形声字成为汉字字库中的主要文字,古今汉字这三类文字数量的巨大的变化,决定了本质的变化。

汉字不是一成不变的文字。世界所有古文字都走过初期表音阶段,然后向不同的两条路发展:一条从初级表音文字变成音节文字或字母文字。一条变成兼表音形的现代汉字体系。这是现代人类文字的两大体系。两类文字都是各自文化的载体。不能说哪个体系落后,哪个体系先进。19世纪以来的欧洲学者,一贯把汉字说成是落后文字,必须从理论上予以澄清。

三、异体字问题

异体字的材料汇集、整理、取舍、编排,是汉字整理的一项重点工作。围绕这个问题,有理论问题,也有具体问题。

汉字中为什么有那么多异体?这是由汉字的特点造成的。汉字的基础是表形字(假借字多数都本是表形字。),表形字是原始记事图画在文字中的残余和发展,基本上是用画画儿的手法创制的。有的画得工细,有的画得草率;有的画事物的全貌,有的只画其局部的特点,很容易形成异体字。甲骨文的"虎"字,有许多不同的写法,有的笔画繁多,完全是一幅逼真的老虎图,有的简练些,有的只突出虎的大口长尾。"鼓"字象手持鼓锤击鼓形,也有十几种笔画微异的写法。

形声字中的异体字更多。这有几个原因。一是古汉字中许多假借字后来都演变成形声字。如果原来借用的假借字不止一个,后来就形成形声字的异体字。例如,"鴟、鸜、鵝"乃鸱鸮名,三字是异体字,"麩、麱、麰"为麦屑皮名,声符也有三个。"糧"或作"粮","糖"或作"餹"、"餳","糠"或作"粇","觵"或作"觥","樘"或作"樟"等,都属于这一类。第二,形声字的形符实际上是表示事物类别的类符,例如从"水"的字都同水有某一方面的联系,"水"就是这一类字的类符。但是有些事物可以同样适合于几个形符,这也是形成异体字的一大原因。如"坡"或作"岥"、"陂","廛"字或作"鄽","饘"或作"糮"、"䊻","飩"(馄饨)或作"胐"、"䬼"、"粌","尊"字或作"罇"、"墫"、"甎","韤"或作"韈"、"襪"、"韈"、"袜"、"帓"等,都是因形符可此可彼而形成的。

形符或声符还会因时代的变易而变易。如古人以水为鉴,于是造了"监"字,象器中盛水,人俯首器上而照视状。后来有了铜做的镜子,于是造了"鉴"字。又因语音小变,就又造了"镜"字以代"鉴"。"盌"、"瓮"、"埦"或从皿、从瓦、从土,后来又有了木制和玉石制的"椀"、"碗"。

至于因方音小变而随手制出的新形声字,多数是某某字的异体字,更是俯拾皆是。

那么,在汉字字库中和字库以外究竟有多少异体字呢?我们不妨粗略地计算一下。甲骨文中的文字连尚未认识的在内约有四千个左右。李斯等人为了实施"书同文字"政策,编了《苍颉》、《爰历》、《博学》3部字书,共三千三百多字,这是秦代通用的规范汉字。后来经过扬雄、班固、许慎等人的增加,《说文解字》收字超过一万(包括重文)、宋代司马光主编的《类篇》增到三万多。《康熙字典》四万七千多。现在的《汉语大字典》收字接近六万。但是,用统计学研究的结果表明,现代常用汉字也只有三千到四千。四千个常用字的覆盖面几乎可包括现代汉字的全部。1981年公布的《信息交换用汉字编码字符集》,3755个汉字"累计出现次数占现代书刊用字总数的99.9%以上。"这个绝对字数同1925年陈鹤琴编的《语体文应用字汇》的字数相类。同2200多年前李斯实行"文字改革"时所规定的字数也相差无几。可以得出这样的结论,不论哪个时代,当时的"当用汉字"只有不到四千。字典中字数虽不断增加,但一个时代的"当用汉字"字数并不会增加。时代变了,有些"古字"为"今字"所代替,成了历史上的死字。成批的异体字不断产生,也经常被政府和私人的字书所纠正、淘汰,这些字的一部分被收在字典里,于是形成了字典字数的"恶性膨胀"。

我在1976年参加《汉语大字典》的编写工作以后,因为负责异体字的研究工作,对汉字中的异体字作过反复估量,在现在字典中收录的五万个左右汉字中,大约有三万左右是异体字。实际能作为表词或表词素符号的汉字不会超过两万。这是字典中已经收进来的,还有大量未被收录的异体字,数目要大得多。唐兰先生说,这些未被收录的异体字可能是现有汉字字数的十几倍或几十倍,十倍是五六十万,几十倍是两三百万,不是收不到,是收不胜收,只能采取比较慎重的办法。

现在的"全汉字"编码,在增收异体字方面也应该定个标准,不能多多益善。我是"慎收"派。一些不见用例的字,以前字书上又没有见过,收进来没有用。有些在历代俗文学抄本中见到的手写体俗字,可能是抄写者的笔误,也可能临时忘记随手"创制"并未通行的个人"创作"。这类字如果也收进来,那么现代人"创造"的许多乱造的字(如湖北有些人把"楼"写做"朳"),也得收进来。这个闸口一开,那还得了?

这是关于异体字取舍的问题。

异体字的对待还要严格区分古今。篆书、隶书的异体字同楷书异体字收录的宽严该有所区别。因为"全汉字"编码系统是供一般学者和使用、整理古今汉字籍的人使用的,不能当作古文字专家使用的信息系统,也不能当作书法家的检索系统。这后面的两个系统应该另作规划。收录古文字,是按原字形,还是"折合"成相应的楷书?是全收,还是作为楷书文字的溯源?《汉语大字典》也收了些古文字字形,但只是选了很少几个,用以说明某字的初文形体。

如果古文字和隶书也"全"收,那数量是很惊人的,取舍标准不易定,而且多数没有"文字"的主要意义。比加,隶书中笔画微异的异体字,动辄几十个,多半是书法家为了美观随意变化的,当然也是由篆变隶笔画变易不定的产物,这些字全都编入,没有什么意义。总之,这个问题要充分考虑好。

关于异体字的问题,我在过去写的几篇文章里谈了一些,这里只作些补充。(参看拙作:1.《大型汉语字典中的异体字、通假字问题》,载《中国语文》1970年第4期;2.《关于整理异体字的设想》,载《辞书研究》1980年第3辑;3.《关于异体字的几个问题》,载《汉语大字典论文集》,湖北辞书出版社/四川辞书出版社1990年出版);4.《谈谈假借字,异体字,古今字和本字》,载《西南师范大学学报》1984年第2期)

1981年《汉语大字典》第六次编写工作会议曾作出关于整理异体字的决定,成立了异体字整理组,当时计划编成一部汉字异体字长编或字典,并将其结果分别编入"大字典"的有关字头。后来这个工作因故受阻,只在"大字典"第8卷附了"异体字表"。希望从事HHDOS系统汉字编码的专家做好这一项研究工作,如果能编出一部高水平的异体字字典,然后输入电脑,那将会在这一方面超过前人。

四、假借字问题和词族研究问题

关于假借字的有关理论问题和编纂假借字字典的设想暨具体做法,我在《通假概说》一书中,已经把该说的都说了(巴蜀书社1988年出版)。当时打算搜集材料,编写一部字典,但至今尚未完成。希望从事 HHDOS 系统研究的专家能够编成这个字典,然后据以编码。这也是同异体字同样复杂的问题。在处理这个问题时,如果没有这样一部高水平的假借字字典,只根据一些零星的材料编码,就难免挂一漏万、顾此失彼。

关于汉字字族的研究,是汉字研究中难度更大的工作。

先说名称。章太炎、沈兼士两位先生叫"字族",高本汉叫"词族"(word families),王力先生叫同源词。都指的是同一现象。我以为,还是"词族"这个术语好,没有歧义。用"字族"这个名称,可以把初文、孳生字放在同一字族中,但与其相关的假借字就不好算入,因为从文字上看,假借字与这组字族并没有孳生关系。如果改称"词族",就可以解决这个矛盾。其次"字族"还可以作另外的解释,例如从"水"的字都和水有意义上的某些联系,江、河、湖、海都是水的名称,湿、润、泪、汗也都和水分有关,这类字虽然彼此意义各别并无同源关系,但也可以归入一个与水有关的"字族"。"同源词"这个术语比"字族"好,但语言学家常把亲属语言中同一来源的词叫做同源词;用在汉语本身,也会产生误会。

关于汉语词族的研究,目前还处在有待深入的阶段。王力先生的《同源词典》是近年出版的最新著作,沈兼士先生有两篇考证字族的文章,是这一领域的名篇,近十年来我在这方面写过一些论文和专著,可供参考:

1.《释籑篆》(《音韵学研究论文集》第一辑,中华书局出版,1984年)

2.《"右文说"说》(《语言研究》1982年第1期,华中工学院)

3.《字义探源小笺》(一)(二)(《西南师范学院学报》1981年第1期,1986年第1期)

4.《汉语词族研究的沿革》(《古汉语研究》1990年第6期)

5.《说骰》(《中国语文》1980年第2期)

6.《阴阳对转规律与汉语词族研究》(《音韵学研究》第二辑,中华书局待出版)

7.《汉语词汇史和文字训诂学》(《语言教学与研究》1990年第3期)

8.《训诂学新论》第十一、十二、十三、十五、十六各讲(巴蜀书社1989年出版)

在这些论著中,叙述了前人研究的得失,提出了有关的理论,也试编了几个词族的片断。在研究过程中,深感这是一项难度很大的课题,很难在短期内靠几个人的力量来完成。可能要经过几年甚至十几年的时间,才会出现一部质量较高的"汉语词族谱"这样的著作。在目前情况下,最好把已经研究的成果作一番筛选,选用其中确有证据的同族词,把那些牵强臆断的成分去掉,编成一部"词族长编",当作编码的依据。

以上是我对汉字整理的几个理论问题和具体问题的粗浅看

法。

我感到这是很有意义的工作。可以想象,如果 HHDOS 系统工程全部完成,那将会给汉字文化以及中国文化研究带来多大的影响!我又感到,这是一项难度很大的工作。就上述 3 部字典或长编来说,如果没有足够的人力、物力,是很难在短期内完成的。深圳大学决心担负起这个重担,实在令人感佩。希望能充分利用、组织校内外的有关专家,早日完成这一宏伟规划。

1991 年 5 月 23 日
重庆北碚西南师范大学

关于异体字的几个问题[*]

汉字是有三四千年历史的古老文字,历经变迁,连绵至今。今天汉字仍是当今世界上使用人数最多的文字。这实在是人类文化史上的一个奇迹。

我们要从各个角度对汉字进行全面的研究和整理。《汉语大字典》的出版,是这项研究一个方面的重大成就。以后对这部大字典的修改提高,是这项研究的继续和深入。

我在这里只谈谈关于异体字的研究和处理等问题,供今后参加修订的同志们参考。

一

先谈谈异体字产生的原因。

汉字的异体字是汉字的性质和发展历史造成的。所以要弄清异体字产生的原因,必须从汉字性质的特殊性谈起。

文字是记录语言的符号。一切成熟的文字都能把口语中的词语一一记录下来,使口语成为书面语言。这是一切文字的共性。

---

[*] 《汉语大字典论文集》,湖北、四川辞书出版社,1991。

但文字的性质不同,记录词语的方法则有所不同。例如,字母文字是表音文字,用几十个字母表示一种语言的语音,用几个字母记录词的读音,就可以写出所有的词语。例如,英语的 man and wife 这个短语,man 3 个字母,wife 4 个字母,分别表示男子、妻子这两个词。但单个的字母 m、a、n、w、i、f、e 都没有任何意义。

汉字则是完全不同的另一种文字体系。一般地说,每一个汉字都可以记录一个词或词素:例如,"人"这个字在"为人谋而不忠乎"、"节用而爱人"两句话中,"人"是一个词;在人类、人民、人口这些词中,"人"是词素。"人"是一个书写单位,一个完整的书写符号,不能再加以分割了。当然还可以从读音上加以分析,例如用 rén 注出"人"的读音。但这是注音的手段,而不是汉字了。

为什么汉字和拼音文字有这样的差别呢?因为汉字的造字原则与拼音文字不同。统观所有汉字,大致可以分为以下三大类:

第一类是**表形字**。这类字包括"六书"中的象形字、会意字、指事字。这类文字是直接从原始的图画文字演化而成的。虽然由于字体屡经演变,有些字已经变得面目全非,但细加辨识,仍可看出事物的形或义。例如山、水、木、竹等象形字,林、休、齐、从等会意字,一、二、上、下、刃等指事字,都属于这一类。这一类字在汉代以后所使用的文字中比重不大,但却是一切汉字的基础。这一类字在现代常用汉字中有几百个。

第二类是**借音字**。也就是许慎所说"本无其字,依声托事"的假借字。例如,口语中的第三人称指代词"其",用表形法无法造字,就借用"其"(其字上象箕形。下为丌声,已成为形声字)字以表音,西方的"西"也难用表形法制造,便借用鸟栖巢的"西"以表音。

这种用表形字当作记音符号使用的办法,是人类文字的一大进步。19世纪法国文字学家研究埃及古文字时发现了这类现象,把这类字叫做画谜(rebus)。因为他们看到有些象形字的意思与字形毫无关系,考释这些字就像猜画谜一样,所以才有了画谜这个名称。其实这类字就是汉字中的假借字,用"假借字"这个术语比"画谜"要恰当得多。许慎给假借字下的定义也很确切,恰如其分地说出了这类文字的特点。假借字从形体上看,多半是表形字;但从性质上看,则是从表形字转化成表音字。

从商代甲骨文开始,汉字就已经大量使用这种表音的假借字。一直到秦以前,假借字成为汉字中的主要因素,秦以后才逐渐转化为以形声字为主。但是,即使在现在常用字中,也还残留着几百个假借字:只是这些假借字使用很久,约定俗成,成为代表某个词的固定符号,一般人习而不察,不大知道它们的来历罢了。例如,"難"本是鸟名,假借为困难、患难义;"来"本象麦形,假借为往来义;"新"本义为取木,当是"薪"字初文,假借为新旧义;"舊"本鸟名,假借为新旧字;"番"字象兽足,乃"蹯"字初文,借为三番五次的"番"和番邦、番茄的"番";"豆"本象食器形,假借为黄豆、绿豆的豆;"巨"象以手持工具形,本"矩"字初文,假借为巨大的巨;"哥"本是"歌"字初文,借为哥哥的哥。其他如豈、是、之、也、乌、者、般、暴、南、北、甲、乙、丙、丁等,都是本义早废久假不归的老假借字。这类字在现代常用汉字中还有二三百个。此外,一字二用、三用,既用其本义又用其假借义的字还有一批。

第三类是**形声字**。这是秦汉以后汉字的主要因素,这类字用一半表形一半表音的办法造成;是最具中国特色的一种文字。从秦始皇"书同文字"政策开始,汉字从纯表音文字阶段决定性地走上了这条独特的道路。到了东汉,《说文解字》中的形声字已经占80%以上;以后逐渐上升到90%以上。

汉字字库中的所有文字,都属于以上三类。可以看出,汉字的这种组成,同拼音文字大不相同。正因为汉字的这种性质,所以很容易产生异体字。这是异体字产生的根本原因。

二

现在谈谈异体字的情况。

什么叫异体字?从文字符号和词语的关系来看,用两个或多个文字符号记录同一个词,这一组字都叫做异体字。汉字在任何发展阶段,都不断产生异体字。

表形文字在造字之初和演变过程中,都会因图形的精粗繁简而有所不同。例如甲骨文的"虎"字,有的画笔细密,像一幅老虎的写生画;有的很简单,只保留巨口、长尾的特点,一直变到小篆、隶书、楷书的"虎"字,有一二十个异体。楷书字典中还保留了四个异体。这类异体字数目很大,但容易辨识,这里不多举例。

表形字变为形声字,在早期异体字中很多。例如:

"齿"——甲骨文、金文的"齿"字,本只作𦥑象齿形。《说文》变为从"止"声的"齒"。

"番"——《说文》:"兽足谓之番。从采、田,象其掌"。说"兽足谓之番"是对的,说"采田象其掌"则是误从小篆臆解。金文"番"字本象兽足,并非"采田"二字的组合。

"圭"——《说文》:"圭,瑞玉也。"重文"珪"。圭是会意字。珪为形声字。

"云"——《说文》:"雲,山川气也。从雨、云象雲回转形。"重文古文作"云"。按:云是象形字,"雲"是后出形声字。甲骨文、金文都作"云"。后两字分化:"云"借用为云谓的云,"雲"表本义。简化字又用"云"字兼表本义和假借义,废除"雲"字。

"求"——《说文》:"裘,皮衣也;"重文作"求"。其实"求"乃初文,象皮毛外露形。以后"求"借用为请求字。又造了形声字"裘"。

这些异体字,有的初文废弃,只用后起形声字。如"齿"字。有的二字并存,一个假借为他字,一个本字本用。如"番"借为番邦、番茄的番,"蹯"字、"颟"字本字本用。

形声字中的异体字最多。因为形声字的形符和声符都常常发生变化。或形符变,或音符变,或形符音符二者皆变,都会产生异体字。

形符的变化,常常反映物体的变化或事物属性的可此可彼。例如:

《说文》"鬴"字从"鬲","鬲"象陶制炊具。重文"釜"从"金",因为炊具改用铜制了。

又,《说文》"镘,铁杇也。"从金。重文"槾",从木。古人的镘(今名泥板)大概先用木制,然后改用铁制。

又:"垝,毁垣也。从土,危声。"重文作"陒",从阜。土部、阜部字多异体,因为这两个形符的属性极为相近。

《说文》"碗"字作"䀀"。《方言》作"盌"。宋以后又有"椀"、"碗"。从"瓦"当较早,从木、从石是因后来有了木制、石(玉)制的碗。从"瓦"或从"皿"则因两形属性相近；就其质言可从瓦、从木，就器物的属性言可从"皿"。

因形声字声符变化而产生的异体字更多。这有两种情况：一种在假借字时期，已同时使用两个以上的假借字记录同一个词；在加形符造成形声字后，自然成为声符不同的异体字。例如：

《说文》："䑛，以舌取食也。"重文从舌，也声。《玉篇》又有从"氏"声的"舐"。这几个形声字都是汉代以后才有的。早期可能只用易、也、氏等假借字。

又《说文》："祀，祭无已也。"重文作"禩"。甲骨文已有"祀"字，但又借用"巳"、"異"。《说文》"祀"、"禩"二字的来源可以看得清清楚楚。

声符改变的另一个原因是语音的变异。例如：

"村"字《说文》本作"邨"，从"屯"声。宋代才制出从"寸"声的"村"。（见大徐本《说文》徐铉注。）

"澄"字《说文》作"澂"，唐宋后出现改从"登"声的"澄"。

"廖"字《说文》从广、膠声。末代才有声符简化的"廖"。

"炒"字《说文》本作"鬻"、"䊺"二形；唐以后"炒"字始通行。形符、声符都改变了。

从上面的例子可以看出，汉字中的三类文字都极易产生异体字。

此外，从汉字字体演变的历史看，笔画的变易也是异体字大量产生的一大原因。鲁迅小说《孔乙己》中的孔乙己说"回"字有四种写法，就是说"回"字有四个异体字。其中有三个是从篆书变为楷书因笔法小异而变成的异体字：回、囬、回。另外一个大概包括小篆在内。这还不算多,有的字一组异体多达二十几个,其中很多是笔画的变易或讹变造成的。

唐宋以来大量简化字的出现,也是异体字增多的另一个原因。

下面再谈谈异体字和假借字的交错情况。

关于假借字的问题,我在《通假概说》一书中已有详尽的分析(巴蜀书社1989年出版),这里不再谈。只谈谈异体字和假借字的交错情况。

假借字和异体字属于两个不同的范畴。但两者在汉字演变过程中,有时有转化交错的情况。例如:

"郮"、"许"——《说文》:"郮,炎帝太岳之胤,甫侯所封,在颍川。从邑,無声,读若许。"这个地名古籍中多作"许"。金文或作"無",或作"郮"。现在"许昌"仍作"许"。"無"、"许"都是假借字;"郮"是本字。在这个地名的范围内,这三个字应是一组异体字,或叫做通用字。

"示"、"视"——《说文》:"示,天垂象见吉凶所以示人也。"这个"示"字引申为后来的表示、指示等义项。但古籍中或用"视"字。如《诗·小雅·鹿鸣》:"视民不恌,君子是则是效。"郑玄注:"视,古示字也。"《汉书》仍多以"视"为"示"。如《高帝纪》:"说汉王烧绝栈道,以備诸侯盗兵,亦视项王無东意。"师古注:"言令羽知汉王無东出之意也。"《汉开母庙石阙铭》又以"眡"为"示";"表碣铭功,昭眡後昆"。"昭眡"即"昭示"。可知在表示、昭示这一词义中,示、视、眡是一组异体。但"视"字本义为瞻视,因而在看视、瞻视等词义中,便和"示"字全无关系。

"亦"字——《说文》:"亦,人之臂亦也。从大,象两亦之形。"徐铉说:"今另作腋。""亦"当是"腋"字初文。一为象形字,一为加形形声字。因为"亦"借用为虚词,一般人已不知它和"腋"原是两个异体字。

"厌"——《说文》:"厌,笮也。从厂,猒声,"这当是"压"字的初文。《左传·襄二十一年》:"若未尝登车射御,则败绩厌覆是惧。""厌覆"即"压覆"。这是"厌"字本义。但古籍中常借"厌"为"饜"。《汉书·鲍宣传》:"豪强大姓,蚕食无厌。"师古注:"厌,饱足也。"《说文》"猒"字云:"猒,从甘、肉、犬。"古人喜吃犬肉,食犬肉而甘。可知"猒"当是"饜"字初文。今"猒"字废弃,以"饜"表本义。"厌"除表厌足义外,又分化出厌恶义。所以在厌足这一词义中,这是一组异体字,"厌"字完全脱离了"压"的本义。

"前"——《说文》"前"字初文本作"歬",说是"不行而进谓之前,从止在舟上。"其实,"止"为脚趾,"舟"乃履形,脚穿上履表示前进。是个会意字(用沈兼士先生说)。"前"字许慎释为"齐断也。"从刀,歬声。当是"剪"字初文。今本古籍多假借为"歬"。而剪刀字又加"刀"成为累增形符的"剪"或"劗"。

"閒"、"闲"——《说文》:"閒,隙也。从门、从月。"月光从门隙射入以表间隙,也是个会意字。后来又引申为闲暇义。于是兼有中间和闲暇二义。"闲"字从门、从木,"阑也"。门口加横木以阻拦牛马外出。引申为防闲义。和"閒"完全无关。但汉代以前,即借用为闲暇义。如《荀子·解蔽》:"闲居静思则通。"因而在间暇词义中,"闲"成为"閒"的异体。宋以后又分化出从门从日的"间"字。解放后的简化字方案废除了"閒"字,用"闲"表闲暇义,"间"表间隙、中间义。

以上是异体字产生的原因和大致情况。

三

下面谈谈异体字辨识的方法和处理办法。

辨识异体字的标准是字所代表的词。记录同一个词的几个或更多的字，都应该属于一组异体字。词的特点是一定的语音含有一定的词义。文字则除了音和义以外，还有一定的字形。要辨识异体字，就要根据字跟词的这种关系着眼。一般异体字是容易辨认的，但的确有不少异体字需要深入的考证，才能断定其是否为异体字。这类字或因音变，或因形讹，或因缺少书证，往往成为字典中的生僻字。考证异体字的目的之一，就是把这些生僻字"救活"，使它有所归属。

例如，"隟"字最早见于唐写本顾野王《玉篇》，是"隙"字的讹字。影响所及，连唐代的大文学家柳宗元、白居易都多用此字。大徐本《说文》"閬"字下云："閬，隟也。"可见徐铉也把"隟"当成与"隙"无关的另一个字。到宋代的《广韵》、《类篇》、《玉篇》才改"隟"为"隙"。《康熙字典》又说"隟"是"隙"的古文，虽然指出二者为异体字，但说它是古文，却是臆说。辽僧行均编著的《龙龛手鉴》收了"隙"字的三个"俗字"，"隟"是三个俗字之一。"隙"字的初文当是"𡭴"，壁隙的光从外面射进来，上下各放出三条光，用以表示隙义。本是个会意字，后来又加上个形符，成为所谓会意兼形声字。"𡭴"字讹作"㿧"，又讹作"巢"，于是成为"隟"。

再举一个"炮"字的例子。

《说文》:"炮,毛炙肉也。"是古人烧治肉食的一种方法。"毛炙肉"即带毛裹而烧之的意思。现在有一种"花子鸡"的做法,宰杀去肠肚后,用香料纳入鸡腹,带毛用泥浆涂裹,在火上烤熟,去焦土及毛食用。这大概是"炮"法的遗留。另外中药的炮制,如炮薑,炮附子等,是炮法的推衍。

"炮"的异体有炰、缹、煏等字。《诗·六月·韩奕》两诗的"炰鼈",旧注家都知道"炰"即"炮"的异体。《集韵》又有"缹"字,收在有韵,俯九切。与收在爻韵、薄交切的"炮"字读音不同,因而后人认为"炮"和"缹"是两个音义有别的字。这其实是一种误会。段玉裁在《说文解字注》"炮"字下有一篇精辟的考证,可以解释这一问题。他说:

> "炰"与"缹"皆"炮"之或体也。《韩奕》之"炰",徐仙民音甫九反。《大射篇》注:炮鼈或作炰,或做煏,是知炰缹为古今字。《通俗文》曰:"燥煑曰缹"。燥煑谓不过濡也。裹烧曰炮,燥煑亦曰炮。汉人燥煑多用缹字。缶声、包声,古音同在三部。

段氏所说的"炰"字甫九反,是晋徐邈《毛诗音》的注音。其实当时与薄交反并无不同。《经典释文》"炰"字下说:"郑薄交反。徐甫九反。古写本只注薄交一音。"按照唐以后的音变,薄交和甫九,声纽重唇变轻唇,韵亦随之而变。但在晋代,唇音尚未变化,韵也同属三部。二者并无不同。《集韵》误分"炰"、"缹"为二韵;现代字书又误据《集韵》拟为 páo fǒu 二音。甚至将"缹"字误入缶部,都不如段氏考证之确切。

异体字的考辨，有时是很不容易的，需要对汉语汉字有全面而深入的研究，才能得出可信的结论。例子就不多举了。

现在谈谈异体字的处理方法。

过去的字典、词典，处理异体字的办法有下面几种：一是《集韵》的办法，把一组异体字集中排列，只注明正字的反切、释义。第二种是《康熙字典》的互见法。第三是全盘整理异体字，编出专门的异体字字典，然后将这一成果纳入大型字典中。第一种办法的缺点是书证不足，不知这些字产生的历史。好处是眉目清楚，一目了然。第二种办法的缺点是互见的任意性，读者翻遍字典也往往不知道全面情况。

处理异体字的最好办法，是在编写"汉字异体字字典"的基础上，吸取《集韵》处理法的精神，并提高互注法的质量。《汉语大字典》编委会曾经成立了异体字组，并且做了几十万张卡片，准备编写异体字字典。可惜这个工作因故未能继续。希望将来修订大字典时，能够做完这个工作，以便修订本在异体字处理方面有一个全新的面貌。

关于整理异体字的设想和建议[*]

一

先谈谈整理异体字的必要。

关于整理异体字的问题,是在两年前就提出来的。收字审音组的同志曾在这方面做了些工作,把《康熙字典》中的异体字给以归纳分组,并据以采取了一些分工编写的措施。但是在《汉语大字典》的编写中,在这方面遇到了困难,原因之一是在交换字头时没有考虑好,造成了混乱,后来《编写手册》中关于处理异体字的规定,又无法在编写初稿时加以贯彻。于是有的同志就觉得,整理异体字这个工作太复杂,不如干脆不管,仍旧照旧字典的老办法处理较为省事,于是这个工作就停下来了。我们觉得,这种想法不合适,不符合编好这部大字典的要求。

这部大字典要对绝大多数汉字的形、音、义作出历史的科学说明,这是我们都赞成的。异体字在汉字字库中占的比例很大,如果不趁这个机会加以全面整理,至少在字形发展方面是一个很大的

---

[*] 《汉语大字典》编委会异体字整理组文件,1979。

缺陷,很难达到上面提出的基本原则。

从现存字书、韵书和古代典籍中所记录和使用的文字来看(只说隶化以后),汉字的数目越来越大,在增加的汉字中,异体字比例很大。

我国最早的字书当为《史籀篇》①。这部书现在早已失传了。《汉书·艺文志》载《史籀十五篇》。班固注云:"周宣王时大史作大篆十五篇,建武时亡六篇。"又说:"《史籀篇》者,周时史官教学童书也。"这部书的字数,据张怀瓘《书断》说有九千字。他认为《说文》的字数"适与此合",因此许慎的《说文解字》只是把《史籀篇》的字加以解释而已。清孙星衍《重刊说文序》,桂馥《说文义证》都沿用其说。到段玉裁才力阐其误,说"自秦至司马相如以前,小篆祇有三千三百字耳。浅人云:苍颉大篆有九千字,大篆之多三倍於小篆,其说之妄,不辩可知矣。"王国维又指出②,这致误之由,是张怀瓘误读《说文序》所致。这个说法是可靠的。班固在《汉书·艺文志》中谈到从《苍颉篇》到班固汉字数的增加情况,说得非常清楚:

> 《史籀篇》者,周时史官教学僮书也。……《仓颉》七章者,秦丞相李斯所作也;《爰历》六章者,车府令赵高所作也;《博学》七章者,大史令胡毋敬所作也。文字多取《史籀篇》,而篆体复颇异,所谓秦篆者也。……汉兴,闾里书师,合《仓颉》、《爰历》、《博学》三篇,断六十字以为一章,凡五十五章,并为

---

① 参看容庚《中国文字学形篇》。
② 王国维《古籀篇叙录》。

> 《仓颉篇》。武帝时,司马相如作《凡将篇》,……元帝时,黄门令史游作《急就篇》;成帝时,将作大将李长(作)《元尚篇》,皆《仓颉》中正字也,《凡将》则颇有出矣。至元始中,扬雄……作《训纂篇》,顺续《仓颉》,又易《仓颉》中重复之字,凡八十九章。臣复续扬雄,作十三章,凡一百三章,无复字。……

据此,则李斯等人的《仓颉》三书,只有3300字。(《史籀篇》最多不会超过此数。)到扬雄的《训纂篇》则增至5340字;班固续增至6120字。

永元12年(公元1000)许慎作《说文解字》,增至9353字,加上重文1163字,字数超过了一万。从秦始皇统一(前220)到许慎,320年间字数增加了两倍。

顾野王《玉篇》作于梁大同九年(543年),原本久佚,今只有唐写本《玉篇》残卷,原来字数不详。但日人空海《篆隶万象名义》大体上是原本《玉篇》的删节本(删去大量书证,只留下音切和释义),据此可推知顾野王《玉篇》原本约15846字。唐上元间孙强有所增加,宋陈彭年、丘雍等又加增补,称为《大广益会玉篇》,就其现在通行的本子,共22692字。(由胡青柏先生统计,因《篆隶万象名义》稿本极粗略,脱漏不少,故数字不十分精确,待校正。)

大中祥符元年(1008)陈彭年等奉诏重修《广韵》,收字26194个(据《玉海》)。因《广韵》收字过少,景祐四年(1037)又命丁度等修《集韵》,收字53525个。为《说文》字数的五倍。以后的字书都没有超过这个数目,《康熙字典》的字数不到五万,《中华大字典》比《康熙字典》还少一点。大体上说,汉字字数到宋代已达到顶点了。

为什么在秦代用三千多字就能基本上完成当时的书面交际任务,而到了一千二百多年以后的宋代,却增加为五万多?是不是因为后代的社会生产和科学文化比以前进步了,要五六万个汉字才能记录日益增多的新词汇呢?不是的。在日常经常使用的汉字,数目并不大。据陈鹤琴《语体文应用字汇》和黎锦熙《注音汉字》两书统计,现代常用字不过三千五百到四千左右,跟秦代汉字的总数差不多。《新华字典》收字八千左右,包括一些异体字和生僻字。《辞海》收字一万三千多,生僻字就更多了。据统计,现在通用汉字约为六千左右[①]。

假定我们的"大字典"准备收字六万,那么,除去六千左右的通用汉字,还有五万四千多字需要作出认真的分析。

这五万多字可以分为三类。

一类是表示历史旧事物的古字。这些字是根据当时社会的需要创制的。后来这些事物在历史上消失了,用以记录这些事物的词语不用了,这些字也就变成了死字。这一类字的数目不太多。

第二类是些来历不明的字。

第三类是大量的异体字。

对于第一类字,编写时困难不大。第二类字的情况比较复杂,需要分别情况处理。对于异体字,则需要加以通盘考虑,可以而且必须用科学的方法加以彻底整理。处理好异体字是处理好五万多非常用字的关键问题。

---

① 参看高景成《对于整理现代通用汉字的意见》,《光明日报》1956年6月6日。

二

要整理汉字异体字,必须要了解过去整理异体字的情况,吸取前人的经验,才能推陈出新,超过前人。

异体字的产生,有内因,也有外因。汉字中的象形字,特点是"画成其物,随体诘诎",早期文字中的象形字,以肖物为主,不拘字画的繁简向背。以甲骨文中的羊、鹿、龙三字为例:

"羊"作:

"鹿"作:

"龍"作:

这些字都是"随体诘诎",不拘字画的早期象形字,几种甚至十几种不同的写法都是早期异体字。会意字、指事字也是在象形字基础上创制的;形声字的形旁、声旁也都是象形、会意字。汉字之所以容易产生异体字,正是汉字的这种特点造成的。这是异体字产生的内因。

还有两个外因,就是政治不统一,方言不统一。从地下发掘的春秋战国楚、晋等国文字来看,文字异形的情况是很显著的。国与国间文字不同,有方言差异这个因素在内,因政治不统一而创制的异体字也很多。

秦统一以后,为了统一法令,除了政治上、经济上的一系列统一措施以外,还进行了中国历史上第一次汉字统一工作。许慎在《说文·序》中讲了这个经过:

及宣王太史籀著大篆十五篇，与古文或异。至孔子书六经，左丘明述春秋传，皆以古文；厥意可得而说。其后诸侯力政，不统于王，恶礼乐之害己，而皆去其典籍，分为七国。田畴异亩，车涂异轨，律令异法，衣冠异制，言语异声，文字异形。秦始皇帝初兼天下，丞相李斯乃奏同之，罢其不与秦文合者。斯作《仓颉篇》，中车府令赵高作《爰历篇》，太史令胡毋敬作《博学篇》，皆取史籀大篆，或颇省改，所谓小篆者也。

从这段说明看，并参之以当时的历史和近年来发掘的战国文字，可以看出，李斯统一文字的做法可概括为以下三点：

第一，他统一文字的标准是秦文字，而且基本上和周朝的《史籀篇》相合。所谓"皆取史籀大篆"，是说他们的《仓颉》等三部标准字书的字都是从《史籀篇》采取的。只是"或颇省改"，即个别字加以简化而已。

第二，李斯统一文字的对立面是当时的六国文字，"罢其不与秦文合者"，就是废除那些和秦文字不同的异体字。

第三，他采取的具体做法，就是用《仓颉》、《爰历》、《博学》三部字书当作规范化汉字的样本，除此以外，还利用秦始皇出巡天下的机会，在各地大刻碑文，一方面歌颂秦始皇的功德，一方面扩大这种规范化文字的影响。把秦始皇的诏书铸成诏版或刻在權、斗上也是这个意思。

经过这番整理，于是在全国有了一种统一的书面交际工具，从整理异体字的角度来看，这是汉字异体字的第一次大整理。

关于李斯统一文字，有不少文字学著作，都认为只是用秦小篆代替了古文(即大篆)。从各方面的材料观察,这种看法都是不足取的。李斯废除的,只是六国文字中那些"不与秦文合"的异体字,并没有废除大篆这种字体。许慎明明说"自秦有八体,一曰大篆,二曰小篆,三曰刻符……",可见大篆还有一定的用处,并没有废除,大篆也好,小篆也好,只要是"不与秦文合"的字,一律废除;反之,即使是六国文字,只要和秦文相合,也并不废除。

秦文字的基础又是《史籀篇》。这是个很值得探讨的问题。据王国维考证,《史籀篇》不会是周宣王时的东西,认为是"周秦间西土文字",和秦文字是一个系统。从《说文》中保存的二百多个籀文来看,证之以地下发掘的材料,《史籀》可能是春秋战国间的东西。它代表一种正统的文字,它的对立面就是不同于这种文字的诸侯各国文字。秦国多用东方人才(见李斯《谏逐客书》)。这些人把这种正统文字带到秦国,所以在秦始皇统一以前,秦国文字就是跟《史籀篇》的文字基本相合的。也正因为这样,李斯等人的《仓颉》三篇才有可能"皆取《史籀》大篆"。

经过这次"书同文字"的措施,消灭了六国文字不与秦文字合的大批异体字。这是用政治力量强制推行的,它的影响是很大的。

许慎著《说文解字》是中国第一部具有语言学眼光的有巨大科学价值的大字典。他在当时所能见到的古今文字中,选取了九千多字,加以字形分析和字义解释。他作这部书的目的,是鉴于当时的"俗儒鄙夫"不懂文字学,常常根据隶书的写法讲文字构造,以致常常闹笑话。比如,解释"长"、"斗"、"虫"三个字的构造,说是"马头人为长,人持十为斗,虫者屈中",都是胡说。许慎作这部书,"以篆文为主,合以古籀",用以说明每一个字的字形和字义,实在是一部文字学专著。

东汉早已是隶书通行的时代,但是许慎并不是把当时通行的文字全部收录在《说文》中,有许多异体字都没有收。例如:

《说文》:"雄——从隹,厷声",而汉《执金吾丞武荣碑》作"雗"。《说文》不收"雗"字。

《说文》"敊"字从受,古声,籀文作"㪅"。但《史晨奏铭》作"敢"。《说文》不收"敢"字。

《说文》囊括字作"㨉",而《袁良碑》作"括"。《说文》无"括"字。

《说文》"善"字隶化作"譱"。而《汉元宝碑》作"善"。《说文》无"善"字。

《说文》"鄒"字,《孔庙碑》作"鄮"。《说文》无"鄮"字。

这一类字可以举出一大批。许慎不收这一类字,是有意排除了一些异体字。

敦煌写本《古文尚书》残卷,(见台北大学影印《敦煌秘籍留真》),是现存最早的《尚书》抄本,有些异体字和今本不同,也多不见于《说文》。如"居"作"㞐","㞐"字见于《玉篇》、《汗简》,而《说文》未收。"视"作"眡",而《说文》"视"字重文有"眎"、"眡"而无"眡"。(《玉篇》有眡字)。晁公武《郡斋读书志》云:"汉孔安国以隶古定五十九篇之书,盖以隶写籀,故谓之隶古,其书自汉迄唐,行于学官。明皇不喜古文,改从今文,于是古文遂绝。"这个敦煌抄本当即此书。

再用《说文》和现存古代典籍用字相比较,更可发现许多字不见于《说文》。(不过古代典籍用字,有一些是被人用后代通行文字加以更改的,这一类字许慎当然不会看到。)

总之，许慎对当时通行的异体字是做了一番取舍审定的工作的。我们如果根据上述材料和《说文》对比，可以发现，当时使用的异体字有很大一批没有收录。

不过，许慎并没有完全把异体字排除，也没有从异体字的角度，对文字作全面的审查。除了1163个重文以外，在《说文》中还有一些字实际上是异体字。例如：

口部"啸"字下有重文"歗"；而欠部又重出"歗"字。

"吹"字在口部、欠部也重出。

欠部"歠"字下说"歙也。"口部又有"啜"字云"啜，尝也，一曰喙也。"二字音义同，当是一组异体字。

口部"嘘"字下说："嘘，吹也。"欠部又有"歔"字云："歔也，一曰出气也。"二字音义同，当是一组异体字。

口部"喘"字下云："喘，疾息也。"又欠部"歂"字下云："歂，口引气也。"二字音义相同，当是一组异体字。

土部"坡"字下云："阪也"。又阜部"陂"字下说："陂，阪也。"二字音义相同，当是一组异体字。

山部"崔"字下云："大高也。"又"崒"字下云："崒危，高也。"又阜部"隹"字下云："隹隗，高也。"崔巍，崒危，隹隗，是同一个连绵词的不同写法，"崔、崒、隹"三字音义相同，当是一组异体字。

阜部"陵"字下云："陵，陟高也。"山部"嵏"下云："嵏，高也。峻，嵏或省。"陵、嵏、峻三字当是一组异体字。

阜部"隓"下云："败城阜曰隓。隳，篆文。"又山部"嶞"下云："嶞，山兒。"徐铉注云："嶞与隳同。"可知隓、隳、嶞三字当是一组异体字。

以上这些异体字都是由汉字以表形义为基础这一特点而产生的。从"口"的字和从"欠"的字不容易在意义上加以区分，从"土"、从"山"和从"阜"的字，从"隹"和从"鸟"的字，从"牙"和从"齿"的字，从"屮"和从"艸"的字，都是如此，所以这些部内常有异体字。许慎没有在这些方面留意，因而混入了一些异体字，因为他的目的并不在有意地整理异体字，所以混入一些异体字也并不奇怪。

《说文》是汉字发展史上的里程碑，对汉字的发展一直起着巨大的作用。从异体字整理的角度看也起着承前启后的作用。我们要上推古文字，不能离开《说文》；要看隶变以后的异体字的发展，也不能不从《说文》开始。

从汉代以后，新的异体字不断产生。通俗字、讹字成批出现。唐代出现了一批专门研究正字的书，用以纠正"俗"字、讹字。如颜师古《匡谬正俗》，颜元孙《干禄字书》，张参《五经文字》，唐元度《九经字样》等，虽内容不同，但都以正字为目的。这一类书宋、元、明、清都有著作，如宋·郭忠恕《佩觿》，李从周《字通》，元·李文仲《字鑑》，明·焦竑《俗书刊误》，叶秉敬《字孪》，清·吴玉搢《别雅》，李京《字学正本》，龙启瑞《字学举隅》等书，不下数十种。这些作者，有的不知古今文字演变的规律，妄图复古；有的不明古今音变的道理，分合失据；但从其主观愿望来说，都是为了使文字规范化，他们所搜集的资料，都可以当作今天整理汉字异体字时的参考。

还有一件和异体字有关的事，也要附带说一下，就是唐玄宗诏改古文尚书的事。《新唐书·艺文志》载《今文尚书》十三卷。注云："玄宗诏集贤学士卫包改古文从今文。"古文《尚书》就是我们上面谈到的敦煌写本《古文尚书》残卷（原件藏巴黎国家图书馆），现在通行的《尚书》则是卫包改从今文的《今文尚书》。

上述这些著作和措施,虽很重要,但都算不得对异体字的整理。

对异体字的较大规模的整理,还是在全国解放以后。

这还得从五四谈起。早在五四时期,随着新文化运动的高涨,汉字拼音化的运动也随之兴起,简化字这个问题也作为当时国语运动的一部分而提出来了。钱玄同、黎锦熙等人1922年在国语统一筹备会上提出"减省现行汉字笔画案",主张写简体字。1934年上海文艺界在讨论大众语问题时,提倡"手头字"运动[①]。第二年当时的教育部还接受国语委员会的建议,公布过324个简体字,但不久又取消了。

全国解放以后,1953年成立了中国文字改革委员会。1955年12月,文化部和文改会联合发布了《第一批异体字整理表》,表内列异体字810组,每组至少2字,至多6个字,合计1865个字,整理后共废除1088个异体字。

1956年1月28日国务院通过了《关于公布汉字简化方案的决议》。1964年3月,文改会、文化部、教育部又发出联合通知,编印出《简化字总表》。"总表"共包括2238个简化字。

简化字也是一种异体字,唐宋以后,尤其宋元以后,出现了大批异体字,宋、元、明民间刻印的小说,简化字触目皆是。如"國"写做"国","齊"写做"齐","學"写做"斈","寶"写做"宝"等,我们的《简化字总表》中,有很多都是取自这些"古已有之"的简化字。

---

① 丁易《中国的文字》。

《第一批异体字整理表》和《简化字总表》就其规模和影响来说,比历史上任何时期都大得多。

以上是过去整理汉字异体字的情况。

三

现在谈谈我们的设想。

过去整理汉字异体字的成果,我们可以加以利用,这是毫无疑问的。但是这个工作还远远没有做完,《第一批异体字整理表》着眼于现在的通用汉字,过去的字书、韵书上有许多关于异体字的资料,但是没有一部字典曾加以彻底地整理。

《康熙字典》在少数字后面带了个"古文"的"拖斗",是整理异体字的办法之一。例如:"雨"字下作:

雨古文　雨 冊 𩆇 㒇 宋

然后在"冂"部中收入"雨"、"冊"、"𩆇"三字,在"雨"部中收入"㒇"字,在"宀"部中收入"宋"字。又"隐"字下作:

隐古文　𠃊

然后在"爪"部收"𠃊"字,在"乙"部收"𠃊"字。

这种处理异体字的办法,有可供吸取的地方,可惜他们并不是把这个办法用于所有异体字,而是只用于所谓"古文"。(《康熙字典》的所谓"古文"有些是讹字。)对于其他异体字,则只是照抄旧字书、旧字典,一般地未加考查。也有个别字,用按语的形式作一些比较有用的说明。例如,在"隙"字下说:

隙古文

……

按：《玉篇》、《广韵》、《韵会》、《正韵》诸书作隙，故《字汇》载入十一画内，惟《说文》作隙，《集韵》、《类篇》因之。《正譌》：㬎从二小，中从日景也。会意。作隙非。故《正字通》收入十画内。应从《正字通》。《集韵》同䧿。亦作𨻶、𨻱。《篇海》讹作隟。

这条按语是编者在审核了"隙"、"隙"这一组异体字以后得出的结论。他说"隙"字当作"隙"，是说对了的。可惜他并没有把有关"隙"字的全部材料都这么审查过，因而一方面已经引了《篇海》的讹作"隟"，一面却误以"隟"字为"古文"，而不知这个字正是"隙"字进一步的讹化。即使是这样的"按语"，在《康熙字典》中也为数不多。

现在的字词典如《新华字典》、《现代汉语词典》，在处理异体字方面，都采用了《第一批异体字整理表》的规定。而且都只限于现在通用字，没有牵涉到古代大量的异体字。

《辞海词语分册》对异体字的处理，比《异体字表》有所扩大，处理办法也有所不同。其《凡例·字体》第八条说：

意义相同而形体不同的单字，凡《简化字总表》和《第一批异体字整理表》未作规定的，择其比较通行的作为正条，不常见的作为附见条。附见条一般不另作解释，只注明"同×"。如"堑"注"同堑(堑)"。这样，《辞海》中的异体字就有了两种处理法。第一类，《异体字表》上有的字，如"恵"字组，《辞海》作：

恿［慂惥］

在"慂"、"惥"两字下都注为"恿的异体字",不另作释。

第二类不见于上表的异体字,如"蛙"字组,上表只有"䵷"为其异体字,无"蝿"字。《辞海》在"蝿"字下注云：

蝿①同䵷(蛙)。②同哇

上表无"蠅"字,《辞海》作：

蠅同䗞

但"䗞"字下不列异体"蠅"。

"蝹"字下注云：

蝹同蚰

但在"蚰"字下不列异体"蝹"。

这种不一致的地方,不过表示《异体字整理表》的有无而已,在字词典中,这种区别对待的办法是没有意义的。

其次,《辞海》所收的异体字,只是比《异体字整理表》的范围稍大了一点,还有大量的异体字没有接触到。第三,异体字的出处完全不引用,这种办法也不适用于我们的大字典。

以上是以前字、词典处理异体字的情况和办法。这些办法和成果,对于我们《汉语大字典》来说,是很不够的。

我们认为,要整理异体字,先要把异体字的资料汇集起来,从资料中归纳出条例,然后根据这些条例拟定具体处理的办法。

异体字资料,包括下列字书、韵书等,如《说文》、《玉篇》、《万象名义》、《一切经音义》、《经典释文》、《广韵》、《十韵汇编》、《集韵》、《类篇》、《龙龛手鑑》、《五音集韵》、《字汇》、《字汇补》、《正字通》、《康熙字典》、《中华大字典》等,把这些书中的异体字全部辑录下来,按时代和字头排比。这样,每一组异体字发展变化的历史,便可以清楚地呈现出来。

以"炒"字为例,古今字书收录的情况大致如下:("√"表示"同上")

《说文》	鬻	熸①								
《方言》			䴼	𤏺						
《玉篇》	√	√	√	√	㷶	炒				
《万象名义》	√	√	√	√						
《一切经音义》	√		√	𤏺	√	√	㷅	㮴	鬵	䰮	𩱶	櫵
《广韵》				√	𤏺					
《集韵》	√	√	√	√	√	爕	爕	㷅		
《龙龛》	√		√	√		㷅	䰮			
《五音集韵》	√	√	√		熖					
《复古编》					焰	麯				

这是"异体字资料汇编"中"炒"字组的异体资料。从这个资料表,可以归纳出下列的一些基本情况:

第一,今字书上共有"炒"字的异体字三十多个,这还只是收集了一部分字书、韵书的情况(因为有些字书有待搜求);如果广泛收集,还会大大超出这个数目。

第二,"炒"字不见于《说文》,最早只有"鬻"、"熸"、"䴼"这几个字。《万象名义》无此字,可知原本《玉篇》中也没有这个字。到《一切经音义》"炒"才大量出现。北魏贾思勰《齐民要术》卷八引崔寔

---

① 大徐本误作鬻,系传作熸。

《四民月令》"上旬䵃豆,下旬煮之",炒字作"䵃"。但《一切经音义十八·立世阿毗昙论》"爇炒"条引同文就把"䵃"写做"炒"。可以说明,"炒"字到隋唐时才通行,在唐以前,多用"䵃"、"煼"等字。"炒"字通行后,其他异体渐废而不用。从这个情况,可以归纳出在异体字中如何确定正体字(或选用字)的问题。这一组字以"炒"字为正体,是大家都不会有异议的。但是为什么要以"炒"字为正体,而不应当用较早的"䵃"、"煼"等字,则是一个原则问题。宋代张有《复古编》,就主张复古,应该以最古的字为正字,以后出现的都是俗字。章太炎先生写字依照《说文》,比如把"善"写成"譱",把"制"写成"𠛩",把"年"写成"秊",也是复古派。我们从语言学的角度看这个问题,认为文字只是记录语言的符号,是约定俗成的东西,只要是为大家所承认(约定),而又经得起时间考验(俗成),就是"正体",否则就只能处于"异体字"的地位。这个"炒"字的发展史,恰好说明这个道理。在"炒"字以前和以后,有许多异体字都被抛弃了,而这个"炒"字却成为约定俗成的"正体"字。

第三,从这个资料中,还可以看出一些异体字的讹变情况,有助于判断一个异体字是否为讹字。"炒"字的异体字大致分从鬲从火两类。声旁则多从丑、取、丑、少等。许多讹字都可以从这些形旁、声旁加以对比。比如,𩰳、𪏭、爨、炙的声旁都是"丑""丑"的讹变。䵃、䵃的形旁都是"鬲"的讹变(䵃的声旁也是丑或𠁁的讹变)。

再看"帆"组的异体。

《说文》无"帆"字。"䭲"字下云:"䭲,马疾步也。"徐铉注云:"舟船之䭲本用此字,今别作帆,非是。"《玉篇》云:"䭲,马疾步也,风吹船进也,亦作颿。"《玉篇》又有"帆"字云:"船上帆"。《篇海》又多一"舤"字,当是"舤"字之讹,《正字通》已指出。

"飌"当作船帆的"帆"用,是假借,因为和"帆"同音,所以借为"帆"字。但从《玉篇》的解释来看,"船飌"义也可能是从"马疾步"义引申而来。马疾步是马走得快,船挂上帆也可使船走得快,因而说它是引申义也有道理。

"帆"字出现以后,逐渐代替了"飌",因而可确定"帆"是这一组的正体字。

有的字情况要复杂些。如"竺"、"箮"、"笃"三个字。

《说文》:"竺,厚也。"又:"箮,厚也。"又"笃,马行顿迟。"那么,"竺"、"箮"二字音义全同,当是一组异体字。"笃"字与此音同义异,本不是"竺"、"箮"的异体。

但《玉篇》在箮字下云:"箮,厚也,又作竺、笃。""竺"是"竺"字讹变,且不管它。"笃"本训"马行顿迟",这里却成为"箮"的异体字了。

证之以古代典籍,"笃"字作"笃厚"义极为普遍。如《诗经》中《大明》、《皇矣》、《公刘》等篇都有"笃"字,传笺都注为"笃,厚也"。《易·大畜》"刚健笃实,辉光日新其德","笃"也训厚。《尔雅·释诂》:"笃、竺,厚也。"是"笃"字在汉代已借用为箮厚字,并且取代竺、箮两字成为约定俗成的正字了。

"竺"字原来也用为厚义。如《楚辞·天问》:"稷谓元子帝何竺之。"注:"厚也。一作笃。"又用为国名译字,《后汉书·西域传》:"天竺国一名身毒"。《广韵》有东毒、张六二切。前者与"笃"同音,后者渐变为舌上,于是分化为"天竺"的专用字。其实凡译名只用其音,不计其义,本用不着什么专字。这个"竺"字之所以还未被淘汰,倒是因为"天竺"国名已为大家所熟悉了的缘故。这也是约定俗成的一例。

处理这一组字,仍当以上述原则为依据,即以"笃"字为这一组字的正体。以"竺、簹、竺"为其异体。不过在字形说明中要把这种先假借而后成为正体的经过加以说明。

从上面几组异体字的情况来看,可见这种把异体字资料汇集在一起加以分析比较的方法,可以使我们了解一组异体字的全部发展情况,这对于确定"正体字"和处理异体字是很有好处的。

用这种资料汇编的办法,如果用不同时代的字书对比,用同一部字书的有关部首对比,可以看出历代异体字的增加情况和相互关系。

比如,以《说文》、《玉篇》和《康熙字典》的"身"部字作比较,可以看出异体字的明显增加情况。

《说文》身部、吕部、矢部从"身"的字只有6个:

身 軀 躬 躳(躬的重文)躯射(躯的重文)

《玉篇》增加为29个,除以上6个外,增多23个:

躯 躷 躯 躴 躾 躭 躾 躬 躜 躲 軀 躴 躯 軀 軀 軀 軀 軀 躯 躯 躯 躯 躯

《康熙字典》增加为97个。(字从略)

《玉篇》增加的23个字中,大部分都是异体字。比如:

"躯"是"軀"的异体字;

"躷、躯"两字是"肢"的异体字;

"躭"是"耽"的异体字;

"躾"字下云:"屈己也",即"偻"的异体字;

"䏏"是"聘"的异体字；

"襢"下云："裸形也，"即"袒、襢"的异体字；

"軄"是"職"的异体字；

"倮"是"裸"的异体字；

"躰"、"軆"两字是"体"、"體"的异体字；

"䏾"是"聤"的异体字；

"䟺"字下无释义，《篇海》云："行急也"可能是"跋"的异体字。

以上13个字都是新增的异体字。《康熙字典》的90多个字，又比《玉篇》多68个，其中一半以上也是异体字。以前我统计过香部的字，基本情况与此相同。[①]

可以看出，用这种对比的方法，再和字书上关于异体字的注释对比，可以比较可靠地确定异体字。

在整理异体字资料时，除了字书以外，还有两种资料可作参考：第一类是经典异文的材料；第二类是历代"正字"方面的著作。前者如邵瑛《说文群经正字》、吴雪蒸《说文引经异字》、雷浚《说文引经例辨》、承培元《语文引经证例》等书，可以考证《说文》和经典用字的不同。《经典释文》中保存了许多"异文"，自然也属于这一类。敦煌写本古代典籍，虽是唐人写本，却保存了许多汉代通行的字。近年来从古墓中发掘出大批先秦和秦汉间的帛书、简书，是很可靠的文字材料。用这三者互相参校比较，是考订秦汉异体字的最可靠的方法。这些"异文"不全是异体字，其中很大一部分是假借字，但是有一部分是异体字。

---

① 参看刘又辛《关于大型字典中的异体字·通假字问题》，《中国语文》1979，4。

关于历代"正字"方面的著作,前面已经谈到。这类著作的观点往往是错误的,比如,他们往往把新产生的异体字叫做"俗字","谬误"的字,这种看法是我们应该加以唾弃的,但是他们搜集的材料是可以利用的,他们提出的线索是可供参考的。

以上是我们整理异体字的设想。下面提出具体建议。

第一,在目前分散编写的情况下,不可能在编写初稿时就能把异体字编好。因为编者对于每一组异体字的情况并不了解,没有集中的资料可供参考。如果要求每一个从事编写的同志在编写每一个字时都要把这个字的异体情况搞清楚,就要为编这一个字翻遍二三十种字书、韵书和其他有关参考书。(如果这一组异体字有十个,由十位同志分别编写,那么这十个人都要费那么大力气了解这一组异体字的情况!)这是做不到的。如果不这样做,又不可能按照"方案"的规定把异体字编好。比如,你编一个"鬻"字(属鬲部),必然牵涉到火部的"炒""煼"等十几个异体字。你编一个阜部的"陖"字,必须牵涉到山部的"峻"、"嶙",如此等等。因此我们建议,在现阶段,对于牵涉到其他部首、情况较为复杂的异体字,可以暂时作单个字处理,只是把有关异体字的书证、线索在"编写说明"中加以说明,以备查对。这一工作留待各组初稿完成后集中处理。至于那些只见于本部首的较简单的异体字,也可以按"方案"的规定在初稿中编好。

第二,建议成立异体字研究整理组,按上述设想在一年半内编出一部《汉字异体字资料汇编》,对大部分异体字作出分析,加以说明,作为集中处理大字典异体字时的依据。

在编写这部资料的过程中,要培养出一些能胜任这项工作的人员,在审稿时负责大字典全部异体字的编写工作。

在整理异体字过程中,对于有关异体字的理论问题和具体处理方法问题,要提出研究报告和具体建议,供编委会参考。

以上是我们关于整理异体字的设想和建议。

1979 年 10 月 3 日初稿

《秦汉魏晋篆隶字形表》读后

四川辞书出版社出版的《秦汉魏晋篆隶字形表》一书，继《汉语古文字字形表》之后又已出版，读了以后，有几点想法写在这里。

第一点，这个《字形表》是收录秦汉魏晋这五百年间汉字字形及其用法的大型字典，共收字头5453个，形体21780个。这些字形少数是从近几十年出土的竹简、木牍、帛书和碑刻、玺印、器物款识中摹写下来的；有些是从同类著作中转录的。每字形体下都注明了出处，按时代先后排列。字表的后面是"文句"，把每个字的用例一一摘引下来。这是迄今为止关于这一时代收字最多、最可信的一部断代汉字字形字典。

以秦汉魏晋间隶书为内容的著作，可以上溯到宋代。宋代洪适的《隶释》、《隶续》两书（另有《隶纂》、《隶韵》两书，已佚）收汉碑258，砖文器物款识22，魏晋碑17，对隶书中笔画的变易和假借字研究都极有价值。（刘球的《隶韵》一书当在洪书之前，但洪著实胜刘书。）娄机的《汉隶字原》，元代无名氏的《汉隶分韵》，则更近乎字典的排列法，可以和前两书对照并观。

清代王昶的《金石萃编》博采宋以来著作百数十家，自作按语，用以和古代典籍中文字作对勘，对历代异体字、假借字和同源字多有考订。方履籛对王书加以增补，成《金石萃编补正》。顾蔼吉作

《隶辨》，钱庆曾作《隶通》，以隶证经，都对汉代通行文字的研究有所贡献。其他如邢澍的《金石文字辨异》，杨绍濂的《金石文字辨异补编》，所收汉魏文字，也可资参证。

上述著作都是以整理汉魏隶书为主的重要著作。

但是古人当时所见实物材料，在种类上较之今日要少，上述著作多取材于碑碣，少数为印玺及器物款识。近几十年陆续出土的大批竹简、木椟、帛书，由于考古学有关科学的进步，这些材料大部分都保存下来了。这些材料古人都没有见到过。这是秦汉人用当时通行的文字写下来的，包括文字使用的各个领域。是研究战国秦汉文字的最宝贵的材料。现在《字形表》的编者把这些材料上的文字一一照原件摹写下来，编纂成书，填补了前人同类著作的空白，实在是很可喜的一件事。

第二点，这些出土帛书、竹简文字的研究，逐渐成为一门新兴的学科，是继甲骨学、敦煌学以后，又一门热门学科。预料其研究的成果，对文字学、训诂学、音韵学、校勘学、语法学以及哲学、军事学、天文学、医学等许多方面都会提供新的材料和新的看法。

单从汉语史的角度来看，其价值之大也是不可估量的，这里且举两个例子。

有一个传统的说法，认为小篆创始于李斯、秦始皇的"六国文字"政策，就是用秦小篆代六国文字的大篆，认为小篆与六国文字的不同只是字体的差别。我在50年代曾为文纠正这种说法。现在我们看到了睡虎地秦墓竹简的文字，证明战国时代的秦文字已经和小篆无异，而且有些字的写法接近隶书。可见小篆这种字体绝不是李斯等人"创造"的；所谓"书同文字"，也绝不仅仅是字体的统一，而是以秦国通行的文字为规范，废除了六国文字中那些"不与秦文合"的异体字、假借字。看了这个字表，用秦简文字和《说文》中的小篆、汉代的隶书作比较，大概会看出传统说法的谬误。

再举个文字训诂方面的例子。

《文选·报任少卿书》中有一句话："而仆又佴之蚕室，重为天下观笑。"李善注引如淳说："佴，次也，若人相次也。人志切。今诸本作茸字。"这句话《汉书·司马迁传》作"而仆又茸以蚕室。"苏林注："茸，次也。若人相俾次。"师古注反对此说："此说非也。茸音人勇反，推也。谓推致蚕室之中也。"许慎释"佴"为"佽"，大概是苏林注之所本。但"佴之蚕室"解为"次之蚕室"实在不通。颜师古解"茸"为推，也只是按文义推测，并无证据。因此这个"佴"字实在是个疑案。幸而在马王堆汉墓出土帛书《春秋事语》和《老子乙本卷前古佚书》中两次见到"佴"字。前者原句为"□子恐兵之环之而佴为人臣"。后者为"民富则有佴"。两"佴"字都当释为"耻"。"佴"和"耻"两字都是战国后新生字，"佴"可能略在"耻"前，都是耻辱一词的专用字。许慎大概没有见到过这类帛书，所以在《说文》中误分为两字，而释"佴"为"佽"。如果用以释《报任少卿书》中"而仆又佴之蚕室"为"而仆又耻之蚕室"，那就要通顺得多了。裘锡圭君所释此条可信。

再举一个例子。

《说文》"臽"字下说："臽，小阱也。"又在"陷"字下说："陷，高下也。一曰陊也。"把这两个字当作不相干的两个字。但《春秋事语》七五云："是绝其幾而臽之深□□□"，又望都二号汉墓《买地券》有"墓臽"二字。两"臽"字都当释为"陷"。从字形看，"臽"字正象人陷入阱中之形。可见"臽"当是"陷"字初文，而"陷"则是后起加形字。"臽"为会意字，"陷"为形声字，正符合汉字秦汉以后走向形声化的规律。

以上这类例子，可以说俯拾皆是。都是研究文字训诂的宝贵例证。

在音韵学方面，过去研究上古音的材料，都以诗文押韵和谐声声符为主要依据。现在开始利用假借字的材料，从而扩大了这项研究的视野。这也是这批出土文字的一个功绩。

最后再谈一点这个《字形表》的《文句》部分。

有些同类的字形字典，只列字形而不注明用例，其用途就只能让人看出字体笔画的变化，对研究书法的人是有用的，对文字训诂则并无大用。因为文字是用以记录语言的，脱离了用例，就只剩下一个个孤立的文字符号，看不出这些符号的确切含义。注明用例，才可以辨别文字的假借义和本字本义。1926年汪仁寿编了一部《金石大字典》，收字甚多，检查也方便；可惜全书只列字头，全无用例。像这样的古文字字典用处就不大。这部《字形表》后半部附有六百多页的"文句"，读者用前面的字头同后面的"文句"相对照，便可看到每个字的用例。这就把秦汉魏晋这六百年间的文字情况，从写法到用法，大体上都描绘下来了。这又是这部著作的可贵之处。

以上三点，是我读了这个《字形表》以后的想法。

当然，对于整个汉字的整理工作来说，这两个字表也只是个开端。汉字有三四千年的历史，汉字的数目，收入字典的大约有六万。我们有责任把这一份庞大的遗产继承下来加以认真彻底地整理。希望在若干年后,经过若干人的努力,能够完成这一项工作,能够把每个汉字产生、变化或消亡的历史一一作出交待。这个工作做好了,对于汉字的规律才能彻底弄清楚;文化教育、文字改革等一系列大问题的决策,才有更坚实的科学基础。做这个工作需要时间,更需要一些肯埋头苦干的人,甘心默默无闻地做"笨活儿",就像编这部《字形表》的同志们一样。当然,在方法上和语言理论的指导方面也还要有所提高。

1985 年 12 月 18 日

重庆西南师范大学

谈谈汉字教学[*]

汉字教学是汉语教学中的一个重要问题。多年来有关这方面的研究和讨论都很不够。弄清楚有关这方面的理论和具体做法，无论对本民族语言汉字教学，对外国人汉字教学，还是少数民族地区的双语教学，都会有较大的改善，下面就谈谈我对这个问题的一些看法。

一

先谈谈汉字的特点。

文字是记录语言的书写符号，要学会这一套书写符号，必须掌握这种文字符号的特点。文字的性质不同，学习的难度和过程也不尽相同。例如，学习英语、法语、俄语这些文字，首先要学会各自的二三十个字母，然后记住一个个用这些字母拼写而成的词，当然还要学习语法规则。

学习汉字的过程中却与此不大相同。汉字一个字记录一个词或词素。这样的方块字要学会三四千个，才够用。这些字要一个

---

[*] 《语言教学与研究》1993年第3期。

个学会(会写、会读、会用)。同时,还要学习汉语拼音方案,以便正确注出每一个字的普通话读音。

比较这两种文字的学习,难易之分似乎是很明显的。学习二三十个字母同三四千个汉字相比较,谁都看得出来。但实际情况并非如此简单。学了二三十个字母,还要学会成千上万个词,掌握了这些词汇,才能进行交际。一部小英语词典,要收一万多个词语,大词典要收十万左右个词条。与此相反,三四千个汉字如果学会,就可以组成一两万个词语。《现代汉语词典》收词较为丰富;但绝大多数词都是用这三四千个常用字组成的。这样一比较,二者孰难孰易,实在不好轻下判断。

不过,初学汉字也的确是个难关。三四千个汉字,一个字有一个字的写法,点、横、竖、撇、捺,折,笔画不能马虎。一个字的笔画,少则一二画,多则二三十画。例如齉(~鼻子)36画,鼹字(~鼠)23画,常用汉字平均大约10画左右。这样的方块字要学会三四千,会认,会写,记牢,不能说不难。这就成为汉语文教学中的一个难点。中小学生作文,叫语文教师感到头痛的问题之一是错别字。有些大学生,在专业方面已经显示出才华,但是写文章时仍然会出现一些不应写错的字。从事报刊编辑工作的人员,也常常在这方面浪费许多不应花费的劳动。

要消灭这种现象,最根本的办法是要改变汉字教学。文字学家、教育家、心理学家,要认真多作这方面的研究和实验。

过去的汉字教学,基本上采取了死记硬背的办法,把汉字一律当作无理性符号。什么叫做无理性的符号呢?文字同一切符号一样,可以分为无理性的符号和有理性的符号两类。例如,用+、-、

×、÷表示数学上的"加"、"减"、"乘"、"除",电池的两极用 +、- 代表阳电、阴电,是无理性符号。在盛毒药的瓶子上画个骷髅,表示这种药不能入口,吃了要死人。在马路转弯处的路标上画个喇叭,提示驾驶员经过这里要按喇叭。这都是有理性符号。人们学习无理性的符号,只能死记硬背,别无他法。学习有理性的符号就不同了,因为可以从符号本身看出符号同它所代表的事物的联系,不须硬记便可认知。学习这两种符号的难易之分是很明显的。

文字符号也可以分为这两类;无理性的文字和有理性的文字。

拼音文字是无理性的文字。字母是无理性的,用字母拼写的词也是无理性的。例如,英语的 book 这个词,同书本、书籍这个事物没有必然的关联。man、woman,也都是无理性符号。以英语为母语的人,在口语里已经会说[buk]、[mæn]、[wumən]这几个词。学了 book、man、woman 这几个符号,可以同口语中的这几个词联系起来。但不是文字跟事物之间的直接联系。

汉字的情况就不相同。例如,"男"字为什么从田从力?这不是任意写出来的。许慎在《说文》中解释说:"男,丈夫也。从田、从力,言男用力于田也。""力"古文字象"耒",是古人耕田用的农具。男人用耒(力)在田中耕作,用以表示男人义。这个"男"字实际上是客观事物的描绘。这就叫做有理性的文字。又如甲骨文"女"字原来写作<!-- 字形 -->,象女人两手交叉而坐形;"山"象山形,牛、羊象牛和羊的头部。两种文字对比,可以看出汉字这些方面的极大优点。可惜我们的汉字教学,一直把汉字当成无理性的文字,一笔一画的硬记。因此,应该在这个领域加以深入的探索。

二

是不是所有的汉字都像男、女、羊这样的符号呢？不。有些汉字是无理性的。有理性的汉字因造字方法不同，跟客观事物的联系也不尽相同。因此需要对现代汉字作出切实的分析。下面我们谈谈汉字的分类。

过去研究文字学的人，一向采用"六书"说分析汉字。认为，汉字有六种造字法，即指事、象形、形声、会意、假借、转注这"六书"。许慎曾对这六种造字法加以解释，认为这是汉字造字的六种方法。从现在的观点看，这六种造字法的确透露了汉字造字的一些方法，对汉字分析和汉字教学有一定的作用。但是也有些不足或可疑之处。清代戴震对六书加以新的再分类，提出"四体二用"说，认为汉字只有四种造字法，其余两种（假借、转注）是"用字法"。五十多年前唐兰先生提出了"三书说"，认为汉字造字法只有象形、象意、形声这三书。

近年来，对汉字的性质提出了多种看法。意见很不一致，大概有这几种意见：

第一种，认为汉字是一种表意文字。

第二种，认为现代汉字是既不能表形又不能表音的无理性文字符号。

第三种，认为汉字是表音文字。

第四种，认为汉字是表语素的文字。

我对以上各种看法都曾进行过分析（见《论汉字的性质》——

《文字训诂论集》中华书局,1993)。这里不再重复。

我认为,"六书说"在分析现代汉字时,仍然可供参考,不过要对旧说加以改造,要用比较文字学的方法,对汉字造字原则进行科学的分析。

"六书"的第一个缺点是看不出汉字发展的历史痕迹。第二个缺点是混淆了分类的层次。汉字是从表形字发展而成的。指事、象形、会意这三书都属于表形字,这类字代表汉字发展的早期阶段,在现代汉字中,还保留着大约700多个表形字。假借字是一种表音文字,许慎说是"本无其字,依声托事",本来没有记录那个词的字,就借一个同音字寄托那个词。19世纪初研究埃及古文字的法国考古学家,把这类字叫做"画谜"(rebus)。世界各国文字都曾经经历过这个阶段。殷周古文字中的假借字约占当时字数的70%以上,这是当时文字的主体。现代汉字中仍有几百个假借字,算是历史的残余。汉字最后发展成表形兼表音的形声字体系,形声字占现代汉字总数的90%以上。以上这三类文字就是现代汉字的全貌。

现代汉字基本上可以分为以上三类。表形字和形声字都属于有理性的文字。绝大部分表形字和形声字都同它所表示的事物有某些联系。这两类字是汉字的主体,在四千个常用字中,这两类字约有三千五百多个。表音字(假借)只有两三百个,是无理性符号。如果把三千多个有理性的文字一一加以分析,把这些字的"理性"发掘出来,应用在汉字教学中,那就可以使整个汉字教学的情况改观。

下面就分别对这三类字加以分析。

三

先谈表形字。

这里所说的表形字,包括六书中的象形字、指事字和会意字这三类字。"表形字"这个名称是根据比较文字学的研究提出来的,从人类文字发展的历史来看,一切文字都是从原始人的记事图画发展而成的,记事图画应用的方法就是表形法,文字的创始阶段也是表形文字。表形的方法不同,可以分为若干小类,象形、指事、会意都是表形字下的小类,"象形"是用直接描绘事物形状的办法造成的字。例如:

"目"甲骨文作⊂⊃⊘,象眼目形。后来把横画的"目"改为竖写。就成为现在的"目"。因为汉字楷化,写得不像眼睛的样子了。但用古文字稍加对比,仍可看出眼形的影子。

"鸟"——甲骨文作♫♫,完全是鸟的样子。后来逐渐简化,楷化为"鳥",简化字"鸟",同古文字对比,还保留着鸟形的轮廓。

"竹"——金文作∧∧,象竹叶形。现在的"竹"字仍有竹形。

"月"——甲骨文作☽☽☽等形,作月牙形。为什么不画圆月而画半圆形?这大概是月以不圆为常,圆月每月只有几天,而且容易同"日"字相混。楷书"月"字笔画稍变。

"禾"——甲骨文作🌾,象禾穗下垂形。楷书只是禾穗形简化了。

"门"——甲骨文作門,同繁体字"門"字无异。简化为"门",仍有门的框架。

"火"——甲骨文作🔥,象火燃烧形。现在的"火"字仍保留火的形象。

"网"——甲骨文作🔳,象网形,现在简化字"网",同古字形很接近。

"心"——甲骨文作♡,金文作♡♡,象心形。现在"心"字同金文字形较接近。这个字变化较大,但教学时指出"心"形的变化,对认、记仍大有好处。

"水"——甲骨文作〜〜,楷化为"水",变化不大。

其他如云、雨、气、山、泉、川、土、田、人、子、牙、耳、口、手、足、尸、燕、羽、牛、马、鹿、象、虎、兕、鼠、虫、鱼、龟、角、皮、肉、毛、木、瓜、巾、舟、车、壶、几、弓、矢、刀、戈、矛、册、玉、贝、斗、皿、户、瓦、石、足、果、眉、龙、衣、身等,都是"画成其物,随体诘诎"的象形字。这些楷书字虽然因笔画变易失掉了原字形的一些写实成分,但多数仍保存着原字形的轮廓。只要稍加比较,便可恢复这些字的理性。学生认识这类字,可以跟相应的事物联系起来,把一个个不可捉摸的符号,变成一幅生动的写实画。

指事字其实就是用抽象的手法表形的办法。比如"上"、"下"两个字。用象形法是画不出来的,于是用"一"表示一个界限,在"一"的上面画一横或一竖就是上。在"一"的下面画一横或一竖就是下。一、二、三、四这样的数目字怎么表示?画一横为一,画二横为二,三横为三,四横为四(古文字"四"作"亖")。

指事实际上是个简单的指示符号。单纯的指示符号作用有限,多数指事字在象形字上加上指示符号。例如:

"出"——甲骨文作🔳,象人的脚趾从一个处所向外走。字的下部代表房子、窑洞或一个地方。

"末"——金文作 ✳，木的上部加一横点，指示树木的末梢。

"本"——与"末"字相似，只是横点在木的下部，以表示树的根部。

"刃"——在"刀"的刃部加一点，表示刀刃。

"寸"——古文作 ✳，手腕部加一点，表示"寸口"这个穴位，也表示长度。

"亦"——"亦"是腋字的初文，古文字作 ✳，人的两臂下各加一点，表示腋部。"亦"今假借为虚词，如"亦步亦趋"。

会意字其实就是复合的象形字。用两个象形字合在一起，以表示某种词义，这就叫会意。许慎说："比类合谊，以见指撝，武信是也。"用武、信两字说明会意字的造字法。

"武"——许慎解为"止戈为武"。不当。"武"字甲骨文作 ✳，上面是戈字，下面是止（趾）。意为荷戈出征（于省吾说），出征即动武。这就是用两个象形字的会合来表示武字的字义。

"信"——从人从言。人言为信，这是我国古代的一种优良传统，说话要守信，古今皆然。

"祭"——从肉、从又（手）、从示。手里拿着肉祭祀鬼神（示祭祀的符号）。用3个字表示祭字的字义。

"苗"——艸生田中为苗。

"吠"——从犬从口，表示犬叫。

"戒"——两手（廾）持戈，表示戒备。

"弄"——两手（廾，原作 ✳）持玉，表示玩弄之意。

"取"——从手从耳。古人作战时将俘虏的耳朵割下来以计军功。这是"取"的本义。

"牧"——从牛从攴,攴为手持鞭形。手持鞭牧牛羊。

"解"——从刀、从牛、从角。用刀把牛角砍下来,表示解字义。

"陟"——从步从阜。象两只脚向山上走。以表登、上义。

"涉"——从二止、从水。两只脚涉水而渡。

"林"——从二木,两株树表示树多成林。

"森"——从三木。三株树表示树木极多。

"射"——金文作 ,象以手持弓矢待射形。楷书讹变为从身从寸,遂失原意。

以上三类字都是表形字,这三类字有时很难划分。例如"亦"、"刃"等字,多数人认为是指事字,但实际上是象形兼指事。"林"、"涉"等字是会意字,实际上是复杂的象形字。在汉字教学时,最好避开象形、指事、会意这几个旧名,只说是表形字就行了。免得被旧说所困扰,而且毫无必要。

现代汉字中的表形常用字大约有500多个。这些字的字形较之古文字多已发生了很大的变化,但是用上述的办法加以古今对比,绝大多数都还可以看出原来的形象和轮廓。这一步作得成功,可以把一些无理性的符号变得生动有趣,在教学中收到事半功倍之效。

四

再说表音字。

汉字从甲骨文时代就已经大量使用表音字。汉字中的表音字就是假借字。借用一个同音的表形字来表示一个词语,就是假借。例如,西方的"西",本义是鸟栖巢的栖,象鸟栖巢形。借用为西方的"西",只因这两个字同音。现代汉字中的假借字只有300多个,这些假借字都与它的造字本义脱离了关系,只用它的假借义。例如:

"申"本是"电"字初文,甲骨文作⚡⚡,象雷电交加形。假借为申诉、申请的申,又借为"天干"申酉戌亥的申。

"而"——本义为颊毛,象须形,甲骨文作𝍠𝍠,金文作𝌇。假借为虚词而且、然而的"而"。

"求"——本象皮裘形,是"裘"的初文。后借为请求、祈求字。

"东"——甲骨文作東東,象橐囊形,两端结扎。后借用为东方的"东"。

"北"——原象两人相背形,当是"背"字初文。借用为北方的"北"。

"每"——本象女人头上戴的簪子,甲骨文作𦥑,假借为每天每年的"每"。

"方"——甲骨文作𠂆,象耕具形。假借为方才的方,又假借为方方正正的"方"。

其他如"页"、"要"、"前"、"率"、"且"、"豆"、"它"、"又""闲"、"也"、"易"、"之"等字,都能根据古今文字变化的规律和字形,说出它们的本义和假借义。有些假借字的本义已经难以查考,只知道它们的假借义。

其实,假借字在使用时已经从理性的文字符号转化为无理性的文字符号。在教学时,一般不要再去谈它的本义,只要说出它现在的假借义就够了。

这300多个假借字,是现代汉字常用字中的无理性符号,需要逐个记住。

五

最后谈谈形声字。

现代汉字是以形声字为主体的文字体系。在常用汉字中,形声字约占总字数的90%以上,这是个有决定意义的数字。在汉字教学中如何掌握形声字的规律,非常重要。

许慎解释形声字的特点并举例说:"形声者,以事为名,取譬相成,江、河是也。"一个形声字分形符、声符两部分。形符表示义类,声符表示音读。形声字既可以记录口语中某个词(或词素)的音,又能使文字同它所代表的事物发生关联。这是形声字的一大优点。例如,江、河两个字的形符为"水"旁,表示这两个字都属水这一类,声符从工、从可,记录了这两个字的读音。使人看了,一望而知其类,一读而明其音,形音结合,便可与语词中的江、河密切联系起来。

形声字大体可分为两类:有些形声字的声符兼表词义,这是少数。大多数形声字的声符只表声,不表义。在教学时,对两者要加以区分,例如:

"陷"——从阜、臽声,"臽"甲骨文作凶,象人陷入阱中形。当是"陷"字初文,是个会意字。后来加上形符"阜",成为形声字。"臽"转化为声符,但仍兼陷字义。

"溢"——从水、益声。古文字"益"本象皿盛满了水溢出形,是个会意字。后来加形符为"溢","益"为声符兼表义。

"暮"——古代的暮字原作"莫",象日落丛草中形,后加"日"形为"暮","莫"为声兼义。

"胞"——从月(肉)、包声。"包"字本象胎儿在母腹中形,当是"胞"字初文。后加"月"(肉)形,"包"为声符兼义。

"拯"——从手、丞声。"丞"字为会意字,象一人落入阱中,上有两手拯救形,当是"拯"字初文。后又加形符,成为形声字。

"叟"——"叟"字从汉代始即假借为老叟字。甲骨文作🖐,象手持火炬在屋内搜索形,会意字,当是"搜"字初文。后加手形为形声字。

以上这些形声字,原来本是表形字。后来或因假借(如"益"假借为利益字;"莫"假借为虚词),或因词义引申(如"包"引申为包裹、包括义),于是又加形符成为形声字,原表形字退居为声符,因而声符兼能表义。这类字在汉字中是少数。

大多数形声字的声符只有表音作用。形符表示事物的类,不直接表示某个具体事物的形。早期的形声字,多数是从假借字加形符造成的。唐宋以后的形声字,多数是使用文字的群众根据形声字的造字原则创造出来的。例如:

"蜻蜓"一词,因同属虫类,所以用"虫"为形符。晋人崔豹《古今注》说:"蜻蜓一名青亭。"可见晋人还写做"青亭"。"青亭"是假借字。

"鹡鸰"乃鸟名。《尔雅》"鹡鸰,雝渠。或作脊。"《诗·小雅·常棣》作"脊令",乃假借字。后人加形符为"脊鸰"或"鹡鸰"。

"徘徊"一词,《汉书》作"裵回",宋代才造了徘徊两个专用字。

"咋"——现代方言字的"咋",当是"怎么"的合音。"咋说"即怎么说;"咋办"即怎么办。《玉篇》原有"咋"字,释为"大声也"。当是咋呼或夯开义。两个"咋"字同形不同义。

又现代汉语中许多语气词,如啊、呀、吗、唉、哟、啦,都是新出的形声字。

近百年来科学家为许多元素名创造了一批新字。如镭、钇(gá)、钋、镁、钍等金属,形符用"金",氕(piē)、氘(dáo)、氚、氦、氢、氧、氨、氡、氯等气体,形符用"气"。

形声字的形符和声符,能给人以启发,使人有可能使文字同客观事物发生某种联系。从事汉字教学时,要充分利用这个特点。

先说形符。

汉语是一种以单音节为基础的语言,现代汉语的音节(声调不同也算一个音节)只有400多个,因此同音词(或词素)非常多。形声字的形符则能把这些同音词区别开来。例如:

读做háo这个音节的字有嗥、蚝、毫、貉、豪、壕、濠等字。"嗥"字以"口"为形符,因嗥叫时声音从口腔发出。"蚝"从虫,在形声字中多数小动物都归入虫类。"毫"为毛类,所以从毛。"貉"为野兽,从豸。"豪"为豪猪,从豕(假借为豪杰字)。"壕"从土,沟濠从水。都各有类。若去掉形符,只用表音的声符,就很难区别这些词。

又如,读做péng这个音节的形声字有澎、芃、堋、棚、硼、鹏、髼、膨、蟛、蓬、篷等,澎湖的澎从水;芃芃形容草木茂盛,从艹(艸);堋是秦国李冰在都江堰所修分水堤名,从土;硼是一种非金属元素,从石;鹏是鸟类,从鸟;髼形容头发髼散,从髟;膨胀字从月

(肉);蜻蜓字从虫;蓬属草类,从艹(艸),篷用竹篾制成,从竹。

赵元任先生在《语言问题》一书中,列举了三个用同音字组成的故事,这里摘引一例,以助对形声字形符作用的理解。这个故事名叫《饥鸡集机记》,全文都用 ji 这个音节(包括声调不同的字):

唧唧鸡,鸡唧唧,

几鸡挤挤集机脊。

机极疾,鸡饥极,

鸡冀己技击及鲫。

鸡既济蓟畿,

鸡计疾饥激几鲫,

机疾极,鲫极瘠,

急急挤集矶级际。

继即鲫迹极寂寂,

继即几鸡既饥即唧唧。

这当然是生造的书面语言,实际上人们不会这么说,也不会这么写。但是,全故事十几个句子,只用这一个音节,加上声调,也只有四音节。如果这一段故事只用四个表音符号写出来,那就真正是不如所云了。这一段话之所以还能表达一个"故事",最根本的原因是形声字形符的提示作用。例如,鸡、唧、鲫、机、脊、饥、激、畿、迹、矶、寂等字都读 ji,完全同音。但因不同的形符(声符虽异,表音功能同),而表示不同的词。可见形符在形声文字体系中,是个不可缺少的因素。

形声字声符是记录这个字的读音的。但是从现代汉字的形声字来看,情况比较复杂。有的声符大致具有表音功能,有的因语音变易,声符已丧失了一部分表音功能;还有少数声符已经完全丧失了表音功能。

例如,以"曾"为声符的形声字。增、憎、缯、罾、矰都读 zēng,与"曾"同音。赠、甑、缯(捆扎)读 zèng,去声。与"曾"声调异。层、嶒读 céng,蹭读 cèng,僧读 sēng,声母小变。

又如,以"相"为声符的字,湘、箱、缃读 xiāng,与"相"同;"想"读上声,声调小异;霜、孀读 shuāng,声母小变。

从"半"声的字,伴、拌、绊、柈、靽都与"半"同音;判、泮、畔、袢读 pàn,声母变送气音。

从"朋"声的字,棚、硼、鹏、髯,与朋同音;崩、绷、嘣读 bēng,声母不吐气;绷着脸的"绷"读上声;"蹦"读去声。

从"台"声的字,抬、苔、骀、炱,读音与台同;殆、迨、绐、怠读 dài,声母不吐气,去声。另外还有一些字,读音变化很大:诒、饴、怡、贻、眙(盱眙,地名)读 yí;"笞"读 chī;"治"读 zhì;"始"读 shǐ。不懂音韵学的人,很难说出其音变的规律,教学这类字,只有依靠拼音方案的注音,硬记。

又如,从"夬"声的字,或读 jué(决、诀、抉、玦);或读 kuài(快、筷)。

从"各"声的字,或读 gē(咯、胳、袼);或读 gé(格、骼);或读 gè(硌、铬);或读 lù(路、赂、辂、潞、鹭、露);或读 hé(貉)。

从"并"声的字,或读 bǐng(饼);或读 pián(骈、胼、餅);或读 pīn(拼、姘);或读 píng(瓶、屏)。

从上面的情况看,形声字的声符,绝大部分有程度不等的表音功能。有少数字因为音变较大，现在已丧失表音功能，需要硬记。形声字的音符，从其表音功能来说，远比不上纯表音的拼音文字。拼音文字因为拼音变异，有时也需要加注一些附加符号，如重音、长音、短音、变音等。我们在辨认形声字时，往往并不是单靠声符，而是用形符与声符共同参证、提示。这是形声字的妙用，同时也显示了表音功能的局限性。为了弥补这个缺陷，我国历代读书人都有一些给汉字注音的办法。汉代以后的反切法，一直用了近两千年。从清末发展到民国初年的注音字母，一些字典中至今还在采用。1955年通过的汉语拼音方案，是汉字注音的最佳方案，现在已普及到所有应用汉语的领域。充分利用形声字的有理性因素和汉语拼音方案，可以使形声字教学出现新面貌。

六

以上三类文字，几乎可以包括全部汉字。只有极少数字因为简化或来历不明，难以归入这三类。例如，"鄧"从"邑"（阝），"登"声，简化为"邓"，以"又"代"登"，完全失去表音功能。"邓"字也难说是否仍属于形声字。这类字只能把它当做无理性的符号来看待。

从上面的分析来看，整个汉字，除300多个假借字和少数特殊字以外，绝大多数都是有理性的文字。只要教师懂得一点文字学，便可使汉字教学发生新变化。

有些教师已经在这方面作了一些有益的尝试。我认识一位小学语文教师，是陶行知先生的学生。有一次她教一年级学生认

"妈"字。教完了问学生：大家想想，"妈"字为什么偏旁是个"女"字？孩子们想了一会儿，一个小朋友说："我妈妈是女的。"别的小朋友也抢着说："我妈也是女的。"接着又学"骂"字，老师问："为什么骂字有两个口"？孩子们马上回答："两张嘴对骂！"课堂的气氛活跃极了。这位老师并不懂文字学，这一招是靠她的教学经验悟出来的。

另外，我还看到有人在解释汉字时，往往离开造字的用意，主观地加以编造。打算用这种办法把汉字解释成有理性符号。这种办法往往违背了汉字本身的规律，实不足取。

早在宋代的文字学者，就有一派应用过这个办法。王安石做过一部《字说》，很多形声字都用这个办法解释。例如，豺、狼两个字，为什么从"才"声、"良"声？按正常的解释，这两个声符只是与这种兽名同音，并没有别的意义可言。但这一派文字学家却认为，这两种兽"皆兽之有才智者"，所以从"才"、从"良"。

又如，"鸠"字为什么从"九"声？他们解释为"九鸟曰鸠"。

又如，'蜘蛛'一词解释说："设一面之网，物触而后诛之，知诛义者也"。用"知诛"解蜘蛛的命名。实在荒唐可笑。

近几年来这一套乱讲形声字的风气，似乎又有复活之势。从汉字教学的角度来看，只能说，其用心是好的，但做法并不足取。

以上是我对汉字教学和有关问题的一些看法。希望得到批评指正。

少数民族地区汉语教学中的几个学术问题*

一

我们研究会的名称叫做"中国少数民族双语教学会"。什么叫"双语"？我们的"双语"指的是什么？这是必须弄清楚的问题。有的同志说"双语"是制度问题。有的说是教学方法问题，有几篇论文专门讨论这个问题。

"双语"这个语来自英语的 bilingual 一词，bi-是双、两个的意思，lingual 是语言。bilingual 可释作"双语"、"双语的"或"操双语者"，这个术语指一个人或集团除母语外还会使用其他的语言；也可以指用两种语言编写的词典，如英汉词典、俄英词典等，这是个很宽泛的术语。

另一个术语 bilingualism 可译为"双语现象"，也可译为"双语制"。"双语现象"是指一个地区的居民使用不止一种语言的现象。例如，在少数民族和汉族杂居的地区，居民往往能操两种语言；或

---

* 第六次中国少数民族双语教学研究会上的学术报告，1988 年，四川·西昌。

两种语言同样使用;或在家庭内部使用民族语,在社会上则使用汉语,又如,一个受过中等以上学校教育的人,除母语外,还学会了一门外国语,这都可称做双语现象。在少数民族地区调查双语现象,是政府制订语言教学的出发点和依据。在80年代以前,有些少数民族地区的儿童从来没有接触过汉语,只会使用他们自己的民族语言,却被强制使用汉语小学课本,以致浪费许多人力财力,走了弯路。原因之一是不了解当地的语言现象所致。

"双语制"则是一种制度。例如,政府可以规定,在一般中学里,从几年级开始学习一门外语;在少数民族地区,根据不同情况,在小学低年级应先学民族语,或民族语和汉语同时并进,或在几年级后再学汉语。这都可叫做"双语制"。又如,在少数民族自治州、区、县,政府公告、报纸、广播,要兼用民族语和汉语两种语言、文字,这也是一种"双语制"。

至于我们中国少数民族双语教学研究会所用的"双语",则是专指在少数民族地区进行汉语教学而言,这一点必须明确,各地民族学院民语系,都有一些汉族学生学习少数民族语言的情况,这也是"双语",但是跟我们这里所指的双语不同。

接着就产生了另一个问题:为什么要在少数民族地区进行汉语教学? 这好像是个很简单的问题,其实不然。如果说不出理由或理由不充分,便会产生一些思想认识上的障碍。

我想,在少数民族地区推行汉语教学,其最终目的是迅速提高少数民族的文化教育水平,使能与全国人民一道为建设四化振兴中华而共同前进。就一般情况说,少数民族地区在推行义务教育时,首先应该学会使用本民族的语言文字。下一步,还要逐步学会使用汉语,因为汉语是我们国家规定的通用语言(包括文字)。作为某一个民族的一分子,一般地说应该学会本民族的语言文字,作为中华人民共和国公民,更有学会使用汉语的必要,现在在国外居住的华侨、华商,大多数也都教育其子女学会汉语。其次,少数民族地区要想提高人民的文化素质,学会汉语是一个不可逾越的关口。语言是一种交际工具,是科学文化的载体,又是通向外界的一个窗口。没有窗口就会使自己处于封闭状态。一个国家长期自己封闭,得不到国际上进步科学文化的滋养,就要落后。我国的少数民族自我封闭,不能接受全国科学文化的滋养,也要落后。少数民族要打开汉语这个窗口,全国要打开英语、法语、日语、俄语这些通向全世界的窗口,这是民族和国家求进步的一个条件。

少数民族不学汉语,直接学英语、日语行不行呢?不行。因为我们都是中华人民共和国的公民,任何少数民族都不能脱离中国的政治生活、经济生活、文化生活和中国悠久的历史文化,因此,在受过几年小学教育以后,都要学会汉语。在中学或高等学校,再学一种或多种外语。各少数民族都有一些知名的政治家、科学家、艺术家,他们多数人都兼通本民族语言、汉语而又掌握了一两门外语。

少数民族学习汉语,会不会造成民族语言的消灭呢?

这种担心是多余的。从历史上看,语言不能用暴力和强制的手段加以消灭。"九一八"以后,日本帝国主义控制了东北,曾以暴力强迫东北人民学习日语,企图消灭汉语。但汉语并未被消灭,日语也并未普及,就国内说,蒙古族在13、14世纪建立了元朝帝国,统治国家近百年,满族从17世纪开始,统治国家近三百年,在开国之初,都曾用行政力量推行蒙语、满语,但汉语并未被消灭,倒是在中原一带定居的元朝贵族逐渐忘掉了蒙语;满语则几乎完全消失,现在只剩下几百人会说满语了。可见一种语言的消失或发展自有其本身的规律,用不着担心。我们今天应该多关心少数民族的文化教育,因为这是振兴民族的根本,也是振兴中华的根本。

二

下面谈谈和双语教学有关的一些学术问题。

第一个,创新问题。

近几年来,我国学术界盛行一个新的术语——"反思"。就是对过去三十年,六十年,甚至两千年的某些方面加以反思,吸收国外的新东西,改造我们的学术,使能跻身于世界学术之林,把我们的国家建设得更好,社会科学界、文学艺术界,议论最多,有些看法很不相同,但是大家都在"反思",都在谋求创新。

语言学界也在"反思",这是正常的现象。反思就是总结过去的经验和教训,吸取国外有益的东西,改造我们的研究方法和研究方向,使语言学更能切合我们的需要,把汉语研究、汉藏语以及其他少数民族语言研究推向一个新阶段。这个目标说起来很容易,但做起来很难,而且各人对如何创新的问题看法很不一致,有些年岁大的人学新东西不容易了,看法容易倾向于保守,青年人对旧东西看不惯,又没有耐心做踏踏实实的工作,看法偏重于"新"。这里有如何对待"旧"和"新"的问题。我看,孔子讲的"温故而知新"这句话还是很有道理的。用在这里,"温故"就是温习前人走过的路,

"知新"就是在前人的基础上有所创新,湖南学者曾运乾先生在30年代曾讲过:"温故而不能知新者,其病也庸;不温故而欲知新者,其病也妄。"这句话讲得好。我们今天对语言学的某一部门或全体方向进行反思,一是要戒庸,二是要戒妄。死守旧说,一步也不敢前进,这就叫"庸",全盘否定前人的成就,一味求新,这就叫妄。

什么是语言学的"故",怎么看待过去的成就?

我国的传统语言学,旧称小学,章太炎名之为中国语言文字学,包括文字学、音韵学、训诂学这三个方面。20年以后,引进了欧洲语言学理论,中国语言文字学发生了大的变化。从马建忠开始,建立了汉语语法学,发展到今天,已成为一门比较成熟的学科。音韵学方面,高本汉、赵元任、罗常培、李方桂诸先生引进了近代语音学和比较语言学中的历史比较方法,因而把中国音韵学研究发展到一个新阶段。李方桂、罗常培两位先生并开拓了我国少数民族语言研究的领域,建立了汉藏语系研究的初步基础。古文字学的研究则是因为地下出土古文字的日渐增多而独自发展起来的。

解放以后,在现代汉语方面做了三件大事:一是确定了普通话的规范;二是制定了汉语拼音方案;三是公布了一批简化汉字。语法研究有了一些进展,方言研究也在继续。少数民族语言研究有较大的发展。古文字研究的成果比较丰盛。

这就是语言学的"故"。应该说,我们今天的语言学比起乾嘉时代的小学或民国初年的情况是进步得多了。许多前辈的著作至今我们仍然必须研读。但是,当我们今天对当前语言学进行"反思"的时候,还应该看到某些缺点,以利于"创新"。这里只谈跟双语教学有关的学科。

和我们关系最密切的是现代汉语这个学科,当然还有语言学理论、比较语言学、应用语言学、语言教学等方面,但最重要的是要对过去的现代汉语研究和教学进行反思。

从50年代学习苏联开始,高等学校中文系和中等师范学校都开设了"现代汉语"课(中学也一度开设过"汉语"课)。这个课对于增长中小学学生的汉语知识,对于推广普通话,普及汉语拼音方案等方面,的确发挥了很大的作用。但是也有严重的缺点。首先是这类教材的整个框架需要重新考虑。整个教材分语音、语法、汉字三大块,各自成为系统,而对整个语言的全貌几乎没有讲。这跟讲生理学一样,分别讲了全身的各种系统,如神经系统、消化系统、循环系统等,但对人体的全貌以及各种器官之间的关系,则讲得很少。更为严重的,把这些知识几乎全部编入中小学语文教材,误认为青少年掌握了这些语言知识就可以学好汉语。几十年的中小学语文教学的实践检验了这种做法,证明这种设想和做法并不理想。高中生学了12年语文,不晓得做了多少练习,但许多人不能写一篇像样的文章,错别字多,病句多,词不达意,甚至报考大学中文系的学生,入学后还要学"写作"课,等于补修中学的语文课。"现代汉语"这门学科的研究者和教师,以及从事中小学语文教学的设计者和教师,不能不正视这个事实。

我认为,汉语的基本知识,如语音、语法等不能不讲,但重点应该放在语言应用方面。中小学的语文课本,在必要的时候,可以应用一些语言学术语和汉语知识,但主要的应该着眼于语言的应用。语言的运用能力和语言学知识是两回事,不能用后者代替前者。一句话:一个句型,运用起来并不困难,但语言学家分析起来往往是很复杂的。例如,"你好!"是一句极简单的话,汉族小孩子学会这句话很容易,而且可以类推出"老师好"、"叔叔好"、"妈妈好"这一句型的许多句子。但语言学家用某一种语言学理论说明这个句子的结构和意义,却很不容易。例如,你至少要说明,这个"你"是第二人称代词做主语,"好"是形容词做谓语;还得说,这是个感叹句;意思是向对方问候,如此等等。作为一个语文教师,这些知识应该有,但小学生却不必学。说话、写文章是一种技能,一种运用语言的技能。语文教学的设计不对头,因而造成了极大的困难。我有个刚满七岁的孙女,正上小学一年级,我看她期中语文考试中有一道题,叫指出某些词的"反义词"。小学一年级的"语文"竟然要讲同义词、反义词这类概念,这不是很值得我们考虑的问题吗?在60年代和70年代,少数民族地区的小学,不管条件,一律都用全国通用的小学语文教材,结果很不好,教师费了大力气,学生学到的很少,因为有许多少数民族地区,汉语并不通行,把这类课本用在这些地区,当然效果不好。现在不少少数民族地区的教育部门,正在组织力量根据本区的情况编写合用的小学中学汉语文教材,这是一件可喜的事。我认为在编写这类教材时要设想一个新的框架,要在教材中教学生逐步学会使用汉语。会说、会写、会读,语言练习的立脚点是语言,而不应该是语法知识。当然,语音练习、词的练习等单项练习也是非常必要的,但着眼点仍应该是语言运用的技能。近几年来,有些同志教外国人学汉语,摸索到一些经验。国外外国语教学以及他们的本国语文教学中都有许多可以借鉴的地方。希望少数民族地区新编的小学、中学的语文教材,能打破旧框框,力求能切合实用。

还要说一说关于汉字教学的问题。

过去的"现代汉语"课,在讲汉字的时候,总是先给汉字罗列一些罪名:字数太多,笔画多而复杂,难学、难写、难认,等等。然后指出将来总要改成拼音文字,因为只有拼音文字才是最进步的文字。这个"理论"框架过去是禁区,没有人敢提出不同的意见,在这种"理论"指导下,要叫中小学的教师学生重视学习汉字,当然很困难。其严重后果之一是在各种场合都可看到错别字泛滥的现象。不但中小学生写错别字,教师的板书,大学生的墙报,社会各个角落,甚至公开发行的报刊、书籍,也常常发现错别字。这种情况比解放初期严重得多。我认为,语言学界和教育工作者都要重视这件事。汉字是不是落后的文字,汉字是不是一定要改成拼音文字,这个问题需要认真研究,展开讨论。近来国外有些学者提出,汉字是最进步的文字,是"人类智慧的最高体现"。这样的看法,似乎也过了头,因为拿不出更多的证据,不足以服人。若说汉字是一种比拼音文字落后得多的文字,也不足以服人。我认为,文字是记录语言的符号,这种符号可以分为三大类:第一类是标形的文字,或者叫象形文字;第二类是标音的文字,只记录词语的语音;第三类是既标形又标音的文字。第一类文字是早期的文字,纳西族的象形文字可以算是这一类文字的代表。第二类文字最多,表音节的文字,表音素的字母文字,都属于这一类。第三类文字即汉字体系的文字。汉字的主要成分是形声字,字的一半表音,一半表形、类,用这样的字记录口语中的一个个词语。汉字的形声字是从单纯表音的假借字发展来的,这是一个发展,不能说它是比表音文字落后的文字。整个文字发展的轮廓大概是这样:一切文字都是从象形文字发展而成的。象形文字发展为标音文字的初级阶段是同音假借阶段。以后就分成两条路：一条发展成字母文字或音节文字，另一条发展成汉字——既标音又标形的形声字。如果这样从宏观上认识汉字的地位和性质，那就要对汉字重新加以研究。包括理论方面的研究和教学方面的研究。

近几年有些小学语文教师对汉字教学作了一些尝试，有的利用汉字造字法的知识教学生认字，效果很好。实践证明，如果学习得法，学汉字并不很难，而且一旦学会就很难忘记。这可以从心理学和大脑语言学的研究得到解释。有人说，汉字字数太多，也是一条罪过，事实也并非如此。《康熙字典》有四万七千多字，的确多得吓人，但历史通行的共时常用字却只有三四千个。现在统计的结果也是如此，一个人只要掌握了三千多个常用字，读一般书刊、写文章就都没有困难了。小孩子认字的本事是很大的，在小学里学会三千多汉字不会有多大困难。汉语汉字有个很大的特点，用这两三千字可以造出十万二十万个词，即使出现新词，也仍然可以用这些汉字写出来。例如"电视机"、"传真机"、"计算机"、"双语"、"生成转换语法"、"表层结构"、"深层结构"等等，都是最近才在汉语中出现的新词，但是所用的汉字却都是常用字。总之，只要认真研究，就可以大大提高汉字教学的水平。我们在少数民族地区从事汉语教学的同志，可以在这一领域的研究和实践中作出成绩。

上面谈了"现代汉语"和中小学教材的某些不足之处，既看到过去的成就，又看到不足，这样才可以创新，有利于今后双语教学的发展。

关于双语教学的另一方面，即少数民族语言的研究，以及少数民族语言和汉语的对比研究,这些年有极大的进展。可以说是专家辈出,著述林立。这些研究成果对于双语教学都有好处。可以直接用以提高双语教学的质量。

　　以上是对少数民族地区双语教学几个有关学术问题提出的一些看法,想得不成熟,研究也不到家,请大家批评指正。

谈谈汉语词源研究[*]

20世纪即将结束,21世纪就要开始,一切工作都需要对过去作些回顾,对下个世纪作些安排或期望,在汉语词源方面,也理应如此。

从整个汉语研究领域来看,汉语词源研究是比较落后的。如果排列一下名次,汉语音韵学走在最前面,取得阶段性的发展,出了好几位大师,出版了一些足以传世的著作。其次是汉语语法学,从19世纪末《马氏文通》出版以后,近百年来曾兴起过多次语法问题的争论,引进了国外的语法理论,并把这些理论应用在汉语语法研究上,但是至今没有取得令人满意的成果。第三是汉字研究,一百年前甲骨文发现后,古文字研究成为一代显学,使文字学研究大为改观,但如何探讨汉字发展的历史,如何对汉字作出科学的评价,目前还在讨论阶段。第四是汉语词汇学的研究,这个部门是最薄弱的环节。

什么叫做词源学?为什么要研究词源学?这两个问题先得搞清楚。

英国哈特曼(R.R.K. Hartman)和斯托克(F.C. Stork)在《语言

---

* 《汉语词源研究》(第一辑),吉林教育出版社,2001。

与语言学词典》"词源学"条下说：

"指对词的来源与历史以及对词的意义及形式的变化(包括向其他语言借词)所作的研究。语言学的这个分支学科跟词汇学和语义学(对一种语言的词项及其在不同语言环境中的意义的研究)有密切的关系。"

这是说词源学包括三个内容：一是考证词的来源；二是研究词在使用中的变化；三是查考借词。

用这个观点同我国传统语言学中的学科作比较，这些内容都包括在文字学、训诂学、音韵学这些学科中。这三个学科各有偏重，但又密不可分。20年代北京大学国学门(包括后来的中文系、历史系、哲学系)把这三门课都叫做"文字学"，钱玄同的"文字学音篇"讲音韵，朱宗莱的《文字学形义篇》讲文字、训诂，到30年代才分成三门课。课虽然分别开设，但在研究汉语词源时，却要综合运用，缺一不可。

我国很早就有不少讲词义和词源的论著，《尔雅》讲词义，《说文解字》讲字的本义，扬雄的《方言》讲方言词汇和借词，汉代刘熙的《释名》用声训的办法解释词的得名由来。(这部书多牵强附会之说，但披沙拣金，确有不少可贵的词源材料。)宋代王圣美、戴侗等人注意到形声字中声符有义的现象，给词源学研究提示了一个重要的突破口。到了清代，段玉裁、王念孙分别对词义引申和文字孳乳作了许多考证，使词源研究开始走向科学的道路。章太炎的《文始》则是一部汉语字源专著，他从文字的角度，以《说文》为本，用以解释汉字字义的来源及变化。他自诩为传世之作，一字不能易，实际上是瑕瑜互见，瑕不掩瑜，是近百年来此类研究的草创之作。

20世纪研究汉语词源的学者,成绩最显著的有高本汉、沈兼士、罗常培、王力、杨树达等人。

高本汉(Bernhard Karlgren 1889—1978)在《汉语词族》(Word Families in Chinese)一书中第一次提出"汉语词族"这个名称。《汉文典》(Grammata Serica)一书则利用中国小学家的有关材料,用欧洲语音学方法编成的汉语字族字典。用这部书的框架同朱骏声的《说文通训定声》、章太炎的《文始》作比较,在方法上有所创新,但在字词变化的考证方面则功力不足。

王力先生的《同源字典》是最近出版的(商务印书馆1982年出版)。这部书的框架,采用高氏,材料却丰富得多,但是他以声韵结构为纲当做划分词族的框架,以致同一来源的字词不得不分见各处,可见此类著作的框架问题,仍然需要重新考虑,同族词的证据也多感不足。但这部书应该成为今后研究的起点之一。

我认为,20世纪在汉语词源研究方面最值得称道的是沈兼士、罗常培、杨树达几位先生。

沈兼士(1887—1947)首先提出"字族"这个概念。1934年他在北大讲"文字学概论"课,提出两个新概念,一个是"文字画",他认为汉字是从"文字画"演变而来的;一个是"字族",认为汉字因孳生变化而形成一个一个的"族"。沈先生研究字族,首先从研究某个字的字形、字义开始,然后从文字的孳生变化中探讨这一字族的孳生字。例如,他在《"鬼"字原始意义之试探》一文中,先从古文字"鬼"字的字形着手,然后说明其与"禺"、"寓"、"偶"、"傀"、"畏"等字的引申孳生关系,用大量古籍中的记载、注释以及流传至今的口语加以分析论证。令人读后,对这一字族的每一个字都能清晰地了解其来源和字义、字形、字音变化的线索。陈寅恪先生在读了这篇文章后回信说:

"大著读讫,欢喜敬佩之至,依照今日训诂学之标准,凡解释一字即是作一部文化史。中国近日著作能适合此定义者,以寅恪所见,惟以此文足以当之无愧也。"(见《沈兼士学术论文集》202页,中华书局,1986年出版。)"解释一字即是作一部文化史",是对汉语字源研究的最高要求。沈先生的研究方法确实超越了章太炎,也远非高本汉所能及。

可惜沈先生的这类研究只有五六篇,多数是在沦陷时的北平,在辅仁大学那样一所与天主教有关因而未遭日寇封闭的特殊环境下完成的。如果假以时日,能完成一部"汉语字族词典"一类的著作,必会成为这一方面的传世之作。可惜,他在1947年与北大同仁从昆明重回北平的欢宴中因兴奋过度而逝去。因此,这项工作只能由后人来继续完成了。

罗常培先生(1899—1958)的主要成就是在音韵学方面,他同赵元任、李方桂两先生把中国音韵学的研究推上一个新阶段。这一点已成定论,这里不必多说。但是他在训诂学方面的研究,还鲜为人知,对于《语言与文化》这部名著在词源研究方面的价值,也注意不够。

罗先生从1943年开始,在西南联大讲授训诂学。按照他的计划,打算对训诂学这门课的内容作全面改革,目标是使这个学科能达到音韵学的水平。他一面讲课,一面从事研究,在这一领域积累了大量资料。现在保存在北京国家图书馆的遗稿中,有两个卡片盒子都属于这一学科。1949年他把关于借词的部分整理出来,这就是1950年出版的《语言与文化》,这部书是第一部考证古汉语中借词来源的专著,填补了汉语词源学中的一项空白。中华民族历史悠久,民族关系复杂,从汉代开始,又同域外许多国家发生关系,这种情况反映在语言中,就产生了大量的借词,研究这些借词的来源,就要研究民族文化接触的历史。罗先生在这方面花了很大力气,又经常向有关的专家朋友请教。这部著作虽然只是汉语中借词的一部分,但是他给后人作出了范例,相信以后会有人继续这一领域的工作的。

杨树达(1885—1956)晚年从事古文字的字源研究,在《积微居小学述林》、《积微居小学金石论丛》两本论文集中,有许多从文字入手推求语源的论述,其中有许多精辟的论证。

除了上面谈到的几位前辈以外,在古文字学家中,如王国维、徐中舒、唐兰、于省吾、陈独秀等人,在考证古文字时,往往探寻出一个字的本源。陈独秀晚年撰写的《小学识字课本》,则是从文化历史的角度考察文字之源的。

近二十多年来,不少语言学者和文字学者参加过汉语字典、词典的编纂工作,有些人曾写过一些有价值的考证文章和理论文章,这里不能一一详述。

以上是本世纪在汉语词源研究方面的粗略回顾。从上面的叙述,大致可以归纳为两点:一是这方面的研究,已经有了很好的基础,二是成果不够理想。同汉语研究的几个方面作比较,远不如音韵学成就之大,也不像语法学界那样热闹。要怎样做才能在21世纪的词源研究方面有大的发展呢？下面就谈谈我自己多年来在这个领域学习的一些体会。

首先,应该认识到研究汉语词源的难度。

研究任何学问都要注意两个方面:一是研究的资料,二是研究的方法。研究方法更为重要。为什么汉语研究中的音韵学走在最前面?为什么高本汉在汉语音韵学方面的著作成为这一领域的经典著作之一,而他关于词族的研究却未能达到这个水平?推究其原因,其实就在于没有找到适合这项研究的方法。汉语音韵学的研究方法,是从欧美的语音学学来的。用语音学分析语音和音波的方法来分析汉语方言和古今音的变易,能把清代小学家们那些难懂的术语和解说,全部都变成通俗易懂的科学术语,再加上几位语言学大师的辛苦调查研究,于是在这方面结出了丰硕的成果。

但是在词源研究方面,就没有现成的研究方法可以借用。不错,印欧语言研究中也有词源这个部门,多数重要的大型词典,都有关于语源的解说,例如,德语 Karser(皇帝)和俄语 tsar(沙皇)都是从罗马恺撒(Caesar)这人名借来的,因词义引申而成为一般名词。英语的 money(钱币)一词来自拉丁语的 moneta,因罗马的造币厂设在 Jnno moneta 庙宇中,因此罗马人使用这个词兼有造币厂和钱币二义(见布龙菲尔德《语言论》530 页,商务印书馆译本,1980 年)。但是,这些欧洲语言中的词语,无论推求语根或借词,都比汉语容易得多。陈寅恪有一段话谈到这个问题:

> "'古文'之学即西洋语根之学。但中国因有文字特异之点,较西洋尤复杂。西洋人《苍》《雅》之学不能通,故其将来研究亦不能有完全满意之结果可期,此事终不能不由中国人自

办,则无疑也。

然语根之学实一比较语言之学……必须再详考与中国语同系诸语言,如西藏、缅甸语之类,则其推测之途径及证据,更为完备。"(见《沈兼士学术论文集》183页《陈寅恪先生来书》)

这一段话说得极好,这里包括三层意思:一、研究汉语词根学(即词源学或词族学)比西洋复杂;二、外国学者不懂得中国的文字训诂学(《苍》《雅》之学),因而不可能有完全满意的结果,因而这项研究必须由中国人自办;三、在研究方法上,除了中国固有的文字训诂方法外,还要用比较语言学的方法,同汉藏语系中亲属语言作历史比较研究,才可使研究方法更加完备,研究的结果更加可靠。有了这点认识,才可能在前人研究的基础上有所前进,掌握了正确的研究方法,才有可能得出满意的研究结果。

下面谈谈我在这项研究中的做法和期望。

我从事这方面的研究是从50年代开始的,到现在50年了。先是研究汉字发展的历史,以后研究训诂学,进入词源研究这一领域。1976年因参加《汉语大字典》的编纂,加强了这方面的钻研。近20年来出版的七八本小书和几十篇文章,算是一点点成果,因而也有一些想法。

我认为,研究汉语词源,文字学是基础,音韵学是工具,训诂学是核心,这三门学科缺一不可。在这个基础上进行词族研究,把词汇中的同源词一一加以考证归类,这样才能使汉语词源、词汇研究得到比较满意的结果。我采用的方法基本上继承了沈兼士先生的方法,我的《"右文"说说》一文就是在兼士先生右文研究的基础上写成的。后来又写了几个词族的文章,又跟我的学生张博合写了几篇,总觉得还有不足之处,于是请马学良先生带张博读比较语言学,从师学习藏语,用藏语同汉语词族作比较。她的博士论文得到很高的评价。我同她合写的《汉语词族谱》,主要由她来作,我顶多只能作些出主意、商讨问题的次要工作,一则因为精力日衰,不耐久劳,二是我对藏、缅语的知识缺乏。三五年内这部书能够完稿,也算了却此生在文字训诂这一领域的另一心愿。我和方有国合写的《汉字发展史纲要》马上可以出版了,从词源研究的角度来看,这一步是研究词源的基础,如果不把汉字发展历史说清楚,词族、词源研究就没有根基,说服力不强。

研究词的来源和孳生变化——词族,既要从宏观上考虑研究方法和资料,又要老老实实作许多细致的微观研究。这种微观研究,清代的王念孙、段玉裁以及近代的章太炎、王国维等人已经作了很多。这些成果很宝贵,但是还不够,例如,现代方言词汇是很宝贵的材料,前人多半没有加以利用,更不用说亲属语言中的同源词了。有些人看不起考据,说搞考据没有出息。我不同意这种看法。研究任何学术,宏观思索和微观研究这两者都不可偏废,只重微观,难免有见木不见林的缺失。只重宏观的思考,就会流于主观臆断,甚至想入非非,贻害无穷。

最后谈谈词源研究的作用。

近百年来,词源、词族研究的领域参加的人不多,也没有引起过真正的争论。据我观察,这大概有两个原因:一是有人认为这是很神秘的一个领域,使人望而却步,不敢问津;二是认为这种研究没有实际的用途。其实这两种看法都是误解。

记得我在1934年考上北大时,曾向一位老朋友征求意见,问他们读哲学系和中文系哪个系更恰当。当时的规定,允许学生有一年的考虑时间。那位朋友劝我不要读哲学系,弄不好就要读成疯子,因为他曾见到哲学系的一位学长,因研究佛学入了迷,走路时也数着念珠念佛,像个疯子。但据说,中文系读不好也会成半个疯子,原因是曾有一两位教授把词源研究讲得玄奥异常,形同玄学,使人听了好像进入迷魂阵。但是那一年正好是罗常培先生到北大任教,他把小学中的疑难问题讲得深入浅出,令人涣然冰释,同一些人把语言学讲成玄学的做法完全不同,于是我决定了一生钻研汉语言文字这条路子。可以说汉语词源研究,从30年代开始,已经脱离了"神秘"臆断阶段,走向科学的境地。

　　至于说到词源研究的用途,我以为用途大得很。

　　一个国家的语言文字研究,其重要成果往往要在词典中得到反映。中国的字典词典编纂最早,但从词源的角度来看,却不能令人满意。远的不说,《康熙字典》三百年来一直是权威性的字典。《辞源》是1915年出版的,到现在将近90年了,这是我国第一部讲词源的词典,但是许多词的"源"并没有找到,顶多只是采用了一些词的最早书证而已。有些字的"源"已经找到了,但是编字典词典的人并没有予以采录。我在《大型汉语字典中的异体字、通假字问题》一文中曾谈到过这个问题,那时我正参加《汉语大字典》的编写,曾建议把这部字典编成一部高水平的字典。所谓高水平,就是在词源、异体字和假借字三个方面加以提高。在词源方面我举了几个例字,其中一个是"函"字。"函"字无论古今汉语都是常用字,但是所有的字词典都没有把这个字的"源"弄清楚,许慎在《说文》

中误以为"舌也,象形"。《辞源》"函"字下列了四个义项:(一)包含、容纳,(二)铠甲,(三)封套叫函,(四)匣子,如剑函、镜函。其他字词典大致相同。(见拙著《文字训诂论集》,又《中国语文》1979年第4期)。

但是,我们不禁要问,"函"为什么有包含、容纳义?甲、封套、剑匣为什么都叫"函"?要解答这个问题,必须深求"函"字的源。其实这个字已经被王国维解释清楚了。"函"字甲骨文作⊗,"象倒矢在函中",是古人藏剑的口袋,这个口袋的名字叫做"函",这就是"函"这个词的源,或者叫做"本义"。信函、剑函、镜函、甲(做铠甲的匠人叫做函人),是用以藏物、藏人的,所以都叫函。但是这个解说,至今只有《汉语大字典》"函"字下引用了半句,语焉不详;《汉语大词典》连半句话都没有引用,因而使用这类权威工具书的广大读者,在阅读和使用这个词时,只能人云亦云,马虎了事。若考订出"函"字的本义,由此而孳生的涵、蜬、錎、蚶、含、衔等一大批属于这个词族的字,其命名的依据都可得到解释,阅读者了如指掌,使用者心中有数。可见把这类研究的成果收入汉语字词典是如何重要,可惜这些至今尚未做到。我想,再过一二十年,《辞源》、《汉语大字典》之类很有影响的字词典修订后应该可以做到。

近两年发表的有关词源研究的文章逐渐增多,有些写得很好,可惜还没有把这些力量组织起来,也没有一两个固定的目标。我想如果有几位有心人,以某个研究所为核心(或几个单位合作),把这些"散兵游勇"组成一个散居各地的"兵团",共同完成一两个方面的目标,搞个"学会"、"研究会"什么的,或者更有利于这类研究。

总之,我感到研究汉语词源,应该成为语言学研究在21世纪的一项重要内容。目前,我们的国家正在蒸蒸日上,中华民族正处于重新振兴的新世纪,随着中国国际地位的提高,汉语、汉字的地位,中国的优秀传统文化,也必将日益被重视。

1999 年 12 月 18 日

附录:2001 年 10 月 15 日在《参考消息》上读到美国《洛杉矶时报》记者一篇介绍《中古英语辞典》编辑成书的报导,希望有志于汉语词源研究的学友,能从中得到些启发,特全文引录如下。

词语专家的稀世壮举

美国《洛杉矶时报》2001 年 9 月 6 日文章
题:词语专家的稀世壮举(记者理查德·李·科尔文,发自密歇根州安阿伯)

沉浸在消失的世界

伊丽莎白·格什在一个 600 年前消失的世界里逗留了 12 年。

格什是解读处于发展中期的英语词义的学者之一。在这个历时 4 个世纪的发展阶段,英语逐渐由一个混合了盎格鲁撒克逊语、法语、德语和其他欧洲语言的大杂烩语言孕育成形。

今夏完成的《中古英语辞典》是格什和她124名同事71年的心血结晶。

这部辞典有15000页，包括55000个词条。解释众多词义和用法的90万条引文上至威廉一世时代，下至印刷术出现时。

它们取自乔叟的作品、亚瑟王的故事和早期的《圣经》，还有当时的信件、遗嘱和极其详细的医学著作。

梅隆基金会自1975年以来就为这项耗资2200万美元的工作提供大部分经费。

从费用和这类工作需要的长期投资来看，这部词典可能是最后一项大规模辞典编纂工作。

《中古英语辞典》是对第一部重要的历史辞典——《牛津英语辞典》的知识承袭。它的完成激发了对苦行僧般的辞典编纂工作的鲜有耳闻的称颂。这项工作还强调，学者要能在似乎渺小——有人会说晦涩难懂——的知识发现中找到快乐。

追溯英语的统治地位

有人也许会问：格什耗数年校订"Who"（谁）、"What"（什么）、"Which"（哪个）这些代词的词义有什么用？

这当然对语法学家和语言学家有帮助。他们希望了解语言如何随着时间的推移发生——往往是微妙的——变化。不过除此之外，这部辞典也让文学研究者、社会历史学家、研究古老疗法的医生和追溯个人权力演化的政治学家感兴趣。

事实上，喜欢这部辞典的人会认为，《中古英语辞典》对所有的人都有价值。正如一位早期支持者所说的，这是为了了解当时的风俗习惯。

这是个煞费心血的过程。对于每个词,编辑都要取自中世纪文本的数千条引文进行挑选和研究。

有些词只有为数不多的引文,难以断定其意义。于是研究人员就从其他语言中寻找线索,比如拉丁语和希腊语中的相似词语。

这部辞典以特有的方式追溯英语的统治地位。

在1100年,英国的贵族和学者主要使用法语和拉丁语。只有农民才使用英语的四种主要方言。可是到了14世纪,伦敦英语已经成为一种有4.5万个词汇的蓬勃发展的语言,其中有1万个词汇来自一种较为古老的法国方言。

英国议会于1362年通过了《辩护法》,宣布英语是政府的官方语言——不过仍然使用拉丁语做诉讼记录。诗人乔叟1387年决定用英语并开始创作《坎特伯雷故事集》,从而巩固了英语的统治地位。

《乔叟时代研究》的编辑、拉特格斯大学英语教授拉里·斯坎伦说:"英语的变化速度非常快",有了《中古英语辞典》,"我们现在就具备了英语演化过程中那一阶段的完整画面"。

辞典编纂者说,《中古英语辞典》使当代辞典中的词源和定义更加清楚。

每个字母平均耗时4年

这部辞典是密歇根大学耗时最久的一个研究项目。

密歇根大学校长李·博林杰说:"它使人类的生存更加丰富多彩。"

他说,即使这部辞典没有得到普遍和广泛的使用,这种向人文基础学科方面的学术成果投资的做法也是值得的。

最先提议编纂这部辞典的是威廉·A.克雷吉爵士。这位一丝不苟的苏格兰人是《牛津英语辞典》的两位主编之一。他认为,学者需要一些专门辞典来增补内容宽泛的13卷本《牛津英语辞典》。

1930年,密歇根大学开始承担《牛津英语辞典》的编纂工作。那一年,《牛津英语辞典》的编辑捐赠了100多万张泛黄的纸片,上面有手抄的引文。这些引文提供的证据是编纂人员下定义的基础。此外,这些引文还显示了词汇如何随着时间的推移而变化。

很多中世纪的文本是在《牛津英语辞典》编纂完成后才发现和整理的。因此,《中古英语辞典》的编辑不得不组织志愿者阅读所有那些引文。到1946年,在900个特大盒子中已经堆积了300多万张纸片。

编纂者的骄傲

1954年,海伦·高在第三任主编汉斯·库拉的指导下攻读语言学研究生学位时应邀参加了这项工作,40年后退休。

高喜欢这个工作——在一定程度上是因为这是一项非常独立的工作。她说:"做这份工作,你只需坐在角落里埋头工作,不用应付开会、讨论和解答问题这些办公室里日复一日的琐事。"

高说:"我们从没想到最后真的能完成这部辞典。在经费紧张的若干年里,学校无法提供我们所需的全部资金。"

不过在1975年,这项工作有了巨大的进展,梅隆基金会捐赠了95万美元。这笔钱足够雇请8名全职编辑,大多数是年轻的博士毕业生,他们有丰富的现代和古代语言素养。

他们原计划在1982年完成这部辞典。但是第五任主编罗伯特·刘易斯走马上任的那一年,字母"P"才刚刚完成。刘易斯奖励那些进度快的编辑。不过他说,即便如此,"也不好过多催促编辑,因为他们知道自己必须小心谨慎。"

不过,这些耽搁或许为这部辞典带来了好处,如果早一点完成,人们也许永远不能在计算机上查阅它。

英语副教授弗朗西斯·麦克斯帕伦正在争取出版这部辞典的电子版。她还主张对《中古英语辞典》及其引用的文本和其他网上辞典进行联网。

《中古英语辞典》的编辑们说,他们为能参与编纂这部辞典而感到骄傲。可是,他们眼下又感到一阵失落。格什说:"编纂这部辞典使我们有机会进入一个在某些方面不为外人所了解的世界。我喜欢那个世界。每天我都怀念那个世界,这在一定程度上使我难以重新回到现代社会。"

读了这篇报导,颇感振奋。《中古英语辞典》一书的编辑,同我对汉语词源研究的一些遐想颇相契合。英语是当今世界上第二大语言,从辞典的角度看,13卷本的《牛津英语辞典》已经很有分量了,但是他们不满足,竟然花了71年的时间,编成这部15000多页,包括55000词条的巨著。可以说英美的语言学家在这方面的贡献是很值得我们仿效的。

汉语是全世界使用人数占第一位的语言。可以看出,汉语的作用和影响在本世纪要迅速扩展,学习汉语的热潮正在日益高涨,因而关于汉语词典、字典的编订工作,必将日益紧迫。比起英语来,汉语的历史比英语长得多,可以依据的文献资料也多得多。要在短期内编成可与英语词典抗衡的字词典,实非易事。但是,若现在还不考虑着手这类工作,我们必将愧对前人、愧对后代。

2002 年 2 月 7 日补记

《汉语同族词的系统性与验证方法》序[*]

读了张博的《汉语同族词的系统性与验证方法》书稿,高兴之余,引发了许多浮想,顺手写出,当作这部著作的序。

第一点,我觉得这部书是汉语词汇学方面一部创新之作。

许多搞汉语词汇研究的人都知道,汉语同族词研究是最令人头痛的问题。这个问题,早在汉代以前就被注意到了。例如,《释名》试用了声训法。宋代的王圣美提出了"右文说",根据形声字中声符兼有意义的现象立说。到了清代,出现了戴震、王念孙、段玉裁、程瑶田等人,把这项研究发展成"声近义通"的理论。随后,章太炎写出了《文始》一书,可以说是清代以前这套学问的总结。再到以后,瑞典学者高本汉的《汉语词类》一书,第一次提出"汉语词族"(Words Families in Chinese)这个术语。高氏的这部书以及他的《汉文典》,虽然有很多缺点,却都力图使汉语词族走上科学的道路。随后,沈兼士写了几篇研究词族的论文,王力出版了《同源字典》。这样就形成了两种汉语词族研究的框架:一个是高本汉、王力的框架;一个是沈兼士的框架。二者都使这项研究有了较大的

[*] 载张博《汉语同族词的系统性与验证方法》,商务印书馆,2003。

进展。

但是，这项研究实在是非常复杂非常困难的课题。一两千年来，不知耗费了多少人的心血，希图解决这类浩如烟海的汉语词库中包含的谜团；每前进一步都要经过长时间的论辩、检验。从汉代到唐宋，又到清代，以至今日，才发展到现在的样子。

记得北大90周年校庆，我应邀参加王力先生学术讨论会，我发言谈到王力先生的《同源字典》时，曾说过，这部著作还有一些理论问题有待探讨，我们研究汉语同源词，要在这部著作的基础上有所创新。那时，我正在探索假借字和"右文"这两个问题。在"右文"探索方面，摸索如何对沈兼士先生的右文研究有所补充，但是，对于如何使这种研究成为一门科学，还没有清楚的认识。后来从汉字发展的研究中，逐渐认识到，汉字、汉语的发展，均有其本身发展的规律。发现了这些规律，并用以解释这些规律下涵盖的事实，这就是科学。这一点，我在写完《汉字发展史纲要》一书以后，深有体会。回过头来再看词族学研究，也是如此。我们今天研究汉语词族学，最重要的就是要在前人研究的基础上，建立一套比较完整的词族学理论。这样，才能使前人发现的一些"规律"更加系统。80年代，我曾同张博按照沈兼士先生的框架，写过几篇文章。但在联系有关的字、词时，往往有取舍失据的情况。本打算写成一部《汉语词族谱》的，却久久不能完成。那时张博已经完成了硕士论文答辩，回到宁夏大学任教。她后来专门到西南师大来做访问学者，同我共商这方面的一些难题。我想，当时有关同族词研究的理论还不成熟，还需要加以提高；其次，关于汉藏语系中汉语与亲属语言的比较研究，可以采用的成果也很少。为了弥补这两方面的不足,我建议张博到中央民族大学去读博士,学习藏语,学习比较语言学。我向导师马学良先生提出"条件",希望不要改变她的研究方向。现在从张博的这部书中,就可看出她在读博士期间有不少获益。她不但继承和总结了传统语言学家在这一领域的成就,而且充分利用了马学良、戴庆厦、孙宏开诸位少数民族语言专家多年研究的成果,使汉语词族研究进入同源词研究的领域。张博竟能在几年时间,写出这样一部讲理论的著作,这让我如何不高兴?

这是我的第一点感想。

第二,这又是一部讲治学方法的书。

做学问,一是要掌握材料,二是要学会研究的方法。二者缺一不可。有些人不懂得做学问的方法,往往只看见一堆堆杂乱无章的材料。其实,事物都是有规律的。如果用正确的方法加以研究,就可以发现这些规律,然后利用这些规律分辨事物,这就是科学。语言文字的研究也是如此。30年代胡适先生把杜威的治学方法介绍给国人,他自己也用这一套方法"整理国故"。语言学界的赵元任、高本汉、罗常培、李方桂几位大师用国外的语言研究方法研究汉语音韵学,使汉语研究成为科学。全面考察20世纪的汉语研究,可以说是研究方法逐渐完善的过程。我称这种方法是历史比较法。一是历史,二是比较,二者缺一不可。这种方法在使用时,因课题不同而有变化,但基本精神一致。古人虽然不懂得这一套方法,但在半自觉中也常常使用这种方法。例如,段玉裁讲古今字的不同,就符合这种方法的精神。《说文》"义"字下说:"義,己之威義也。"段氏注说:"古者威儀字作義。今仁義字用之。儀者,度也。今威儀字用之。誼者,人所宜也,今情誼字用之。"段氏在这里说到

"羲、儀、谊"三个字古今用法的不同。这就是历史比较法的精神。他虽然还没有认识到这一种方法,但他的做法是和这种方法相合的。近代的沈兼士、王力诸先生,屡次强调研究汉语词族的科学方法,实际上就是这个前人探索多年的历史比较方法。张博这部书,努力把前人的成果加以完善,使这种方法更加成熟,使理论可以指导实践。从这个意义上说,这部书不但在词族研究方面有所创新,而且在汉语研究的其他方面,也有参考的价值。

这是第二点感想。

第三点,这部书的另一个可贵之处,就是作者阐述的"验证"方法。

一种规律,一套理论,是否可靠,要靠实践中的检验。如果检验合格,这种理论和规律才是可信的。反之,如果检验不合格,这个规律就要修改或推翻。例如,段玉裁因形声字同声符的字往往同义(即同属一个词族),因而发现词族中的一条规律。但是他往往以偏概全,一经检验,便露出破绽。例如,从"叚"声的形声字"瑕"、"鰕(虾)"、"騢"等字都有赤色义,段玉裁发现了这一点,这可以算是一条规律。但是他却说"凡叚声多红义",把这条规律用演绎法加以扩大化,认为所有从叚声的字都有红义,对不对呢?这就需要检验。如"暇"字义为闲暇,"麚"为牡鹿,"豭"为牡豕,"遐"为远、大义,"椵"为大树名……,这些从"叚"声的字都没有红色义。可以说明,段氏"凡叚声多红义"的论断有以偏概全的毛病。段氏许多"凡从某之字皆有某义"的论断,多半有这类错误。从这一点也可看出验证的重要。

张博在书中列举了许多种验证的方法。这些方法,其实也是历史比较法在词汇学研究中应用的方法。不但研究词族，就是对古汉语词语的训释，验证也是必不可少的手段。一个字的字义，要查字典，字典的解释往往有误。我和张博在写《释曾》一文时，曾讨论过多次，文稿修改了三次。目的就是要在曾、層、譖、增、罾这一词族中找到建立这个词族的理据。先查《说文》，许慎说："曾，词之舒也。"这显然不是"曾"的本义。而且同其他从曾声的字没有共同的义素。后来，看到徐中舒先生解"曾"为"甑"字的初文，是商代用于蒸饭的炊具。这种炊具，现在还在使用，是在锅中加上箅子蒸米饭用的，是个象形字。这种炊具是双层的，所以引申孳生出層、增、赠、譖等字，因而形成一个词族。这样一来，像曾祖、曾孙等词的命名之义也得到解释。再加上这些字词在古籍中使用的书证，可以说是"铁证如山"，不能动摇。一方面，这一词族的基础得以建立；一方面，分别解释这些词的词义时，也会确切可信。这应该说是词族研究的最终目标。当然，要把每一个词族的源词、词群都做到这个程度，决不是一件容易的事。

第四，对于用亲属语言同汉语比较以探讨同源词的论述，我特别高兴。回想30年代我在北大听罗莘田先生讲语音学时，遇到有关上古汉语的疑难问题，他常常说，关于这类问题要等到汉藏语系的研究深入时，才能加以解释。这类话讲过不止一次，那时关于这方面的研究还没有起步。现在的情况大不相同了，在李方桂、罗莘田两位先生的教导下，造就了几代这方面的专家，出版了一些很有分量的著作。汉语和亲属语言的比较研究，已经具备了条件。张博在这里小心地把这类成果中与汉语有关的部分加以采用，是汉语同源词研究的一次尝试。这是我五六十年来自己想走而没有走成的路,现在看到,自然高兴异常。

最后,我还想说,学问是没有止境的,必须不断学习,不断创新,不断前进。我希望,作者能在这套理论的基础上,继续完成《汉语词族谱》这部著作,就在词族的建立中验证书中的理论,一方面使这套理论更加充实完善,一方面当然也会使词族的建立更加可靠。

我曾多次呼吁,希望有更多的朋友从事汉语词汇研究;希望在一二十年后,我们能出版一两部高质量的能与英语、法语大词典媲美的大字典、大词典。编成这样的词典,需要先作许多专项研究,专项研究作得越好,将来的词典质量越高。我们的国家正处在日新月异的振兴之中,我国优秀的传统文化和现代文明正在全世界发挥日益重要的影响,汉语言文字是中华民族五千年文明的载体,我们语言工作者有责任迅速完成这项工程,当作世界认识中国的窗口,也为教育下一代人了解中国历史提供重要工具。张博的这项研究成果,正是这大工程中的一项专项研究。我自知年龄不饶人,在这项大工程中,只能吹吹喇叭,当拉拉队。趁此机会,我声明,将来《汉语词族谱》一书的撰写,完全由张博教授负责,我不再参加,更不具名。不过,如果那时我还在,还能写个序,那就是一种奢望了。

2002 年 12 月 14 日

古联绵词音变规律初探

我们要研究古汉语词汇，不能不利用古代典籍中的书面语言材料。但是用汉字记录的书面语言，究竟不是古汉语的本来面目。因此在研究时，要充分估计汉字的特点，既要利用它，又要透过"文字障"探讨语词的本来面目。这样才能掌握古汉语的实质。我这篇文章，就是想从这一点出发，谈谈古汉语联绵词的发展规律问题。

一

古汉语词汇中有一些双音节而只有一个词素的词，叫做联绵词，包括双声、叠韵、重言三类。这一类词在甲骨卜辞、金器铭文和先秦散文中并不很多。但比较接近口语的《诗经》数目就很可观。王国维的《联绵字谱》把《诗经》的联绵词全部列出，共有500多个，平均一首短诗中有不到两个。这个比例是很高的。

还有很多联绵词是由于汉字的特点而被掩盖了的。章太炎认为，汉字一字一音是一般规律，还有些字是一字二音的。他说：

中夏文字率一字一音，亦有一字二音者……何以证之？

曰:高诱注《淮南·主术训》曰:鹅䴘读曰私䗩头。二字三音也。(按:私䗩合为鹅,谆脂对转也。头为䴘字旁转音)。……今以《说文》证之,凡一物以二字为名者,或则双声,或则叠韵,若徒以声音比况,即不必别为制字;然古有但制一字不制一字者,蹞跸而行,可怪也。……然则远溯造字之初,必以一文而兼二音,故不必别作彼字。如:《说文》人部有"僬侥"。侥,本字也。僬则借音字,何以不兼造"僬"?则知"侥"字兼有僬侥二音也。……"黾勉"之"勉",本字也,"黾"则借音字。则知"勉"字兼有黾勉二音也。……

此类实多,不可殚尽。大抵古文以一字兼二音,既非常例,故后人旁驸本字,增注借音,久则遂以二字并书。亦犹"越"称"於越","邾"称"邾娄",在彼以一字读二音,自鲁史书之,则自增注"於"字、"娄"字于其上下也。

(《国故论衡》上卷《一字重音说》)

章氏的这个说法很新奇,不过他只以《说文》中双声、叠韵字中"但制一字、不制一字"为证,证据还很不充分。如果从古代典籍中的异文材料、方言材料和谐声声符这三个方面加以探索,就可以发现更多的联绵词是被汉字所掩盖了。下面就从这三方面举些例子加以说明。

(一) 典籍异文的材料

同一事物,在古代典籍中有的用一个字,有的用两个字,根据一字重音说,用一个字时,其读音可能为重音。例如:

《水经注》邢疏引《昆仑山记》云:"昆仑山一名昆丘。"《山海经》:"有昆者之山。""昆仑"省称为"昆",推测古汉语实际,自当以"昆仑"为接近口语,只写为"昆",用一字而代两个音节的名称,那么很可能在读这个字时,读为两个音节,即"昆"字一字而兼有"昆仑"二音。

《春秋·公羊传·桓公十五年》:"邾娄人、牟人、葛人来朝。"《穀梁传》"邾娄人"作"邾人"。《公羊传·桓公十七年》:"公及邾娄仪父盟于趡",《穀梁传》作"邾仪父"。关于"邾娄"的记载凡百余例,都有这种异文。按之古语实际,"邾娄"当较接近口语,"邾"则是"邾娄"的简称,或一字而兼有"邾娄"二音。

《春秋·昭公廿四年》:"杞伯郁釐卒。"《公羊传》作"鬱釐"。而《史记·杞世家》云:"文公卒,弟平王鬱立。"《索隐》云:"一作郁釐。"谯周云:"名鬱来。"可以断定,双音者当是本名,而单称为"鬱",可能兼有二音。

《春秋·宣公元年》:"会晋师於棐林。"《文公十三年》云:"郑伯会公于棐。"一作"棐林",一作"棐"。可以推断,"棐林"当是本名。"棐"可能兼有二音。

《左传·文公十六年》:"宋公子鲍",《史记·晋世家》作"鲍革"。"鲍革"当是本名,"鲍"字可能兼读二音。

《春秋穀梁传·僖公十三年》:"公伐邾,取訾楼。"《公羊传》作"公伐郁娄,取叢。""訾楼"即"叢",前者当是本名,"叢"字可能兼读二音。

用《春秋》三传的异文相比较,还可找到许多类似的例证。如"雍廩"、"雍林"或省作"雝";"时来"或省作"郲"或"釐";"邾釐"或省作"邾"等等。

《诗·召南·鹊巢》:"维鹊有巢,维鸠居之。"《毛传》:"鸠,鸤鸠、秸鞠也。"《诗·鸤鸠》有"鸤鸠在桑"句。"鸤鸠"和"鸠"当是一物,"鸤鸠"当是口语中本名,"鸠"当兼读二音。

《诗·郑风·野有蔓草》:"野有蔓草,零露漙兮。"《毛传》:"漙漙然盛多也。"同诗二章有"零露瀼瀼。""漙漙"与"瀼瀼"相对为文。可知"漙漙"当是这个词的全貌。单书为"漙",可能兼读二音。

《诗·邶风·击鼓》:"不我以归,忧心有忡。"《毛传》:"忧心忡忡然。"又《草虫》:"未见君子,忧心忡忡。""忡"即"忡忡"。"忡忡"当是这个词的全貌。

《诗经》中的大部分诗比较接近口语,保存了很多联绵词,如果用这种异文对比的方法加以全面整理,还可以发现更多的联绵词。

(二) 用字书材料和方言相参证

各地方言词汇中有大量复音词,用来和古籍上的记载作对比,互相参证,可以推断古籍中有些字是应该读为二音的。

"角"字《广韵》作"古孝切";又作"卢古切"。《史记·留侯世家》《索隐》引《陈留志》云:"角里先生,河内轵人。"又引孔安国《祕记》作"禄里"。《魏书·江式传》:"宫商觟徵羽。"注:"觟即角字。"可见"角"字读来母,汉魏已有此音。唐李济翁《资暇录》云:"汉四皓,其一号角里先生。角音禄。今多以觉呼,误也。"又云:"至于读角为觉,而角里之音禄者辄改作甪或甬,则益谬矣。"但《东都事略》云:"刀下用音榷,两点下用音鹿。"可见,"角"字原来即有见母、来母两读,一字两音。后来一字一音成为定局,于是以"角"专属见母,而另造"甪"或"甬"归来母。《古今图书集成·方言什录之三》云:"甪为矻落"。今北方方言凡窄狭偏僻的地方均名"旮旯儿"(gālár)。

再细分,墙角叫墙旮旯儿,山间偏僻的地方叫山旮旯儿。声音小变,实在都是"角"字的变读。书面语也还常写作"角落"。用方言和字书的两读现象、古籍注释作对比研究,这个"角"字在最早期以一字二音的解释较为恰当。

再看一个"楅"字。"楅"原只作"鬲"。《考工记·车人》云:"鬲长六尺。"郑司农注:"辕端压牛领者。"《释文》作"楅":"楅,扼也,所以扼牛领也。""鬲"为假借字,"楅"为专用字,这种扼牛颈的楅,现在农村中还在用。北方方言叫做"楅拉",是套在牛颈上的椭圆形布圈,实以旧棉花或稻草,用以垫肩,然后将夹板和拉车的绳索套在"楅拉"上,以免用力时压伤牛肩。"鬲"字《广韵》有郎击、各核二切。《汉书·五行志》"鬲闭门户",师古注:"鬲与隔同。"读见母。《礼·丧大记》"陶人出重鬲"。《释文》:"鬲音历"。又《方言》:"鍑,吴扬之间谓之鬲。"郭注:"音历。"知"鬲"兼有见母、来母两音。证之以现代方言,可推知《考工记》中的"鬲",亦当一字二音。

各地方言中这类材料很多,我们在这方面做的调查整理工作很不够。书面语言中的材料,如宋元戏曲和其他俗文学中的联绵词,也还需要进一步整理分析。用这些材料作对比,可以发现古代典籍中有不少被汉字掩盖了的复音词。

(三) 用形声字的声符进行考察

形声字的声符和所谐字的读音应该相同或相近,这是形声字的一般规律。如从"重"声的锺、種、腫、踵等字;从"同"声的铜、桐、洞、筒等字;从"丁"声的钉、订、亭、顶等字;声符和所谐的字都相合。

但是有些字却不是这样。比如:从"果"声的字有两组:

菓、颗、夥……声母为[k-]或[h-]；

裸、蠃……声母为[l-]。

从"各"声的字：

客、格、阁……声母为[k-]；

路、洛、落、络……声母为[l-]。

从"里"声的字：

理、裡、俚……声母为[l-]；

埋、薶、霾……声母为[m-]。

从"翏"声的字：

膠、嗲……声母为[k-]；

戮、寥、樛……声母为[l-]；

缪、谬……声母为[m-]。

这一类字有一大批，是音韵史上一个不好解释的问题。有些语言学家认为是上古汉语复辅音的残留现象。如果用一字重音说加以解释，似乎更为合理。比如，"果"字本来读为[kuəluə]，一字二音。后来用为谐声声符时，则根据需要，或用其[k-]音，或用其[l-]音。

用以上三方面的材料，都可以证明古汉语中的确有一字二音的现象。

这种一字二音的现象，是由于汉字的特点造成的。汉字跟拼音文字有很大的不同。在原始阶段，一个象形文字可以读出好多个音节。以云南纳西族的文字为例，用象形字写出的经文，往往十几个字的一句话，只用四五个字，但在读经时则由多巴加以补充。比如，经典《人类的来历》一文，叙述在大洪水后，人类始祖错利若思上天找天女翠海波波的故事,象形字只是四幅画图,但在读音时却可以读出78个音节,画一架织布机,就可以读作"在织布的时候";手中拿着一支织布梭,就可以读作"赶快拿起织布的梭子,向错利若思手肘上一撞。"一个象形文字竟然可以读出一二十个音节。(见李霖燦、和才《麽些象形文字字典》)。

汉字当然比纳西象形文字要进步得多。但本质上仍然有相似的地方。商代的甲骨文,已经有了很多假借字,增加了表音成分。但是从甲骨卜辞的内容来看,跟当时的口语差别还很大。比如:

今夕其雨?疾?(《殷契佚存》565)

允雨。小。(《铁云藏龟拾遗》七·十四)

这两句话中的"其"、"疾"、"允"都是假借字,用同音代替的办法用字,这是个进步。但是这种书面语言,比起春秋战国期间的书面语言来,毕竟是太简略了。我们有理由设想,当时的文字也可能像纳西经文一样,写出来虽然只有几个字,但读起来却可以读出比较多的音节。不过,到了春秋以后,因为文字使用的范围大为扩大,汉字中表音的成分——假借字、谐声字大量增加,语句中的虚词成分和一些双音词语,都可以用一个同音字或造一个形声字来充当,因而这种一字多音的情况大为减少;有些文章甚至跟口语非常接近了。但是,语言文字中的某些特点,是很难完全消灭的。我们上面谈到的一字二音现象,正是这种现象的残迹。我们也正可利用这些残迹,利用各方面可以利用的材料,研究古汉语中被汉字埋没了的联绵词,并从中找出规律性的东西。

二

现在再谈谈联绵词的演化规律,如果承认这个规律较为近理,那么前面谈到的一字二音问题就可以得到进一步的阐明。

古汉语中的联绵词(即一个词素两个音节的复音词)可以分为五类:

1. 重言词——如夭夭、燕燕、关关、喓喓……
2. 双声词——如颉颃、鹡鸰、颠顶、参差……
3. 叠韵词——如燕婉、委蛇、旖旎、葳蕤……
4. 调声词——如窟窿、麒麟、蝌蚪、萝蔔……
5. 带词头词尾的词——如句吴、於越、邾娄……。

前三类是传统的说法,第四类是我新造的名称。这类词的两个音节既不是双声,又不是叠韵,但声调是协调的,所以叫它做调声词。第五类的情况和前四类不同,这里暂且不谈。下面只谈前四类联绵词的演化问题。

我认为,古汉语的双声词、叠韵词和调声词,可能都是从较原始的重言词演化出来的。

古汉语中的重言词是非常丰富的。以《诗经》一书为例,全书属于前四类的联绵词共500多个,重言词则有330个之多,其他三类只有180多个。而在《诗经》以后,双声、叠韵、调声三类词逐渐增多,重言却逐渐减少。现代汉语的重言词更少,尤其是名词中的重言词,更属寥寥无几。这种总的趋势,可以给我们一些启示,使我们得出一个设想,即古代的重言词有逐渐演化为双声、叠韵、调声词的趋势。试看例证。

蒙蒙、梦梦，是一个重言词。见于《诗经》(《正月》、《抑》、《生民》)、《大戴礼》、《九辩》等书,《庄子·在宥》有"鸿蒙";《淮南子·脩务训》有"笼蒙"。这是由重言变为叠韵的例子。

又如,"几几"(《诗·狼跋》)、"拘拘"(《庄子·大宗师》)都有蜷曲不直义,当是同一重言词。由此而演变为"桔梠"(《诗·鸱鸮》)、"蹇局"(《离骚》)、"曲拳"(《庄子·人间世》)。此外,如道路不直叫"跨曲"或"蚑𨄔"(《说文》),脚跛不便于行叫"隑企"《方言》,一种蜷曲的虫名"蛣蜣"(《尔雅》),鸟的名字叫"鸜鹆"(《春秋》),身体屈俯表示尊敬叫"鞠躬"(《礼记》、《论语》)。都是由"几几"或"拘拘"孳生演化而来,这是由重言变为双声的例子。

"几几"演化为"痀偻"《庄子·达生》、"伛偻"(《淮南子·精神》),是由重言演化为叠韵。但进一步演化为"拘挛"(《后汉书·曹褒传》),冀鲁一带方言把罗锅腰(驼背)念做"罗匡"[luó kúaŋ]就变成调声词了。这是由重言变叠韵又变为调声词的例子。

这种演变经过,很容易用连音的异化作用来解释,这里就不多说了。

用这个规律来衡量前面谈过的联绵词,大都可以得到比较完满的解释。比如,凷(块)的原始形式当为"凷凷",演化为"魁礧",再演化为"颗拉"(冀鲁方言)。"孔"的原始形式当为"孔孔"(现在四川方言仍有此词),后来演化为"孔竉"(《广韵》),再变而为"窟笼"。"團"的早期形式当为"團團"(现代汉语仍有此词)演化而为"團欒";再演化为"突欒"。

用这个观点再来看一字重音和形声声旁两谐的问题,可以得到比较合理的说明。比如"果"这个字,原始形式当为"果果",本属见母字,后来演化为"果蠃",后一个音节变为来母。在书写的时候,单写一个"果"字,而读的时候却是[kua kua]两个音节,这是不成问题的。但在口语已演化为"果蠃"的时候,书写时仍是一个"果"字,于是这个字就真正成为"一字二音"了,它除了原来的[kua]音外,还多了一个[l-]的读音。这就是有些又音产生的原因,也是谐声声符两谐的由来。

为了进一步说明这个演化规律,下面再举两个例子。

1. 监临

《庄子·天运》:"监临下土,天下戴之。"《汉书·朱博传》:"总领百官,上下相监临。""监临"是一个联绵词,其实监、临两字原是一个字,形、音、义都相同。

先说"监"字。《说文》云:"监,临下也。从卧,䘓省声。"许氏的解说不是本义,字形的分析也不对。林义光《文源》云:"监即鉴之本字,上世未制铜时,以水为鉴。故《酒诰》曰:'人无于水监,当于民监,监象皿中盛水人临其上之形。'"郭沫若《西周金文辞大系考释·吴王夫差监释》说:"监当是鉴容之物,古者在未以铜为鉴之前,乃以水为鉴。《书·酒诰》引古言:人无于水监,当于民监。可见以水为鉴之古。以水为鉴,则当有器以盛水,故监字正象人立于皿旁而垂视之形。此监之本义也。"林氏和郭老的解释是对的,金文监字作监,正象一人垂头俯视的样子。(这是个会意字,许慎解为形声字是错了,林义光不知"臣"象眼睛而释为"臣伏",也不对。)

再看"临"字。《说文》:"临,监临也,从卧,品声。"按:临字下部所从并非品字。《毛公鼎》作臨,《盂鼎》作臨。下面所从凵凵凵或𡆥𡆥系

"州"字。小篆"州"字作⧼⧽,甲骨文作⧼⧽,与此类似。(用唐兰先生说)其实这个字和监字的结构一样,象一人在水上垂头俯视的样子,是比"监"字更为原始的鑑字。当人们连器皿也不会做的时候,只能到水边上"照镜子",是最原始的鑑字。《诗·小雅·小旻》:"战战兢兢,如临深渊,如履薄冰。"这个"临"字正是用的本义,应该解为"鑑字"。在深渊边上照自己的面孔,必须探身俯首,稍不注意,就有一头栽入深渊的危险,所以感到战战兢兢。如果按照通常的解释,以临为近,就不会那么害怕,也就不能和"履薄冰"相提并论了。《庄子·德充符》云:"仲尼曰:人莫鑑于流水而鑑于止水。"《淮南子·俶真训》云:"人莫鑑於流沫而鑑于止水者,以其静也。"可见在深渊静水中照面孔,是在以器皿盛水以前的尽人皆知的常识。而"临"字就是这一形象的逼真描绘。也就是鑑、监的初文。

再拿古籍中对监、临两字的注释来看,也可说明二者原来并无分别。例如:《尔雅·释诂》:"监、临……视也"《诗·节南山》毛传:"监,视也。"《诗·大雅》郑笺:"临,视也。"《国语·晋语》韦昭注:"临,监也。"——例证举不胜举。

至于"监临"之如何演化,则仍可按照前面谈到的规律加以构拟。"临"字早期可能是一个重言词,用一个"临"字表示口语中的[liem liem]。(现在说照镜子还说"照照"镜子)。后来因异化作用,变为叠韵词[kiem liem]。这时又因发明了用器皿盛水当镜子用的办法,又造了"监"字,于是这个新字代替了旧字,"监"在一开始就成为具有[k-][l-]两个音节的符号,当同音假借或用为声符制造形声字时,也就出现了两谐的现象。鑑、槛、艦等[k-]类字,藍、覽、濫等[l-]类字。"临"字则逐渐分化为独立的词,至今仍只有

[l-]声。

2. 麒麟

"麒麟"一词的写法较多。麢、麠、麎、麐、麒、麟都是指同一兽名。《说文》:"麒,仁兽也。麇身,牛尾,一角。从鹿,其声。"又:"麟,大牝鹿也。从鹿,粦声。"又:"麐,牝麒也。从鹿、吝声。"又:"麢,大鹿也。牛尾一角,从鹿,畺声。麠,或从京。"《尔雅·释兽》:"麢,大鹿,牛尾一角。"又:"麐,麕身,牛尾一角。"京房《易》传:"麟,麕身,牛尾,狼额,马蹄,有五采,腹下黄,高丈二。"

这些字其实都是一字异文。麟、麐、麢、麠,自是异体字,其他字也都是同一个词的孳生字。原来可能读为[liən liən],音变而为[kiən liən],再变而为[ki liən],因而才陆续制造了麟、麠、麒这些读音不同的字,分别代表各个演化阶段的读音,于是就出现了这一组字代表同一动物的现象了。

3. 颗

现代汉语中的疙瘩、骨朵等词,变化甚多,若用此法加以分析,其来源盖出于"颗"。

《说文》:"颗,小头也。"段玉裁注云:"引申为凡小物一枚之称。珠子曰颗,米粒曰颗是也。"

颗与凷(块)又同义。《颜氏家训》:"北土呼物一凷为一颗。"《汉书·贾山传》:"蓬颗蔽冢。"晋灼曰:"东北人名土块为蓬颗。"这种当土块讲的颗,宋玉《风赋》作堁。《广雅·释诂三》:"堁,尘也。"《淮南子·说山》:"上食晞堁"。《说林》:"扬堁而欲弭尘。"皆是一字异文。

"颗"在口语中可重言为"颗颗"。黎锦熙《陕北关中两县方言分类词汇》云:"洛川:疙瘩,大者曰颗颗子。"

"颗颗"又演化为"颗拉"或"坷拉",冀鲁方言称土块为"颗拉"。

又引申为"圪垯"或"圪塔",指小土丘。或作"疙瘩",指皮肤上的突起或肌肉中结成的硬块。以及一切颗粒状的东西,如面疙瘩(或写做"饦饳"),铁疙瘩,芥菜疙瘩,绳子上结的疙瘩等。

又音变而为"骨朵",指一种古兵器,顶端作瓜形,也因象一个疙瘩而得名。未开的花苞也叫花骨朵。短小的木头叫"榾柮"。面疙瘩也写做面餶飿。因生气而撅着嘴唇叫骨嘟着嘴。"蝌蚪"形状圆圆的,也是由此而得名。

又林義光《文源》云:"《取彝》:'戍于𠙴自。(自即堆之古文)'。𠙴自叠韵语,土高之貌。经传或用壞隤——《左传·成公十六年》'公出于壞隤。'或用魁堆——《楚辞·天问》:'魁堆焉处?'或用畏佳——《庄子》'山林之畏佳。'实皆𠙴堆之异文。"这是"圪垯"的又一变音。今冀鲁一带称小土丘为"土圽堆",和"𠙴自""圪垯"同为[k-t-]类的联绵词,只是韵母小异,都属于调声词一类。

这样分析的结果,这一大串词的来源和演变线索就都清楚了。

以上是我对联绵词演变规律的一些看法,希望关心汉语词汇史的同志们加以指正。

1979 年 12 月 20 日

附记:这篇文章的原稿是 1945 年写成的,本是我的毕业论文,那时罗莘田师正在美国讲学,我把论文寄去。1981 年稍加改动,写成《古汉语变音词研究法初探》及《古汉语复辅音说质疑》两文(收入《文字训诂论集》中华书局(1993年),这次又编入这本集子,因为这是我专攻文字训诂学的第一篇文章,从中可以看出我在摸索这类问题时的历程。

2003 年 10 月 14 日记

阴阳对转规律与汉语词族研究*

一

在汉语语音的演变过程中,常有阳声韵转变为阴声韵和入声韵转变为阴声韵的现象。过去的小学家们称这种现象为阴阳对转。最早发现这一音转事实的是戴震。戴氏在研究先秦古韵时,将上古韵部分为9类25部,每一大类当中各含一阳声韵、一阴声韵、一入声韵(第八、九两类无阴声韵),从而首次确立了阴阳入三分的古韵分布格局,揭示了汉语上古语音的结构规律。他的学生孔广森把古韵分为18部,包括阳声9部(元、耕、真、阳、东、冬、侵、蒸、谈),阴声9部(歌、支、脂、鱼、侯、幽、宵、之、合)。首次在《诗声类》一书中明确指出:"此九部者,各以阴阳相配,而可以对转。"他在书中列举了《诗经》押韵中对转的例子,并且加以考证。以后的传统语言学家多数人都接受了这个说法。

王念孙在《广雅疏证》中用这一语音变易规律考证了许多字

---

* 中国音韵学会1988年会论文(与张博合作),载《汉语史论文集》,西南师范大学出版社,1995。

词,其中有许多是词汇研究和音韵研究的重要资料。章太炎在《文始》一书中做了《成均图》,大大扩展了音转的范围,其中也包括了阴阳对转。他的主观意图是要利用语音变易规律解释字与字之间的孳生和源流关系。但是他的"转"(即语音变易规律)常常是以意为之,证据不足。因而《文始》一书中尽管含有不少精辟的考证,但也给后人以任意使用音转的消极影响,所以近代音韵学家多不相信音转说,有的人只认为对转可信,有的连对转也怀疑。

我们在这里打算探讨一下,什么叫阴阳对转?阴阳对转的实质是什么?这一语音变易的规律为何?最后谈谈利用这一规律进行汉语词族研究的问题。

我们认为,首先应当从宏观上、从汉语语音演变的总趋势来认识这个问题。

从高本汉(《诗经研究》)开始,李方桂、陆志韦、董同龢等人所构拟的上古音有一个共同特点,即古韵基本上是闭音节。有些学者对这一结论提出了不同的意见,不同意上古阴声韵有辅音韵尾。但有一个事实是众所公认的,那就是上古汉语多闭音节,阳声韵和入声韵都有辅音韵尾。从汉语语音演变的历史来看,有些辅音韵尾有逐渐脱落或合并的趋势。例如:

a、入声韵的塞音韵尾[-p]、[-t]、[-k]在元代的大都(今北京)话中全部脱落,入声韵变成阴声韵。从现代方言音系来看,北方方言、湘方言基本上没有塞音韵尾,吴方言、闽北方言中的塞音韵尾蜕变为[-ʔ],只有粤方言、闽南方言和客家方言还比较完整地保留着[-p]、[-t]、[-k]尾。

b、北方方言的鼻音韵尾[-m]在明清时全部归入[-n]。现代方言除粤方言、闽南方言和客家方言还有[-m]外,其他方言中[-m]都归入[-n]。

c、鼻音韵尾[-n]、[-ŋ]在现代一些方言的有些字中也在脱落,如苏州话中的"劝"读[tɕiø],"碗"读[uø],"年"读[n̠iɪ]。有的鼻尾韵变成鼻化韵,如南京话中的"天"读[tẽ],山西话"钱"读[tɕiã],厦门话"官"读[kuã],"婴"读[ẽ],"张"读[tsiũ]。

入声韵转为阴声韵开始于先秦,最初字数很少。到元代北方话才完成了这一变易,阳声韵鼻辅音韵尾脱落的时间也很早,先秦就已开始,至今仍在继续。但始终是零星的、个别字的变化,而不是全部或大部分字的变化。鼻音韵尾和塞音韵尾的脱落,导致阳声韵和入声韵变为相应的阴声韵,从而形成了语音演变史上阳、入转阴的音变现象。这是汉语语音发展的客观事实,不能否认。只是把它叫做"对转"却不确切。因为从汉语这一语音变易的规律来看,阴声韵和阳声韵并不是互相转化,而是以阳、入转阴为主,即辅音韵尾脱落变为阴声韵。但"对转"一词大家都已熟悉。也可继续使用。不过不要把"对转"理解为对等互转就是了。

二

古代文献和现代方言词汇中有许多"对转"的材料,把这些材料搜集起来,加以分析比较,可以看出这一语音变易规律的面貌,也是研究同源词、词族的一个重要方面。这种"一箭双雕"的工作,还有待细心爬梳。下面只从谐声字和"又音"两项材料中摘举例证若干条,以说明上述规律的确实存在。

先说谐声字。

《说文》所收的9300余字中,形声字占80%以上。形声字的声符在造字时理应同该字的读音相同或相近。这是大家都承认的。但《说文》中所收的形声字,有188个声符和它所谐的字在韵尾上不相符,也就是大家常说的阴、阳、入对转现象,其情况为:

1. 声符和谐声字以同类对转为最多,约占总数66%,其余多为旁对转,如"敛"属葉部,声符"念"属侵部,"猜"属之部,声符"青"属耕部。

2. 对转中以歌、月、元相转最多,有43例,微、物、文相转次之,有27例,两者相加占对转总数的一半以上。

3. 声符属阳声韵、谐声字属阴或入声韵的多,有112例,声符属阴或入声韵、谐声字属阳声韵的少,有76例,在歌、月、元和微、物、文对转中,声符属阳声韵、谐声字属阴或入声韵的比重更大,如声符属元韵、谐声字属歌月韵的有37例,而声符属歌、月韵、谐声字属元韵的只有6例,声符属文韵、谐声字属微物韵的有19例,而声符属微物韵、谐声字属文韵的只有8例,元韵和文韵有些声符有不止一个与之相对应的阴声韵或入声韵谐声字,如:

耑(多官切)——瑞(是伪切)　椯(兜果切)　碫(丁果切)
　　　　　　　　惴(之瑞切)　揣(初委切)
单(都寒切)——觯(之义切)　瘅(丁贺切)　驒(代何切)
　　　　　　　　觶(丁可切)
旦(得案切)——靻(旨热切)　笪(当割切)　怛(当割切)
　　　　　　　　黵(当割切)　悬(当割切)　妲(当割切)
军(举云切)——翚(许归切)　晖(许归切)　狲(许韦切)

煇(况韦切)　挥(许归切)

炎(七伦切)——莜(息遗切)　䐉(子回切)　焌(仓聿切)

这种现象许慎也感觉到了。许氏在指明这类谐声字的声符后往往格外为此字注音,如:"詔,讦也。从言臣声,读若指","彋,弩满也。从弓,黄声,读若郭。"但许氏对这种阴阳对转规律并不明了,所以有时在分析声符时往往失之迂曲。如"辄,载高皃,从车,橄省声。"其实,月部的橄和辄都是以元部的献为声符,不必说是"橄省声。"

对于谐声字中的这种奇特现象,从语音变易的角度给以科学的解释,还很不够。段玉裁在《古十七部谐声表》中说:"考周秦有韵之文,某声必在某部,至赜而不可乱。故视其偏旁以何字为声,而知其音在某部,易简而天下之理得也。""自音有变转,同一声而分散于各部各韵……承学者多疑之,要其始则同;谐声者必同部也。"这个论断是对的。但是这音的"变转"规律为何,他却没有说出来。根据我们在前面探讨的理论,对于谐声字中的"对转"现象,可以得到较为明确的解释。像"耑"、"单"这类字,上古音一直属阳声韵,带鼻音韵尾[-n];到后来[-n]尾脱落,才有资格做"瑞"(是伪切),"惴"(之瑞切)等字的声符;也有另一种可能,即"瑞"、"惴"的早期读音仍带[-n]尾,韵尾脱落是后来的事。无论是哪种情况,都是阳声韵尾脱落所造成的语音变转现象。至于阳声和入声的音转关系,可能是先由[-n]变为[-t],再一步[-t]尾脱落,这个问题还有待作进一步探索。

下面再看关于又读的材料。

一个字字义不变而有一种以上读音的叫又读字。《集韵》中分属阴(或入)和阳声韵的又读字有500多个。这些又读字也多为同类对转。如：

谵　多言　之廉切　盐(谈)
　　多言也　章盍切　盍(葉)

雺　《尔雅》天气下地不应曰雺　谟蓬切　东(东)
　　《尔雅》天气下地不应曰雺　迷浮切　侯(侯)

耵　《说文》小耳垂也　丁兼切　沾(谈)
　　小耳垂　的协切　帖(葉)

珊　《说文》珊瑚色赤生于海或生于山　相干切　寒(元)
　　珊瑚生海中　桑葛切　曷(月)

絤　细也　弥延切　仙(元)
　　细也　莫列切　薛(月)

秔　禾不实也　於艳切　艳(谈)
　　禾不实　益涉切　葉(葉)

儇　肩伛儿　逡员切　仙(元)
　　伛儿《汉书》儇若囚拘李奇说　苦会切　队(月)

卵　《说文》凡物无乳者卵生象形　鲁管切　缓(元)
　　凡物无乳者卵生　　鲁果切　果(歌)

匔　恭儿　居雄切　东(东)
　　《博雅》匔匔谨敬也　丘六切　屋(屋)

乌　乌秅西域国名　於加切　麻(歌)
　　乌秅汉西羌国名郑氏读　於谏切　谏(元)

綐　《说文》细布也　逡缘切　仙(元)
　　细布也　　促绝切　薛(月)

窜　穿地也　　昌缘切　　仙(月)
　　《说文》穿地也　充芮切　　祭(月)

溟　《说文》小雨溟溟也　忙经切　青(耕)
　　溟溟雨小皃　　　　冥狄切　锡(锡)

蠹　直皃　　　丑众切　送(东)
　　长直皃　　勑六切　屋(屋)

畹　《说文》城下田　而宣切　仙(元)
　　城下田　奴卧切　　　　过(歌)

赶　《说文》举尾走也　渠言切　元(元)
　　举尾走　　　其月切　月(月)

刌　《博雅》断也　取本切　混(文)
　　断也　　　　苍没切　没(物)

嫡　顺也　　　　卢戈切　戈(歌)
　　《说文》顺也　力转切　弥(元)

婪　婪也　　仓含切　覃(侵)
　　贪也　　错合切　合(缉)

芮　蕝芮草生皃　奴对切　队(物)
　　蕝芮草生皃　儒顺切　稕(文)

𥿋　《说文》以囊盛谷大满而裂也　府吻切　吻(文)
　　囊满裂也　　　　　　　　敷勿切　物(物)

𢪙　《说文》两手同械也　古勇切　肿(东)
　　两手同械　　　　　枸玉切　烛(屋)

𦥛　《说文》去也　间承切　蒸(蒸)
　　去皃　　　　六直切　职(职)

鞞　剑鞘《方言》自关而西谓之鞞　补弭切　纸（支）

　　《说文》刀室也　　　　　　补鼎切　迥（耕）

衳　《说文》枕巾也　　而振切　震（真）

　　枕巾　　　　　　　入质切　质（质）

从谐声字的声符看，多数声符属阳声韵，可推知这些又读字当是阳声韵的读音在前，阴、入声韵的读音在后，如上所举谵、聃、紃、秪、儃、氠、絟、溟、眳、赶、刓、嫺、婰、幨、莘、棱、衳等。

又读还可和谐声字互相参证。有些声符与谐声字分属阴阳的往往是又读字。如从耑、单、旦、军、夋得声的字中很多都是又读字：

稊　多官切　又都果切

椯　淳沿切　又都果切

褍　多官切　又都果切

瘅　多寒切　又丁贺切

觛　他干切　又唐何切

鄯　齿善切　又齿者切

靻　倪旱切　又当割切

荁　徒案切　又当割切

怛　得案切　又当割切

妲　得案切　又当割切

㨰　胡昆切　又呼韦切

㨰　胡昆切　又呼韦切

挥　吁运切　又呼韦切

绲　苦本切　又呼韦切

葰　祖峻切　又宣佳切

埈　祖峻切　又促律切

这种现象绝非偶然。如果把谐声字和又读这两项资料合起来，可以说明这都是汉语音韵变易中鼻音韵尾脱落前后的踪迹，单从某一个字的音读差异来看，似乎不能给予正确的解释；但是如果把这大量的材料加以分析对比，就可看出上述这一明显的语音变易规律。

三

利用谐声字和又读等文献材料可以证明阴阳对转是汉语语音变易的客观规律。发现规律的价值在于应用。阴阳对转规律可用以破识假借字，用以研究同族词。后一项更为重要。从清代至今，已经有不少小学家和语言学家自觉或不自觉地作了许多这些方面的研究，只是这种研究还不够深入，还有很多工作要做。这里，我们着重谈谈利用阴阳对转规律研究汉语同族词的问题。

汉语同族词的孳生有两个重要原因，一是由于语义的分化，一是由于语音的变易。由语音的变易而形成的同族词，在汉语词汇中占有很大的数目。阴阳对转这个语音史上的重要音变现象，导致了大量同族词的形成。王力先生在《同源字论》一文中曾经指出，如果从同源字韵部之间的语音联系来看，"叠韵最为常见，其次是对转。至于旁转、旁对转、通转，都比较少见。"在《同源字典》中，他联系了不少由于阴阳对转而形成的同族词，如譏（微）——谨（文）、溢（锡）——盈（耕）、须（侯）——蕤（东）、逆（铎）——迎

(阳)、序(鱼)——庠(阳)、堉(支)——倩(耕)、跌(质)——颠(真)、枼(葉)——槛(谈)、起(之)——兴(蒸)、糩(月)——薍(元)等。实际上，除了王先生所收录的以外，在古代文献和现代方言词汇中蕴藏着大量由于阴阳对转而形成的同族词，如果把这些资料搜集起来，仔细考订，互相参证，可以大大丰富汉语词族研究的内容。举例如下：

1. 短、叕、黜、窭、棳、颊、惙

"短"乃古今常用字。有几个从"叕"声的字，应是"短"的音变。《淮南子·人间训》："愚人之思叕。"高诱注；"叕，短也。""叕"的本义是"缀联"。象缀联形。这里的"叕"应是"短"的假借，因语音由元部转月，所以借用"叕"字。《方言》、《广雅》有"黜"字，"短也"。《说文》："窭，短面也"。《广雅》："颊，头短也。"《尔雅·释宫》："㝠廇谓之梁，其上楹，谓之棳。"《释名》："棳儒，梁上短柱也。"棳儒犹侏儒，短，故以名之也。"又《众经音义》卷四引《声类》："惙，短气貌。"

"短"字今闽南方言读[te³]，如"短命"，读[te³bnia⁵]，"短路"(近路)读[te³lo⁵]，(但读书音仍读[tuan³]，和普通话同。)江苏、山西有些方言读为鼻化元音。江阴县方言又有"短黜黜"一词(见《江阴县志》卷九)。

以上面的文献材料和现代方言材料相印证，可以探索出"短"这个词的演变情况：大约在汉代或以前，"短"的鼻音韵尾逐渐脱落，于是《淮南子》用"叕"代"短"。"愚人之思叕"就是"愚人之思短"。见于《尔雅》、《方言》、《说文》等书的黜、棳、窭、颊、惙等字，都是"短"的孳生字，"短"为"母字"。这一组字称做同族字(词)。至于由"棳"又演化为"棳儒"，又演化为"侏儒"，则是第二第三个层次的演化和孳生。这样就可以把一些难认难解的难字救活,如椠、篸、頿这些字就变成通俗易懂的字。打个比方,有个大名人的儿子、孙子,在交际场合大家都觉得面生,若在介绍他们时说,这是某某大名人的儿子或孙子,大家立刻感到亲切,"原来是××的儿子!"研究汉语词族也有类似的作用。

2. 张:奓、扠挱

"张"字是个古今常用字。生僻字"奓"应是"张"的音变。《说文》"奢,张也。奓,籀文"。"奢"、"奓"本是一字,后"奢"渐用为奢侈字。《论语》中有"与其奢也,宁俭"一句,《左传·隐三年》有"骄奢淫泆"一句,可见"奢"字在春秋时已用为奢侈、骄奢义。

《广韵》:"奢,式车切,张也,侈也,胜也。""奓,陟加切。张也。"又"陟加切,开也"。稍见分化。《现代汉语词典》"奓"字下说:"奓,〈方〉张开。奓着头发,奓着胆子。"今四川方言,"张开口"为"奓开嘴巴"。读[tsaˊ]又北方方言演变成复音词"扠挱"。《集韵》有"扠"字,在"奓"字下,陟加切,"扠,扠挱,开皃"。可见此词在宋代已被著录。

从上面各方面的材料看,"张"当是这一组词的母词(字),奢、奓、扠挱,都是其孳生词(字)。

3. 瘢:疤、疤瘌

《一切经音义》卷二引《仓颉篇》:"瘢,痕也。"《玉篇》:"瘢,创痕也。"这是"瘢"字的本义。《汉书·朱博传》:"视其面,果有瘢"。《王莽传》:"美玉可以减瘢。"颜师古注并云:"瘢,创痕也。"《后汉书·马廖传》:"吴王好剑客,百姓多创瘢。"都是瘢字本义用例。《集韵》始有"疤"字:"邦加切,筋节病。"明代的《正字通》说:"疮痕曰疤。本

作瘢。"这个说明非常正确。可见张自烈早已知道"疤"是"瘢"的后起孳生字。《水浒》第二十三回:"那个人先去背上看了杖疮,便道:作怪,这模样想是决断不多时的疤痕。"《现代汉语词典》"疤"字下有两个义项:"①疮口或伤口长好后留下的痕迹:疮疤|伤疤|树干上有一个疤。②器物上像疤的痕迹:茶壶盖上有个疤。"另外还收了两个复音词;"疤瘌:〈口〉疤,也作疤拉。"疤瘌眼儿:〈口〉①眼皮上有疤的眼睛。②眼皮上有疤的人。"

"瘢"变易为"疤"是阴阳对转,这个字变化较晚,宋代才有著录,"疤"又变为疤瘌(或疤拉)的时代更晚,可能是元代以后才发生的。这个变化已经是阴阳对转规律以外的事了。

4. 刉、剫、掐、抁、鈚、刨

《说文》"刉,劃也。"《楚辞·九章》:"刉方以为圆。"《史记·郦生传》:"为人刻印,刉弊不能授。"字又作"掐"。《说文》:"掐,搯,掐也。"掐今作掏,掐即刉。今语在墙上掏洞,即在墙上刨洞。《说文》新附字又有"剫",《抱朴子·博喻》:"剫耳以开聪"。唐聂夷中诗:"剫却心头肉。"《说文》又有"鈚"字,徐锴《说文系传》云:"《史记·项羽》:'封诸侯印刉弊,忍不能与'本此字也。"这说明"鈚"和"刉"当是一字,读五他反,当是"刉"的对转。《说文》又有"窊"字:"窊,空大也。乌黠切。"《玉篇》"窊,深也,空也。"段玉裁云:"今依小徐与《玉篇》,今俗谓盗贼穴墙曰窊是也。"这个字以后加手旁成"挖"字,明《字汇补》始著录。明汤显祖《牡丹亭》:"敢太岁头上动土,向小姐脚跟挖窟。"现代汉语多用"挖",如挖洞、挖土、挖掘潜力、挖空心思、挖墙脚等。但"挖肉补疮"又可作"剫肉补疮。"山东方言仍说剫坑、剫野菜。

这些事实都说明,阴阳对转规律同入声的蜕变和闭口韵尾[-m]的并入[-n]不同:后者的变易是全面的,变易完成后旧音全部消灭。而阴阳对转常常是阴阳并存,甚至在同一方言中也是如此。这是音韵史和词汇史上的值得注意的现象。

5. 卬、朕、姎、俺:吾、我

第一人称代词现代最通行的是"我",古文中最常用"吾",都是阴韵字,按其来源,当由卬、朕、俺变来。《尔雅·释诂上》:"卬、吾、朕……我也。"卬字郭璞注:"卬犹姎也。"《说文》:"姎,女人自称我也。"郝懿行《尔雅义疏》:"按:姎、卬、我并声相转。今方俗语谓我为俺。俺亦声转。"郝说是,今山东第一人称代词仍多用"俺"[ŋan³],姎、卬同属阳韵。辛弃疾词《苦俗客》:"且不罪,俺略起,去洗耳。"辛山东人,所以习用"俺"。可知"俺"的读法历史很久。"我"字古籍中常用,这两组字变易很早,且至今并存。不过普通话已全变为"我"了。

6. 扁:瘪、秕

"扁"本是"匾"的初文,《说文》:"扁,署也,从户、册。户、册者,署门户之文也。"用为与圆、饱满相对的"扁",如肚子饿扁了,他的头扁,则是后起假借义。与之相对应的阴韵字,《说文》有个"秕"字:"秕,不成粟也,从禾、比声。"北方把不结米粒的谷子叫秕子。《尚书·仲虺之诰》:"若苗之有莠,若粟之有秕。"《后汉书·儒林传论》:"自桓、灵之间,君道秕僻。"注:"秕,谷不成也。以喻政化之恶也。"段玉裁云:"按:今俗呼谷之不充者曰瘪,即秕之俗音俗字也。"上海话称无业流氓专做坏事者为瘪三,普通话称果实干而变扁为干瘪,实与"秕"同为"扁"的音变,干而扁即是干瘪。

7. 敦、墩：𠂤、堆、垛

《尔雅·释丘》："丘一成为敦丘。"郭璞注："成犹重也。《周礼》曰：为坛三成。今江东呼地高堆者为敦。"《说文》无"墩"字，《广韵·魂》："墩，平地有堆"。当即《尔雅》"敦"字的后起本字。李白诗："冶城访遗迹，犹有谢安墩。"那么"墩"字当产生于唐代，但"墩"这个词产生甚早。"堆"当是"墩"的对转。"堆"《说文》本作"𠂤"，"𠂤，高阜也。"大徐本注："臣铉等曰：今俗作堆，都回切。"

"堆"和"墩"当是一词，今普通话"土堆"、"土墩"并用。复合词有堆积、堆肥、树墩、墩子（石墩子）等。"堆"又变易为"垛"；山东方言称谷子、麦秆堆成的高堆为谷子垛、麦秸垛。《说文》有"垛"字；但与此处用法不同。

8. 戇、憨：哈

《说文》："戇，愚也。"《广韵》："戇，愚也。陟降切。"又呼贡切，"悾戇，愚人。"《汉书·周勃传》："始吕后问宰相，高祖曰：陈平智有馀，王陵少戇，可以佐之。"师古注："戇，愚也。旧音下绀反，今读竹巷反。"可知"戇"字旧音当属谈部。《广韵》又有"憨"字："憨，痴也。呼谈切。"当同"戇"为一字，今普通话"憨"字仍常用，如憨厚、憨态可掬等。山东称傻子、愚笨的人为"憨头"（"头"读轻声）。都和"戇"字的旧音相近，只是把鼻音韵尾[-m]变为[-n]。

四川方言称憨愚为[xa]，傻子为[xapoʳ]，写做"哈宝儿"，当是"憨"的对转。

9. 咸、佥：胥、悉、皆

《方言》七："咸、胥，皆也，自山而东五国之郊曰佥；东齐曰胥。"《尔雅·释诂》："佥、咸、胥，皆也。"《说文》："佥，皆也。"又："咸，皆也,悉也。"

这一组虚词当属同一词族,佥、咸当是最早的读音。扬雄记录时,东齐变易为"胥",鼻音韵尾脱落。《说文》记录的"悉"和"胥"同类。至于"皆"字则是更进一步的变易。

10. 顶、颠:题

"顶"和"颠"当是一个词。《说文》:"颠,顶也。"又"顶,颠也。"两字互训,声纽相同,韵尾稍有变易,当是一词变读。《诗·秦风·车邻》:"有车邻邻,有马白颠。"白颠即白顶,《相马经》称"玉顶"。又《诗·唐风·采苓》:"采苓采苓,首阳之巅。"山巅即山顶。《后汉书·蔡邕传》:"尔有务世公子诲於华颠胡老。"注云:"颠,顶也。华颠谓白首也。"

"顶"又用假借字"定"。《诗·周南·麟之趾》:"麟之定。"毛传:"定,题也。"一作"颠"也。当即"顶"的假借字。《尔雅》《广韵》又有"顁"字,《集韵》说"与顶同"。《集韵》是。

顶、定、额又对转为"题"。《说文》:"题,頟也。从页是声。"《广韵》杜兮切。"頟"即"额"字,兽类因四肢着地,头顶在前,所以额即是顶。人类立行,额在前而顶在上,与兽不同,《诗·周南》:"麟之定。"传:"定,题也。"《尔雅·释言》:"顁,题也。"《小尔雅》:"题,定也。"《山海经·北山经》:"石首之山有兽焉,文题白身,名曰孟极。""文题"即头顶上有花纹。《庄子·马蹄》:"夫加之以衡扼,齐之以月题。"注:"月题,马额上当颅如月形者也。"月题即戴在马头上的马具;因形状如月而戴在马头额部,所以称月题。以后"题"字又引申为在前在上之义,如匾额上写字称"题额",古代取士名单张贴壁上叫做"题名",文章的名称写在前面称"题目",都由顶、额义引申而来。

现代汉语"顶、题"已分化为两个词,如不作词族考察,就很难发现它们的同源关系了。

研究同源词的大忌是牵强附会。过去作这项研究的人,常常把一些并非同源而在音义上偶然近似的词拉在一起,这就混淆了同源与否的界限。特别是利用音变规律来作这项研究的时候,决不能任意应用"一音之转"这类模糊语言,一要抓住文字所记录的词,然后利用音变规律,打破"文字障",小心探求记录这个词的文字变异,要有证据,如果在文献资料和方言中都能找到可靠的证据,结论就可靠。证据不足的,不要主观臆断。

因上面十条例证都是利用阴阳对转规律以探讨词族的例子,这可以说明两个方面:一是利用音变规律的确有助于汉语词族的研究,从而可以看出音变规律的价值。另一方面,这些材料又都是阴阳对转这一音变规律的证据。说明阴阳对转这一音变规律确实存在,不能加以否认。

以上我们对汉语音变中的阴阳对转规律及其在汉语词族研究中的作用作了初步探讨,现在归纳如下:

① 汉语音韵演变过程中的阴阳对转现象确实是客观存在。

② 所谓"阴阳对转"是汉语韵尾鼻辅音[-n]、[-ŋ]脱落变为开元音的音变现象,其中有少数是经过阳声韵先变为入声,再变为开元音的。

③ [-m]→[-n]以及入声的辅音韵尾脱落,都是在一个时期一个地区全部完成的音变现象,而且在演变过程完成后,便看不到原来的音象。例如,在北方话区一般都没有入声字,[-m]韵尾全部

并入[-n]韵。但阴阳对转规律则不相同：一是只有少数字（词）发生了这种变易，二是在变易后原来的音读并不消失，常常新旧音读并存，孳生出一批一批的同源而音读微异的同源词。这种音变规律在这方面还有待深入研究。

④ 章太炎的《成均图》，不是根据汉语音变的各项规律归纳浓缩而成的，但也不能说完全是毫无根据的主观臆造，我们的责任是根据汉语音变的材料，探索出所有的主要音变规律，清代以后至现代的音韵学家，对古今音韵的情况已经作了大量而深入的研究，成绩是巨大的。但是从词族学的角度、从训诂学的角度，对古今音变规律的探讨还处于幼稚阶段，主观臆测的成分较多，科学的总结不足，有些颇有价值的零星考证，也有待全面整理。我们认为，应该把一些主要规律归纳出来，首先证明其存在，再探求这些规律的性质和条件。然后据以拟订出科学的"音变规律图"（也可叫新成均图）。这样做一可以使单纯的音韵研究进入汉语史的研究，使汉语史的研究进入一个新阶段，二可以从汉语音变规律的研究中丰富普通语言学研究中的语音变易理论。

⑤ 这篇文章所涉及的材料很多，这里只选用了一部分。因为这篇短文的目的不是把有关材料编成一本小字典，只是为了说明上述的一些看法。请诸位指教。

汉语同族复合词的构成规律及特点[*]

提要 同族复合词是由同族词作词素构成的复合词。这种复合词在战国至东汉时期急剧产生。绝大多数同族复合词的构成要素为音转同族词,结构类型为并列式;从总体上看,两词素的声母相近度高于韵母。与其他并列式复合词相比,并列式同族复合词的凝结力强;词义引申灵活,义位丰富;同素异序词多,异调逆序词也有别义功能。

关键词 同族复合词 音转同族词 义衍同族词 构成规律 同素异序

一 汉语同族复合词产生的历史背景

汉语中有一种特殊的复合词,它的两个词素声音相近或相通,意义相同或相关,是有族属关系的同族词。例如:《说文》:"兴,起也。""兴"字甲骨文作𦥑、𦥔等,象四只手或两只手举盘形,本义为举起,泛指起、兴起。春秋时期的文献中,"兴起"义多用"兴",极少

---

[*] 本文与张博合写,载《语言研究》2002年第1期。

用"起",如《诗经》"兴"字出现18次,"起"字只有2次;《论语》"兴"字用9次,"起"字只有1次,而且不表起立、兴起义。①战国以后,"起"字渐多,《荀子》"兴"字用13次,"起"字用49次;《韩非子》"兴"字8次,"起"字59次。后起的"起"当由"兴"音转而来。"兴""起"晓溪旁纽,蒸之对转。源词"兴"和孳生词"起"结合在一起,就构成复合词"兴起"。本文把这种由同族词作词素构成的复合词称为同族复合词。

考察汉语同族复合词兴衰的历史,我们发现,战国至东汉是同族复合词急剧产生的时期。从收集到的近500个同族复合词②来看,约有半数能在汉代以前(包括汉代)的文献中找到用例,使用频率较高。东汉以后,新产生的同族复合词减少,而且使用频率较低。同族复合词何以在战国至东汉时期大量产生?除了受词汇双音节化大潮驱动以外,主要取决于以下三个因素:

1. 已有数量巨大的同族词。汉语中大多数源流相因或同出一源的同族词,在上古时期业已产生,从而为同族复合词的生成提供了充分的构词材料。

2. 同义连用在双音节组合中的强势地位。汉语词汇双音节化的初始阶段,并列式和偏正式是两种最能产的语法造词法。战国时代,并列式的发展速度比偏正式明显加快,已占优势;至东汉,并列式双音节词激增,高达双音节词总数的六成左右。从并列式两要素间的语义关系来看,不外乎同义、类义和反义三种。据统计,在先秦时期,同义连用占并列式总数的五成以上,类义连用不足四成,反义连用不足一成,同义连用在数量上有明显的优势。并列式是上古汉语强势造词法,同义关系又是并列式中的强势语义聚合,由此推知,同义连用是上古汉语双音节组合中的强势组合。③同族词因其意义相同或相关,最符合这种强式组合的要求,因而最容易进入这种强势组合模型。

3. 联绵词语音结构特征的影响。上古汉语有丰富的联绵词。从语音上看,大部分联绵词有双声、叠韵或双声兼叠韵的关系。双声、叠韵联绵词出现最为密集的当属《诗经》。人们在诵习《诗经》的过程中,自然获得了来自联绵词的那种声韵和谐的语音美感,因此,在将两个同义或反义的单音节词连在一起使用时,往往优先选取那些语音相近的词。例如"芬芳苾(祕)馥馝馨香"等皆有香义,其中"馨香"声同韵近(晓母双声,耕阳旁转),连用最多;其次是韵母相同的"芳香";前5个唇音声母字也多连用,常见"芬芳"、"芬苾"、"芬馥"、"芳苾"、"芳馥"、"苾勃(祕馝)"、"馝祕"、"馥芬"、"苾芬"等;声母无关而皆为阳声韵的也可连用,但出现频率相对较低,如"芬香"、"芬馨"、"芳馨"等;声韵皆无关的连用则极罕见或未见,如"香馥"、"香苾"、"馨馥"、"馨苾"等。再如《荀子·正名》:"香臭、芬郁、腥臊、洒酸、奇臭,以鼻异。"其中"香""芬"同义,"臭""郁"同义。反义连用时,荀子选取有双声关系的"香"、"臭"组合,有对转关系的"芬"(文部)、"郁"(物部)组合,这与同义连用时的语音选择一样。如果说,先秦散文体作者择取音近字连用只是朦胧地受到语感的驱使,那么,到了极事铺陈的汉代辞赋中,罗列或牵合双声字和叠韵字则已成为一种修辞时尚。从司马相如《上林赋》这段描写水势的文字中,即可窥见一斑:(以两个音节为单位,下加——的为声同或声近字,加·的为韵同或韵近字。)

沸乎暴怒,汹涌彭湃。滭弗宓汩,偪侧泌㴲。横流逆折,转腾㴼洌,滂濞沆溉。穹隆云桡,宛潭膠蟄。踰波趋浥,泣泣下濑。批岩冲拥,奔扬滞沛。

随着辞赋的兴盛,人们对双声叠韵的感受更为深切,因此,择取音近字加以组合排列就成为一种普遍自觉的行文追求。在这种情况下,语音相近相通的同族词自然成了复合词的首选元素。

二 汉语同族复合词的构成规律

从发生学的角度,可以把汉语同族词分为两类。一类是由词义的引申分化而形成的义衍同族词,一类是由语音的流转变化而形成的音转同族词。④这两类同族词的联结组合能力明显相异,并由此决定了同族复合词的主要结构形式和语音形态。

1. 绝大多数同族复合词是由音转同族词构成。

在近500个同族复合词中,95%以上是由音转同族词构成的,如"畎浍"、"悱愤"、"更改"等。极少数由义衍同族词构成,例如:《说文》:"庳,中伏舍。从广,卑声。一曰屋卑。""屋卑"就是房屋低矮,"庳"是由"卑"分化出的新词。《左传·襄公三十一年》"侨闻文公为盟主也,宫室卑庳"中的"卑庳",就是由源词"卑"和孳生词"庳"复合而成。与此相类的有"驯顺"、"扫帚"、"死尸"、"骈并"等不到十个词。相对而言,倒是一些因词义的双向或反向引申分化而形成的同族词比较易于结合。例如"受"在甲骨文中既表授予义,又表承受、领受义。前者如:"贞,王㠯沚䜌比伐巴方,帝受我又(佑)。"(董作宾《小屯·殷虚文字乙编·三七八七》)"帝受我又"意思是帝给予我佑助;后者如"辛未贞,受禾。"(郭若愚《殷契拾掇·三八二》)后来,"受"的"授予"和"承受"这两个反向义位各自独立,分化出"受"和"授"两个词,这两个词结合在一起,就构成同族复合词"授受"和"受授"。类似的由反义同族词构成的复合词还有"买卖"、"贷贳"、"教学"、"赊贳"、"寒暖"等。

2. 从结构类型上看,同族复合词的构造方式基本上是并列式。

同族复合词的这一构成规律,实际上是受前一规律制约的。因为同族复合词基本上是由音转同族词构成,而音转同族词中源词与孳生词对应义位的全部义素相同或有共同的中心义素,所反映的是同一种事物或现象,这种语义构成上的相同性,只能形成并列关系。

极少数非并列式结构,多由义衍同族词构成。例如,《书·召诰》:"诰告庶殷,越自乃御事。"孔颖达疏:"我为言诰,以告汝庶殷之诸侯。""诰"为古文体之一,"诰告"为偏正式,即"以诰告",其结构同"诰封"、"诰赠"、"诰授"等。再如,"空"分化出有中空义的胸腔口腔之"腔",由口腔义引申,"腔"又指说话的语气腔调。在这个意义上,"腔"与源词"空"结合,构成偏正式复合词"空腔",意思是没有实际内容的老调子、陈辞滥调。类似的偏正式还有"死尸"、"扫帚"等。又如,"撞"的本义是打击中空之物,"锺"为中空的乐器,二者皆有中空义,声音相近,当有同一来源。《礼记·学记》"善待问者如撞锺,叩之以小者则小鸣,叩之以大者则大鸣"中的"撞锺",即是一个动宾式同族复合词。动宾式同族复合词还有"命名"[⑤]、"居家"等。

个别音转同族词为词素的非并列式复合词,是在其中一个词素用后起义、或两个词素都用后起义的情况下构成的,例如,《说文》:"年,谷孰也。"又:"稔,谷孰也。""年"、"稔"泥日准双声,真侵通转,本义皆为庄稼成熟。后"年"引申为时间单位,在此义位上与"稔"组合就构成一个偏正式复合词,指丰年,如唐钱起《江行无题》诗之三一:"岸草连荒色,村声乐稔年。"又如,《说文》:"造,就也。"《尔雅·释诂》:"就,成也。""造"、"就"清从旁纽,幽部叠韵,皆有成就义,后"造"分化出制造义,音变为从母,"就"则有所虚化,可用在动词后,充当结果补语,如"练就"、"写就"、"安排就"等等。"造就"在这两个后起义位上组合,就构成一个动补式复合词,例如太平天国黄从善《诏书盖玺颁行论》:"当此之时,固当立成简册,垂文字於千秋;造就编章,仰规模於万世。"

除了极少数偏正、动宾和动补式同族复合词外,绝大多数情况下都是两个意义相同的音转同族词联合在一起,凝结成一个整体。这个整体中的两个词素地位完全相等,没有主次偏正之分,也不存在支配与被支配、陈述与被陈述等关系。

3. 从两词素的声韵关系上看,声母相近度高于韵母;音读微殊的同族词最易复合。

由于汉语中的大多数同族词在上古时期已经产生,因此本文依据王力先生的古韵29部和古33声纽,对486个同族复合词词素的声韵关系进行了调查,调查结果如下表所示[6]:

声 母 关 系					韵 母 关 系				
双声	准双声	旁纽	准旁纽	邻纽	叠韵	对转	旁转	旁对转	通转
271	14	147	17	35	122	104	104	46	110

两词素声母相同的词有271个,约占同族复合词总数的56%;两词

素声母发音部位相同而有旁纽关系的又有147个,两者相加约占同族复合词的86%。可见同族复合词两词素声母的相近度极高。从韵母关系来看,两词素有叠韵关系的比有双声关系的词少得多,只有122个,仅占同族复合词总数的25%。王力先生曾对汉语同族词的韵母关系作过调查统计,他说:"同源字中,叠韵最为常见,其次是对转,至于旁转、旁对转、通转,都比较少见。"[⑦]可是上表提供的数据却显示,两词素韵母有旁转、通转关系的都比有对转关系的多,只略少于有叠韵关系的词。这说明,韵母相同或相近的同族词并不比韵母关系相对较远的同族词更容易结合,同族复合词两词素韵母的相近度较低。

综合同族复合词两词素的声韵关系来看,可以发现既双声又叠韵的同族词很少结合,除非声调不一,(如"孤"、"寡"皆古见母鱼部字,孤平声,寡上声,二者可结合;又如"昂"、"仰"皆古疑母阳部字,昂平声,仰上声,二者亦可结合。)或中古音读相异,(如"居"、"家"皆古见母鱼部平声字,然《广韵》"居"属鱼韵,"家"属麻韵,说明二者上古音读已有微殊。)完全同音的就更少,上古仅见"诰告"(《广韵》同古到切)和"慑慴"(《广韵》同之涉切)。在后代文人作品中可偶见两个并列的声韵调全同、且意义相同的字连用,例如,唐鲍溶《春日言怀》诗"杳窅青云望,无途同苦辛"中的"杳"、"窅",《广韵》同乌皎切;明袁宗道《小西天记》之二"从行两童,窃放爆竹,爆声为四面群峰阙遏,徊旋食顷方歇"中的"阙"、"遏",《广韵》同乌葛切。这类并列式连用的出现频率很低,很难判定两个音义全同的字是否已经真正凝结,或许将其视为偶发式连用更为合适。声韵关系都相对较远的同族词也很少结合。大多数同族复合词的两个词素,或声母相同,韵母相通,如"戛击",见母双声,质锡通转;或韵母相同,声母相通,如"命令",明来邻纽,耕部叠韵。可以这样说,两词素音读的同中有异、异中有同是同族复合词的基本声韵特征。

三 并列式同族复合词的特点

汉语中绝大多数同族复合词是并列式的,如果把并列式同族复合词与其他并列式复合词加以比较,可以看出,并列式同族复合词有以下三点特征:

1. 凝结力强,甚至发生联绵化。

没有同族关系的同义词一般要经过较长时间,才能由临时的连用过渡到真正的并列式复合词。在过渡时期,同义组合中的两个词是自由的,往往既可合用,又可单用,还可以分别和其他词组合。例如"封"和"疆"在先秦已经连用,可到中古以后,两词还都可以单用。《汉将王陵变文》"只是江东项羽使,遂交左右出封迎"中的"封";明于谦《议处边事疏》"修设故疆,以为久远之计"中的"疆"。在汉代以前,"封"和"疆"又可以分别和许多同义词连用,构成"封境"、"封略"、"封畛"、"封畔"、"封界"和"疆界"、"疆畔"、"疆场"、"边疆"等复音组合。

与一般同义词相比,同族复合词凝结得较快。很多同族复合词在先秦典籍中的使用率很高,说明它们早已凝结,例如"孤寡"、"恭敬"、"安燕(晏)"等。两个同族词一旦结合,其间关系非常紧密。很多同族复合词中的一个词素单向度地依附另一词素,很少单用,也很少与其他同义词组合,变成一个不自由词素。例如"说

(悦)怿"在《诗经》时代就已凝固成词,汉代以前,在喜悦、欢乐这一义位上,"怿"单用的频率很低,也极少与"欢、喜、乐、欣、愉、怡"等连用;又如《楚辞·离骚》:"众皆竞进以贪婪兮。"王逸注:"爱财曰贪,爱食曰婪。""贪"、"婪"⑧组合后,"婪"字极少单用,也不与《广雅》同训为"贪"的"饕、餤(餮)、嗇、欲、利、嗜"等连用。还有一些同族复合词中的两个词素彼此依附,都很少单用。例如"枯"、"槁"的本义皆为草木干枯,二词在《老子》中已组合,到《战国策》中,引申指消瘦、憔悴。此后,在消瘦、憔悴这一义位上,"枯"和"槁"都很少单用,而经常合用。

很多同族复合词的两个词素有双声和(或)叠韵的关系,这与联绵词的语音特征相仿;在两词素高度密合而不再单用后,又具有了联绵词"不可分训"⑨的语义特征。当这类同族复合词的来源和结构形式不再为人们感知时,常被用不同的汉字来记录,这又使其获得联绵词"以声状意"、"无一定之字"⑩的形式特征,从而实现了联绵化。例如,《说文》"旁,溥也","溥,大也"。同表广大义的"旁"、"溥"古音并滂旁纽,阳鱼对转,是同族词。它们大概在春秋以前就已凝固成复合词,很早就发生了联绵化。因为传世的上古典籍中已有"旁礴"(庄子)、"旁魄"(荀子)、"旁薄"(淮南子)等多种写法。受字形的障蔽,后人不知道这是一个同族复合词。如《荀子·性恶》:"齐给便敏而无类,杂能旁魄而无用。"王先谦集解引郝懿行曰:"旁魄,即旁薄,皆谓大也。"郝氏把"旁薄"作为正体,说明即使是训诂学家也已不明该词的词源,而把它误会为联绵词了。又如《诗经》4次出现"亹勉",都是努力、尽力的意思,这个词也一直被人们当作联绵词。其实,《说文》中有一个与"亹"同音的"敃",

许慎释为"强也"。字或作"瞀"、"昏"、"愍"等。《尔雅·释诂》:"昏[11]、瞀,强也。"该词上古可单用,不过很少,如《书·盘庚上》:"不昏作劳。"《周礼·秋官·大司寇》"以圜土聚教罢民"郑玄注:"民不愍作劳,有似於罢。""敃"、"勉"明母双声,真元旁转,是音近义同的同族词。《诗经》中的"黾勉"及后来的"僶勉"、"黾俛"等当是同族复合词"敃勉"联绵化后的不同写法。徐振邦指出,联绵词的来源之一是"同义近义单音词的连用"[12],观察其所举11个词例,两词素多有语音联系,有些当为同族词,这为同族复合词的联绵化倾向提供了证据。

2. 词义引申灵活,义位丰富。

音转同族词都是同义词,有些甚至在隐含意义、感情色彩等非理性意义上也毫无差异,属绝对的等义词。它们构成复合词以后,两个词素在语义上很少相互牵制和羁绊,因而其词义的运动变化与其他复合词相比显得更为自由灵活,往往会在两个同族词的共有义位之外发展出多个新义位。如同族词"销"和"铄"的本义是熔化,它们在先秦就已组成复合词。据《汉语大词典》,在宋代以前,"销铄"就有以下9个义位:

① 熔化。②指灼热。③铄金销骨。形容毁谤之言害人之烈。④削弱;衰微。⑤亏缺;削损。⑥憔悴;枯槁。⑦消耗;消磨。⑧消逝,消失。⑨消除。

其中义项②③⑥⑧是"销"和"铄"单用时皆没有的新义位;④⑤是"销"单用时所没有的义位;⑦⑨为"铄"单用时所没有的义位。

与"销铄"相类的多义同族复合词还有不少,例如"丘墟、买卖、分别、污秽、枯槁、言语、关键、断绝、雕琢、报复、清静"等。其中有些同族复合词的引申义与本义的距离较远。如"馨香"本指散播很远的香气,由此不仅发展出芳香馥郁貌这一近引申义,而且还产生了一些与香气无直接关系的远引申义,比如指用作祭品的黍稷,指祷祝时心诚意切,比喻风雅,比喻可流传后世的好名声等。这类远引申义都是同族复合词的词义较为自由灵活地运动变化的结果。

3. 同素异序词多;异调逆序词也有别义功能。

同素异序词指词素相同而字序不同的词,比如"进荐"和"荐进"。同族复合词中这种同素异序词很多,有近半数的词都有对应的异序形式。这是因为构成同族复合词的两个词素在语义上高度同一,在声韵上高度和谐,使得它们的先后顺序比起其他并列式复合词较少受到限制。

如果从声调的角度来观察,两词素同调的词更容易产生异序形式。在486个同族复合词中,有近90个词素同调的词有对应的异序形式,占同调词总数的一半左右,如"谋谟:谟谋"、"愤悱:悱愤"、"突奥:奥突"、"逼迫:迫逼"等。异调异序的同族复合词也比较多,约占异调词的46%,如"闾里:里闾"、"余羡:羡余"、"间隙:隙间"等,在异调单序词中,两词素大多依四声的顺序来排列,只有"展陈"、"席藉"、"迭代"等20多个词的词素逆四声之序。我们称之为异调逆序词。这些逆序词多为近古以后产生,出现频率较低。另外像"撞钟"、"死尸"等的逆序是由于受结构形式的制约。

从逆序词的意义来看,同调逆序词多同义,[13]而异调异序词的意义则多有差别。一般说来异调顺序词的词汇意义和语法功能与其词素的本来意义和用法更为接近,产生时间也相对较早;而异调逆序词则多与顺序词意义相异,有些是词汇意义不同,例如《说文》:"晏,安也。"先秦典籍常见"安"、"晏"(字多作"燕")顺序连用,指安逸,主语是人。如《荀子·修身》:"君子贫穷而志广,富贵而体恭,安燕而血气不堕,劳勚而容貌不枯。"其后出现的逆序词"晏安"则指安定,主语是国家、地区和社会等。如《周书·庾信传》"居负洛而重世,邑临河而晏安。"还有些逆序词不仅与顺序词的词汇意义不同,而且语法功能也发生了变化。例如反义同族词"寒"、"煖"顺序连用就指寒冷和温暖,《礼记·王制》:"凡居民材,必因天地寒煖燥湿。"而后代出现的逆序词"暖寒"则指冬日饮酒暖身驱寒,宋胡继宗《书言故事·豪奢》:"冬日饮人酒,谓暖寒。"明邵璨《香囊记·赏雪》:"今日雪天无事,不免安排酒馔,与他暖寒则个。"由并列式形容词变为动宾式动词。

异调同族复合词的词素序初多与四声之序对应,许多后起逆序词有别义功能,这一事实再次证明古已有四声,四声对并列式复合词的词序有很强的制约力;变换词素序是汉语中一种重要的构词方式。[14]

同族复合词是汉语结构造词法的最初成果。探明这类复合词的发展历程、消长趋势、构成规律以及语音、语义和结构方面的特征,对于汉语词汇发展史和汉语历史词汇学以及汉语同族词研究都有重要意义。但由于掌握的材料有限,本文对同族复合词的构成规律和特点的总结还比较粗浅。我们期待得到专家学者的批评指正,以便更进一步探索更符合同族复合词发展实际的深层规律。

附录:同族复合词表

A:隘厄、安晏(或作燕)、黯闇、昂仰、奥突。B:把柄、败敝、报复、卑庳,背(bēi)负、背(bèi)负、逼迫、比配、币帛、弁冕、辨(或作辩)别、别分、别辨、柄把、播布、搏拊、踣覆、逋亡、布帛。C:残戕、憯(或作慘)恻、谗譖、超趆、超踔、超辽、超遥(或作"摇")、超跃、超卓、侈奢、处所、纯粹、踔跃、祠祀、葱青、丛凑、丛簇、丛聚、凑聚、粗疏、促速、簇聚、创伤、摧挫(或作剉)、萃集、存在。D:贷貣、待等、党徒、祷祝、登升、登陟、等待、涤濯、提掷、递代、颠跌、颠顶、颠踬、尊定、琱(或作彫、雕、鋽)琢、迭代、顶颠、动荡、读诵、独特、断截、断绝、堕落。E:阨隘、阋鬩、遏阏、遏抑、阏抑、尔汝。F:烦闷、烦懑、悱愤、分辨、分辩、分别、焚燔、偾踣、愤悱、忿愤、愤忿、忿懑、愤懑、扶辅、浮漂、拊搏、抚摸、负背、覆伏。G:诰告、改革、改更、干旱、干暵(或作熯)、干萎、刚坚、刚健、刚劲、刚强、槁枯、革改、革更、根基、更改、更革、恭敬、句曲、罛罟、孤寡、寡孤、关键、观看、管键、广阔、傀伟。H:寒暖、罕稀、旱干、旱暵(或作熯)、憾恨、憾悔、号(或作嚎)呼(或作嘑)、嗥呼(或作嘑)、号(或作嚎)叫、号噭、嗥叫、涸旱、涸竭、和谐、恨悔、吼号、吼叫、呼号(或作嚎)、呼吼、呼叫、呼虓、呼嘘、譁讙、譁喧、讙譁、还回、环回、患害、荒秽、回还、回环、悔憾、悔恨、毁坏、秽荒、秽污、荟蔚、荟蓊。J:饥馑、击戞、屐屦、戞击、疾捷、缉绩、家居、坚刚、渐浸、坚劲、坚磬、坚强、键关、荐将、荐藉、荐进、健强、荐席、间隙、疆界、疆境、强劲、叫号、叫噭、噭号、噭嗥、叫吼、噍嚼、叫呼、噭呼(或作嘑)、叫嚣、噭哮、教学、截断、竭(或作渴)涸、捷疾、截绝、介甲、藉助、界疆、界境、浸渐、进荐、惊恐、颈项、劲健、镜鑑、境界、敬恭(或作共)、劲强、纠绞、居家、倦勤、角较。K:开启、坎陷(或作埳)、坑陷、空旷、空廓、空腔、空窾、孔窍、空窍、枯槁、枯涸、枯竭、枯渴、浍甽、宽广、宽豁、宽旷、宽阔、宽廓、筐筥、旷阔、旷廓、困匮。L:老耄、里闾、励勉、凉冷、辽遥、辽卓、聆听、闾里、伦

汉语同族复合词的构成规律及特点

类、裸露。M:买卖、幔幕、盲瞽、盲冥、耄老、冒蒙、冒懵、瞀瞑、懑烦、闷忿、懑愤、闷懑、懑闷、蒙冒、瞢眊、懵冒、矇冒、矇瞽、矇瞢、蒙幕、冕弁、勉励(或作厉)、灭亡、民氓、龟勉、冥蒙、命令、命名、谋谟、谟谋。N:能耐、逆迕、年稔、浓酽、暖寒、懦软。P:旁薄、配比、配匹、匹比、匹配、偏颇、骈并、漂浮、颇偏、迫逼。Q:旗旐、启开、锲刻、戕残、强健、强劲、惬洽、侵袭、勤倦、青苍、青葱、清静、穷极、丘墟、曲局、屈诎、趋走、阒泬。R:扰柔、忍耐、稔年、柔扰、柔弱、襦褥、如若、汝尔、软懦。S:扫帚、伤创、少小、奢侈、赊贳、慑慴、设施、赦释、深潭、伸展、升(或作昇)腾、生性、升(或作昇、陞)陟、施设、受授、授受、率循、率遵、死尸、泗涕、肆恣、诵读、搜索、碎细、所处。T:贪婪、貣贷、疼痛、涕泪、涕泗、迢遥、跳跃、听聆、统总、徒党、隤堕、隤坠、拖延、拖曳。W:晚暮、婉委、亡逋、亡灭、萎蔫、委婉、蔚荟、污秽、乌鸦、忤(或作迕、牾)逆。X:希(或作稀)罕、翕合、吸呷、翕协、席荐、席藉、希觊、希冀、隙间、细碎、显现(或作见)、陷坎、陷坑、献饗(或作享)、霰雪、羡余、限阈、庠序、项颈、嚣号、哮吼、哮呼、虓呼、嚣呼、嚣叫、消铄、销铄、哮唬、协合、谐和、协洽、屑细、欣喜、馨香、欣忻、兴起、省相、凶荒、吁嘘、喧哗、巡循、恂齐、驯顺。Y:鸦乌、压抑、厌抑、崖崿、迓迎、岩岸、颜额、岩崿、延引、言语、演延、晏(或作宴)安、摇掉、杳宵、窈杳(或作宵)、突奥、跃跳、曳拖、曳引、夜夕、翳(或作薱)荟、翳蔚、抑压、抑厌、抑遏、抑阏、怿悦、阴黯、阴暗(或作闇)、阴荫、隐暖、引曳、隐翳、迎逆、迎迓、盈溢、幽奥、幽窅、幽窈、余羡、语言、豫悦、鬱郁、鬱燠、悦(或作说)怿、悦(或作说)豫、陨越。Z:赞佐、造(《广韵·皓韵》:造,造作。昨早切。)就、造(《广韵·号韵》:造,至也。七到切。)就、展陈、斩杀、斩刈、彰(或作章)著、照

(亦作昭)耀、踬颠、陟升(或作陞)、炙灼、洲岛、洲沚、洲渚、祝祷、撞钟、卓踔、琢琱(或作雕)、恣肆、总统、走趋、遵率、遵巡、遵循、作做、做作。

注释

① 《八佾》:"起予者商也。"起,假借为"启",意谓启发,参看杨伯峻《论语译注》,中华书局,1980,第 25—26 页。
② 详见附录。两词素的同族关系主要据王力先生《同源字典》,还有一部分依古今学者的系联及笔者的拟测与验证。限于篇幅,除个别情况外,恕不一一注明所据。
③ 参看张博《组合同化:词义衍生的一种途径》,《中国语文》1999 年第 2 期。
④ 参看张博《简论汉语同族词的类别及其特征》,《宁夏大学学报》1991 年第 3 期。
⑤ "命""名"同族,参看陆宗达《陆宗达语言学论文集·"名"、"命"、"明"、"鸣"义相通说》,北京师范大学出版社,1996 年。
⑥ 表中所用音转术语的涵义,参见王力《同源字典·同源字论》,商务印书馆,1982 年。
⑦ 王力《同源字典》第 17 页。
⑧ "贪""婪"同族关系的考证,参看杨剑桥《同源词研究和同源词典》,《辞书研究》1988 年第 5 期。
⑨ 王念孙语。见《读书杂志·汉书第十六·连语》,中国书店,1985,中册,第 31 页。
⑩ 黄生语。见黄生、黄承吉《字诂义府合按》,中华书局,1984,第 193 页。
⑪ 今本《尔雅》作"昏",误。《尚书·盘庚》:"乃不畏戎毒于远迩,惰农自安,不昬作劳,不服田亩,越其罔有黍稷。"孔安国传:"戎,大;昬,强;越,於也。"孔颖达疏:"'戎,大;昬,强;越,於',皆《释诂》文。"
⑫ 徐振邦《联绵词概论》,大众文艺出版社,1998 年,第 65—74 页。
⑬ 极个别义异,例如"阙遏",阻塞;"遏阙",扼制,压抑。
⑭ 参看张博《先秦并列式连用词序的制约机制》,《语言研究》1996 年第 2 期。

释"曾"*
——《汉语词族谱》修改稿之三

与"曾"同族的词有增、赠、曽、譄、潧、谮、层、矰、罾、橧、鬶、鬵和复音词嶒崚、崚嶒、崰屶、屶崰、嵷氋等。这些字的写法有异,有的读音也略有变易,但都属于同一词族。姑且假定这一词族的族长(即根词)为"曾",其他词都是从"曾"孳生演变而来。试加释证如下。

"曾"字甲骨文作畄、䚇、畕等形,金文作㠯、㠯、㠯等形。前人对此字的考释多不相同。林义光以为当是"赠"字古文,从口、从八田,是以物分赠于人的会意字。(《文源》一〇·一九)杨树达以为"曾"字从曰、从囪、从八、囪亦声,是会意兼形声字,是"口气上出穿囪(窗)而散越"之意。林氏释"曾"的上中两部分为"分田",和甲骨文字形不合。杨氏依《说文》曾为"词"旧说,认为"曾"是虚词,都不可从。

朱芳圃、徐中舒则释"曾"为鬶字初文,是象形字。用古代字书和典籍材料加以印证,可证明其考释的可信。

《说文》:"鬶,鬵属。从鬲,曾声。"又:"甑,甗也。从瓦,曾声。"

---

* 本文与张博合写,载《汉语史论文集》,西南师范大学出版社,1995。

《尔雅·释器》:"䰞谓之鬵。"(《释文》:"䰞本或作甑。")《方言》五:"甑,自关而东谓之甗,或谓之鬵。"——可知"甑"、"䰞"两字是异体字(重文);"䰞"、"鬵"两字读音稍有不同;"甑"、"甗"是异名同实,是一种东西的不同叫法。

"甑"(或"鬵")究竟是一种什么东西?《说文》说:"鬵,大釜也。一曰:鼎大上小下若甑曰鬵。"段玉裁"甑"字注:"《考工记》:'陶人为甑,实二鬴,厚半寸,唇寸,七穿。'按:甑所以炊蒸米为饭者,其底七穿,故必以箅蔽甑底,而加米于上,而饙之而馏之。"按照这些解释,则古人的甑本是一种蒸饭用的炊具,形制同现在的蒸具甑子大体相似。不过远古的甑是陶制,所以《考工记》属"陶人"下。陶甑分两层。下面一层盛水,上层底有孔,可使蒸气进入上层,孔上加竹制的箅子,米放在箅子上蒸,以免漏入水中。这便是甑这种炊具的形状。

徐中舒解释甲骨文的 㠳 字说:"田本应为圆形作⊕,象釜鬲之箅,八象蒸气之逸出,故 㠳 象蒸熟食物之具,即甑之初文。"(《甲骨文字典》页六八)用甑的形制和甲骨文字形相对照,可证朱、徐的考释。至于金文下面所加的 廿 或 ㄩ,则是甑的下部,后来小篆讹成"曰"字,就变得不易认识了。

甲骨文"曾"字多用为祭祀名,如:

庚子卜贞……牧目羌延于囗曾用。(后下一二·一三)

"曾"当是祭名。周金器铭文中也有此祭名,如:

王鼎毕䕩,戊辰曾。(《段殷》)

这类祭祀大概是以黍稷在甑中蒸熟以为祭品,所以祭名为"曾"。《周礼》有两处说到"赠"的祭祀:《占梦》:"乃舍萌于四方以赠恶梦"。古人做了恶梦,为了祛除不祥,使用一种祭祀仪式——"赠",排除鬼神的干扰。又《男巫》:"冬堂赠无方无筭。"岁终在正房内举行"堂赠"仪式以除不祥,二者都属于同类性质的祭祀仪式。古人迷信,除祭天地、祖先外,还祭祀一切鬼神,目的是希望恶鬼神不要加害,孔子所说的"敬鬼神而远之",就是这个意思。这类祭祀的名称叫做"曾",后人或写作"赠"。

"曾"(甑)的特点是在釜上加一层鼎而成。所以引申为增加义而孳乳为"增"。《说文》:"增,益也。"《广雅·释诂》:"增,加也。"《诗·小雅·天保》:"如川之方至,以莫不增。"郑玄笺:"川之方至,谓其水纵长之时也,万物之收皆增多也。"增多即增加。增益、增加、增多同义。

以物赠人,对被送者而言,财物有所增加,故又孳乳为"赠"。《诗·大雅·崧高》:"吉甫作颂,其诗孔硕,其风肆好,以赠申伯。"传:"赠,增也。"《释文》:"崔集注本作'赠,增也'。崔云:增益申伯之美。"可见,"赠"由"增"孳乳而来,因赠人多以财物,所以从"贝",以后便专用为赠送义。《诗·郑风·女曰鸡鸣》:"杂佩以赠之。"笺:"赠,送也。"这个意义至今仍在沿用。

增又分化出"譄"。《说文》:"譄,加也。"段玉裁说:"譄、加、诬三字互训。"《广韵》:"譄,加言也。"喜欢"打小报告"的人,强以罪名栽诬别人,或"添油加醋"予以诬陷,就叫做"譄"。亦从加义引申分化而来。

譄音转为"譖"(精母转庄,蒸侵通转)。《公羊传·庄公元年》:"夫人譖公于齐侯。"注:"如其事曰诉,加诬曰譖。"《广雅·释诂》:"譖,诳也。"即捏造,意在诬陷,与"譄"义全同。《论语·颜渊》:"子张问明。子曰：'浸润之谮，肤受之愬，不行焉，可谓明也已矣。'"皇疏："谮，谗谤也。"这里的"明"专指君主任贤识人之明，即明君、昏君的明。孔子说，有人整天在旁进谗言，说某人的坏话，但都不生效（不因此而怀疑任用的贤人），这就叫作明。又《后汉书·齐武王縯传》："后进者多害其能，数被谮诉。"谮诉合成一个复合词，与《论语》的"谮"、"愬"同义。

"谮"又音转为"谗"。《说文》："谗，谮也。"徐灏《说文段注笺》说："谮、谗一声之转。"谮与谗为庄崇旁纽，侵谈旁转。《诗·大雅·桑柔》："朋友已谮，不胥以谷。"笺："谮，不信也。"疏："谗谮是伪妄之言，故为不信也。"《左传·昭公五年》："败言为谗。"《庄子·渔父》："好言人之恶谓之谗。"《荀子·修身》："伤良曰谗，害良曰贼。"《史记·屈原贾生列传》："上官大夫见而欲夺之，屈平不与，因谗之。"

曾(甑)分两层，上下重叠，所以曾有重叠义。《尔雅·释亲》："孙之子为曾孙。"注："曾犹重也。"《诗·周颂·维天之命》："骏惠我文王，曾孙笃之。"笺："曾犹重也。自孙之子而下，事先祖皆称曾孙。"《释名·释亲属》："曾祖，从下推上，祖位转增益也。"《左传·襄公十八年》："曾臣彪将率诸侯以讨焉。"疏："曾祖曾孙者，曾为重义。诸侯之于天子，无所可重，曾臣犹末臣。"

曾的重叠层次义又分化作"层"。《陆士衡集》："浮藻联翩，若翰鸟缨缴，而坠层云之峻。"《文选·文赋》"层云"作"曾云"。《说文》："层，重屋也。"《楚辞·宋玉〈招魂〉》："层台累榭，临高山些。"其实，"层"不仅指重屋，上例"层云"即指云气重叠。现代汉语中的一层纸、层次、一层意思、阶层等，用法大为扩大。

曾(甑)有两层，较鼎、鬲为高，因而曾又有高义。《文选·贾谊

〈吊屈原文〉》"见细德之险徵兮,遥曾击而去之。"李善注引如淳:"曾,高高上飞意也。"又屈原《九歌·东君》:"翾飞兮翠曾,展诗兮会舞。"注:"曾,举也。"又《淮南子·览冥训》:"(凤皇)曾逝万仞之上。"注:"曾犹高也。"又《文选·江淹〈别赋〉》:"巡曾楹而空掩。"注:"曾,高也。"曾的高举义又分化出矰、罾、橧、譄、鬵以及嶒崚等词。

《说文》:"矰,谁射矢也。"矰是一种结以细丝的箭。《周礼·夏官·司弓矢》:"矰矢,茀矢,用诸弋射。"注:"结缴于矢谓之矰。矰,高也。……可以弋飞鸟。"《庄子·应帝王》:"且鸟高飞以避矰弋之害。"《史记·留侯世家》:"鸿鹄高飞,一举千里。……虽有矰缴,尚安所施?"《索隐》:"矰,一弦,可以仰高射,故云矰也。""矰"又作"缯"、"罾"。《战国策·楚策》:"(黄鹄)自以为无患,与人无争也;不知夫射者方将修其碆卢,治其缯缴,将加己乎百仞之上。"晋·王通《文中子·魏相》:"吾特游缯缴之下也。"《文选·陈琳〈为袁绍檄豫州〉》:"罾缴充蹊,坑阱塞路。"唐·白居易《马上作》:"一列朝士籍,遂为世网拘。高有罾缴忧,下有陷阱虞。"

"罾"又为鱼网名,也从高义中分化而出。《说文》:"罾,鱼网也。"《汉书·陈胜传》:"置人所罾鱼腹中。"注:"罾,鱼网也。形如仰繖盖,四维而举之。"《太平御览》引晋·周处《风土记》:"罾树四植而张网于水,车軏上下之,形如蜘蛛之网,方而不圆。"这种罾网现在山东、四川各地仍在使用,山东叫做罾,四川叫"扳罾"。因为这种网居高临下,利用上提的力量捕鱼,所以名罾。这同矰缴虽非一物,但因高而取义是一样的。

又分化出"橧"。《礼记·礼运》:"昔者先王未有宫室,冬则居营窟,夏则居橧巢。"《广雅·释宫》:"橧,巢也。"橧巢即远古人在高处架木而成的住所。有如鸟在树上筑的巢,故名橧或橧巢。《大戴礼记·曾子疾病》:"鹰鹯以山为卑,而增巢其上。"增巢即橧巢,增、橧通用。

表高义的曾音转为"嶒(崝)",特指山高。《玉篇》:"嶒,高大皃。"《集韵》:"嶒,山高大皃。"又:"崝,崝嶸,高锐皃。或书作嶒。"《汉书·扬雄传》:"玉石嶜崟,眩耀青荧。"注"嶜崟,高貌。"《文选·张衡〈南都赋〉》:"幽谷嶜岑,夏含霜雪。"注:"嶜岑,高峻之貌也。"深谷中从下往上看,山崖高峻,所以如此说。

和"嶒"同音的还有个"齰"字。《玉篇》:"齰,高鼻也。"《广韵》同。

形容山高的复音词还有嶒崚、崚嶒等。《文选·张协〈七命〉》:"既乃琼巘嶒崚,金岸崥嵉。"注:"嶒崚,险高皃。""嶒崚"《晋书·张协传》作"层崚"。又《文选·王延寿〈鲁灵光殿赋〉》:"崱缯绫而龙鳞。"注:"缯绫,不平貌。"也当是嶒崚、层崚的通用字。

嶒崚又逆变为"崚嶒",或作崚层、硶磳。《广韵》:"崚嶒,山皃。"谢朓《谢宣城集·游山》诗:"坚崿既崚嶒,回流复宛澶。"杜甫《望岳》:"西岳崚嶒竦处尊。"都是形容山高险的形象。又南朝徐陵《太极殿铭》:"千栌赫奕,万栱崚层。"以"崚层"形容宫殿的高而多姿。孟郊《寒江吟》:"荻洲素浩渺,碕岸渐硶磳。"以"硶磳"描绘江岸高石险峻,也都同"崚嶒"相同。

"嶒崚"又音转为"崱屴"(嶒、崱乃从床准双声,与崚、屴均为蒸职对转),杜甫《封西岳赋》:"就登陟、骈素虬,超崱屴。"清·朱彝尊《望摘星陀》:"蜿蜒众山伏,崱屴一峰挺。"都是形容高山、山峰高峻的样子。《集韵》:"崱,崱屴,山大皃。""崱"为单音,与"嶒"对转;

"屾屶"为复音,与"嶒崚"对转。这类音变,为古汉语音变规律中的一类,屡见不鲜。《论语·为政》:"曾是以为孝乎?"疏:"曾犹则也。""曾"音转为"则",也属这一音变规律。

屾屶又可倒转为"屶屾"。《集韵》:"屶,屾,山连皃。"《元诗选·贡师泰〈玩斋集拾遗·题颜辉山水〉》:"苍龙渡海成叠嶂,屶屾西来势何壮。"清·钱谦益《由天都峰趾径莲华峰》:"天都屾屶不可上,缒腰束胸将安往?"

屾屶又音转为"嵫釐。"《文选·王延寿〈鲁灵光殿赋〉》:"屾屶嵫釐,岑崟嵂嶬,骈龙骖兮。"注:屾屶、嵫釐,"皆峻险之貌。"

以上是曾族词分化演变的大致情况。其谱系可表示如下:

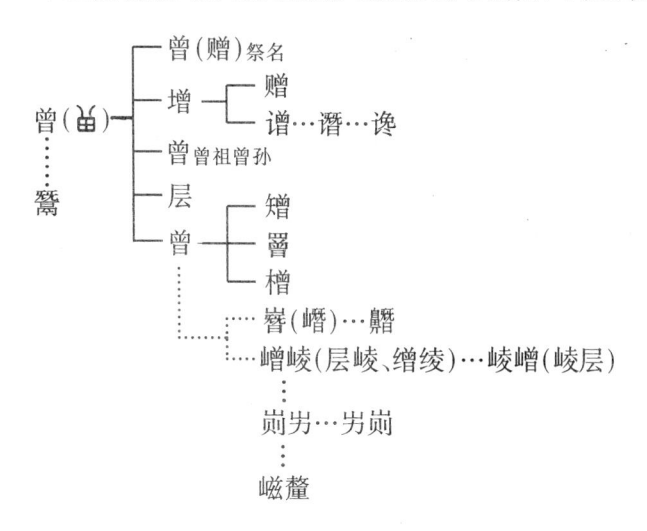

```
         ┌─ 曾(赠)祭名
         │
         ├─ 增 ┬─ 赠
         │     └─ 谱…潜…谗
         │
曾(甑) ──┼─ 曾 曾祖曾孙
  ⋮      │
  鬵     ├─ 层
         │
         └─ 曾 ┬─ 矰
               ├─ 罾
               └─ 橧
         ⋮
         ⋮  峕(嶒)…齼
         ⋮
         ⋮  嶒崚(层崚、缯绫)…崚嶒(崚层)
         ⋮
         ⋮  屾屶…屶屾
         ⋮
         ⋮  嵫釐
```

"曾"字还假借为指代词,现代汉语变成"怎么",还有"曾经"一词的用法,都是因同音假借而写成此字,不应归入曾族词中。

1992 年 4 月 8 日第三次修改

吴秋辉先生《说经》序[*]

吴秋辉先生是 20 年代一位杰出的古文字学家、史学家、训诂学家。一生著述甚丰,多数都未出版。印出的几部也因印数甚少,很难找到。现在他的《侘傺轩说经》由他的外孙张树材君整理出版,我愿利用这个机会向文字训诂学界和整理古籍的同行友好们作些介绍。

秋辉先生名桂华,自号侘傺生。1876 年生,山东临清县人。曾读过当时的优级师范,毕业后从事教育工作,民国以后主编过几年报纸,因不满当时的政治,便埋头从事学术研究。从 1917 年到 1927 年逝世,10 年内共写出了四十余种著作,可以考订已经完稿的有:

一、中国文字正变源流考二卷

二、学文溯源五卷·又续编

三、古文字

四、齐鲁方言存古三卷

五、三百篇通义三十二卷

六、毛诗正误四卷

---

[*] 载吴秋辉《说经》,北京图书馆,2001。

七、诗经名物拾义五卷

八、三百篇古物今考五卷

九、说豳

十、说诗解颐录

十一、楚辞正误二卷·又续编

十二、古史钩沉二卷

十三、左传正杜

十四、姓氏名字号谥源流考

十五、五霸考

十六、秦建国考

十七、货币源流考

十八、商代迁都始末考

十九、中国石刻考

二十、杂考一卷

二十一、古史考源

二十二、周武王考(周公封于鲁考)

二十三、侘傺轩说经三十一卷

二十四、说易 八卦分宫正谬一卷

二十五、周易考略

二十六、论语发微一卷

二十七、仪礼今古文考异

二十八、檀弓纠缪一卷

二十九、礼记正误

三十、学海绀珠三十二卷

三十一、渔古碎金二卷

三十二、致梁任公书(附答书)

三十三、再致梁任公书

三十四、与康南海论尚书真伪书(附答书)

三十五、再致康南海书

一、侘傺集(诗)

二、寄傲轩吟稿(诗)

三、侘傺轩诗賸

四、侘傺轩诗余

五、侘傺轩词余

六、艺苑撷华

七、艺苑杂抄

八、东楼琐录

九、破屋宾谈

十、说鬼

以上这些目录只是他全部著作的一部分,有许多撰著,或未定稿,或尚待整理,或已散失,尚待考订、搜集、补充。

秋辉先生的惊人处,著作丰富、领域宽广尚在其次;最令人折服的是治学方法的创新和见解的新颖。和他同时代的文字训诂学家,多半继承乾嘉学者的治学方法,使用的材料和方法上都较少创新。拿文字来说,一般人都还局限于许慎的《说文解字》。那时虽然已有少数人开始研究甲骨文、金文,但有些人不相信(如章太炎先生),有的则尚未能用以考订先秦典籍。罗振玉、王国维是当时的古文字学大师,王国维利用甲骨卜辞的记载同《史记·殷本纪》对照,肯定了《史记》关于殷王朝的世系,成为利用古文字考订古史的创世之作。但用以考订先秦典籍,秋辉先生则是20年代惟一的学者。

例如:《诗·鄘·桑中》:"美孟弋矣"。毛传云:"弋,姓也。"朱熹《集传》说:"弋,春秋或作姒,盖杞女,夏后氏之后。"都解释得很模糊。吴先生认为:"弋本作妀,乃古时国姓,古文姓多省女旁,如妠常作为之类,故字亦作弋。汉"鉤弋夫人"即其后。近日出土古彝器,古之姓此者甚多,字皆作"妀"。《宿妀鬲》即其最著者。因古之妇女称姓,间有冠以其夫家之国名者。……《说文》载"妀"字,不得其解,乃臆指为女官名。然遍稽载籍,卒未见有此官也。"孟弋"犹上云"孟姜"。即下章"孟庸"亦此例。"庸"注"未闻,疑亦贵姓也。"按:即"鄘"之省文,……古器中有《墉夜君鼎》,意即当时之器。"——用古器物和《诗经》相对照,"孟弋"、"孟庸"就解释清楚了。

又《大雅·江汉》:"既出我车,既没我旟,匪安匪舒,淮夷来铺。""铺"字《集传》解为"陈也"。但"淮夷来陈"四字殊不成语。又《常武》篇也有"铺敦淮濆"句,旧注也解为"铺,布也;敦,厚也,厚集其陈也。"同样费解。吴先生认为,这两个"铺"字当是"戮"的借字。戮是攻伐,古彝器中常见。如《宗周钟》云:"王敦伐其至戮伐厥都㝬。"《田盘》:"敢不用命则即刑(行字假借)戮"。《散氏盘》:"用矢戮散邑(用,因也)。"都作攻伐解。《江汉》的"淮夷来铺"即"淮夷来戮",犹云"淮夷来攻"。古人语言往往如此,意即"来攻淮夷"。"敦"亦即"宗周钟""敦伐"的敦。"戮敦"犹戮伐,即攻击,都是古人常用语。

又《诗·小雅·正月》:"天之扤我"。毛传:"扤,动也。"郑玄释为摇动,不成文理。吴老认为,"扤"当是"扼"字之误。"厄"古文作瓦,《毛公鼎》、《番生敦》都有此字。"厄"本象形字,象服马叉项之木。引申之,凡以手叉人或物之项而绝之,亦谓之厄,后加手旁作"扼"。扼、搤、搹本一字。《史记》"搤天下之吭而拊其背"正合古义。《说文》于搤字释捉,于搹字释把,皆非其本义。"天之扼我"谓天之搤抑我。

这样利用彝器铭文材料同先秦典籍相印证以考订古书的办法,是秋辉先生的创见。不但当时没有人做到这一点,就是70年后的今天,也还很少有人有计划地走这样一条新路子。

除此之外,秋辉先生还利用语法和方言的知识探求古义。他已经具有了古今语法不同的观点,他经常利用现代方言中的词汇解释古语,用古今风俗、社会现象来拟测古籍中的一些词语。这种方法又同今天大家所熟悉的社会人类学方法极为一致。

所有这些治学方法不但在当时是创新,就是在今天,也仍然可以充当这一领域的楷模。

梁启超是当时的学术界泰斗,平时极少称许他人,但对吴秋辉先生则倍加赞誉说:

> 先生识力,横绝一世;而所凭藉之工具极笃实,两千年学术大革命事业决能成就,启超深信不疑。大著不可不亟谋全部公之天下。(一九二五年梁启超给吴老的复信。)

一方面说他的识力"横绝一世",一方面肯定了他的治学方法(即工具)。因为吴先生曾以从事两千年中国学术大革命为奋斗目标,梁氏对这一点也"深信不疑",可以看出吴老的学术成就是何等突出。

梁启超当时正在清华大学研究院任导师,曾经敦聘吴先生到清华去任教,可惜没有成行,以致他的一套学问一直到今天,还不能为更多的人所稔知。

他自名为佗傺生,取斋名为佗傺轩。《离骚》:"忳鬱邑余佗傺兮。"王逸注:"佗傺,失志貌。"这便是他自名"佗傺"的来由。他一生穷苦,逝世后又如此冷落,"佗傺"二字确实切当。但他的大部分遗稿都有女儿少辉女士保存,女婿张乾一先生数十年来不断整理。乾一先生逝世后,其子张树材又继续这个工作。现在吴老的遗书即将出版,真是值得庆祝的事。

乾一先生是我读初中时候的校长,少辉女士是我的同学。我虽然没有见过吴老,但一向非常崇敬这位前辈。因为我这些年的主要研究领域是在文字训诂方面,所以更希望能早日见到吴老全部著作的面世。树材弟要我作序,便把我所知道的情况写出来,给同行友好们作些介绍。

1992年4月8日

西南师范大学

《汉语史论文集》前言[*]

这是我们出版的第二本汉语论文集,第一本是用西南师范学院学报增刊的形式1985年出版的。这一本改名《汉语史论文集》,因为这里所收的多数文章都属于汉语史的范围。

80年代我们曾申报了"汉语史专题研究"这个项目,是四川省社会科学研究规划中的一个研究项目。当时的设想,这项研究分为前后两期,第一期用五六年的时间出版四五部专题研究的专著和一些论文。第二期陆续出版汉语语法史、汉语词汇史、汉语音韵史、汉语文学语言史和汉字发展史等专著,预期到本世纪末写出一部比较完整的《汉语史纲要》。

现在回想一下,第一期出版了《反切概说》(林序达)、《汉语方言与方言调查》(翟时雨)、《通假概说》(刘又辛)、《训诂学新论》(刘又辛、李茂康)、《文字训诂论集》(刘又辛)六部专著和几十篇论文。现在正在进行第二期的工作。《汉字发展史纲要》已接近完稿;语法史和词汇史正在着手进行;音韵史是在当前汉语研究中走在最前面的学科,似乎难度较小,但也要写出特点。参加这项研究的,也包括几位分配到友校的研究生。我很希望我能在生前看到这一

---

[*] 《汉语史论文集》,西南师范大学出版社,1995。

规划的完成。

研究汉语史有两方面的作用。一方面,这个学科是研究中国文化这一巨大工程的一个分支,是工具和基础,现在国际上兴起了一股强大的东方热、儒学热。在国内我们也正在重新总结中华民族的优秀文化传统,使之成为社会主义精神文明的一个组成部分。因而这门学问也正在走出低谷,将会在各个领域发挥其应有的作用。

研究汉语史的另一个作用是在说明现代汉语的各个方面。汉语是世界上仅有的历史悠久、文献丰富而至今仍有十四五亿人口使用的语言。现代汉语和三四千年前的上古汉语,无论在语音、词汇、语法方面,还是在汉字方面,都是一脉相承逐渐演变而成的。用历史比较的方法,从各个不同的角度清理出其演变的线索和规律,这对于了解现代汉语是个必不可少的手段,在这方面,关于汉语语音的古今变化做得最好。现代汉语普通话和各地方言的几乎每一个音位、音节,都可以用音韵史的知识说出它从上古到中古直到现代的演变过程。因此我们谈起这方面的知识,便觉得脉络清楚,不但知道这个音怎么读,而且知道它是怎么变来的。在词汇、语法、文字等方面,如果也能做到这个样子,那么我们对于现代汉语的研究就会进入一个新阶段。

我们一直坚持这条研究道路,理由就在此。

下面对于论文集的文章作一简略的介绍。

翟时雨教授关于方言音韵特点的文章,是他正在撰写的专著中的一节,他从1957年起接替我从事四川方言的普查工作,他率领学生亲自调查了四川省60多个方言点,后来又调查了陕西安康等地的方言,在国内方言专家中以经验丰富见称。这篇文章从全国方言材料中归纳出几张表格,极便于现代汉语教学使用。

曾晓渝的《〈西儒耳目资〉研究》,是她五年前的硕士论文的一部分。这篇尚未发表的论文,在论文答辩后就不断得到国内外音韵学研究者的关注、引用。现在该文经过修订之后发表在这里。

林序达教授的《论句子》一文是他给研究生讲授的《古汉语语法研究》中的一节,现在根据金颖若的笔记发表在这里。林序达和翟时雨是同班,是50年代我做汉语教研室主任时留下的两位青年教师,到80年代都已成为颇有成就的学者。序达同志在音韵学、语法学方面都有一些新建树。可叹他去得太早,在他逝世快两年时发表这一篇讲稿,也算是对他悼念的一种形式。如有可能,打算把他的古汉语语法讲义整理出版。

冯英和方有国的三篇文章,也是讨论古汉语语法的。三篇文章有一个共同点,都是摆脱旧框架、从汉藏语系的角度用历史比较法研究古汉语语法。胡运飚的文章是研究汉语词汇史的,对战国时期汉语复合词的发展作了较深入的探讨。

马文熙同志关于秦始皇语文政策的文章,摘自他的一部专著,他打算把历代帝王、政府在语文干预方面的政策和影响集为一本专著。这对于语言文字史也是一项不可忽视的内容。

龚嘉镇是自学成才的青年语言学家,他曾在中国音韵学研究会和西南师大中文系合办的汉语研究班上学习过,几年工夫,已经撰写了两三部专著,这篇文章也是他研究现代汉字的一本专著中的一章。

朱承平是第一届硕士研究生,近年来全力编撰一部关于利用传统语言学整理古籍的150万字的巨著,书名《古籍校释通鉴》。这篇文章就是取自这部著作。

我和张博一直合作从事《汉语词族谱》的撰写,用通讯的方法讨论问题,修改稿件,她在这方面用功较多,在整理词族的方法和理论方面常有新的突破。李茂康的文章也是从理论上探讨词族研究的。

关于古汉语修辞"交错"的文章,两篇都收了。张博的一篇眉目清楚,言简意赅;徐志奇同志的一篇材料丰富。两篇合在一起,可以使人对这种修辞方式有更全面的认识。这类文章属于文学语言史的范围,所以也收在集中。

最后,感谢四川省社会科学院出版的资助,使这个集子得以出版。

1994年12月25日

《重庆方言词解》序[*]

《重庆方言词解》就要排印了,我把书稿翻读了一遍,觉得有些话要说,便写出来当作这本书的序。

第一点,我们的传统语言学,一向对方言研究是非常重视的,扬雄的《方言》是最早的方言学著作。清代杭世骏搜集古代典籍中的方言词语写成了《续方言》,以后又有戴震的《续方言稿》,程际盛的《续方言补》,徐乃昌的《续方言又补》,程先甲的《广续方言》,张慎仪的《续方言新校补》等,都对方言词语的搜集作出了贡献。

此外,明清以来还出现了一些方言词语的考释类著作,如李实的《蜀语》,杨慎的《俗言》,胡文英的《吴下方言考》,孙锦标的《南通方言疏证》以及近人章太炎的《新方言》等。这些考释虽然并不完全可靠,但的确在方言词语的研究方面积累了许多宝贵的经验和教训。

第二点,近六七十年来的汉语研究,因为受到欧洲语言学的影响,把语言的历史比较法介绍进来,使汉语研究发生了阶段性的变化,最显著的是高本汉、赵元任、罗常培诸先生的方言调查研究工作。这项研究以各地方言的音系为重点,用以同古代的韵书、谐声

---

[*] 载曾晓渝等《重庆方言词解》,西南师范大学出版社,1996。

字声符、对音相参证,从而构拟中古、上古的声韵系统,使声韵学研究成为整个汉语史研究的先进学科,近几十年来,在全国方言普查的基础上,编出了方言地图,方言研究在这方面的成就是清代学者想象不到的。

第三点,但是,近几十年的方言研究却忽略了方言词语的调查研究,这是个缺陷,罗先生曾多次谈到这一点。后来中国社会科学院语言研究所拟定了一个《方言调查词汇表》,近年来编著的各地方言志和方言调查报告,大都采用了这个词汇表,用以弥补上面说到的缺陷,但是调查词汇比调查语音要复杂得多。《词汇表》一是过简,二是很难涵盖所有的方言词汇,而且许多方言词语须作考释,只把词条列出来,用途不大。

过去的方言考释也有缺点。比如章太炎的《新方言》,精辟的考释很多,但牵强附会之处也不少。在考释的方法上有问题。因此,我们今天从事方言考释,一要继承前人,二要有所创新。

第四点,考释方言词语要考虑词条的编写体例。一个词条,首先是释义,然后是用例,再就是书证,过去和当代著作中的用例,最后是考释。

考释是最难做的部分,又常常是最有价值的部分。一个词语,只有释义和用例,可以使人知其"然";有了准确的考释,才会使人知其"所以然",令人涣然冰释。例如,重庆方言的"默"、"默倒"这个词,有估计、默想的意思,"我默倒你会来",即我估计(约摸)你会来,"我默了默",即我想了想。但古今词典都不见这个用法,《说文》说:"默,犬暂逐人也。"解释不通,这个"暂"字可能是个错字。宋戴侗《六书故》解为"犬不鸣也。"注中说:"《说文》唐本曰:犬潜逐人也。""犬潜逐人"即不鸣而逐人。狗见生人多半先狂叫再咬人；不叫而逐人是最凶的狗。默有沉默、默默不语义。但"默"还有默想、思考义，字典都不载。《论语·述而》："子曰：默而识之，学而不厌，诲人不倦，何有于我哉！"旧注解释大都以不言释"默"字，但句意很难讲通，"默而识之"解为"不言而识之"，不通。只有明代的焦竑解释得对，他在《焦氏笔乘》中说："孔子言默而识之，非默之于口也，默于心也。默于心者，言思路断、心行处灭，而豁然有契焉"，话虽说得玄了点，但认为"默"字是"默于心"，有默想义，却是对的。"默"字的这个义项，很少在其他典籍中找到，却不料在两千五百多年后的重庆方言中还活在人们的口语中！我想，词语考释能够做到这一步，才能令人心服。

但是，要把每一个方言词的考释都做到这个程度，很不容易。因为各地有关的方言材料还没有调查整理出来；有了材料，比较研究的方法和经验还要加以完善、总结。牵涉到的学科也多。因此，有的词语只能根据已经掌握的材料加以判断；有时需要把不同的说法列出来；有的只好存疑。

例如，重庆（四川）人把聊天、谈天叫摆龙门阵，为什么？一种说法，四川人叫大门为龙门，夏日邻居在门外乘凉聊天，故有是语。这大概同鲁迅的"门外文谈"同一用意。袁珂认为，典出自《说唐后传》的"薛仁贵大摆龙门阵"。因谈天内容多为唐代战争故事，因而有是名。两说都有道理，所以一并列出。

又如，"脏班子"一词，或写做"砸班子"，后者较确。重庆话读"砸"为záng，"砸"是明清出现的俗字，读zá的砸，可能由záng音变来。过去的剧团叫戏班子，戏唱不好叫唱砸了，砸班子即班子名声扫地之意。北方话有"砸牌子"一词,可能"砸班子"和"砸牌子"乃是同一个词的音读变化。不过还有待进一步的证明。

从音系上来看,重庆方言属于北方方言西南官话区的一个方言点,大概因为这一点,很容易引起一种误会,认为重庆(或四川)方言词同普通话没有多大差异。其实并非如此,有些词语是从北方和东方两条路线在不同的时期陆续流入四川,经过重庆又扩散到川西的。因而往往会发现,有的词语同北方话相同;有的同湖北、江西、广东词语同源;有的则保存了两千多年前的古老词语。词语同语音比较起来要稳定得多,一个词的读音变了,但这个词常常历经各地而仍然顽强地保存在某些方言中。

因此,尽管这部方言词典的考释还未能尽如人意,但仍有付印的价值与必要。也希望各地区从事方言研究和汉语史研究的同行专家,能够把各地方言的记录考释工作做好;如果这一项工作有了成绩,将来的汉语词汇史、汉语词典的修订、古代典籍的注释等工作,都会出现一个新面貌。

刘又辛 82 岁于西南师大

《四川方言词语考释》序[*]

读了蒋宗福教授的《四川方言词语考释》书稿，颇为感奋。愿在此书出版之际写出点想法，当作序言。

首先，我觉得这部著作的出版，可以代表华语词汇研究的深入和倾向。从近百年来中国语言学发展的历史来看，新的中国语言学是在传统语言学基础上，吸取国外语言学的新理论新方法逐渐发展而形成的。从当前的情况来看，中国新语言学的几个方面，发展的步子很不一致，音韵学的步子快一些，其次是语法学，词汇学最落后。在词汇研究中，方言词汇的研究更为落后。

汉代扬雄的《方言》，是中国第一部记录当时各地方言词汇的书。从这部书的体例、框架和研究方法来看，不但在中国语言学史上有特殊的价值，而且从世界语言学的历史看，也没有前例。但是这个传统，并没有完整地继承下来。明清以来的小学家，有些记录方言词汇的著作，当然功不可没。20世纪音韵学家用欧洲语言学方法调查各地方言，重在音韵，词汇调查只能充当音韵比较的依托。直到60年代初步的全国方言普查工作告一段落后，才又根据一个简单的方言词汇调查提纲粗略地作了一些弥补性的调查。现

---

[*] 载蒋宗福《四川方言词语考释》，巴蜀书社，2002。

在虽然将这些材料编印成书，但是从汉语词汇史的角度看，这方面的工作还刚刚开始。不但各地方言词汇的调查有待深入，方言词汇的考释研讨工作也要跟上去。

讲到词语考释，传统语言学最常用的方法是用历代典籍中的用例加以比较分析，用以考证一个个词语的源流变化。但是，考证词语只靠典籍中的书证是远远不够的，因为典籍中的用例只是历代口语词汇使用总量的一小部分。一个词语在产生以后，便在当时及后代的人群中使用，用例不可胜数，只是偶然被人在书面语言中使用，有些典籍侥幸保留下来，才可能成为考证者的书证。至于大量的例证，只能在方言词汇的海洋中去发掘。我们试拿古代的词汇典籍如《尔雅》、《广雅》、《方言》、《说文解字》来考查，每部书都有许多来历不明需要考释的字、词。清代小学家花了很大功夫考证这些词语，仍然不能做到一一落实。其中一个原因，就是没有充分运用方言中的活材料。

考证汉语词语充分使用方言材料，有特别重要的意义。中华民族是历史悠久、文化传统从未中断过的民族。华语（汉语）是中华民族使用的语言，是中国文化的载体，又是中华文化的一部分。四五千年来，许多来源悠久的词语，有的在通语（上古雅言，《方言》中的"通语"，近古近代的"官话"）中消失了，但在一些方言中还保留着。所谓"礼失而求诸野"，一切有民族特色的风俗、习惯、礼仪和语言，都是社会文化的组成部分，都包括在"礼"这个范畴中。从人类社会学的观点看来，一个历史悠久的民族，她的"礼"往往是很有生命力的。一种风俗，一种语言中的词语，可能在原发地已经消失了，变了，但随着民族的迁移，往往在一些边远地区还保留着。

这是一个普遍规律,现在研究汉语词汇史的朋友,已经认识到这一点,这类论著也逐渐多起来,这是一个好现象。

但是,方言中的词语,要经过认真的考释,才能知其所以然。因为,很多词语,字形、读音、词义,有时很难同古籍或通语中的记载挂钩。方言中保存的古语,也在变化。因此,考释是很不容易做的一套学问。六年前,我在《重庆方言词解·序》中曾说过这个意思。当时曾晓渝几位学友编那部书时,我曾建议把一些词语考证清楚,书名就叫"重庆方言词语考释"。我说,如果能考证出三五百条,就很不错了,后来因为急于出版,只得改了书名,用个"解"字,意思模糊些,躲过了考释这个难关。现在蒋宗福教授的这部书就要出版了,我之所以感到高兴,正由于上述种种原因。

考释方言词语,其要点有二:一是求源,二是比较。求源就是从古籍中觅取词语的源头和书证,比较是用方言词语同通语或其他方言中相同相关的词语相比较。如果从这两方面都得到印证,是最完善的考释。如果只从一方面得到可靠的印证,能令人信服,也是好的。反之,如果两方面的印证都缺乏,也可以把前人和自己的揣测列举出来,注明"待考"字样,以示"阙疑",等待后来人的补充纠正。这种方法,可以简略地称之为历史比较法。

用这个标准来衡量蒋先生的这部书,我认为,作者所使用的方法,大体上是这种方法。书中有不少精辟的考释,或采自通人,或是作者自己的卓识,都足以令人信服。

但是,考释词语,尤其是考释四川方言词语,是很艰巨很困难的一项大工程。要把大多数词语的考释做到完美无缺,决不是短期内靠一人之力可以完成的。我诚恳地希望,作者能把这部著作当作"初版",在若干年后,能够大加补正,写成一部可以传世的佳作。是为序。

2001年11月22日

《汉语结构类型演变新论》序[*]

冯英的《汉语结构类型演变新论》就要出版了,这使我想起一些往事,在这里说出来当作这部新著的序言。

记得1934年我在北大听罗常培先生讲语音学时,懂得了用历史比较法研究中国音韵的方法,因而也决定了我学习和探讨汉语史的目标。用历史比较法研究汉语史,至今为止,音韵学的研究仍然处于前列。高本汉、赵元任、罗常培、李方桂这几位大师以及他们的经典著作,牢牢地奠定了这项研究的基础。纵观三千多年来的汉语音韵演变,横看各地汉语方音的变化,多数问题都能加以科学的解说。这都可证明这一领域的研究已达到很高的阶段。

但是,在汉语词汇史、语法史、文字史等方面,却还没有跟上来。

罗常培先生早已看出这一点,因此,从1943年起他在西南联大开始讲授训诂学,并着手研究少数民族语言。《语言与文化》一书就是在那时开始撰写的。按照这个路子走下去,可以写出一部全新的"汉语词汇史"。只是因为1944年出国讲学,中断了这项研究。近年来出版了若干这方面的论著,搜集了较多资料。但这项

---

[*] 载冯英《汉语结构类型演变新论》,云南民族出版社,1999。

研究还需要走很长的路,治学方法也有待改进,作者则需要具备更丰富的历史和文化修养。

在语法研究方面情况要好些,马建忠的《马氏文通》和黎锦熙的《新著国语文法》是古今汉语语法的两部开创之作,论者毁誉参半,可以不论。近几十年来,在现代汉语语法方面,赵元任、丁声树、吕叔湘、朱德熙等人的论著影响较大。他们的研究方法,大概都是采用了描写语言学(Descriptive linguistics)方法。例如,朱德熙把普通话的"的"分为的$_1$、的$_2$、的$_3$三种用法,——加以分析描述是个典型的例子。但是,汉语有很悠久的历史,而且从甲骨卜辞到现在,一直延续不断。现代汉语的许多语法现象,如果不从古汉语中找到源头,并整理出其演变的过程,便不能给以科学的解释。有些语法学者看到了这一点,改用历史比较法研究汉语语法,开创了一条新路。

解放后成立了中央民族学院,设置了民族语文系,由罗常培先生任主任,马学良先生任副主任,开创了全面研究少数民族语言和培养语言学学者的基地。近50年来,关于汉藏语系诸亲属语言的研究,已达到了较高的水平。在这个基础上从事汉语语法、词汇和文字方面的历史比较研究,已经具备了条件。因此,近20年来,无论我自己的研究,还是指导研究生,都充分利用了这个条件。我曾多次带领研究生到中央民院访问,并多次参加少数民族语言研究和双语研究的讨论会,马学良先生成为这批研究生有实无名的兼任导师。我曾跟他半开玩笑半认真地说,我们是到你们这果园里来摘桃子的。意思就是利用汉藏系语言研究的成果,用历史比较法创建汉语语法、词汇以及文字等方面的研究,使能达到汉语音韵学的水平。按照这个设想,冯英和方有国自愿从事语法研究。他们两人又有分工:冯英的研究重点是上古汉语的词序变化;方有国的重点是探讨汉语虚词的来源和变化。另外的几位,则分别从事词汇、词族方面的探索。我和方有国合写的《汉字发展史纲要》一书,今年即可出版,这是用历史比较法研究汉字发展史的尝试。现在冯英的著作也要出版了,实在令人高兴。

冯英的这部著作,主体是探讨上古汉语的语法变化,但已经扩大了原先的研究领域,进而以讨论汉语结构类型演变为主体了。关于汉语的结构类型,至今尚未得出令人信服的看法,把汉语看作孤立型语言,并且认为孤立型语言是一种较原始的语言类型的看法,是早期欧洲语言学界的观点。这种观点跟他们把汉字看成原始的象形文字或表意文字的看法,都是欧洲中心主义的一种偏见。但这种观点,近来已有所改变。例如,英国的应用语言学家哈特曼和斯托克在1972年出版的《语言与语言学词典》(中译本1981年上海辞书出版社出版),就认为汉语、英语、越南语都属于分析型语言。但是,古今汉语是否始终属于一种结构类型? 如果不是,那又是怎样变化的? 这个问题还没有人作过认真的研究。

在这方面,瞿霭堂、孙宏开关于汉藏语言形态和结构类型变化的研究,很有开创性,是中央民院比较语言学研究的丰硕成果的一个方面。冯英利用这些成果,用以探讨汉语由形态丰富的屈折型语言逐渐发展变化为以词序、虚词、声调为语法手段的分析型语言,这也是一项有开创意义的工作。当然,这部书还有待充实,有许多微观研究要作,大量材料要搜集,许多语言现象还要仔细考证。如果按照这个框架继续走下去,再有10年左右的时间,可以写成一部很有分量的专著。

1996年我曾编了一部《汉语史论文集》,集中收录了十几位学友有关汉语史研究的文章。我在《前言》中说,80年代我们曾向四川省申报了"汉语史专题研究"这个项目,是四川省社会科学研究规划中一个重点项目。这项研究分为前后两期,第一期用五六年的时间作专题研究;第二期到2000年左右,陆续出版汉字发展史、汉语语法史、汉语词族谱、汉语词汇史、汉语文学语言史等专著,合成为一部完备的"汉语史"。现在,已经写成的专著虽然不多,但大家都在全力以赴。在"大学教授卖馅饼"以增加收入的歪风中,我们这批学友,仍然紧一紧腰带,夜以继日地在自己的小园地里耕耘不辍。我希望在我生前能看到这部"汉语史"全部完成,更希望冯英能继续她的研究,拿出更为出色的成果。

我们的国家正处在日益兴盛的时候,中华民族正处于重新振兴的时代。汉语是历史最悠久的语言之一,又是惟一的一种连续不断直到今日仍然充满活力的语言。随着中国国际地位的提高,汉语也越来越为全世界人民所重视。我们应该把汉语、汉字的有关问题研究清楚,以利于汉语、汉字的应用,这是我们不容推卸的责任。

1998年9月4日

西南师范大学

时年85岁

《上古汉语语法研究》序*

《上古汉语语法研究》在几位朋友的督促下,终于把作者十余年来的语法论文结集出版。这项研究是我近二十年来关注的汉语史研究的一部分,所以看到这成果,特别感到高兴。

二十年前,我曾申报过一个编写"汉语史"的科研项目,计划在二十年内同我的学生共同完成这部著作。有个大致的分工,方有国和冯英两人负责语法史的研究。希望能写出一部有较高水平的汉语语法史。现在看起来,当时的确过分低估了这项研究的难度。现在他们两人都已在这项研究中摸索出新的门路,出版了各自的专著,虽然这距离原来设想的目标还远,但是,他们都在语法研究中摸索出一条新路子、新方法,这是很可喜的事。

所谓新路子、新方法,其实就是许多人常说过的历史比较法。这个方法并不新,20世纪在中国音韵学的研究中,已经显示出威力。在神秘深奥的传统音韵学的基础上用这种方法创建成一门真正的科学。

但是,在音韵学以外,文字学、训诂学、语法学,是否也能运用这个方法呢?答案应该是肯定的。我这些年的主要精力是在研究

---

* 载方有国《上古汉语研究》,巴蜀书社,2002。

汉字发展史。去年和方有国写完了《汉字发展史纲要》一书。我自己觉得，这项研究的完成，实际上是历史比较法在汉字研究中的应用。历史比较法是研究语言文字的一个重要方法，但因研究的领域不同，方法也不完全一样，所以需要摸索、创新。

关于汉语语法研究，早的且不说，从《马氏文通》算起，已经整整一个世纪了。马建忠以后，汉语语法的研究一直没有间断，许多语言学大师为这项研究费过心血，毕生的主要精力都放在这方面，他们的研究成果非常宝贵。这些成果，无论可取与否，都对今后的研究有用。他们都在研究方法上有所探索。他们对某些具体问题的看法和论点，尽管很不相同，但从研究方法的应用和探讨方面，都可以给我们有益的启发。

从研究方法的角度审查前人的语法研究，可以大致看出，这一百年的语法研究，都在不断地探索历史比较法的运用和完善。例如马建忠的《马氏文通》用拉丁语法的框架同古汉语作比较，根据其异和同建立了第一个汉语语法框架，后来有人挖苦他，说他的著作是"拉丁语法汉证"。也有些人说黎锦熙先生的《新著国语文法》是"英语语法汉证"。这种批评其实有失公允。中国本来没有完整的语法学这门学科，在开始使用比较法时，难免有削足适履之弊，本不足怪。

马建忠也注意到了汉语历史的变化，只是没有当作一种方法来应用，20世纪50年代以后，丁声树、朱德熙用结构主义的方法研究现代汉语语法，成就很大。但是割断了汉语发展的历史，就无法解释现状。吕叔湘先生在历史比较法的应用上费过很多心思。他在这方面的论述很重要。

历史比较法，实际上已经逐渐形成了一种完整的方法，既要从历史的角度观察语言的发展变化，又要利用中、外、古、今可资比较的语言现象加以比较，这二者结合运用，才能达到理想的境地。这种方法已经在其他领域应用过，也已经做出显著的成绩。除中国音韵学以外，王国维利用甲骨文的材料研究上古史，创立了利用考古材料与文献资料相比较的"二重验证"法，使上古史的研究跃入一个新阶段，也是这个历史比较法成功应用的范例。用历史比较法研究汉语语法，应该怎样做，我曾经过多年思考，并同几位同志讨论过。我认为：

第一，研究汉语语法要把共时研究和历时研究结合起来，在操作时二者又要严格加以区别。例如，对历代专书的语法研究，已经作了一些，这些成果多了，古今的比较就方便了。

第二，方言中的语法材料需要大力发掘，应用于历史比较研究。方言是历史演变中的活化石，可以弥补历史文献资料的严重不足。如果这项材料充分发掘利用起来，可以使语法研究的面貌大为改观。

第三，利用汉藏语系亲属语言的语法同汉语作比较，是另一条新路子。我在上个世纪30年代听罗莘田先生讲课，听他讲到汉语中某些现象时，常常说，这个问题要等到汉藏系语言研究有了成果时，才能有望解决。这些话给我印象很深。60年代有两位好友曾想把我调到中央民族学院，觅取一个机会走走这条路子，结果没有走成。80年代我仍不死心，常常带着研究生去中央民族学院访问，并数次参加汉藏语学术会议，目的是多了解一些这方面的信息，并鼓励几个研究生从不同的方面作有关亲属语言同汉语的比较研究。在这方面,中央民院已经培育出好几位颇有成就的学者,证明这条路子是可以走的。方有国的这本著作中,也运用了这方面的材料。

第四,要充分继承传统语言学研究的成果,充分掌握文献资料。中国的传统语法学包括在文字训诂学中,《苍》、《雅》之学是研究中国语法学(包括语言学)的基础。这个基础打不好,不可能出高水平的成果。

以上四点,是我近二十年来的粗浅体会。做一切学问,一是要熟悉研究的材料,二是要掌握研究的方法。在人文社会科学方面,似乎研究方法更为重要。

方有国的研究生论文,就是探讨古汉语语法的。论文是林序达教授指导的。林序达的古汉语语法研究,是吸取马建忠、黎锦熙、吕叔湘诸家之长而有所创新。方有国十余年来的探索,在前人研究成果的基础上,稍有进益,主要是研究方法的运用和自觉。他也认识到共时的描写法并非无用,但描写法只能知其然,要知其所以然,必须用历史比较法。

这些文章大都是讨论古汉语虚词的。清代人研究虚词,是用训诂学的方法。胡适的《诗经言字解》,用的是杜威实验主义的归纳法。方有国研究虚词,重在讨论其来源及历史演变情况,实际上是在摸索历史比较法的应用与完善。这些文章多数曾发表过或在学术会上交流过,并且在上"古汉语语法专题研究"课时,几次给中文系的本科生和研究生讲授过,反应很好,证明这条路子可以走。这些文章的结论是否可靠,当然还要检验和讨论,可是我坚信,这是研究汉语语法史的主要方法。我希望多几位青年学者参加这项研究。并希望有幸能够看到完整描绘汉语语法发展历史的著作早日完成。是为序。

《左传词汇研究》序*

《左传词汇研究》就要出版了。我作为第一个读者,读了初校稿。作者要我写序,正好把我读后的感想说出来。

第一点想法,从整个语言学的研究领域来看,20世纪的语言研究,词汇研究是比较薄弱的部门。大家可以粗略地计算一下,在音韵学方面,有赵元任、罗常培、李方桂几位大师;在古文字研究方面,有以王国维为首的好几位大师;在语法研究方面,马建忠以后,有黎锦熙、吕叔湘、王力、朱德熙诸先生,而且有一个相当大的研究队伍。但是在词汇研究方面,却显得比较落后。王力先生主编过一部《汉语史稿》,词汇史只有薄薄的一小本。后来向熹教授的《简明汉语史》稍稍弥补了这个缺点。王力先生还编了一本《同源字典》,也属于词汇学的范围,是研究汉语词族的专著。另外,罗常培先生在1950年出版了《语言与文化》一书,考证了汉语词汇中的一些代词和亲属语言的词语,开创了一条从文化角度研究汉语词汇的新路子。60年代,丁声树先生主持编著的《现代汉语词典》是第一部现代汉语词汇词典。当然,在这一领域还有许多学者的论著。不过,从总的方面看,有许多需要做的工作还没有人做,至今我们

---

* 载毛远明《左传词汇研究》,西南师范大学出版社,1999。

还没有能力写出一部高水平的汉语词汇史,90年代出版的两部大词典、大字典,也还有待大力修订。

我认为,汉语词汇研究是一个大的工程。汉语有这么悠久的历史;记录汉语的汉字,又是在世界文字中独具特点的文字;用汉字记录的历代典籍中的词汇,又是那样错综复杂,因此,研究词汇必须从不同的角度分成若干专题从事微观分析,然后集合所有成果,方能编出总结性的汉语词汇史或汉语大词典这类成果。在分题研究中,选择一部分重要典籍,作穷尽性的词汇分析,是一项重要课题。毛远明同志的这部著作,在这类课题的研究中是一个开创。当然,某某书词典、某某书索引一类的书也有一定的使用价值,但是,同"研究"有异。因此,我以为这部著作具有开创性。

这是第一点感想。

第二,用《春秋左传》这部先秦古籍当作研究上古汉语词汇的资料,非常有价值。因为这部书词汇丰富,方面广。但是,这类研究也很难作好。记得十几年前作者曾给我写信,打算研究《左传》的语言,但当时杨伯峻先生的《春秋左传注》已经脱稿,陈克炯先生的《左传语法研究》油印本也已完成。他害怕"撞车",因而犹豫。我建议他重视词汇研究。我当时曾想,这研究很容易失之浅而平庸。不料作者花了十几年的苦功夫,竟然写出这样一部很有分量的著作,实在令人喜出望外。我说它很有分量,是因为作者在治学态度和治学方法上都值得肯定。在治学态度上,作者继承了中国传统语言学家言而有据的朴学作风,全书洋洋四十万言,没有空话,对于所有词汇现象,都千方百计加以解释;对于不能解释的,就老老实实承认要留待以后解决。这种老实的态度,是很值得提倡的。在研究方法上,他力图借鉴国外语言学、词义学的新方法,用以解释汉语词汇资料,并且吸收了这些理论和方法,形成了研究《左传》词汇的框架。例如,书中关于《左传》词义的研究,同义词、反义词的研究等部分,都是如此。这两者结合起来,就形成了这部著作的鲜明特点。

目前的学风需要加以关注,有的态度不够老实,只想用某些外国语言学理论硬加在汉语身上,意在标新立异;结果只会害己害人。有的固守旧说,不肯超越"师说"一步,固步自封,这种风气也要不得,在这方面,这部著作很值得向大家推荐。

这是第二点感想。

第三,作者在分析同源词和文字部分,采用了我的说法而又有所发展,这使我感到很开心。这是因为,我的一些"假说",经过作者的检验,证明是站得住脚的,同时在检验中又充实了这些"假说"的内容,使之更较可信,因此我感到喜悦,说明我五六十年来反复思索钻研的功夫没有白费。

在欣喜之余,我又对作者抱有大的期望。

五年以前,我在《汉语史论文集》的"前言"中说过一段话,这想法至今未变,老而弥笃,大意如下:

> 研究汉语史有两方面的作用。一方面,这个学科是研究中国文化这一巨大工程的一个分支,是工具和基础。现在国际上兴起了一股强大的东方热、儒学热;在国内我们也正在重新总结中华民族的优秀文化传统,使之成为社会主义精神文明的一个组成部分。因而,这门学问也将会在一些领域发挥

其应有的作用。

> 研究汉语史的另一个作用是在说明现代汉语。汉语是世界上仅有的历史悠久、文献丰富而至今仍有十四五亿人口使用的语言。现代汉语和三四千年前的上古汉语,无论在语音、词汇、语法,还是在汉字方面,都是一脉相承的。用历史比较法,从各个不同的角度清理出其演变的线索和规律,这对于了解现代汉语是个必不可少的手段。在这方面,关于汉语语音的古今变化做得最好。普通话和各地方言的音系都能说出它从上古到中古直到现代的演变过程。……如果在词汇、语法、文字等方面也能做到这个样子,那么我们对于现代汉语的研究就会进入一个新阶段。

这段话其实也是我多年来努力以赴的目标。我自己的主攻方向有两个:一是文字;二是词族研究。《汉字发展史纲要》一书,同方有国合作,已经出版了。这部书的论点,发掘出的规律,是否达到了预期的目标,还须接受更多的检验。在词族研究方面,曾跟张博合作数年。她的博士论文《汉语同族词验证机制研究》洋洋三十万字,在这方面有较大的发展。这也只是汉语词汇学这一大课题的一个分支。

在这个大课题下还有一些分支。完成这项工作,决非一二人之力所能及。我觉得,研究汉语词汇,可能是汉语研究中最难的部门。我曾想过一个问题,瑞典学者高本汉对中国音韵学研究建立了重大的功勋,一部《中国音韵学研究》至今仍是这一领域的经典著作。但是他的汉语词族著作,却远远达不到这个水平。为什么同一个人在这两个领域的研究成绩有这样大的差异? 我想, 这可以说明, 这项研究的难度确实很大。陈寅恪先生早就看到了这一点。他在写给沈兼士先生的信中曾说过:①

"右文"之学即西洋语根之学, 但中国因有文字特异之点, 较西洋犹复杂, 西洋人《苍》《雅》之学不能通, 故其将来研究亦不能有完全满意之结果可期; 此事终不能不由中国人自办, 则无疑也。

陈先生曾在英、美、法等国留学多年, 对欧美人文、语言的研究了解至深, 他从比较语言学的角度作出的判断是正确的。他这段话已经过去六十多年了, 至今这方面的著作还没有达到预期的水平, 实际上也说明了这类课题的难度。因此, 我非常希望通《苍》《雅》之学的有志之士把这个艰巨的任务担当起来。这部研究《左传》词汇的专著, 可以当作一个方面可供参考的样品。可以"大题化小", 把汉语词汇研究分成若干个小题, 然后"小题大做", 每个小题都认真地作细微深入的分析。这样做下去, 再过三四十年, 一定可以写出一两部非常出色的汉语词汇史或词汇研究的专著。

20世纪已经过去, 我们的国家日益富强, 中华民族的重新振兴正在鼓舞着全国人民以及全世界炎黄子孙迎接新世纪的到来。我们这些在语言学这一岗位上从事教学和研究的同好者, 有责任把这项研究进行下去, 这是时代赋予我们的使命。我自己已年近

---

① 《沈兼士学术论文集》183页, 中华书局, 1986。

九十,精力日衰,能做的事不多,但仍愿追随中青年同志之后,颠踬前进。

这是我第三个感想。

最后,再说点与此有关的一件事。

1986年9月,中国音韵学研究会和西南师范大学中文系曾合办了一期"古代汉语研究班",在全国招收了七十多位学员。学员来自各大专学校讲师以上的古汉语教师。开设的课程是严学宭先生、唐作藩先生和我商订的。参加讲课的有唐作藩、李新魁、赵诚、经本植、林序达、翟时雨、尉迟治平、梁德曼诸先生,严先生本来安排了"古代汉语导论"和"学术总结",因病不能来渝,由我代替,我的正课是训诂学。这个阵容说不上最强,可以说是相当强。学习安排得很紧,学员都说,虽然只有三个月,可是跟读两年研究生差不多。后来事实也证明了这一点。这七十多位学员现在大部分成为所在院校的古汉语骨干教师;有好几位已成为有所成就的中年专家,毛远明同志就是其中的一位。我作为这个研究班的倡议人和任课教师,今天能为这部著作写序,回忆往事,更感到由衷的喜悦。

以上这些感想,算是序。

1999年12月22日

《音韵学论著五种》序*

胡先泽同志的《音韵学论著五种》就要出版了。这是近年来看到的一本好书,又因为她曾经是我的学生,所以欣然命笔,写下我的几点感想。

第一点,从宏观上谈谈当前的汉语音韵学研究。

从20世纪的汉语研究情况来看,音韵学研究的成绩最显著。在这个领域中,二三十年代出了高本汉、赵元任、罗常培、李方桂几位大师,参考欧洲语言学家研究印欧语言的方法,利用乾嘉学者的研究成果,创立了研究汉语音韵的一套科学方法,把一项玄奥的绝学变成一门科学。这是大家都承认的。但是,一切学问都是不断前进的。音韵学从玄学走向科学,是一个大进步,但并不是说这项研究已经达到了顶峰,事实上,还有许多问题需要继续研究。甚至有些尚未开垦的处女地需要开拓。中华民族是历史悠久的民族,汉语研究是研究中华民族悠久历史的必不可少的基础,音韵学又是汉语研究的基础和工具。因此,音韵学所要探讨的问题,其意义是不可估量的。

第二,胡先泽同志的论著,有些是别人没有谈到或没有深入研

---

* 载胡先泽《音韵学论著五种》,长春出版社,2004。

究的问题。例如,古人利用《诗经》押韵拟测上古音,这当然无可非议。但是,如果我们要问,拿十五国风来说,地区从河北、山东、河南、陕西,到陕南、湖北汉水流域,难道在三千年前,其音韵都完全相同,毫无方言差别吗?利用《切韵》的韵部上推上古音,也多把《切韵》、《广韵》当作一个音系看待,对于后者,大家还在争论,但对于前者,则至今尚无人问津。据我所知,张琨曾谈过与此有关的问题,他认为,上古汉语就有方言存在,《切韵》并不代表一个音系,而是历代相传的不同方言的汇集。(见马学良论文集中访问张琨的录音整理)当时他并没有对上古汉语方言进行过认真的研究。

先泽同志的《国风用韵新探》一书,一反前人重"同"轻"异"的研究方法,从时代、方域的角度,勾画出诗经时代三大方言区,两个小方言区的方言面貌,并绘制出"诗经时代方音地域示意图",这实在是一项很重要的创新之作。其他论文,如《国风多用开口韵说》、《诗经东汉齐音考》、《三颂唐代吴音考》等,都可与这部专著互相参阅。《楚辞用韵》、《毛诗诸音考》两书也都有精辟的论点。

第三,研究人文社会科学,除了掌握充分的资料以外,最重要的是要掌握和运用先进的科学方法。我认为,这个方法就是行之有效的历史比较法。这个方法创始于19世纪美国社会人类学家摩尔根的《古代社会》一书,后来经过恩格斯的改造,成为马克思主义的一个组成部分。这套方法被广泛使用,许多学者和著作,都在有意无意地使用这一套方法。20年代王国维研究古文字、古史,赵元任、罗常培研究汉语音韵史,陈寅恪研究唐代史,都可以看到这种研究方法的影子。胡适提倡的实验主义方法是从杜威那里来的。实验方法是自然科学的研究方法,用于人文社会科学的研究,往往不适用。胡适曾写过一篇《诗经言字解》,认为《诗经》中"言告言归"、"薄言采之"等所有"言"字都当解为"以"。他用归纳法把《诗经》中所有的这类"言"字一一加以检验,认为无一例外,结论完全正确。但是,他并没有把这类现象的历史演变过程加以叙述,看不出这类语言现象产生、发展及其消失的经过和规律,因此他的解释也只做到了知其"然",还没有做到知其所以"然"。我觉得,就治学方法而言,似乎还落后了一步,但是,他在《说儒》这篇论文中,却又打破了实验主义方法的局限,不自觉地使用了历史比较法,文章中关于儒家产生和发展的叙述,至今还值得参考。

先泽同志50年代曾跟姜亮夫先生学习过,姜先生是王国维的学生,一生著述甚丰,论学方法深受静安先生影响。先泽同志的论学方法,正是从这个学派继承下来的。我希望,青年学者在读到这部著作时,除了书的内容外,还要学到这个研究方法。

胡先泽是我来重庆后教过的第一批学生,她那一班同学不多,但喜欢语言学的竟有十余人。我当时曾建议把这十几位分别送到北京、上海、杭州、广州等地培养深造,毕业后回来,可以形成一个像样的教学和科研小队伍。想不到一场"运动"使这一想法成为梦想。现在这十几位学友有的已经去世,有的则颇有建树。读了先泽同志的这部著作,使我在晚年感到无比的喜悦。

2001年6月7日
重庆西南师范大学
时年88岁

《汉字、汉语、中国文化论集》序[*]

嘉镇同志的《汉字汉语中国文化论集》要出版了。我读了全稿,有几点想法,写出来向读者推荐,算是这部著作的序言。

第一点,这二十几篇论文,分属于汉字、汉语和中国文化三个部分,这三个部分其实是关系密切的几门学问。汉字是记录汉语的书写符号;汉语汉字是中国文化的载体,又是中国传统文化的一个部分。研究汉字、汉语的一套学问,过去叫做小学,王念孙有一段话说得很好:"训诂声音明而小学明,小学明而经学明。"(见段玉裁《说文解字注·序》)清代小学家所说的"经学",就是中国传统文化中的儒家典籍,但实际上他们在研讨古代典籍时,并不限于儒家典籍,而是涵盖中国古代典籍的全部,可见王念孙研究小学是把它当成研究古代文化的工具,而不是孤立的一个学科。这个观点很值得我们仔细思考。回顾20世纪的中国语言文字研究,比起清代的小学家在许多微观研究方面,有许多重大的研究成果,这是人所共知的。但是,许多语言文字专家,习惯于在自己经营的天地里从事窄而深的研究,却对于研究这套学问的目的避而不谈,或脱离中国传统文化,或避开当前的中国文化,这不能不说是一个缺陷。

---

[*] 载龚嘉镇《汉字汉语中国文化论集》,巴蜀书社,2002。

嘉镇的这部论文集,把文字语言研究同中国文化研究相结合,在当今是一条新路子。我非常赞成这个观点。我们今天研究古文字、古汉字,主要目的是为了研究中国古代文化;研究现代汉字、现代汉语和古文字、古汉语、古文化,目的是为了创建当代的新中国文化。这个立足点要站稳,不然,便会使自己的研究远离于实际之外。

第二,我以为,《论汉字的性质、功能与规律》是谈论汉字的一篇好文章。

嘉镇同志从研究现代汉字入手,进而对汉字的发展史、表意字和形声字的性能深入探讨,用历史比较法总结出汉字的内部规律,对这项研究有新的突破。国内外有些学者,为了给汉字"翻案",用汉字同拼音文字作比较,说出了汉字的一些优越性,批驳了把汉字当成落后文字的谬论,这是很好的,可惜多数研究不够深入,论证不足,不足以服人。嘉镇同志的这篇文章,从分析汉字的造字法入手,详细说明了汉字发展的内部规律,从符号学的角度指出汉字的优越性能,这样做比那些空洞的议论更具说服力。不但如此,作者还把这些论点用在汉字教学上,使汉字难学变为易学。这个问题已经引起许多中小学优秀语文教师的关注,并且在实践中,已探索积累了不少经验,如果能把这些经验加以提炼、提高,相信在一二十年内,可以设计出一套科学的汉字教学方法。

第三,在汉语研究方面,我很喜欢《从"不毛之地"说语文词典的释义》一文。这篇文章讲训诂的,属于词汇学、词典学的领域。作者对"不毛之地"一语的语义进行了全面的考释,并根据用例的上下文提出了新的引申义项,以此为例,提出了词典释词的一些原则,这对于古词语训诂方法和汉语字词典的编纂,都提出了重要的意见。

我曾参加过一部大型汉字字典的编辑工作,深切感到当今出版的汉语字词典,有加以修订的必要。就以古汉语中的词语而言,有许多还没有弄清楚起源,有些词语的引申用法还有待清理,像"不毛之地"这个使用了两千余年的熟语,至今还偶然使用,但使用者和读者对这个词语的理解都有点模糊,读古代典籍时,遇到这个词语,也是如此,如果略加追究,便会瞠目不知所对。本文的做法,是把古今所有用例,一一罗列出来,加以比较,仔细观察其引申变化的情况,然后根据语境,确定其义项,用这种方法从清代训诂学家到今天,已经有大量词语经过程度不同的考证。近二十多年来,由于两部大型汉字汉语字词典的编纂(几千人参加编写)造就了一大批在这一领域颇有成就的专家,各高等学校和研究机构,也有不少有关这方面的课题,还有几种报刊,近年来也不断登载这方面的文章,如果有关领导能够及早设置专门的编纂机构——例如"汉语大字典(大辞典)修订组"这类机构,在筹备阶段,广泛联系有关专家,广泛搜集有关考证成果,那么,到编纂时就可得心应手,博采众说,可以避免临渴掘井的困窘。因为汉语中的字、词,往往牵涉到很多学术领域,只凭一两个人的力量独立钻研,是不可能做得十全十美的。我在这里顺便记述一段有关丁声树先生牵头编纂《现代汉语词典》的故事。丁先生有许多年,把主要精力都放在这部词典编纂上,他为了搜集各地方言词语,几乎随时随地都向各地人士询问、调查,每有所得,便喜不自胜。现在我们在这部名扬国内外的词典中,看到不少词条下注有"方"字符号的地方,多半是这样来的。我们今天修订古汉语字词典，难度要更大。我们既需要有博学多识的专家牵头，更需要把许多卓越的考证和见解搜集起来。

第四，嘉镇同志自称很重视研究方法的完善，他所叙述的几种方法，我看可以包括为历史比较法。历史比较法的创始者是人类社会学家莫尔根，他在《古代社会》一书中应用的研究方法，19到20世纪广泛应用于语言文字和其他人文社会科学领域。欧洲的语言学家，用这种方法研究印欧语系和其他语言的族属关系，取得了巨大的成绩，高本汉、赵元任、罗常培、李方桂，用这种方法研究汉语方音，从而划分出汉语方言的区划和历史演变的框架。乾嘉时期的小学家，也在古今语音对比、文字对比中摸索出接近历史比较法的研究方法，王国维、郭沫若等人又使这套方法在汉字研究方面得到应用。

我个人体会，这套方法是研究汉语、汉字和中国文化历史的很重要的方法。嘉镇同志研究汉字、汉语的文章大都贯穿了这种方法。当然这种方法并不是一套现成的公式，要想取得理想的成果，必须下大力气掌握资料，并且善于从古今对比中发现其历史演变的规律，这样才能使这套方法更加适合中国的实际。

以上是我的几点想法，只是根据我在这个田园上耕耘了一生的心得，借机写出来供同好者评说。

是为序。

2001年8月31日

《古汉语散论》序[*]

嘉镇同志要我给他的《古汉语散论》一书作序。我想趁此机会谈谈古汉语教学和有关科学研究的关系问题。

中学语文课本和高等学校的大学语文课都选了一些古代的优秀文章。高等学校中文系和历史系开设的古代汉语、中国历史文选等课，选入的文章都是古文。为什么要青少年费很大力气学习这些文章？因为这对提高青少年的文化素养和道德品质素养，有很重要的教育作用；对于我们继承优秀的文化遗产，有重大的意义。这是建设社会主义振兴中华的一个方面。把这类课教好，应该是古汉语教师（当然也包括文学史、历史、哲学史等课的教师）的一项光荣任务。

要完成这个任务，把这类课教好，不是一件容易事。大体说，有三个困难。

第一是语言文字方面的困难。有些文章是两三千年以前的作品。那时的汉语，无论是词汇、语法、文字，都同现代汉语不完全相同。有的面貌全异，有些则形同实异。如果用现在的用法解释古文，或则不知所云，或则似是而非。稍不注意就会讲错。例如《孟

---

[*] 载龚嘉镇《古汉语散论》，陕西人民教育出版社，1992。

子·告子章》有一句话："踰东家墙而搂其处子,则得妻;不搂,则不得妻,则将搂之乎?"这个句子不难懂,只有"搂"字容易讲错。"搂"是现代汉语中的常用字,常用义为搂抱。但《孟子》中所用的"搂"当训为"牵",即拉或拉走。赵岐注云:"牵也。"《说文系传》云:"搂,曳也,聚也。"(大徐本作"曳聚也"。)曳即是牵,牵曳即今语拉住,拉走。赵注不误。但当今注释者却把"搂其处子"译为"搂抱女子"。不知古今"搂"字字形相同而词义全异。这类例子俯拾即是,不胜枚举。

第二是时代的变化。两三千年前的社会和今天大不相同。生产关系、政治结构、社会风俗、人际关系,都同今天不大相同或大不相同。要正确理解古人的文章,往往要对这些情况加以考察。若只从字面理解,以今人之心度古人之腹,便很难理解古人。例如,《诗经》是我国第一部诗集,大约是三千年前的作品。只有极少的诗篇可以从诗句及史书中得知作者为谁,及其作诗的用意。绝大多数作品都要靠历代的学者加以拟测。《诗经》第一篇《关雎》,按照汉代经学家传下来的"诗序"说,是一首歌颂后妃之德的诗。"五四"以后的学者,有的认为是一首恋爱诗,全诗描写"君子"和"淑女"从恋爱到结婚的经过。有的则认为是在举行婚礼时演唱的结婚歌。到底哪一种说法较为妥当,需要从社会学、民俗学的角度加以验证。

第三是"古为今用"的问题,也就是如何继承古代的文化遗产使之为精神文明建设所用的问题。绝大多数入选教材的文章,都是经过精心挑选和时间考验的,因而这些文章多是历代文章中的精华。但对这些优秀作品如何给以正确的评价,如何使之为我所用,却仍然是很不容易做到的。

以上三方面的困难,都不容易克服。做一个优秀的古汉语教师的确很不容易。刚刚开始教学的新手,大概只能依靠选文的注释和一两部字典勉强支应。如果不能向前迈进,逐步克服上面说到的困难,便很难真正达到这类课程应该达到的目的。

怎样才能克服这些困难呢？记得30年代上大学时,一位当时极负盛名的老师常常对我们讲:在读书时要问几个"W"。这句话印象很深,至今还时时想到。英语中有好几个带"W"的词,what（什么）、why（为什么）、when（什么时候）、where（在哪里）、who（谁、什么人）、which（哪一个）等。最重要的是what和why,这等于我们汉语的"什么"和"为什么"。无论读什么文章、什么书,先得知道这是什么文章、什么书,字句是什么意思,然后多问几个"为什么"。为什么这个字的用法和现代不同？为什么这个句子的语法结构和现代不同？为什么这篇文章中表现出这样的思想和情绪？——这样多提出几个"什么"和"为什么",并一一认真寻求答案。日积月累,便会在某一领域有更多的了解,讲课得心应手,既是某一方面的专家,又是真正能够对青年施加教育的师长。

嘉镇同志是个自学成才的青年语言学家,也是一位优秀的古汉语教师。他在中学教语文课,在高等学校教古代汉语课,都很受学生欢迎。1986年下半年,中国音韵学研究会和西南师范大学中文系共同举办了一期古代汉语研究班,招收了全国20几个省市的70多位高等学校讲师。嘉镇同志是这个班的优秀学员。除上课外,他常来我家谈论治学方法问题。他是我晚年结识的几位很有见识的青年同道人之一。这部论文集是他近年来在繁重的教学工作之暇挤时间写出来的。内容包括文字、训诂、语法等几个方面。题目多半是从教学中遇到的问题中提炼出来的,有的可直接应用于教学,有的则着眼于一些根本问题,都可供参考。

1991 年 3 月 12 日

重庆西南师范大学中文系

《简帛药名研究》序[*]

张显成博士的《简帛药名研究》一书就要出版了。读完书稿，有几点想法，写出来向关心这类课题的朋友们推荐这部书。

中医中药是中华民族优秀文化的一个组成部分。历时数千年而不衰，这无疑是对人类文化的巨大贡献。中医有悠久的历史和丰富的典籍，近几十年又在汉代墓中发掘出不少有关医学的简书帛书，更加丰富了这方面的文献资料。从医学史的角度看，这些资料有非常重要的价值。可是有关这方面的研究却为数不多，因为研究这类课题，不但要具备较高的医学知识，还要有造诣很深的语言文字功力，才能胜任。

出土简帛医书在语言文字方面有以下几个特点：一是假借字、异体字特别多；不打破"文字障"，就不易读懂。二是药名中的异名多，很难判断某某药名即是某药。三是中药类属的科学化。四是古代病名同现代医学中病名的比较问题。五是中医理论同现代西医理论的比较互补问题。后面两条同这部著作无关，这里只就前三条说一说。

简帛医籍中的假借字特多，这是个很突出的特点。例如，《五

---

[*] 载张显成《简帛药名研究》，西南师范大学出版社，1997。

十二病方》中的药名,以"弱"为"溺"(小便),以"叔"为"菽",以"庆良"为"蜣螂",以"巫夷"为"芫荑",以"黎卢"、"犁卢"为"藜芦",以"扁辐"为"蝙蝠",以"畺"为"薑",以"陵枝"为"菱芰",以"亭歷"为"葶藶",以"朱臾"为"茱萸"等,不胜枚举。药名以外的假借字更多不胜数。商周文字的主要特点是以假借字为汉字字库中的主要成分,战国时期的六国文字基本上保持了这个特点,《五十二病方》中多用假借字的现象,同这一时期使用文字的情况相同,这些假借字,到了汉代,大部分都改变成"本字",如"弱"加水形成为"溺","叔"加草形成为"菽"等。

战国文字的另一个特点是异体字通用字特别多。简帛医籍中的药名也有这种现象。

假借字、异体字、通用字这几种现象纠缠在一起,往往需要仔细考辨,才能加以识别,例如,本书考证的"誩干"当是"射干",为什么"射"竟写成"誩"呢?作者认为,"誩"当是"谢"字的简略俗字,"谢"又是"射"字的假借。这个考证是对的,古代药名大都来自民间,药名的命名大都有命名之意。"射干"的命名,大概因它形状似箭而得名。湖南草药医生名射干为"开喉箭",因为它可以治喉疾,又因形状似箭而得名。至于"谢"借为"射",则是战国文字假借字的另一特点。"谢"字从言,射声,是个形声字,"谢"又假借为"射",实在令人不解。假借字本是"本无其字,依声托事",既已有了表示射箭的"射",为什么又要借"谢"字来表示射义呢?原来这是六国文字的通病之一。那个时期的帛书,这类字可以举出二三十个。作者对这个字的考证可以说确凿无疑。根据这条考证,可以把"射干"这味药的使用提到战国时代。过去根据古代典籍,射干的使用最早见于东汉张仲景的《金匮要略》中的射干麻黄汤，用例提前了三百多年，本书中这类考证不少。

简帛医籍中多用假借字的现象并没有因为时代的变迁而改变，这又是古代医籍的特殊现象。

从汉字发展史的角度来看，到了汉代，假借字大量改造成形声字（本字）。东汉许慎编著的《说文解字》，形声字达到80%以上。但是甘肃出土的《武威汉代医简》，是从东汉墓中发掘的，其中的假借字竟同《五十二病方》中的用字差不多，如"防风"作"方风"，"芎藭"作"弓穷"，"芍药"作"勺药"等，这种用字现象可能与医家这个行业有关。古代医学世代相传，弟子严循师法，不肯轻加改动，因而形成了特有的行业用字习惯。

中药的异名问题是中医学中的一个令人头痛的问题，同物异名、同名异物的现象非常严重，历代修订本草的医学家都进行过艰辛的考订、验证工作，以致现在的大部分重要药名都得到确认，并且能用现代动植物分类学的名称加以规定，这是一个进步。但是还有一些中药没有做到这一步。对于古代药名异名的整理、辨析，更做得不够。显成同志的这部书在这方面也作出了很大努力。

最后还要从词汇发展史的角度谈谈药名词语的演变问题。

汉语是以单音节为基础的语言，上古汉语中的单音节词较多，大约到春秋战国时期才大量产生了双音节的复合词，但单音节词是怎样由词组浓缩为复合词的？这在古代典籍中却很难找到例证，在药名中却有不少实例。例如，《五十二病方》中有"久弱中泥"一药，"弱"即"溺"字，即《本草纲目》中的"人中白"，为小便便盆中的沉淀物，《新修本草》名为"溺白垩"，"久溺中泥"是个较复杂的词组,后来简缩为"溺白垩",又概括为"人中白",从词组演变为复合词的轨迹了如指掌。

又"少婴儿弱"一药,即本草中的"童便","燔胕(腐)荆箕"即用陈旧荆箕烧成的灰,箕即簸箕,北方多以荆条编成,故名荆箕。此药后来收入本草,所以只保留了个说明性的词组。

本书中考证的"衣白鱼"变为"白鱼",也是这类变化。

根据这些例证,可以勾画出汉语词汇由词组演化为复合词的发展道路,这个规律不但可以解释古汉语中的复合词形成过程,现代汉语中有些复合词的形成也仍然按照这个规律演变。记得抗战期间我到昆明时,当地人都把"马车"叫做"马拉车",后来马车越来越多,"马车"这个词才代替了"马拉车"这个词组。

从语言文字的角度看待简帛医籍中的药名,我就说这几点。

显成同志的这部专著,就是综合上述几个方面加以整理研究的,我从二十多岁起开始学习语言文字学;以后又曾对中医着了迷。近年来在语言文字方面用力较专,但对中医学却仍未能忘情,可惜年过八旬,精力不及早年,无力兼顾。显成同志在语言与医学两个领域都有较深的修养,与我所好相同,得为忘年交,现在读到这部著作,感到异常欣喜,写了上面的一些看法,权作序言。

1996 年 11 月
重庆北碚西南师大

《古汉语词义丛考》序[*]

读了宋子然教授的《古汉语词义丛考》书稿,感到非常高兴。他让我写序,也好。我可以把喜欢这部著作的原因说出来,供友好参考。

首先,谈谈这项研究的重要性。

中国有五千年的历史。有文字记载的文献有三千多年,语言文字是文化的载体,要研究这四五千年的文化史,最主要的方法是研读古代流传下来的典籍,也就是说要研究古代的语言文字。因为历史悠久,古今的语言、用字有许多变化,这就需要研究。这套学问过去叫做"小学",包括文字学、音韵学、训诂学、校勘学等学科。研究这套学问的目的是弄明白古代典籍中字、词、句的本意,用以了解古籍。从汉代开始就出现了许多注释先秦典籍的著作,这个传统延续至今,两千多年来一直未断,可见这项研究是很重要的。

但是至今古籍中还有许多词句没有解释明白,这就大大影响了传统文化这个巨大工程的进展。因此这项研究不但要继续研

---

[*] 载宋子然《古汉语词义丛考》,巴蜀书社,2000。

究,而且要有一伙人认真做下去,我看,这部著作就是这个领域中的好著作之一。

其次,汉语词汇的考证是一项很不容易做的学问。做这一套学问,要对中国的传统语言文字学有很深的修养,要熟悉古代典籍,又要借鉴国外词汇学的一些理论和方法,这是很不容易做到的。有些青年人望而生畏。有些人索性制造了一套"理论",说这一套学问费力而无用。因此,只有少数人决心啃这些硬骨头,并且在这个天地中感到喜悦,寄托着对祖国灿烂文化的无限深情。在这部著作中,读者会感受到这一点。

第三,作者在考证字词的源流时,多处应用了四川方言的材料。这在研究方法上是值得提倡的。清代人考据字词所应用的材料多限于古籍中的书证。他们还不懂得现代方言材料之可贵。章太炎做过《新方言》,但在考证字词时,却很少把这两者有机地结合起来,罗常培先生曾多次强调研究方言词汇的重要性。这些年来已有人注意到这一点,但调查方言的人未必热心古汉语,研究古汉语的人又或不谙于调查方言;因而在这一领域有意识地应用方言材料实属罕见。这部著作中的有些词条,熟练地应用了这项材料,使人读了倍感亲切。这个方法其实是受人类文化学的影响而形成的,是现代词汇词源学中一项公认的科学方法,希望作者在今后的研究中加重这项材料的应用,方言的面还要扩大,不限于四川。方言最好加注音标,以便古今对比。

第四,作者对医籍词语的考证也很令我感兴趣,这大概跟我也喜欢中医学有关。

例如,"几几"条,从《诗经·豳风·狼跋》的"赤舄几几"联系到《素问》《伤寒论》中的"腰痛夹脊而痛至头几几然"、"太阳病,项背强几几",证明"几几"当为"丩丩(jiu)"。极有说服力,这一段还可略加补充。"丩"当是纠字初文。又有"疛"字,《说文系传》说:"疛,腹中急痛也。"医籍中的"几几"当是"疛疛","丩丩"与"疛疛"为古今字。太阳病或风湿、中暑等症,都会有项背或腰脊强(jiàng)直而痛的感觉,中医治疗或用解表法,使排汗系统通畅;或用除湿解表利尿法,使湿热从汗液及小便排出,便可治愈。民间或用按摩法,沿脊背颈项揪住皮肤,提放若干次,亦可缓解。——这都可证明作者考证的确实可靠。据我所知,不少精于医道的名中医,往往对于古医籍中的用语疏于考证,在这方面需要两种学科的学者合作,才有利于中医学的发展。

最后,我喜欢这部书,还因为我和作者一段奇特的师生之缘。

子然君是西南师大中文系1967级的毕业生,我在1963年上过他们班的汉语及写作课,后来"四清运动"被撤下讲台,又随后便是"文革"。那年代的师生关系大概是历史上罕见的,因此这三个班的学生,以后几乎毫无所闻。不料,80年代川师第一届汉语史硕士研究生毕业让我主持论文答辩时,却在20年后又见到了子然。在那个以阶级斗争为纲、把一切学术研究都视为走白专道路——以后是"封资修"——的时代,竟然还有这样一个学生和我走到一起来了,这份高兴的心情是很难用话语表达出来的,现在又读到这部书稿,当然更为高兴。

我希望作者能继续这项研究,也希望在读者中有人会下决心参加这项研究。是为序。

2001 年 1 月 20 日
西南师范大学
时年 87 岁

《现代汉语语法表解》序[*]

张松林同志的《现代汉语语法表解》一书即将再版，他要我写一篇序。我很喜欢这本书，便欣然从命，写了下面几点看法。

第一，这部书可以看作是六十多年来现代汉语语法研究的总结。因为他是根据1981年《暂拟汉语教学语法系统修订说明和修订要点》及据此而拟出的《中学教学语法系统提要（试用）》编写的。《要点》和《提要》包含了六十多年来许多专家的重要研究成果，也包含了许多中学语文教师的意见。自从1924年黎锦熙先生的《新著国语文法》出版以来，语法学界关于现代汉语语法体系和各项专题的研究，一直没有停止过。有价值的论著可以随手举出几十种。有许多重要课题，逐步得到解决。当然还有些问题要继续研究。从总体来看，我们对现代汉语语法的认识，比起六十年前已经有了很大的进步。《要点》和《提要》正是在这些成果的基础上总结出来的。作为中学语法教学的根据，很需要这样的"共同纲领"，以免在教学中造成无谓的争执。松林同志这部书正是在这个基础上编写的。语法体系和术语的采用、解释，都以此为据，容易为多数人所接受。

---

[*] 载张松林《现代汉语语法表解》，四川科学技术出版社，1992。

第二,这部书用表解的形式,把有关词汇、语法的知识罗列出来,使人看了一目了然,毫无枯燥烦难之苦。这些年有不少中学语文教师对当前讨论语法的某些文章有反感,说一是读不懂,二是没有用。认为不教语法照样可以教好语文课。这种意见当然不完全正确,但也不能完全否定。我们研究语言的人多年来没有编好中学的语法教材,这当是以上这类反映的一个原因。黎锦熙先生在他的《新著国语文法·序》中自己批评他的那部著作是"英文面貌颇浓厚,颇狰狞"。许多同类著作,至今还没有改变这副面孔。这是另一个原因。松林同志这部书完全是一种新形式,读起来易懂,用起来方便,毫无"面貌狰狞"之感,理应受到欢迎。有些不大喜欢语法著作的同志,读了这部书,可能会改变原来的一些偏见。

第三,这部"表解"在教学中如何运用,还需要根据不同的情况试着做。例如,各种培训班的《现代汉语》课,可以考虑以《表解》为大纲,进行语法教学和单项练习。在中学语文教学中,也可以有计划地进行各种句式的练习。中学语文课的主要教学目的在于培养学生的写作和阅读能力。如何达到这个培养目标,至今还没有成熟的经验。其后果是很多中等以上文化程度的人,不能准确而熟练地运用祖国语言;以致各种报刊和专著中的各种病句、病词比比皆是,一般中学生的作文就更不用说了。这是汉语教学工作者应该早日解决的重要课题。语言是一种交际工具,一种复杂的符号系统。掌握这个工具,学会使用祖国语言,绝不是轻而易举的事。一是要花大力气;二是要方法对头。这也同学习绘画、音乐、体育相似。学习这些技能,需要一整套的练习,从最基本的动作开始,由简而繁,反复练习,最后才能得心应手。学音乐要从音阶、节拍、练声开始；学绘画要先学画线条、识颜色，然后写生。学写文章也应是这样。古人学八股文，先写"破题"，再写"承题"，再写"起讲"，一股一股地练，最后才成篇。写旧体诗也是先学对对子，做对联，然后写诗。我们今天教中小学生作文，似乎不应该完全排除这种经验。不能像现在这样，从小学到大学，一式的命题作文（当然也有一些未被重视的好经验）。利用《表解》的提示，教学生试做些切实的语言练习，似乎是一条可以坚持试验的路子。

第四，我希望这部书经过几年试用以后，可以不断加以修订。有些方面可以大为增补。例如，关于病句的医治，从50年代开始，报刊上多有这类文章，但缺点是就事论事，有待系统化。病者触处皆病，治病者就病医病，彼此对病与不病都无全面了解，这不是好办法。如能以《表解》中的某些表为大纲，用正句和病句互相对照，正反分明，加强练习，也许收效要大些。又如，就句式而言，有的句式是经常使用的；有的句式较少应用；有的句式多见于这种文体，有的句式则在这种文体中绝少使用。这类训练应在学生作文中有计划地进行。在这方面，从《表解》中也可得出有益的启示。——总之，这部书可以从不同的角度加以补充，或者可以从不同的角度，写成另外的著作。

希望这部书能对语法教学有较好的影响，对培养中学生的写作和阅读能力有所助益。

1987年7月12日
重庆北碚西南师大中文系

我和文字训诂学[*]

一

我原名刘锡铭，字又新，后改为又辛。1913年4月出生在山东省临清县城南的一个村子里。父亲旧制中学毕业，相当于现在的高中。在那个地区（现属聊城专区），那时算是最高学府了。他终生从事小学教育工作。抗战期间，曾把家中仅有的三间正房捐出创办了一所武训学校的分校。他教过的学生，有不少人长大成材。

我的启蒙老师就是父亲。父亲的知识面很宽，新学旧学都能教，又善于规划教学次序。旧学中的四书五经，先教《孟子》、《论语》，再教《诗经》。新学国语课中的"大狗叫，小狗跳，大狗叫一叫，小狗跳一跳"那样浅陋可笑的课文，只是一读而过，但对于1920年才推广的注音符号，则让学生完全学会。记得有一次上国语课，他用注音符号写出一篇文章，让学生"翻译"成汉字。那天正值县里一位督学先生来"查学"（检查教学），看了黑板上一大篇注音符号，

---

[*] 《治学纪事》，巴蜀书社，2002。

一个也不认得,下课后竟然悄悄地问父亲,你们这里还学英文吗?一时传为笑柄——我想这种训练,也许是我一生终于从事语言学研究的一点契机吧。

我是个愚笨的人,记忆力差。二弟比我小三岁,比我聪明得多,几百字的书,他读上一两遍就能成诵,我却要读十几遍才行。父亲针对我这个缺点,要我养成苦读的习惯。每天早上一醒,还没有起床,就在被窝里回答父亲的提问。在走向学校和从学校回家的路上,父子三人,一问二答,一分钟也不放过。平时无假日,只是过旧年时休息一天半。这种训练对于我有两方面的影响:一是养成勤奋学习的习惯,知道勤能补拙的道理。二是身体不好,自幼多病,但后来也因此而积累了一套祛病健身的知识。

初中毕业后,本打算到济南去考师范学校的,因为父亲一人支持一个破败的八口之家,又要供给比我长三岁的叔父读书,实在不能再供我读高中了。那时读师范,衣食住完全公费,自己只要筹点零花钱就行了。却蒙一位同伴好友盛情约我一同去北平读高中,学费由他负责,因此我便读了北平市立第一中学,随后在1934年考上了北京大学。

那一年,胡适任文学院长兼中文系主任。中文系语言组的刘半农、白涤洲两位先生相继去世,便请罗常培先生来北大(那时他在原中央研究院历史语言研究所任研究员)任教,随后任系主任。在中文系任课的老师有胡适、沈兼士、唐兰、闻一多、魏建功、罗庸、郑奠、钱穆、顾随、何容、陈绵、马裕藻、余嘉锡诸先生。

初入学时,我暂定读中文系,按照当时的规定,第二年可以转入文学院的其他系。一年级的课程,多数课是文学院各系的共同必修课,因此每周总要上两次一百多人的大课。胡适的"中国文学概要"和"中国哲学史",钱穆的"中国通史"都是大课。专业课只有十几个人,同班同学只有十六个人,但是罗常培先生的"语音学",课堂里常常坐满了人。因为北大有个特殊的校风,不但外系的学生可以来旁听,校外的人也可以来。经常来听罗先生讲课的,一位是外语系的教员袁家骅先生,一位是清华大学杨树达先生的研究生张清常。还有一两个日本人。罗先生对这些旁听生一视同仁,有的后来成为知名的语言学家。

在北大这三年,我学到的东西很多,最主要的是找到了理想的岗位,立志在研究中国语言文字和探讨传统文化方面作出贡献。这完全是受了几位老师的教导和影响以及北大校风陶冶的结果。

胡适的两门课我都听过,他给我最深的印象是学贯中西,能够用中西对比的方法讲解中国文学和古代哲学中的许多疑难问题,深入浅出,很有吸引力。他的《白话文学史》和《中国哲学史》在当时都是创新之作。他从五四运动的前线退出来,转而"整理国故",专门研究中国传统文化,在这方面是很有影响的。

罗常培先生的语音学,给我印象最深,他用欧洲语音学的方法讲述汉语音韵问题,许多传统小学家说不清的,一经分析,无不涣然冰释,令人顿悟。一向被视为"绝学"的中国音韵学,竟然讲得那样生动,因而我也逐渐迷上了这一门课。我在二年级时,还做了两篇分析临清音系的小论文,在《读书周刊》(北大文学院主编,天津《益世报》副刊)发表。罗先生对我后来决定研究语言学,对于我终生从事教学和研究工作不动摇,产生了决定性的影响。

沈兼士先生的文字画理论和"右文说"等训诂学理论,唐兰先生的"三书说"理论,魏建功先生在《古音系研究》(讲授"中国音韵学"时的讲义)一书中提出的上古汉语中的音韵、训诂问题,都使我产生了极大的兴趣。

当时分五段开设的中国文学史,我只听过罗庸先生讲的两段,都极精彩。顾随先生讲宋词,不但妙趣横生,而且加上手势表情,颇能引人入胜。陈绵先生的"话剧实习"课,除讲课外,还组织了一个小小的"干吗剧团",这点知识在抗战初期曾一度派上了用场,我竟做过一个抗战剧团的团长兼导演。

闻一多先生讲的《诗经》《楚辞》两门课都听过。那时闻先生第一次讲这类课,搜罗资料丰富而较少发挥。后来我到西南联大复学,又重听闻先生讲《诗经》,因为他考察过云南少数民族的民歌、歌舞和民俗,用以同《诗经》中的诗篇对照,于是把这项研究推向一个全新的阶段。他把《诗经》讲活了。这是后话。

钱穆先生的"中国通史"课,不但引发了我对历史学习的兴趣,还使我学会了做学问的某些方法。钱先生自学成才,三十多岁当小学教员时立志做学问,他曾讲过,一部《史记》读过十几遍,每读一遍都从这部书中解答一个大问题,中国古史中的许多大问题都是这样得到解答的。有一次他说,从立志治学,十多年来只有三天没看书,一直没有间断。这些话我至今记忆犹新。

北大还有个藏书丰富的图书馆,当时学生人数不多,读线装书的人更少,每人可以占用一张能坐十几人的大书桌,一次可以借阅几十部书,不用任何手续;下班时可以把书籍连同自己的笔记、卡片留在原处,不会有人移动。管理员的水平也高,你只要告诉他书名,几分钟就把书送来;而且有时会主动告诉你,这书还有另外几种版本，如果需要，马上取来。当时师生之间的关系也好，记得我在二年级时曾发表过一篇关于王若虚的小论文，魏建功先生看了立即给我写信，说北大图书馆的石刻拓片中有王若虚的墓碑资料。这件事也可说明北大学风的一个侧面。

但是我的治学梦被卢沟桥的炮声打断了。1937年7月7日我在北大东斋听到西南方向的炮声。中华民族面临着生死存亡的关头。我也被迫休学，在家乡曾参加了一段抗战活动。先是悲观失望，认为生为亡国奴，不如死为自由鬼。后来亲眼看到日本侵略者树敌过多，中国民心振奋，逐渐得到了日本必败的想法，而且听说北大已经迁到云南，成立了西南联合大学，于是决心到昆明复学，重温治学的旧梦。1943年从山东到云南，逃出沦陷区，到了西安，随后又得到朋友资助路费，第二年方到昆明。接着是抗战胜利，西南联大解散，北大、清华、南开三校复员后，剩下一个师范学院，改名为昆明师范学院，由三校负责配备各系教师，算是三校在昆明的分校。罗庸先生担任第一任中文系主任，我被分配大一国文、国语语法和音韵学三门课程，经常在中文系主编的语文副刊上写论文，后来又由傅懋勉先生带头组织，创办了《云南论坛》杂志，由罗庸、钱穆、方国渝、董庶、傅懋勉和我任编辑。就这样，我重新开始了治学的道路。

解放后因探望罗庸先生的病来重庆，以后竟留在这里工作。1952年院系调整到西南师范学院（今西南师大）任中文系教授，直至于今。我同当时许多人一样，怀着一种民族新生的兴奋感参加工作。根据当时的工作需要，讲授现代汉语。但在昆明的几年兴趣已倾向于文字训诂的钻研，因此这两方面都要兼顾。1955年我参加了现代汉语规范化会议和中国少数民族语言会议。1956年参加了高教部召集的现代汉语教学大纲研讨会，由黎锦熙先生任组长，陆宗达、萧璋、张志公、刘世儒诸先生都在小组中，主要讨论语法体系问题，后来几经修订成为中学汉语语法的暂行体系。1955我还带去了《从汉字演变的历史看文字改革》一文的初稿，丁声树、魏建功两位先生看过后加以肯定，后来交给周定一先生（比我晚一年的北大同学，当时任《中国语文》主编），1957年发表。这是我关于文字发展史的第一篇有影响的论文。我当时还是四川省推广普通话的负责人之一。

在那几年，我废寝忘食地工作、备课、写讲义、研究汉字史、写文章，简直不知疲劳。但是，到了1957年，在那次"扩大化"的反右运动中，竟被"扩大"成右派，被无中生有罗织了8大罪状，这使我陷入绝境。1962年重新任教，奉命改教三个班的习作课，还担任一个进修班的"毛主席论文研究"和"鲁迅杂文研究"课。我已洞悉这是个陷阱，在那个以阶级斗争为纲的时代，要在这类敏感的课程中找到口实，那是非常容易的，但是在带着枷锁的跳舞中，我仍然认真研究，写出了《现代汉语论文语言的发展》一文的初稿，完成了一本关于习作的讲义。随后是"文化大革命"，我理所当然地又一次被迫离开讲台和研究。这十年我只得重新钻研中医，在批斗喘息之余竟做起了业余医生，至今我还保留着几十本尚待整理的医案。1976年我开始进入《汉语大字典》的编写筹备工作，后来成为编委，有幸重新回到文字训诂的旧业中来。因为有关这方面的问题已经思考过多年，重理旧业并不困难。为了编好这部大字典，我写了有关整理异体字、处理同源字、处理假借字等问题的七八篇论文,还给参加大字典工作的青年同志写了一本讲稿。1982年我招收第一届研究生,到1987年奉命退休培养了四届共九名汉语史硕士研究生,这些学生都能坚守教学和科研岗位,没有一个人"下海",有几位已经颇有成就。1985年中国音韵学研究会在武汉举办第三期音韵学研究班,1987年在西南师大举办第四期研究班(改名为古汉语研究班),共招收全国讲师以上的学员一百多人。我按照严学宭学长的"将令",讲授训诂学。研究班的学员,有好多位成为各地高校古汉语一类课程的主要教师,有的在出版社成为这一领域的骨干。1985年我把几十年来有关文字训诂的论文选出三十篇,编成《文字训诂论集》一书交给中华书局出版。这几年我先后写出《通假概说》、《训诂学新论》两部书,交巴蜀书社于1988年、1989年出版。

退休后,我给自己拟了一个规划:一是要写出"汉字发展史",这是我思考钻研了大半生的一个课题。二是同我的学生合写一部汉语史。这两部书是一而二、二而一的一部书。前者由国家社会科学基金资助,由我和方有国合作,已经完成,由中国大百科全书出版社出版。后一规划,已经着手撰写的,由我和张博合著的《汉语词族谱》,已有几十个词族脱稿。方有国、冯英合写的《上古汉语语法研究》也写出了几十篇论文。"词汇史"要等一等,将来由张博完成。还应该有一部文学语言史,我自己估计已很难完成。我的忘年好友段启明教授和夫人毛秀月,一位是红学专家,一位担任语言学概论课多年,他们二位愿从事这项研究,希望能够实现。

另外,还打算写一部关于《论语》的书,姑且定名为《论语选注》吧,因为近七八年来不断给研究生讲"古代文献导读"课,《论语》一书讲了好多次,每次都有训诂上的新发现,近年来孔子也得到"平反"昭雪,如何汲取孔子及其他古人的思想精华,古为今用,用以丰富中华民族的精神文明,已成为研究中国文化的学人不容推辞的责任。因而在我能动笔的时候,把这部书写出来。因为我懂点中医,也懂得一点中国的养生之道,很多朋友希望我写个小册子供大家参考。这个建议我也乐于接受,不过得往后拖一拖。

以上是我一生的大致情况。

二

现在谈谈我在文字训诂学方面有哪些"创新"的地方。

孔子提出来"温故而知新"这个命题。一切学术都是人类知识的积累,都是"故"。"故"就是前人已经发明发现了的知识,当今及以后的人要在"温故"的基础上创新,有所前进,有所发展,这就叫"知新"。这样,这门学科才会发展。反之,学术就停滞、僵化。但是,"新"要有个标准,不是有异于前人论说的说法都是新。"新"是事物本身的发展规律,前人没有发现,你发现了它,而且经过实践的检验,证明了这个发现,这才叫知新。用这个标准来衡量我在几十年研究中的一些"新"说,是不是符合这个标准,还不敢说,这里暂且列举出来,希望对这类课题有兴趣的朋友加以检验。

第一、关于假借字的问题。

假借字是汉字六书中的一类,自从许慎加以解说以后,历代小学家经常讨论这个问题,清代戴震的"四体二用"说,认为假借字不是造字法,是"用字法";于是又产生了引申假借、借形、借义、通假等说法。近代学者又有人认为古人用假借字为写别字,又有人还分假借和通假为两类不同的字。对于这些议论,我探索思考了多年,后来写成《论假借》一文(载《罗常培纪念论文集》,商务印书馆1984年出版,又拙著《文字训诂论集》36—61页),后来又写成《通假概说》一书(巴蜀书社1988年出版),对这个问题进行了较深入的探讨,我得到的结论是:一、假借字利用表形字当作记音符号用以记录与之同音的词,是人类文字发展的一个飞跃。一切古文字,如埃及圣书字,苏美尔楔形文字,中国的甲骨文、金文,都有大批假借字,甚至是这些文字体系中的主要因素。这是文字从表形向表音发展的标志。二、许慎给假借字下的定义是"本无其字,依声托事"8个字,说得极是。法国学者一直到19世纪才对埃及圣书字解读成功,他们把假借字叫做"画谜"(rebus),布龙菲尔德的《语言论》才有了较切实的阐述。三、许慎的解说也有缺点,他误把"令"、"长"两字当作假借字,又把真正的假借字"来"、"西"等字解为会意字。只讲字本义,不讲假借义。四、戴震的"四体二用"说认为"假借"和"转注"是用字法,把假借排除在造字法之外,这同汉字体系的构成和汉字的演变都不相合。五、上古汉字中假借字所占比例最高,假借字是表音文字初级阶段的标志,因而我把秦以前的文字定为表音文字阶段,在世界文字体系中,属于初级表音文字阶段。我认为,经过这番探索,许多纠缠不清的问题,如假借和引申、假借和通假、形借和义借、用字和造字等,都可以迎刃而解。

第二、关于汉字发展三阶段的说法。

关于汉字发展历史的问题,也是一个亟待解决的大问题。汉字有没有古今的不同?传统的说法,认为古今字体的变化,从大篆、小篆变为隶书、楷书，这就是古今汉字的差异，并据以划分为几个历史阶段。国外的文字学家对古今汉字视为一物，避而不谈汉字的发展，这无论从文字史还是训诂学的角度看都是说不通的。

段玉裁在《说文解字注》中首先提出了古今字的概念。他明确指出，所谓古今字的不同，不是指篆隶楷这类字体的不同，而是用字的不同，可惜他并没作进一步的探讨。沈兼士先生提出，在"六书"以前，有一个"文字画"阶段，他是第一个用比较文字学方法试图构拟汉字发展阶段的学者，但是他仍然没有跳出"六书"的圈子，没有建立起新的理论。唐兰先生提出他的"三书说"，用以代替"六书"旧说，但是他的"三书说"把"假借"排除在外，又分"象形"和"象意"为两个阶段，都不符合汉字的实际。

我的"三书说"和"汉字发展三阶段说"，是在沈先生和唐先生两位老师的基础上继续探讨而形成的。三阶段的第一个阶段，接受了沈先生的"文字画"说，不过改称为表形文字。第二阶段为以假借字为主的阶段，同两位先生的构拟完全不同。我读了欧洲学者关于比较文字学的论著，又注意到商周文字中大量应用假借字的情况，才决定把秦以前划为汉字发展的第二个阶段——以假借字为主的阶段。以形声字为主的第三阶段，不会有多大争论，因为所有文字学家都注意到汉代以后形声字大量增加这个事实。这个三阶段说是 1957 年正式提出来的，经过多年的反复检验，证明这个假说可以说明三四千年来汉字发展的历程，我在最近完稿即将出版的《汉字发展史纲要》一书中，详细分析了这个历程。

在这个课题下，我还对汉字的性质，对汉字造字法提出了自己的看法。从比较文字学的角度看，人类制造文字符号的方法只有三种:一是表形法,包括六书中的象形、指事、会意;二是表音法,包括假借及一切拼音文字、日本的片假名;三是兼表形音的形声法。汉字兼有这三种造字法,而现代汉字则以形声字为主体。要认识汉字的性质,也应以此为标准。

以上两类问题,是文字学的问题,也是训诂学的问题。北大中文系20年代开设的课程,有文字学音篇(相当于后来的音韵学)和文字学形义篇(包括文字学和训诂学)。1934年开始分为音韵学、文字学、古文字学等。沈兼士先生在北大只讲授文字学,在他担任教务长的辅仁大学又讲授训诂学。从这些课程由合而分的经过,可以看出音韵、文字、训诂这三者的密切关系。这几门学问都是由于汉字体系的特殊性造成的。为什么使用拼音文字的国家没有这类学科,只有从这方面加以比较才能解答。研究这套学问的主要目的是读懂上古典籍,进而探讨中国传统文化。研究这套学问时,应以音韵学为手段,以文字学为依据,以明训诂为中心,这样才能真正解决训诂学中的许多难题。

第三、关于同源词研究。

关于汉语同源词/词族/字族/右文的研究,清代的程瑶田、王念孙、段玉裁、黄承吉以及章太炎、刘师培、黄侃等人都从各个方面作过探讨,瑞典学者高本汉在《汉语词族》一书中,第一次提出了汉语"词族"这个术语(书名 Word Families in Chinese,张世禄译为《汉语词类》)。这部书利用清人关于上古音韵的研究成果,按照音韵的配合列成十个音表,然后把两千多个词(字)分别填入这十个表中。后来他在《汉文典》(Grammata Serica Seript and Phonetics in Chinese and Sino Japanese)一书中又加修订。王力先生的《同源字典》

也是在这个框架中写成的。

沈兼士先生总结了前人关于"右文"的研究和有关声训、声转、词根研究的经验教训,提出字族研究的方法,是在这一领域开拓的一条新路。

我的《"右文说"说》、《汉语词族研究的沿革方法和意义》、《释籩篆》等文都是沿着沈先生的思路继续前进写出来的。关于"右文",我从汉字发展历史的角度,解答了沈先生提出的几个疑难问题;关于"字族",我拟定的撰写《汉语词族谱》的计划,同我的学生张博合作,已经写了十几个词族的"谱",对前人在这方面的研究分别加以汲取和扬弃。

第四、关于异体字的研究。

我在任《汉语大字典》编委期间,对汉字中的异体字进行过研究,并且提出过在大字典中处理异体字的做法。我的设想深得徐中舒先生(主编)和赵振铎、李格非两位常务副主编的赞许,在编委会下成立了异体字组,由我担任组长,拟出了第一批字书材料,剪贴了十几万张卡片。下一步打算在这批资料的基础上加以补充,采用宋代的《类篇》和《集韵》处理正字、异体字的方法编入大字典,以后再另编成一部《汉字异体字字典》。可惜这个计划竟因故未得实现。许多朋友都对此深表惋惜,只有我关于异体字研究的几篇论文和《汉字发展史纲要》一书中有一些方面的内容,还可以看出我在这个问题上的主张。我希望以后有人能继续这项研究,将来修订大字典的时候,能够把这项成果吸收进去。

以上四个方面的多数看法,都是在几位老师和前辈的研究基础上经过多年钻研取得的,这些看法是否算是创新,还需要有关专家加以检验。

三

现在谈谈我几十年来从事这类研究的几点体会。

第一、关于做人和做学问。

我自幼读书,受儒家思想影响较大,年长后亲身感受到国家贫弱受列强欺凌的痛苦,曾多方摸索过人生的道路,到上大学时,才决定走研究学问这一条路。曾记得有两位先生都在国家危急的关头在课堂上含泪讲过这样的话:中国有四五千年的文化,这种文化不会灭亡,中国也不会亡;我们有责任把中国的文化传下去。当时也认识到这些话的迂腐,但也的确打动了我的心。我之所以决定钻研语言文字,其实就是受这种思想的支配,当然还有别的原因,那就是我的性格极不适宜于作政治活动。

儒家思想最根本的一条就是要使自己成为仁人。"仁"字从人从二,是个会意字,表示一个人要关心别人。《说文》中"仁"字的重文写作"忎",从千从心,也是会意字,表示仁人的心中要想念着千千万万人。这同欧洲的个人主义完全不同,但同社会主义思想却有根本性的共同点。研究中国的古代文化思想,文字训诂、音韵这一套传统语言学是打开上古典籍的钥匙。正是在这个信念下,我找到了自己做人,做学问的位子。

孔子曾自述他一生学习、研究的几个阶段:"吾十有五而志于学,三十而立,四十而不惑,五十而知天命……。"在今天看来,仍有现实意义。十五岁立志学习,这一句容易懂,不用多说。"三十而立"这句话最不好懂,传统的说法,认为"立"是树立,树立了什么,则众说纷纭。有的说,树立了几部经书;有的说,道德、事业方面的树立,但都不能自圆其说。孔子三十岁时在立德、立言、立行等方面都还没有"立"起来。据我看,这个"立"应读做"位",位是位置、岗位。现在三十岁左右的人,大多数还没有确定自己的位子。例如,大学毕业后,做干部?做生意?做教师?做研究工作?往往到三四十岁都还没有找到适合于自己的位子,有些人早有了职业,但并不安心从事这种职业,甚至终身也找不到安心的位子。反之,有的人职业岗位可以经常改变,但他干一行爱一行,行行都做出成绩,却已经找到了他的位子。孔子的"三十而立",正是说他到了三十岁找到了自己的位子,四十岁时坚守这个位子,一直不动摇(不惑)。甚至到五十岁他的理想仍不能实行时,也不后悔(知天命)。这不是我瞎说,因为春秋时期还没有这个"位"字,当时所有"位"字都写作"立"。例如,某某王"即立"就是"即位",书证多不胜举,《论语》中的"位"字都是汉代学者根据汉代通行的文字改写的。这个"三十而立"的"立"没有改写,是因为这句话解为三十有所树立,字面上讲得通。

回想起来,我在30年代已找到了自己做人做学问的位子,60年来历经坎坷,始终没有放弃这个位子。也有过两三次"做官"的机会,但都"未改初衷",因为自知并无这方面的才能,只图一时"有所得",失去一生应该做的工作,于心不安。这也许是我终于能够写出七八本书,一百多篇论文的最大原因。当然,如果不是十几年来的国运丕变,也许不会有什么东西留给来者。另一方面,我在最困难的时候,如果没有这点固执的意愿,也许早就告别了这个世界。现在有些人对我不理解,已经八九十岁了,还辛辛苦苦地写这些东西干什么？其实,我在这里得到的快乐,决不是百万富翁以及在麻将桌上消磨时光的人所能体会得到的。我常有一种负疚感:总感到自己的生活消费都来自人民,自己所学到的一点知识,都来自前人,现在有幸恭逢盛世,亲自看到国家的日益昌盛,只觉得自己做的事太少,实在有愧于我们可爱的国家和人民。

第二、谈谈"京派"与"海派"问题。

我在北大读书时,第一次听到学术界的所谓京派与海派之争。京派、海派这两个词来自京剧。当时北平的京剧和上海上演的京剧,在外行人看来并无不同,只是上海京剧多采用话剧舞台布景的手法,因而更觉好看;北平的京剧则遵循旧规,舞台上只是一面屏幕,桌椅在需要时搬出,用完即可搬回,这样便更能突出演员的唱工和做工。内行人则可以说出一大套道理指摘海派。在学术界,在人文社会科学的研究领域,也有了京派与海派之分。那时的上海,接受外来思想较快,思想比较活跃,搞学术的人,喜欢写大本大本的书。这类著作有优点,也有缺点,优点是从宏观上对一门学科作出全面的勾画,有的也介绍国外的新思想;缺点是作者往往并没有对那个课题进行过认真的调查研究,提出的论点,多无切实的证据。因此这类著作显得内容贫乏,初看时令人眼花缭乱,看过后往往一无所得。这就是当时所谓海派学者的大致情况。当然,也并不是说所有上海居住的学者都属海派。

至于京派,好像是胡适倡导起来的。胡适在五四运动的浪潮中退下来,主要精力放在"整理国故"上,那时把中国传统文化、典籍的研究叫做国学。北大出版了《国学季刊》杂志。北大文学院的哲学系、中文系、历史系原来合称为国学门,沈兼士先生就担任过国学门的负责人。胡适先生对如何整理古代典籍和研究国学,提出过很多设想,他自己也做过不少具体研究工作,他还多次称誉好几位学者的著作。这些都是"京派"学术作风、治学方法的说明,在这里不可能进行详尽的阐述。据我的体会,当时京派的特点是重写论文。你要研究某一部书或某一学科,先抓住一两个关键性的问题,加以深入的探讨。问题要小,但要"小题大做"。比如,胡适研究《诗经》的语法,他做了一篇《诗经言字解》,把《诗经》中所有的"言"字都抄录下来,加以分析比较。他研究《红楼梦》,从考证曹雪芹的生平家世入手。他研究孔子,写了一篇《说儒》。这都是他"小题大做"、"先写论文"主张的实例。这种学风的提倡者,还有清华国学研究所的王国维、陈寅恪、赵元任等人。二三十年代在北平从事文学、语言、历史、哲学等方面学习的学人,几乎都受过京派学风的熏陶。

我在这种京派学风的陶冶下,形成了以京派为主的治学方法。例如,我研究文字训诂学,不急于写书,先写小论文。研究文字,先抓住假借字这个问题,在中外古今的有关论述中找答案;答案找不到,就用甲骨文、金文中的假借字同汉代以后的文字作比较;又用比较文字学的方法探索出假借字是一切古文字共有的现象;于是得出结论,写成关于汉字发展阶段的几篇论文。从研究"右文"、假借再进而写《训诂学新论》,也是这样做的。

但从几十年的研究中逐渐体会到,京派也有很大的缺点,那就是"见木不见林"。只懂得作微观研究,不重视宏观分析;只看得见一棵棵的树木,却看不见生长这种树木的山林。例如,胡先生研究

《诗经》中的"言"字,认为所有在动词前面的"言"字都当解为"以",他对自己的这篇文章很自许,认为已经解决了这个问题。但是,如果从《诗经》所代表的上古汉语语法的整体来看,这个结论并不可靠。我在《汉语汉字答问》(商务印书馆,1997年出版)一书中,曾对这类字的语法作用提出另一个假说,认为"言告言归","言采其蕨"的"言"字是加在动词前面的前缀,这个假说是与汉藏语系亲属语言的同类情况相比较而提出来的。这是对这类问题的微观研究和宏观研究相结合的方法。我提出的这个假说,也仍然并非定论,但至少比旧时训诂学方法要可靠一些。英国社会学家甄克思(E. Jenks)在他的名著《社会通诠》(A History of Politics)一书中有一段话说得极好:

> 学之为道,有通有微。通者,了远之璇玑也;微者,显微之测验也。通之失在肤,微之失在狭,故爝火可炀室而不可以觇敌,明月利望远而不可以细书;是亦在用之何如耳。彼徒执显微之管以观物者,又乌识璇玑之为用大乎?善夫,吾师之言曰:"后世科各为学,欲并举众科,科诣其极,人道所必不能者也,惟于所有诸科各得其一二,而于一二之科,则罄其所有。此当今学者所必由之途术也"。

(严复译《社会通诠》页4,商务印书馆1981年版)

这段话对科学研究的微观与宏观(通),二者容易出现的缺点说得极为透辟。一个学者治学应该既照顾到"通"又必须以"微"为基础,掌握一二门学科的微观研究,对于有关诸学科又能知其一二,这样才能避免两个方面的缺点。30年代的京派与海派之争,其实就是甄克思所说的"微"与"通"之别,我逐渐领悟到这个道理,便不强调这二者孰优孰劣,而改为二者应加以综合。我指导学生写论文时,提出的要求是"大题化小,小题大做"八个字。"小题大做"四个字是胡适提出来的,罗常培先生教导学生时经常使用。"大题化小"是我想出来的。我一直认为,"小题大做"这四个字至今仍要坚持,就中国学(包括中国语言学)而言,有许多尚未解决的小问题和大问题,大问题的解决往往要从小问题入手。一批一批的小问题彻底解决了,大问题就容易解决了,反之,如果有关的小问题没有经过认真的微观研究,大问题就不会得到真正的解决。举例说,孔子思想,孔子对人类文化的贡献或"罪过",对于孔子的评价,七八十年来一直为国内外学者所关注,迄今尚无明确定论。孔子思想是两千多年中国封建社会的核心思想,并且至今还有很大的影响力,要了解中国,了解中华民族的过去,不能不研究孔子。但是有很多小问题至今还没有搞清楚,有些说法严重歪曲了孔子的思想。例如,孔子说的"仁者爱人",有人说,这个"人"指的是贵族,不包括普通农民和老百姓,因而否定了孔子这一重要思想。如果把《论语》中"泛爱众而亲仁"等所有这类论点都一一加以微观考查,则可得出结论,孔子是在奴隶社会解体后第一个认识到"人"的解放而提出博爱思想的大哲学家,而欧洲的博爱思想则是在文艺复兴时才提出来的。像这类的例子俯拾即是,所以我提出的"大题化小",加上京派的"小题大做",应该是比较切实的做学问的态度和方法。

第三、高等学校关于培养中国学的教学设置问题。

"国学"在国外叫做汉学,现在国内叫做传统文化研究、古籍整理、中国文化学,名称很不一致,我认为应该规范一个较统一的说法,叫做中国学、中华学都可以。比"国学"明确,但中华学包括现代中国的各个方面,传统文化、古籍整理则是中华学的分支。"国学"这个术语的缺点是对外无法使用,因为许多国家都有他们的国学,如日本学、美国学等,好处是过去曾使用过多年,商务印书馆曾出版过一套"国学基本丛书",含义很明确。

解放前培养这类学者主要是由大学的中国语言文学系、历史系、哲学系等系科负担。那时的课程设置,面比较宽,拿中文系来说,总的倾向是重古轻今,重研究轻创作(但清华大学等大学中文系则不大相同)。因为有关古代的课程多,所以培养的学生对于古代的典籍以及有关语文、文字、文学、哲学、历史等方面的知识大都有较好的基础,在这个基础上从事研究工作,比较容易。用以同解放后的课程对比,差异较大。拿语言文字课程来说,因为听信了当时苏联专家的意见,文字学、音韵学、训诂学、语法学、修辞学等课程一律取消,合并为现代汉语、古代汉语两门课,外加上一门若有若无的语言学概论课。结果是传统的几门学科几乎成为"绝学"。记得中国训诂学会在武汉开成立会时,许多人把训诂学会误读为"训话学会",一时传为笑谈。我从1982年开始招收研究生,开设的专业课程是文字、训诂、音韵,这些课全是以前本科一二年级的必修课。中国有四五千年的历史,有浩如烟海的古代典籍,有独特的汉字作为五千年文化的载体,国家需要培养一批这方面的教师和专家,这类课程如何开设,需要考虑。

我在1944年到西南联大复学时,发现那时的课程设置又有了变化，一是"大一国文"，是必修课。那时同班同学李松筠已升任中文系教员，我的名字就在他任课的那个班。另外还要学两门社会科学课，一门是社会学，一门是政治学。还要学一门自然科学，我选了李继侗先生的"生物学"。我在北大时，用了三年的时间几乎把当时规定的学分都学完了，估计四年级只要写一篇论文就行了，却不料又增加了这么多必修课。但是后来逐渐体会到，听听这类课，不但可以开拓眼界，而且对我研究的课题也有不小的助益。记得当时讲的社会学，实际上是社会人类学，以后我用心读了莫尔根的《古代社会》（商务印书馆译本），又读了恩格斯根据此书写出的名著《家族、私有财产及国家的起源》。学习了这部唯物主义著作，然后悟出语言学的历史比较法也是这种思潮在语言学领域中的应用。我探索中国文字训诂中的问题，就是在这种思想指导下进行的。

至于生物学，我也从中得到许多直接间接的启发和收益，说来话长，就不多说了。

今天大学文科的课程设置，同这种精神很不同。据我所知，多数学校的文科，课程都太"专"太狭。文科学生不懂自然科学，不懂姊妹学科，甚至，在同一系科的不同专业，也不通闻问。教师也是这样，不但教语言课的不懂文学，教文学课的不懂语言，而且"古"、"今"不相谋，甚至到讲秦汉的不问魏晋、唐宋，讲训诂的不讲文字，讲文字的不懂音韵训诂，各自抱残守缺，守住自己熟悉的一小块天地。比较起来，西南联大那时课程设置的框架，似乎仍有参考的价值。

从当前的情况看，随着中国的日益富强和国际地位的提高，中国文化对世界的影响也正在日益扩大。在国内,如何更深入地研究传统文化,汲取其精华,使之成为现代精神文明的重要因素,也是刻不容缓的重要任务。这两方面都需要中国学这个学科的大力发展。我希望在这块土地上辛勤耕耘的中青年学友能够在21世纪成为这一领域的大师,为中华振兴和全人类的和平与发展作出大的贡献。至于我在一生坎坷的晚年写下的这些文字训诂方面的论著,如果能充当青年人前进道路上的一两块踏脚石,也就心满意足了。

1997年12月15日

我这二十年[*]

一

记得1980年，我在重庆市民盟第七次代表大会上有个发言，题目是《把失去的时间夺回来》。大意是，过去二十多年，由于众所周知的原因，不能作研究，不能发表文章，今后要用十几年时间，把过去想做又不能做的事做完，把失去的时间夺回来，计划写十本书，几十篇论文。这发言，反应比较强烈，有的同志赞许，有的同志予以鼓励和期待。

已经过去二十年了。我想，我应该把这二十年来的情况写下来，向关心我的同志们汇报，作为二十年前那个发言的答卷。

30年代我在北京大学读书时，学的是中文系的语言文字专业，当时的老师，如胡适、罗常培、沈兼士、闻一多、罗庸、唐兰等先生大都是大师级的学者，在他们的教导下，决定了我终生从事语言文字研究的方向。以后因抗战休学，1944年回到西南联大复学，重理旧业，开始从事汉语教学和研究工作。新中国成立后，曾于

---

[*] 《治学纪事》，巴蜀书社，2002。

1955年参加"现代汉语规范会议",1956年曾参加教育部召开的"现代汉语教学大纲"的制订,被委任为四川省普通话推广委员会副主任(主任是当时的文教厅厅长张秀熟同志)。当时对祖国前途充满信心,对自己所学的专业能够在国家建设中发挥作用感到无比的喜悦。做梦也没想到,一场"反右"运动彻底改变了我的命运。

但是,在那二十多年的精神禁锢中,我始终没有忘记我的专业,也没有对国家的前途失去信心。我在沉默中思考,我在困惑中等待。于是终于等到了四人帮的清除,等到了拨乱反正的三中全会,等到了1979年。我终于跟大批知识分子一起挣脱了精神枷锁,恢复了教学和科研工作。在精神上得到了新生,于是全力投入到我心爱的工作中去。

这二十年我在教学科研方面都有所收获。

在教学方面,招收了四届共九名汉语史硕士研究生。现在都已学有所成,成为所在高校的古汉语骨干教师。其中一人在一所重点大学任博士生导师,并被评为"跨世纪优秀人才"。1987年退休后,我一直继续给研究生上课,至今还没有完全离开教学这个岗位。

我曾被委任为《汉语大字典》的编委,在任职期间,曾写过十几篇论文,讨论大字典的异体字、通假字、同源字、古今字、本字等疑难问题;对这部字典中若干难点的处理、研究等问题,曾提出一些被编委会采纳的建议。可惜,在当时那种"左"的思潮尚未被清除的气氛中,有些建议未能实施,至今仍有不少同志深为惋惜。听说国家正准备对这部大字典加以修订,那么,我的那些设想或者有重新被考虑的机会了。

二

我的第一部专著《通假概说》(巴蜀书社1988年出版)是对古书中假借字研究的总结,也是为汉字史研究和同源字研究做准备的一部书。

《训诂学新论》(与学生李茂康合著,巴蜀书社1989年出版)是给汉语史研究生用的教材。《文字训诂论集》(中华书局,1993年出版)是我1985年以前的论文选集,集中包括40年代的论文,这部书获四川省人民政府哲学社会科学荣誉奖,国家教委人文社会科学优秀成果二等奖。

《汉语汉字答问》(商务印书馆,1997年出版)是一本全面介绍汉语、汉字发展历史和特点的科普读物,出版后流传较快,两年后再版。

《汉语史论文集》(西南师大出版社,1996年出版)是用西南师大中文系汉语研究室的名义出版的,集子中收入我和几位学生的论文二十余篇。

《汉字发展史纲要》(中国大百科全书出版社,2000年出版,与学生方有国合著)是国家社会科学规划项目,脱稿后,全国哲学社会科学规划办公室特别发出"国家社会科学规划项目成果要报"第6期,并在《光明日报》上发布"要报",提出书中一些值得关注的见解:一、汉字发展史的三阶段;二、汉字的优缺点;三、汉字的简化问题;四、汉字不能走拼音文字发展的方向;五、汉字教学问题。每一项下都有扼要的介绍。

这部书是我六十年来对汉字问题一直在学习、思考、钻研的总结。这部书的出版,算是了却了我一生心愿的一个方面。跟方有国一起完成这个项目,心中感到异常喜悦,回忆我们在讨论、修改书稿时的互相启发的情景,至今仍感到意味无穷,一方面觉得,我好像在做"私营硕士后"的工作;一方面感到青年人思想敏锐,精力充沛,如果没有他的合作,恐怕这部书至今还不能面世。

还有两部书,一部已经发排,一部已经结集。这里就不说了。

三

另外,近十年来给研究生讲《古代文献专书导读》课,因为是以《论语》为重点研究的专书之一,因而有一个打算,就是从中国传统文化的角度重新研究《论语》,立足于现代,探讨中国传统文化跟现代文化的关系,探讨孔子思想在当前世界文化发展中的作用及其局限性。有一篇《孔子的仁学》,在《中国传统文化与现代化》杂志1999年第1期发表,还有两篇也已脱稿。以后准备对《论语》这部书,对孔子思想作些较深入的分析。

从文字训诂学到传统文化研究,这好像是很不相同的两个领域。其实不然,文字、训诂、音韵这一套学问,过去称为"小学"。"小学"是研究"经学"(即古代哲学)的工具,后来"由经学附庸而蔚为大国",发展成为专门的学科,但作为研究古代典籍的工具这个特点却一直未变。历代对古书的注释,都离不开这套学问。至于从传统文化的角度对古籍中所表达的思想加以整理评议,并从现代文化的角度加以审视,分别加以继承和扬弃,则是我们当前的任务。我们常常讲,我们有五千年的优秀文化传统,又常常强调物质文明和精神文明要两手抓,这些话当然都对,但是,我们还得追究一下,这精神文明到底应该包括哪些内容?除了应特别强调马列主义以外,是不是应该包括传统的优秀文化?如果说应该,那就要认真研究。我在这方面试做的一点努力,也只能是这项大工程的一砖一瓦而已。

当前我们国家正在前进,中华民族正在重新振兴。从历史上看,中华民族的每一次振兴都同时是文化的创新。汉代以儒家思想为核心,从而奠定了封建大帝国的基础,这是中华民族的第一次大振兴。魏晋以后,佛教传入中土,经过几百年的吸收消化,逐渐融化到儒家思想中,到了唐代,成为以儒为核心,融儒、释、道为一体的新文化,形成了中华民族第二次大振兴的文化。这两次振兴所凭依的文化,都居于当时人类文化的前列。宋代以后,这个古老的文化逐渐僵化。最近两百年,西方文化成为先进的文化,中国文化大大落后,国力日促,最后变为列强欺侮瓜分的对象。鸦片战争以后,一方面是众多爱国志士救亡图存的历史,一方面也是中国文化汲取各种先进文化以改造中国旧文化的历史。一百多年来,几乎所有外国的文化都在中国试验过。五四运动时,从苏联引进了马列主义,并且在新中国取得了很大的成功。后来几经挫折,最后决定了邓小平的改革开放路线,二十年来使中国发生了翻天覆地的变化,中华民族开始了五千年来的第三次大振兴。

四

从文化的角度看,这二十年,以及今后的若干年,是21世纪中国新文化逐渐形成的时期。当前的任务,要根据过去的经验教训,对各种各样的国外文化加以分析鉴别,好的继续加以汲取、发展,使之融化在我们的文化中;不好的则加以摒弃,不要使它继续为害。分析鉴别的对象,也包括中国的传统文化在内。过去对传统文化的态度有两种偏向:一是全盘肯定,认为中国文化是最好的文化;一是全盘否定,认为中国文化就是封建文化,应该加以摒弃。近些年来,大家逐渐认识到,中国传统文化中的确有许多宝贵的东西,这些宝贵东西,至今还是团结中国人民和海外华人的精神力量。对于那些优秀思想,要认真加以研究,使它成为现代中国文化的组成部分,使之成为中国社会主义精神文明的重要内容。"天下皆知美之为美,斯恶已;皆知善之为善,斯不善已"(《老子》),如果在几十年或更长的时间里,把古今中外的优秀文化都吸收进来,使之融入新中国文化之中,那么,这种文化必将成为21世纪人类文化的高峰之一,中华民族也必将在世界民族之林中发挥更大的作用,促使人类文明向着光明灿烂的前途发展。

如果天假以年,我在这个巨大工程中也许还能做点微不足道的小事。但这个工程太大,自感学力不足,因而希望有更多的中青年学者关心这个问题。近年来国外有些知名的华人学者,也都意识到这个课题的重要。例如,杨振宁先生在香港谈儒家、道家思想,提出"传统思想加现代化"这个命题。国内谈这类问题的文章也多,这是个可喜的兆头。

以上是我二十年来做出的一些微不足道的小事,回想起二十年前的"豪言壮语",这个答卷也只是比白卷略胜一筹而已。但自知根底不厚,虽全力以赴,也只做到这一点,这也是无可奈何的。

五

下面再谈谈"思想"。

过去有一个常用的词儿——"汇报思想",近来很少用这个词语了。近来很多熟人对于我的"退而不休"很不理解,有的甚至说我还在追求"名"、"利"。其实这是误解。"利"是有一点,稿费。每千字三四十元,是规定的"高标准"。按我每天只能写五六百字计算,每天的收入至多二十元。出一本书,我常常自己多买一些送给朋友和学生,剩下的买点书,就所剩无几了。我的二弟曾从美国来信说,如果你在美国出这些书,早已是富翁了。我只笑笑。我说,我做学问的目的不是做富翁。至于"名",我一直认为,"名者实之宾也"。"名"不是自己求来的,而是别人、后人根据你的行动、言论总结出来的。例如,说某人是好人,好官,是君子仁人,是伟大的政治家、军事家;某人是坏人,是小人,是奸臣、贪官,都不由自己。我是将近九十的老人了,要"名"干什么? 不过,近年来的确有些人热心编辑这样那样的名人词典,对于这类出版物,我原则上是赞成的,因为它有交流信息、传播学术文化的作用。我的名字也被收入一二十种这类词典中,有的加上"语言学家"、"著名语言学家"、"著名学者"这类头衔。我以为,这只能代表编者或一部分人的看法,我有自知之明,并不因此而飘飘然。

其实,我的"思想"很简单,有三点可以谈谈:

第一点是"报恩思想"。回想起来,我这一生欠下的恩情很多很重。这恩情来自多方:一是我父亲对我的教导之恩。父亲是我的启蒙老师,他教我"新学",也兼教"旧学",对我要求极严,对我期望很高。我父亲终生以教小学为生。我读高中和上大学的费用,一是来自初中时的一位同班同学,一是当时教育局、教育厅的"贷金"和奖学金,后者自然全是来自农民的血汗钱,这恩情我一直铭记在心。一个知识分子,衣食住行一切花费都来自劳动人民,这恩情如何报答?既然我走上了当前从事的这个岗位,也只能在这个岗位上多做点力所能及的事,聊报大恩于万一。另外就是几位老师的恩情。是他们的榜样和教导,使我选择了这条治学之路,我这二十年的一点点成绩,正是踏着他们的治学之路,努力完成他们未竟之功,这也是对他们的教导之恩的回报。

第二,回想这一生,历尽艰难困苦,能够熬到今天的"盛世",实在是过去没有想到的。我生在灾难深重的旧中国,那个时代的知识分子,除少数的民族败类外,都具有爱国思想,千方百计上下求索,希望国家富强起来。这梦想,到新中国成立时初步变成现实,当时我感到精神上的第一次解放。后来,又经过二十多年的曲折,终于盼到中华民族重新振兴的新时代,我感到在精神上得到了新生,几十年想写的东西,从而得以陆续写出。能够在这个伟大的时代发挥一点点作用,感到无比的喜悦。前些年曾经写过一首诗,被西师老教协会用为会歌,名《老牛曲》:

> 喜得春雨润园畦,
> 无悔终生驾耕犁。
> 老牛未觉夕阳晚,
> 不须扬鞭自奋蹄。

这是落实政策不久时写的,可以说明我这二十年来的心境。

第三,我还有点妄想,想对某些中青年朋友谈一点做人做学问的道理。这些年我认识的青年朋友不多,但同几位听我讲课的朋友很谈得来。也有些并未见面的朋友,因为读了我的书来信讨论问题。在交往中我常常得到有益的启发。青年人有许多可以学习的地方,使我的思想不至衰老、僵化。但是,也有不少弱点,他们多半是研究生,不大懂治学的方法,为了写毕业论文,常常找些同类型的文章,比着葫芦画瓢,勉强拼凑成篇,好比学刺绣,比着样子也可勉强绣出一幅绣品,却没有学会绣花的针法。元好问有一首谈写诗的诗句说"绣罢鸳鸯从教看,莫把金针度与人"。我则反其道而行之,既要他学会绣鸳鸯,又教他学会绣花鸟的针法。我认为,研究任何学问都有一个共同点,就是孔子说的"温故而知新"。温故是研读这一学科的前人著作,知新是以前人的成果为起点,有所创新,有所突破,使这个学科的研究得到发展。人类的知识就是这么逐渐发展的。有些人认为做学问就是好好读书,只做到"温故"而不能创新,这种人大概只能做半个老师,半个学者,说得不好听,是个书呆子。另一种人看不起前人的著述,认为那都是些旧说,一概加以否定,想凭空创立新说,标新立异,"说"不惊人死不休。这种人是不温故而欲知新。这类著作近些年出了不少,多数短命,过不了多久就被人看穿了,看厌了。这也像市场上出现的冒牌伪劣商品一样,一经检验,便露出马脚。做学问也是一样,要老老实实。老老实实做人,老老实实做学问,这样才能为人师,研究的成果才能真正有用。我自己是不是完全这样做了呢?我只能说一直在努力这么做。如果我写的那些东西,能够在这方面对年轻的学友有点启示,我就会感到莫大的欣慰了。

上面是我二十年学术生活的"小结"。二十年前,我没有想到能活这么久。所以在那个发言中,只说十几年内打算做些什么,不料竟活到今天,而且仍然读书、讲课、写文章。近来约稿的也多了,计划以外的文章也越来越多。我还能活多久,我不去考虑。反正活一天就尽力做一天力所能及的小事。我活得很愉快,我一生从来也没有像这二十年这么安定,这么舒心,这么乐观。眼看着我们的国家正在蒸蒸日上,眼看着人民的生活一天比一天好,我常常高兴得夜不成寐。有时和老伴回忆过去的困难,也谈起当前的幸福,常常两个人一会儿泪流满面,一会儿又破涕为笑。但清夜自问,总感到自己的知识太少,做的事太少,同这样一个伟大的时代,中华民族第三次伟大振兴的时代太不相称。想到这里,便觉得,还不能休息。以后,大约还会写些东西,用以表达我对于我们伟大祖国的一点热爱之情。

2000 年 3 月 18 日 87 岁

我还没有老

记得我在重庆市民盟第七次代表大会上有个发言,题目是《把失去的时间夺回来》。大意是,过去因为众所周知的原因,不能做研究,不能发表文章,今后要用十几年时间把过去不能做的事做完,计划写十本书,几十篇论文,把过去失去的二三十年夺回来。

那个会是1980年开的,已经过去十三年多了。有些同志很关心,问我这些年做了些什么,书写了几本,现在是否还在写。恰好,五月三十日民盟市委召开了祝贺金锡如老同志九十大寿和其他几位老同志八十以上寿辰的座谈会,我也理应表示感谢并汇报一下自己的情况,因为怕说多了耽搁时间,没有发言,这就更觉得非写这篇短文不可了。

30年代我在北京大学读书时,学的是中文系的语言文字专业,当时讲课的老师如胡适、罗常培、沈兼士、闻一多、唐兰、魏建功等人都是学术地位很高的名流。我在他们的教导和影响下,很快就决定了一生努力的方向,从大学二年级起就在北大文科研究所主编的学术刊物上(天津益世报《读书周刊》)发表论文,算来已经近60年了。

可是这条路我走得极为艰难。

抗战开始了,我没能随校南去,一直到1943年才又辗转到昆明西南联大复学,算是又恢复了旧业,40年代写了几十篇论文。解放后,我怀着极大的喜悦,想在这个领域做些像样的事。50年代前写了一二十篇论文,两部讲稿,但是帽子从天外飞来,从此取消了发表论著的权利,这一下又耽误了二十多年!

80年代以后的这十几年,是我一生做事最多的一段,粗略计算一下,除参加编写《汉语大字典》以外,出版了《通假概说》(1988年巴蜀书社出版)、《训诂学新论》(同上,1989年出版)、《文字训诂论集》(1993年中华书局出版)三部专著,另外还有三部已经定稿。还写了三四十篇论文。

前些年一共招收了四届共九名汉语史硕士研究生。现在已有六人晋升为副教授,都成为古汉语教学的骨干教师和很有希望的青年语言学专家。

我搞的这一套,过去属于"国学"的一个部门。所谓国学,就是中国古代的传统文化,要研究古代文化,就要读懂古书,要读懂古书,就要掌握文字学训诂学这一套知识。过去几十年这门学问是冷门,因为一是难学,二是学了没有用。这两年大家研究邓小平提出的"精神文明",认识到应该把传统文化中优秀的东西吸收进来,这样,这门学科才有了变热的趋势。从另一方面看,十几年来我们国家的国力日益加强,国际地位日益提高,因而国外学习汉语和研究"汉学"的空气也日益浓厚。汉语史这门学科也就跟着"热"起来。

做的事实在太少,大概因为同辈中专搞这类学科的人已经不多,所以在这个领域还算有点"名",六七种传记词典,如《语言学家词典》、《中国现代社会科学家大辞典》、《高校古籍整理专家词典》

以及英国剑桥传记中心的《世界名人传记词典》(23版)等都收入了详略不同的小传。这些当然并不能说明我是什么"名人",我也不愿意人家给我加上"知名学者"或"知名语言学家"这样的头衔。只是希望自己搞的一套还有点用,为社会所承认,那就心满意足了。

今年81岁了,耳聪目明,头脑清楚,每天还能读、写,有人看我策杖而行,以为我已行动不便,其实不。那是因为三十多年前在劳动中折断了腰,上下坡时要借助手杖以免跌倒;在平路上走,手杖就可以提在手上。眼下正在写一本汉字史,是社科院中华基金资助的项目,还有两项同朋友、学生合作的项目。我的老伴常常提醒我:"休息一会儿!"几位好友也都要我多休息。其实,我对工作和休息的安排很注意。工作决不过度,每天只写千字左右,不多写。其次,工作对我是一种娱乐,并不疲劳。我不会打麻将,我想,好多人打麻将(不是赌博)大概是为了从中得到快乐。我在写东西时也一样,有时几天翻阅资料,读文章,思考,写不出一个字,一旦问题想通了,便下笔疾书。写完了,感到无比的喜悦。"人生各有所乐兮,我独好脩以为常"(《离骚》),我从这方面所得到的喜悦是那些腰缠百万的大款们无法理解的。

我失去的时间还没有完全夺回来,我还要继续"夺"。金老在他诗中说要做"百岁娃",我比金老小九岁,我还没有老,在还能做点事的时候,还要在振兴中华这个伟大的事业中继续做点微不足道的小事。欣逢盛世,国运日昌,我是越活越觉得年轻了。

1994年6月3日

罗莘田先生的训诂学研究*

今天大家在这里纪念罗莘田先生的百年诞辰,是语言学界的一件大事。罗先生是本世纪初期几位影响很大的语言学大师之一,现在就要进入21世纪了,在这个时候回顾他在语言学方面的贡献,对于今后青年语言学者如何继承前辈的治学方法和方向,使中国语言学开创21世纪的新局面,有很大的意义。

三十多年前,故友傅懋勣先生在《罗常培先生传略》一文中说,罗先生在语言学方面主要有三方面的贡献:

一是汉语音韵学的研究;

二是汉语方言的研究;

三是积极提倡和推进少数民族语言研究。

(见《罗常培语言学论文选集》,中华书局,1963年出版)这三个方面的贡献都具有划时代的意义,使汉语音韵学的研究从传统语言学走上科学化的阶段,民族语言的研究也结出了丰硕成果,这是大家所公认的。

我认为,罗先生的贡献还要加上训诂学这一方面的研究。

传统语言学中的训诂学,主要是词汇研究。罗先生说:"在语

---

* 中国社会科学院"罗常培先生百年诞辰纪念会"论文,1999,北京。

言学的三大部门里,从中国古代语言发展史来看,词汇学创始得最早,可是后来并没能发挥光大";"尔雅……是汉代经师解释六经训诂的论集","曹魏时张揖的《广雅》,仿照《尔雅》的体例,搜罗《尔雅》所没有收进去的名物训诂";"当公元 1 世纪左右,已经有唯物的观点,从大众的语言出发,应用客观的调查方法的,只有《方言》能够具备这些条件";"可惜在中国语言史上发达最早的词汇学,未能继续发展"。

接着,罗先生转述了沈兼士先生在《今后研究方言的新趋势》一文中的观点,认为这种观点"直到现在还是很重要的",(见《方言校笺序》1950 年)。

罗先生从 1942 年开始,在西南联大中文系讲授训诂学,曾拟定了比较详细的讲授提纲。1944 年因赴美国讲学,这个提纲交给殷焕先继续讲授。我当时曾听过几次课,可惜没有把这个提纲抄下来。前几年老友王均先生撰写罗先生的学术成就,我曾给焕先先生写信,问他这个提纲的下落。他说罗先生回国后,已经将所有这方面的资料全都交还给罗先生了。

除了上面这个提纲以外,还有两盒卡片、几篇论文和他的《语言与文化》一本专著,可以看出他研究训诂学的规划和方法。

《语言与文化》是一部用历史比较法研究汉语词汇的创新之作。打破了传统训诂学的旧框架,从社会人类学的角度研究词语的来源、发展和变化。在考订中利用了民族交流史、民族迁徙史、民族学、民俗学、考古学等多方面的材料,开创了研究汉语词汇的一个新天地。

其实,早在 30 年代,罗先生就有"奠语学之新基"的设想,他在

《戴东原续方言稿序》(1932年)一文中曾对戴氏《转语》一书的散佚,深表惋惜:

> 戴君作《转语二十章》,其自序曰:"人之语言万变,而声气之微有自然之节限。是故六书依声托事,假借相禅,其用至博,操之至约也。……五方之音及小儿语未清者,其展转讹溷,必各如其位。……昔人既作《尔雅》《方言》《释名》,余以为犹阙一卷书,创为是篇,用补其缺。俾疑于义者,以声求之;疑于声者,以义正之。"
>
> (章太炎)成《新方言》十一卷,"博考今言,以推迹语根"。杭、程诸家,远非其匹,顾凡语皆求本字,以上合于《尔雅》《说文》,必欲"今之殊言,不违姬、汉",则犹未能如戴氏所谓"去其穿凿,自然符合"者也。然则戴氏……《转语》散佚,实至可惜,倘能演绎序文,阐彼遗意,旁搜方言殊语,明其孳衍所由,声义互明,古今交证,不泥不凿,信而有征,则其所以酬东原之宿志,奠语学之新基,固愈于墨守《声类表》以释补《转语》者远矣。
>
> (《恬庵语文论著甲集》,香港书店,1973年)

词汇的孳生衍变,不外词义引申和语音变易两方面。因孳生衍变而产生的新义新词,都属于转语的范围。汉语词汇中这一方面的研究属于汉语词族的范畴,罗先生把这项研究的方法归纳为"演绎序文,阐彼遗意,旁搜方言殊语,明其孳衍所由,声义互明,古今交证,不泥不凿,信而有征"几句话,可以看作是对汉语词族研究的指针。

汉语词族研究是汉语词汇史中最难攻克的难关,高本汉的《汉语词族》(Word Families in Chinese)和《汉文典》(Grammata Serica, Script and Phonetics in Chinese and Sino-Japanese)最早使用词族(Word families)这个术语。但是高氏在这方面的成就远不如他在音韵方面的建树。这个问题,陈寅恪先生有一段话可供参考。1933年,沈兼士先生的《右文说在训诂学上之沿革及其推阐》写成后,曾分交几位朋友传阅,陈先生在回信中说:

> 大作宗旨及方法皆极精确,实获我心。大约中国语言文字之学以后只有此一条路可走也。"右文"之学即西洋语根之学,但中国因有文字特异之点,较西洋尤复杂。西洋人《苍》《雅》之学不能通,故其将来研究亦不能有完全满意之结果可期;此事终不能不由中国人自办,则无疑也。
>
> (见《沈兼士学术论文集》,中华书局1986年出版)

罗先生对沈先生的训诂学研究是很推崇的。他因深感汉语词汇史研究的重要和困难,所以从30年代开始,便把研究的重点从音韵学逐渐转向训诂学,把这项"不能不由中国人自办"的担子挑起来。

但是,罗先生50岁以前的精力消耗太大,解放后已不能像以前那样从事繁重的研究工作了,因此在汉语词汇学这一领域,只给我们留下了一本开创性的专著和对后来者的一些嘱托和指示。

1944年罗先生出国以前,曾嘱我作这一方面的研究。五十余年来虽屡经坎坷,对于这一目标却从未放弃。1955年写成《从汉字演变的历史看文字改革》一文,趁参加现代汉语规范会议之便交给先生审阅,前几年逐渐写成《汉字发展史纲要》一书,同时进行《汉语词族谱》一书的撰写(与学生张博教授合作)。前者是后者的基础,后者是汉语词汇史的核心。这两者都是在罗先生设想的研究方针、方法指导下进行的。

因为大家多把罗先生看作音韵学大师,却很少谈到他在训诂学方面的建树,所以我在这里特地谈谈这个问题。

罗先生逝世已经41年了,四十多年来,尤其是近二十年来,中国语言学的研究有了一些发展,在罗先生和几位有影响的先生的教导和影响下,出现了一个阵容强大的语言学队伍,不断撰写了一些颇有水平的论著。但是在研究方向和治学方法上,我们还有跟不上前辈的地方。王均先生和周定一先生不负大家的重托,将《罗常培文集》编成,是一件可喜的事,我一定重新好好阅读,从中汲取新的营养,继续在《苍》《雅》《方言》的研究方面有所贡献。

1999年7月20日

重庆西南师范大学

沈兼士先生文字训诂研究述评*

一

兼士先生从20年代开始在北京大学任教,曾主持北京大学研究所国学门的工作,在北大中文系和辅仁大学讲授过文字学、文字形义学、训诂学等课。当时的国学门分为几个编辑室和研究会负责整理古代典籍、考古学研究、歌谣研究、风俗调查、整理档案和《国学季刊》等,涉及到文献整理、考古学、民歌调查整理、民俗学(人类社会学)等多种学科。在这许多方面,沈先生都写出过指导性的论文,所以沈先生并不单纯是一个文字训诂学家,在以上几个领域的研究中,他都有开创之功。

但他的主要研究领域是在文字训诂方面。五十多年前(1934年),我在北京大学读书时听过先生讲授这方面的学问,现在就先生这方面的研究成果作一概括性的述评,以资纪念。

兼士先生在文字训诂方面的突出贡献可以概括为两点:一是在文字发展方面提出文字画和初期意符字这两个阶段的学说;二

---

* 《沈兼士先生诞辰一百周年纪念论文集》紫禁城出版社,1990。

是提出汉语字族学研究的方法并做出了范例,为这一新学科的建立奠定了基础。

下面就分别从这两方面加以论述。

二

关于汉字性质和造字法的研究,最早的较为系统的说法当是许慎在《说文解字·叙》中对六书的解释和对五帝三王历代文字变迁的粗略揣测,从此"六书说"成为解释汉字构造的主要依据。

宋代的郑樵等人试图把全部汉字一一划入六书的范围,发现有许多兼类现象,于是又创立了形兼声、形兼意、事兼声、事兼形、事兼意等名称,从而暴露出"六书说"的缺点。王安石的《字说》则抛弃六书,把一切形声字都按会意字解释,牵强附会,使造字本意尽失。王子韶、戴侗等人专从形声字的"声符有义"出发研究汉字,为后来的同源词研究开辟了一条新路,但对汉字造字的整体原则并未触及。

清代小学家完全在"六书"的范围内研究汉字,不敢越雷池一步。戴震提出"四体二用"说,认为汉字只有象形、指事、会意、形声四种造字法,转注和假借只是用字法而不是造字法。清代学者多数同意戴氏的主张,但无论同意与否,都只在"六书"的范围内争来争去。至于从文字发展的角度来谈论汉字的,一千八百年来迄无一人。

兼士先生是第一个从文字发展的角度来研究汉字从而提出新见解的学者。这是受了当时国外语言学和古文字研究的启发而提出来的。他在《文字形义学》讲义"文字之起源及其形式和作用"一章中,先从人类创造语言谈起,然后谈到语言和文字的关系,文字的性质,进而分析汉字的性质。他说:

> 中国古代文字的创造和组织,相传有六种原则(就是指事、象形、会意、形声、转注、假借六书)。前三者可以叫做意符的原则,后三者可以叫做音符的原则;现在进一步不墨守六书旧说,重新拿世界一般文字发展的次序和思想进化的历程,比照着来研究中国文字的源流变迁,大致可分为四级:
> (1) 文字画……
> (2) 象形文字……
> (3) 表义字……
> (4) 表音字……
>
> (见《沈兼士学术论文集》387—390页)

在这里兼士先生正式提出了"文字画"这个新概念。他对"文字画"的性质作了说明:

> 在文字还没有发明以前,用一种粗笨的图画来表现事物的状态、行动并数量的观念,就叫做文字画。我们研究人类文化史,追溯到文化最初的起源,莫不经过用文字画的一个阶段的。中国在石器时代有没有文字画,现在虽然还没有证据可以判明。倘是根据有史以来的记载,如《虞书》上所说的日月至黼黻十二章,《春秋左氏传》王孙满所说的夏禹"贡金九牧,

铸鼎象物,百物而为之备,使民知神奸",大约所用的都是一种文字画,据此知铜器时代已经有文字画了。但是古代纯粹用文字画记事的古迹,迄今尚未为考古家所发现。至于他的起源是否在于石器时代,那就不知道了。到了铜器时代之后期,文字画的形式似乎渐渐的蜕化成为象形文字,我们试看商代彝器的刻辞,不是已经有了直接而且显明的表示语言之文字吗?其中虽然夹杂些……文字画的遗形,但其作用,似已消失,不过当作一种装饰的图案而已。(甲骨卜辞虽然也是商代的东西,但是因为不像钟鼎彝器那么有装饰的必要,所以就不用图案化的文字画了。)这种文字画,其简单者,后来也有径变作象形文字用的。但是钟鼎家往往喜欢把一切文字画的遗形,都要牵强附会认为某字某字,却是强作解人了。(同上)

在这里他提出:第一,在人类发明文字之前,曾经用文字画当作表现事物的手段。第二,中国在汉字以前也有这样的文字画。第三,当时中国还没有发现石器时代的文字画,但商代铜器铭文中还有些文字画的残余。这些文字画不是文字。文字是记录语言的符号,文字画没有和语言直接联系。不过有些简单的文字画后来也有变成象形文字的。

这是很卓越的见解和设想。最近几十年来,在新疆、青海、广西、广东等地陆续发现了大批岩画。这些岩画当是石器时代的产物。画的内容极为丰富,包括舞蹈、战争、狩猎以及男女交合等场面。有的学者认为这是一些象形文字,但更多的人认为这是一种记事的图画,其实就是兼士先生所说的文字画。这类岩画在许多国家都有所发现,可见是人类在石器时代未创造文字时普遍使用过的记事方法。从人类文化发展的规律看,许多古老的事物多在后来的文化中留下一些残余,文字也不例外。沈先生认为金器铭文中有些装饰性的图形就是上古文字画的遗形,这个推测是可信的。

后来沈先生又在《初期意符字之特性》一文(1946年发表)中提出"意符字"这个设想。他说:

> 文字画摹写事物之图像,而非代表语言之符号。虽为象形字之母型,而不得径目为六书象形指事之文。由文字画蜕化为六书文字,中间应有一过渡时期,逐渐将各直接表示事物之图形,变为间接代表言语之符号。其形音义或由游离变为固定,或由复合变为独立,今姑名之为初期意符字。(同上207页)

这是对"文字画"说的一个重要补充,即从文字画到汉字之间有一个过渡期,这一时期的文字叫做初期意符字。又说:

> 先秦两汉载记中仍不乏此类初期意符字之遗型,惟多为后世音义校释家所误解,字典韵书中所漏略。……初期意符字形音义之不固定,在形非字书所云重文或体之谓,在义非训诂家所云引申假借之谓,在音非古音家所云声韵通转之谓。而其形其音其义率皆后世认为断断乎不相干者。(同上207—208页)

意符字的特点是形音义不固定。同一个字形，字音字义不相同，不能用异体字、引申、假借、音转等方法加以解释。六书文字一般都有固定的形音义，而居于过渡时期的意符文字则开始与语言发生联系，但形音义不固定。在秦汉文献中还有这类意符字的遗型。例如"舟"字：

> 舟，人皆知其为舟车字，不知於古亦可以表示履形，故"履"、"前"二字从之。许书"不行而进"之说，殊不合理。古礼入则解履，出则纳履。"前"从止舟，殆为纳履之象。……
> 亦可以表示器皿，故"般"、"服"、"受"、"艁"诸字从之。"般"即古"盘"字。《周礼·司尊彝》："皆有舟。"郑司农注："尊下台，若今时承盘。"卜辞般庚字有作🖄形者，即"舟"也。
> "受"，《说文》从舟省声。实即象以手受器之状。金文从舟不省。
> "艁"，古文"造"字。从舟者，亦谓造器耳。
> "服"之与"般"，古可通用。《尔雅·释诂》："服，事也。"《释文》又作"般"。《荀子·赋篇》："忠臣危殆，谗臣服矣。"服本或作般。《方言》《扬雄答刘歆书》："否则为𫝀粪弃之於道矣，而雄般之。"案"般"有服习义。古言服牛，今云般马，意亦相类。《诗·公刘》："何以舟之，维玉及瑶。"汪中《经义知新记》："舟无佩义，必是服字，传写者脱其半耳。"马瑞辰《毛诗传笺通释》从之。兼士案舟即服，犹舟即般耳。……舟之犹佩之，故传云带也。佩，金文作㐄，上🖄即舟之或写。如是解诗，不烦破字而文从字顺矣。

大抵"舟"之形边高中下，故可为一切器皿之共型。皿字及器之从口，亦殆舟之变相也。世俗狃于形义音固定之传统见解，而古文从此绝矣。（同上210—211页）

这一段文章解释"前、般、盘、服"等字都从"舟"形而音义上大不相同，分析极精辟。"前"字本作"歬"，从止从舟，许慎解为"不行而进"，意思是人在舟上，所以不行而进。近人杨树达释为履，因履象舟形，故以代履，较旧说为胜。沈先生从全面分析，认为舟即是履形，古人出则纳履，所以示前进义，较杨氏更为直截显豁。又释"舟"为盘形，因而又有唇音，为器皿的盘，为服牛、般马的服，为佩带的佩——都可用形音义不固定的"意符字"说加以解释。这是继"文字画"说以后又一极精辟的见解。这篇文章发表的第二年，沈先生即辞世，这可以说是沈先生对汉字发展史研究的最后一项重大贡献。

中国的古文字学研究，从清代末期，已经有人开始研究殷周金文和商代甲骨文。民国以后，国外语言学理论和古文字研究的成果介绍到国内来，使文字学研究进入一个新阶段。但从历史发展的角度来研究汉字历史的著作并不多见。多数人谈到汉字发展时，只是从字体上加以说明：甲骨文、金文——大篆——小篆——隶书——楷书。沈先生打破了六书的旧框架和只从字体上着眼的肤浅之论，构拟了汉字发展的全貌，认为汉字产生前曾经历过文字画、意符字这样两个阶段。这个学说越来越为更多的材料所证明。

三

兼士先生在训诂方面的最大贡献是奠定了汉语字族学的基础,在他的论文集中关于这一方面的文章有十几篇:

1.《右文说在训诂学上之沿革及其推阐》
2.《"鬼"字原始意义之试探》
3.《与丁声树论释名潏字之义类书》
4.《希、杀、祭古语同原考》
5.《声训论》
6.《联绵词音变略例》
7.《袒裼 但马 剗襪》
8.《石鼓文研究三事质疑》
9.《"不"、"坏"、"苯苢"、"栖倦"诸词义类说》
10.《"盧"之字族与义类》
11.《笔记三则》

在这十几篇论文中,对汉语字族研究的历史、方法、意义和实例分析,作了大量而系统的研究工作。

汉语字族研究也就是汉语同源字(词)的研究。这一领域的研究从宋代王子韶、戴侗等人就已经开始了。他们发现形声字中同声符的字往往字义相同或相近。因为形声字的声符多在右旁,所以叫做"右文"。清代的段玉裁把这一研究加以发展,进一步说明这是研究文字训诂的一条路子,但是他得出的"某声皆有某义"的普遍规律则有以偏概全之弊,不能全信。

东汉刘熙《释名》是一部专用声训方法解释字义的词典,其中有些材料的确可以从字族的角度加以解释,这又是一条研究汉语字族的源远流长的路子。清代小学家走这条路子的颇多,但有些人把声训原则说得过头了,认为凡是同韵的字意义都相同,这就违反了语言学的根本原则。

从"转语"的角度研究同源字可以上溯到扬雄的《方言》。清代利用转语原则归纳字族的著作,当以程瑶田的《果臝转语记》为最早,但方法粗疏,联系多有不当。王念孙在《广雅疏证》一书中大量运用了右文、音训、音转的方法,积累了许多可贵的字族素材,但是他的《释大》却不是成功之作。章太炎的《文始》充分利用音转方法研究字族,是第一部有分量的汉语字族谱,但是由于只从文字出发而不是从词着眼,且过分相信《说文》为最早的文字,音转也失之太宽,实据不足,故其结论也多有不可靠处。高本汉的《汉语词族》(Word Families in Chinese)一书(张世禄译本名《汉语词类》)是第一部以"词族"定名的汉语词族词典。以后又著《汉文典》(Grammata Serica, Script and Phonetics in Chinese and Sino-Japanese),以上古音26部为纲,用汉字的谐声字声符统率音义。但是研究词族完全以此为标准就又排斥了音转这一重要方面。

沈先生研究汉语字族就是在这些成果的基础上袪各家之短而形成的。

他研究汉语字族也是从右文入手的。先对一些有影响的作者研究右文的方法作了实事求是的批评。《右文说在训诂学上之沿革及其推阐》第六节中说:

(2)诸家所论,或偏重理论,或仅述现象,或执偏以盖全,或舍本而逐末,若夫具历史的眼光,用科学的方法,以为综合归纳之研究者,殊不多觏。

(3)夫右文之字,变衍多途,有同声之字而所衍之义颇歧别者,如"非"声字多有分背义,而"菲"、"翡"、"痱"等字又有赤义;"吾"声字多有明义,而"唔"、"语"(论难)、"敔"、"圄"、"悟"等字又有逆止义,其故盖由于单音之语,一音素孕含之义不一而足,诸家于此辄谓"凡从某声,皆有某义",不加分析,率尔牵合,执其一而忽其余矣。

……

(6)复有同一义象之语,而所用之声母颇歧别者。盖文字孳乳,多由音衍,形体异同,未可执著,故音素同而音符虽异亦得相通,如"与"、"余"、"予"之右文均有宽缓义,"今"、"禁"之右文均有含蕴义。岂徒同音,声转亦然,"尼"声字有止义,"刃"声字亦有止义(刃字古亦在泥母),如"仞"、"牣"、"忍"、"纫"、"韧"是也。"矍"声字亦有赤义(矍古音如门),"卤"声字有赤义,如"璊"、"穈""𪎭"是也。如此之类,为右文中最繁复困难之点,懵忽诸不顾,非离其宗,即绝其"脉",而语势流衍之经界慢矣。诸家多取同声母字以为之说,未为彻底之论也。

(7)训诂家利用右文以求语言之分化,训诂之系统,固为必要。然形声字不尽属右文,其理至明,其事至显。而自来倾信右文之说者,每喜抹杀声母无义之形声字,一切以右文说之,过犹不及,此章氏之所以发"六书残而为五"之叹也。

(8)《说文》本为一家之言,其说字形字义,未必尽与古契。

自宋以来，小学渐定一尊于《说文》。及清而还，训诂家更尊其说解以为皆是本义，殊为偏见。今研右文，固不能不本诸《说文》，然亦宜旁参古训，钩通音理，以求其从横旁达之势。诸家多囿於《说文》，其所得似未为圆满。（《沈兼士学术论文集》120—122页）

在总结前人缺点的基础上，沈先生提出治右文的两条原则：
（一）于音符字须先审明其音素，不应拘泥于字形。
（二）于音素须先分析其含义，不当牵合于一说。

根据这个原则，列出了"右文"的七个表式：表一，右文之一般公式；表二，本义分化式；表三，引申义分化式；表四，借音分化式；表五，本义与借音混合分化式；表六，复式音符分化式；表七，相反义分化式。用这些表将声符和词义的关系分为七种类型。

该文"应用右文以探寻语根"一节，提出从右文入手进行语根研究的理论。并由此进而进入汉语字族学的研究领域。沈先生关于右文的研究，得到当时语言学界的极高的评价，李方桂、林语堂、魏建功、吴检斋、陈寅恪、杨树达诸先生都有所赞评。

兼士先生考证字族的文章有好几篇，都有精到的见解。这里只举一篇为例。

《"鬼"字原始意义之试探》一文研究以"鬼"为核心的字族，极为精辟。本文首先从"鬼"的常用义出发提出疑问：

> 人死为鬼，固为中国之常语。古往今来，对于此说绝少异

议。……然殷周以前之书不尽可信。殷周以来之文，又多后世语言之变义，即如卜辞中鬼字虽亦屡见不鲜，所谓鬼者，果为鬼神欤，抑为异类怪物欤？尚有讨论之余地。

认为"鬼"的本义不是鬼神、人死为鬼的鬼，而是一种怪兽名。章太炎曾经说过："古言鬼者，其初非死人神灵之称。鬼亦即夔"，"鬼疑亦是怪兽，鬼夔同音，当本一物"。"鬼又孳乳为畏，恶也，鬼头而虎爪，可畏也；为傀，伟也；变易为怪，异也；为巰，大也；今转指为伟，奇也。"沈先生在章氏提出的线索下用大量古文字和文献资料加以考证。

文章先论述"鬼"、"畏"、"禺"三字原指一物，在许慎时已分化为三个语辞。

随后又考察从"鬼"形的字：魁、魑、魃、醜、魍等，都与恶兽有关。从"鬼"声的字瘣、傀、巍、嵬等都有高大奇谲之义，也是从怪兽义引申而来。从"鬼"的形状之奇特加以引申，则为傀，为伟；从其性质之黠巧引申，则为诡、为谲。推而广之，异族别种之人和中国异族，亦呼为鬼，古代有鬼方、鬼国，近人犹呼外国人为鬼子。

因而"鬼"字字族可归纳为以下几点：

1. 鬼与禺同为类人异兽之称。

2. 由类人之兽引申为异族人种之名。

3. 由具体的鬼，引申为抽象的畏及其他奇伟谲怪诸形容词。

4. 由实物之名藉以形容人死后所想象之灵魂。

"鬼"字字义及语辞分化情况如下表：

A. 禺属之兽

鬼

　他如夔　魖　魑皆转语也。

B. 异种之人

鬼方　媿(隗)

C. 偶相之名

傀儡(魁㔻)

D. 鬼神之义

鬼(禓)

E. 奇伟之形

畸鬼(倚魁)　傀　傀伟(魁梧)　巍(隗、巍)　崔嵬(陮隗、崔嵬)　魖瘣(瘣)魁瘣

　他如奇　怪　伟等皆转语也。

F. 畏惧之情

畏　愧(媿)

　他如威　惧等皆转语也。

G. 诡黠之性

鬼

　他如诡　恢诡　诡谲(诡随)　谲　怪　黠　儇　慧等皆转语也。

这个表就是"鬼"字字族繁衍的全部形势。

这一篇论文可以说是汉语词族研究的最高成就。陈寅恪说："依照今日训诂学之标准,凡解释一字是作一部文化史。中国今日

著作能适合此定义者……惟此文足以当之无愧也。"其评价之高可以想见。

先生自述其研究字族的步骤及方法说:

> 余意以为研究中国语中之字族,须先从事一种筚路褴褛之预备工夫,因我国语言与文字之纷乱纠扰,实含有三种情形:一语数字,所谓"重文"、"变易",如上例之"曰"与"吷","欥"与"颮"之类,一也。一语数音,所谓"方言"、"转语",如上例之"聿"与"筆"、"肍"与"羣"之类,二也。语异而义可通,字别而音犹近,词类无间於事物,音读不拘於单复,所谓"孳乳"、"字族"者,……三也。学者须先从第一第二两项下一番工夫,然后方能进行第三项汉语字族之研究。余之作《广韵声系》,复令诸生研究《广韵》《集韵》中之重文,并将古籍中之声训材料汇集成书,皆是为搜讨字族张本。又王氏《广雅疏证》之材料既丰富,去取复精审,亦令其以上列三法分别整理,小作试验,尚未知效果如何耳。高本汉君之《汉语词类》,欲以读音之形式定语辞之义类,而其取字说义似均可商。余不自揣,欲别辟一途径以研究汉语之历史。……(《与丁声树论释名滴字之义类书》,《文集》205—206页)

这是沈先生研究汉语字族学的步骤和方法。因为汉语词语和文字的关系非常复杂,不像拼音文字那样有明确的对应关系,所以研究字族要做三项工夫:第一项是整理异体字的工作。异体字《说文》叫做"重文",从甲骨文到楷书都有大量的异体字。根据我的估计，现在字典中五万左右的汉字，至少有三万异体字和讹变字。这些异体字要加以彻底清理，这是研究字族的一项基本工程。第二项是方言及文献中因语音变异而形成的不同写法。例如扬雄《方言》中的"党，晓，哲，知也"，"哲"和"知"当为音转。今语又有"懂"字，当是"党"的音转。现在方言调查正在引起更多的注意，过去调查方言只重音系忽视词汇调查的偏向正在纠正。一方面深入调查方言材料，一方面与历代文献中的词语作对比研究，彻底理清汉语每一词语的历史变易及其不同的写法，这又是一项巨大工程。以上两项工程做好了，再研究字族就顺利多了。高本汉《汉语词族》以读音定语辞义类的做法，没有考虑音变这一因素，也没有进行上述的基本考订工作，所以沈先生要"别辟一途径"，以进行这项研究。从历史语言学、比较语言学和汉语汉字的特点来看，沈先生的见解是卓越的。他的上述主张，至今仍是我们继续进行这项研究的指针。

四

兼士先生在文字训诂学方面的贡献大致可以分为文字学和训诂学两个方面。在文字学方面主要是关于文字画和初期表意文字的学说，在训诂学方面，中心是在创立科学的汉语字族学，而文字学研究也是为这个中心服务的。

他的文字学理论打破了传统的"六书"说；他的字族学理论，总结了过去的声训理论、右文学说、音转学说以及王念孙的因声求义理论，扬弃了旧说的失误，吸收了国外语言文字学理论的一些方面,为研究汉语词汇、字族奠定了科学的基础。可惜这套学说和研究成果至今没有得到应有的重视,至今在这一领域的论著中,还或多或少一再重复着某些陈腐玄奥的说法,影响了这一学科的发展。

近年来我发表的文章,如关于整理异体字、同源字、假借字的文章,关于讨论"右文"的文章,关于讨论假借字的文章,关于考订词族的文章,大都是在沈先生上述学说的影响下写成的。有些打算其实就是沈先生提出过的,例如整理异体字,但是因为人手不足,只好半途而废。有些文章按照沈先生提出的问题,谋求更深入的探索。但就沈先生提出的整个研究来说,深感这是一项巨大的研究工程,不是一两个人的力量所能完成的,希望能引起语言学界更大的关注。

汉语是我们祖先应用了上万年的语言,也是文献最丰富、历史最悠久而且一直未中断过的古老语言,无论从哪一方面说,我们都有责任把汉语的历史研究清楚。字族研究是研究汉语词汇史的核心和高层次,我自己在这方面研习多年,越来越感到这项研究的重要。

我以为,汉语词族学的研究有三方面的意义:第一,从词汇史的角度看,可以通过这项研究,把词义变迁的历史弄清楚。举个例子说,"张"这个字古今是常用字,同声符的字如涨、帐、胀等字都当是"张"的同族字,声义相同或相近,这是容易看到的。《说文》有"奓"字(重文㐱),释为"张也"。后来"奢"用为奢侈义,读 she,"㐱"用为张开义,读 zhɑ。《现代汉语词典》:"〈方〉张开,㐱着头发",又"㐱着胆子",解为"勉强鼓着勇气。"又有"挓挲"(zhɑ shɑ),意为"张开、伸开"。北方方言有"挓挲着两手","头发挓挲着"(没梳好)等语。四川方言"张开嘴"为"咋开嘴巴",读 za,都当是"张"字的音变。"张"的鼻音韵尾脱落变为"爹"、"挓"、"咋",即旧说的阴阳对转。这样从"张"字字族解释这些字,不但可以把这一字族连成一片,而且可以理清这些词(字)的历史演变面貌。可见从词汇史的角度看,这项研究是不可缺少的。第二,从现代汉语的角度出发,要明确解释某些词的词义,必须弄清楚它的本来面目,方能知其所以然。上面说的"爹"和"挓挲"两个词,都是现在广为流行的词,但为什么两个词都有"张开"义? 靠描写语言学的方法,只能知其然;弄清楚了它的历史,知道它都是从"张"这一词孳生而来,便会知其所以然。第三,通过词族研究,还有助于整理和改革汉字。过去若干年,有不少语言文字学家倾向于用拼音文字代替汉字,近些年来在这个问题上仍有争论,但多数人对这种看法倾向于否定,认为汉字不可能被取代,至少在一两百年内不可能做到这一步。我也赞成这个看法。既然要继续用汉字当作交际工具,那就要认真研究改革汉字。过去在这方面作了大量工作,如汉字简化,整理异体字等。从字族的角度考虑,是不是可以精简一些汉字。例如,"并"字字族包括併、骈、餅、胼、饼、姘、亚等,从异体字的角度已经取消了"並"字,那么,从字族的角度考虑,"併"似可合于"并","餅"可合于"胼",就可精简两个字。又如《新华字典》"芟"shān 释割草,引申为除去。"删"释为除去,如删改文章。"钐"(鐭、鐥)释钐草、钐麦,用镰割。"骟"为割掉牲畜的睾丸或卵巢,如骟马、骟猪。又收"鐥"字,说同"钐"。这些字都属同一字族。《说文》只有"芟"字,《广韵》收"钐"字。"鐭"、"鐥"都是近代新造字,词义或有引申,可以考虑只留一个"芟"或"钐"(钐又兼表化学元素 Sm 名)。

如果这个工作进行得好,可以在通用汉字中精简若干字。过去只重汉字笔画的多少,较少考虑字数的减少,以致发生繁简并存反而增加了字数的弊病,从字族研究考虑是减少字数的一个方面。以上三项都应是汉语研究的重要课题。

在此纪念兼士先生之际,我非常希望能多有几位青年语言学家在这条路子上走下去,继续完成这一项巨大的工作。

1988年3月28日
重庆北碚

闻一多先生讲《诗经》*

闻一多先生本是新月派的新诗人,但1935年以后,到北大、清华改教《诗经》、《楚辞》,从此便专心致力于这一领域的研究,特别为《诗经》研究开创了一片新天地。

我在北大听他讲过《诗经》。因为是第一次改行教古典文学,备课很认真。没有讲义,讲稿写在16开的毛边纸本子上,中间写《诗经》本文,夹注、资料分别写在本文的上、下、左、右。蝇头小楷,非常工整。注文除传统的传注、考证外,还有古代神话、传说一类的资料。讲课时就把这些注文一条一条写在黑板上,很少发挥,这与想像中大诗人闻先生的形象很不协调,因此对他的讲课并不满意。

但是,他在西南联大重讲《诗经》时,却完全变了个样儿。听课的人除选修此课的学生以外,还有来旁听的外系师生,后来名声越来越大,校外的人也来听。教室里坐不下,就站在窗子外面听。那时西南联大的教室全是平房。窗子上没有玻璃,正好可以在窗外听课。

是什么原因使闻先生的《诗经》研究有了这样飞跃式的变化

---

* 载《治学纪事》,巴蜀出版社,2002。

呢？我想，主要的是研究方法的变化。

两千多年来，研究《诗经》的人都把它当作儒家的"经"来看，虽然有人曾对旧说加以怀疑、修订，但很少跳出旧的框架。五四运动以后，北大成立了一个歌谣社，专门搜集各地的歌谣，试用歌谣同《诗经》的一些诗篇作比较，从而打开了一个用现代民歌同《诗经》作对比研究的新路子。例如，为了讲解《野有死麕》这篇诗，胡适、顾颉刚、俞平伯、周作人等都参加了讨论。这是个很好的开端，可是这一研究没能继续，歌谣社也停办了。闻先生对这段历史是知道的，他独自担负并发展了这方面的研究。

抗战以后，北大、清华、南开三所大学的师生从长沙步行到云南，建立西南联合大学。闻先生也参加了这个步行队伍。他倡议，在"远征"过程中，沿途搜集民歌，由南开大学的刘兆吉负责。在经过少数民族地区时，也搜集到一些少数民族民歌，由北大的马学良用国际音标注音。后来这些民歌编成《西南采风录》，闻先生和朱自清先生都写了序言，由商务印书馆出版。这个活动，可以说是闻先生用新方法研究《诗经》的开始。

闻先生到云南后，对云南少数民族的歌舞和风俗很感兴趣，曾加以调查研究，并常邀请少数民族的青年到西南联大表演。他的主要用意是用以拟测《诗经》中某些诗篇的社会背景和境界。这样一来，他就把《诗经》讲"活"了，令读者看得到，感觉得到，如见其人，如闻其声。

后来我才逐渐认识到，闻先生的这个方法，其实就是19世纪以来逐渐兴起的社会人类学应用的历史比较法。这项研究的开创者是美国19世纪的摩尔根，他在1878年出版的《古代社会》中用历史比较法拟测人类史前社会的发展过程。这种方法,后来经过恩格斯的改造,写成《家族、私有财产及国家的起源》一书,成为"历史唯物主义"。其他社会学家、政治学家,也纷纷接受了摩尔根的方法,这种方法逐渐用以研究其他学科,发挥了很大的作用。

在中国,除用以研究社会发展以外,收效最显著的是罗常培、赵元任、李方桂等先生对中国音韵学的研究,他们应用欧洲语言学者的历史比较法研究汉语音韵史,使一门深奥难懂的"绝学"成为一门科学。罗先生和李先生到云南以后,充分利用了云南少数民族密集这一特点,又开创了汉藏语系亲属语言的研究。

闻先生的《诗经》研究,跟罗先生的研究,领域不同,但用的方法都来源于社会人类学的历史比较法。闻先生虽没有谈过这个方法,但他实际上在讲《诗经》时却常常应用这个方法。

闻先生在讲《诗经》时,还作了大量训诂、文字方面的考证,这些考证,大部分都收入《闻一多全集》中。有些考证非常精辟,读了往往令人拍案叫绝。例如,《新台》的"鱼网之设,鸿则离之",旧注都解"鸿"为雁类水鸟。但大雁怎么会被鱼网捉住呢?闻先生认为,这句诗同前后的"燕婉之求,籧篨不鲜"、"燕婉之求,得此戚施"意思相近,"鸿"当是丑陋可憎的动物,因而考证"鸿"当是"𪓟"字的借音,"𪓟"就是蟾蜍,癞蛤蟆。这篇诗是讽刺卫宣公的。卫宣公为他的儿子娶妻,因为貌美,便在河边新台这座别墅里据为己有,这诗的口气很像出于这个女子之口,"本想得个美貌的人儿,却得个丑八怪","设置鱼网捕鱼儿,却网住个癞蛤蟆!"一字之解,讲活了一首诗。像这样的考证,都收在《全集》中。

历史比较法加上传统语言学的考证,于是使《诗经》研究焕发出异彩。可惜闻先生没有来得及把这部著作全部完成,现在收在《全集》中的有关材料,有的只是个提纲,有的是些考证。我本来有个想法,采用闻先生研究《诗经》的方法,在他研究的基础上,对《诗经》作出较全面的分析。但时不我与,想做的事太多,能做的又太少,这也是无可奈何的事。姑且把这想法写出来,如果在青年友好中有人既钦敬闻先生的为人,又对《诗经》这部很有价值的古籍感兴趣,愿意沿着这条前人披荆斩棘开辟出的路走下去,完成闻先生没有作完的研究,那就太好了。

2000 年 5 月 23 日

忆胡适先生

1934年我考入北京大学中文系,那时胡适先生是文学院院长兼中文系主任,讲授《中国文学概论》和《中国哲学史概要》两门课。这两门课是文学院的必修课,我都听过。除了上课以外,还参加过他在家中举行的一次小型茶话会,是上课以外同他惟一的一次交往。按常理说,不过是一般的师生关系而已。但是,胡先生从抗战直到逝世,包括解放后对他的大张旗鼓的批判,以至近来比较切实的评价,一直牵动着我的思绪。这不仅因为他是我的老师,还因为我一生选择的治学道路、治学方法,曾受到过他很大的影响。当然还因为他是个知名人物,是个有很大争议的人物。

季羡林先生说胡适是个"书生",这个评价很公允,很确切。我在这里且用几件事对这个评价作点疏证。

胡适在五四运动时,以提倡白话文闻名于世。从中国语言发展的历史看,胡适提倡白话文,因而从此取代了通行两千多年的古文的地位,是一个历史阶段的大变化。他认为,中国文学史上的一切重要文学形式,如四言诗、五言诗、七言诗、词、曲、杂剧、白话章回小说,无一不是人民群众创造的。这些文学形式到了知识分子手里,经过加工,就出现了许多伟大的文学家。他在讲《文学史概要》课时,实际上就是讲他的《白话文学史》,用他这部书中的观点分析中国文学发展的规律。他发现的这条规律,已为所有治文学史者所公认。当然,在应用这个观点时,有的讳言"胡"说,有的根本就不知道这是胡适的观点。

他的这个观点,也就是他提倡白话文并成为大学者的主要原因之一。至于陈独秀的提倡白话文,则把白话文当作宣传马克思主义用以救国救民的工具,同胡适的观点、动机并不相同,从这一点来看,胡适的确是个书生。作为一个书生,他无论作诗、写文章、讲课,一直在用自己的行动宣传、推动白话文。记得在一次讲课时,他曾用自己的一件事说明白话文的优越。他说,有一次他接到一封电报,劝他出任清华大学的校长,他用白话文回了电报,电文说:"干不了,谢谢。"只用了五个字。胡先生说完这个故事,幽默地笑着说,请哪一位桐城派的古文家用文言文试试,能不能用五个字把这意思表达出来?他那动人而又有点挑逗的笑容,正是十足的书生本色。

除了提倡白话文之外,胡适一生主要精力都用在整理"国故"上。那时中国传统文化统名之曰"国学"。20年代,北京大学有个"国学门",包括后来的中文系、历史系、哲学系,出了一个期刊《国学季刊》。商务印书馆也出版过一套"国学基本丛书"。这种风气影响很大。

他的整理"国故"同前人最大的不同处,在于治学方法的不同。他研究的领域很广,文学、语言、历史、哲学,都作过研究。这些学科性质不同,但都贯穿着同一种方法。按他的说法叫做归纳法,又叫考证法。这个方法,有两个来源:一个是他的老师杜威的实验主义;另一个是清代乾嘉时的考据学。他提倡做学问要善疑,多问几个"为什么",解答问题要重考据,要用历史事实加以考证。他常常说有"历史癖",要用同或不同的现象作比较。"大胆假设,小心求证",是他常挂在口边的一句话。这句话来自杜威《思维术》一书中的思维五阶段说,这是大家都知道的。他整理"国故"有一个明确的目标,就是用这个方法研究中国古代典籍,"摆脱古人主观注释的成见,而真正能了解古代典籍的原义"。(引自《胡适自传》226页,江苏文艺出版社,1995年出版)显然,他整理"国故"的目标,其实是在研究中国传统文化。

他不但自己在整理古籍方面做了不少实际工作,还联合了一大批志趣相合的学者,培养了一大批从事此道的学生,以至形成了一个阵容强大的学派。他幽默地戏称这个学派为"京派"。这个学派出了不少大师级的学者,在中国历史研究、语言研究、文学研究诸方面作出了超越前人的重大贡献。这跟胡适的倡导、组织宣传有关。所以,把胡适定位为20世纪用新方法研究中国传统文化的开创者,是比较恰当的。胡先生不是一般的"书生"。

当然,就他的"科学方法"而言,杜威的实验主义并不是当时欧洲最先进的思想。例如,因摩尔根《古代社会》一书的出版(1878年出版)而逐渐形成的历史比较法,胡先生并没有采用,这个问题这里就不多说了。

在批判胡适的年代里,有一条说胡适对中国文化持虚无主义的态度,并且同"全盘西化"论联系起来,实在应该"纠正"。他一生用大部分精力从事中国传统文化研究,怎么能说他全盘否定这几千年的文化呢?从研究中华民族的文化的角度来看,20世纪有几个阶段性的变化。"中学为体,西学为用"派是在全盘肯定传统的基础上学习西洋的坚甲利兵,这是一个阶段。孙中山的革命和理论界的"全盘西化"属于第二个阶段。改革开放以来,随着中华民族的振兴,要求理论界对中国21世纪的新文化研究有一个新的发展,这种新文化应该包括人类文化的一切优秀成果,当然也包括中国传统文化中的优良成分。胡适的研究,只在弄清楚古人的真实思想,这些成果可看作为当前的研究做准备工作。前者的目标是明"事实",当前的任务是"求实",两个阶段的任务相结合,就是"实事求是"。从这个角度审视胡适的学术活动,似乎可以得到比较公允的评价。

还有一件事,与做学问无关,但因为给我的印象很深,而且也有助于了解胡适的为人,所以也把它记下来。

胡适除了做学问以外,还对政治很感兴趣,他办《独立评论》,经常发表谈政治时事的文章,回想起来,像我这样的学生,对于作为学者的胡先生是很尊重的,但是对于他谈政治则颇不以为然,因为,一是分散了做学问的精力,觉得可惜。二是对他的一些政治观点不以为然,例如,他反对和日本打仗,他主张"好人政府",对蒋介石小骂大帮忙等,都同当时的民情不合。记得1936年"一二·九"学生运动时,他竟以院长的身份,在北大红楼大门口劝说同学复课。这件事严重地损坏了胡先生的学者形象。后来因为听到他在讲课时的一段谈话,才算冲淡了这个印象。

那是在1937年的上半年,当时日本军国主义的魔爪已经伸向华北。北平上空,日军飞机不断在低空盘旋;日军的坦克经常在长安街一带轰鸣。故宫的一大部分宝贵文物装箱南运。谣言四起,人心惶惶。北大也有人建议,把北大图书馆的善本书南运,以防毁

于战火。在这种情势下,胡先生在二院大教室讲课时讲了下面的一段话,大意是:

> 有人建议把北大的图书装箱南运,大家都看过"打鱼杀家"这出戏。肖恩被渔霸送到衙门挨了打,忍不下这口气,决定要去杀人报仇。当他同女儿持刀出门时,女儿说:"爹爹,这门还没有上锁呢。"肖恩说:"这门嘛,锁也罢,不锁也罢。"女儿说:"屋里还有些动用的家具呢!"肖恩答:"不懂事的孩子呵,家都不要了,还要那家具干什么?"

我记得,胡先生在说这最后一句时,还模仿着京戏道白的腔调,面带悲愤;随后便怆然走出教室。

这段小事,常常使我想到法国小说家都德的《最后一课》,那是一篇令人泪下的文章。

后来,抗战开始了,胡先生再也不谈他的"抗战必亡论",破例做了驻美大使。我想,他也只能去"杀家"了。至于连累到他的学术地位,则是另一个问题。我这篇小文章不过是一个小书生谈论一位大书生的书生之见而已。

2000 年 5 月 20 日

怀念罗庸先生[*]

罗庸先生字膺中。再过两年膺中先生逝世就是 50 年了。四十多年来我历经坎坷,能够咬紧牙关坚持做人为学的志趣,直到今天这个国家振兴前途充满希望的时候,在晚年还能够把一生积累的东西写出来给这个伟大的中华振兴广厦添一片瓦,其中有一个原因就是罗膺中先生的为人常常给我勇气和力量。在我受到最严重的精神折磨,中华民族的优秀文化被糟蹋得不像样子的时候,在我感到极端失望的时候,想起几位老师,尤其是膺中先生,便会从失望的绝境中摆脱出来,重新萌发了希望。这篇怀念先生的文章,近十年来常常想写而没有下笔,今年已经 85 岁,目力衰退,实在不能不写了。

一

我在北大中文系读书时,1935 年开始选读罗庸先生的分段"中国文学史"。那时中文系开始分为文学、语言两个组,相当于两个专业。两个组的课程有必修课和选修课的区别,属于概论性的

---

[*] 载《治学纪事》,巴蜀出版社,2002。

课程多为共同必修课,如"中国文学史概论"、"中国文字学概论"都是必修课。当时的分段文学史共分为先秦、秦汉、魏晋南北朝、唐宋、元明清五段,分为五门课,先秦段由傅斯年先生讲授,秦汉段由郑奠先生讲授,后三段由罗庸先生讲授,但傅斯年先生并没有到校讲课,也曾改由罗先生讲授,因而罗先生成为分段文学史研究的奠基人。分段文学史是文学组的必修课,语言组的选修课,我当时已决定研读语言文字,但也选读了罗先生的"中国文学史(三)"。

那时讲分段文学史,是一种开创性的研究,当时除胡适先生的《中国白话文学史》(上)之外,还没有人写出像样的中国文学史。罗先生的课排在上午八时到十时。他上课,总是神采奕奕,语调铿锵,一手令人赞叹的欧体板书,两个小时把黑板写得满满的,一笔不苟,简直像一幅绝佳的艺术品,害得专管擦黑板的工友老吴同志久久不忍擦去。后来我们得知,他备课经常通宵不眠,天亮了,擦一把脸,吃点儿早点,就带着备课的笔记来上课。他说,他是采了花粉酿成了蜜才交给大家的。"采花粉酿蜜"说明了他当时的辛苦,也说明了他严肃认真一丝不苟的态度。

近年来中国文学史一类著作出版的不少,也出现了好多名家,可是罗庸先生的文学史以及有关这方面的论著却几乎看不到,这到底是怎么回事?据我所知,答案是这样的,罗先生做学问一向一丝不苟,他自己认为不成熟的研究成果,不肯轻易出版。罗先生逝世后,我们几个学生,吴晓玲,阴法鲁和我,再加上罗先生的儿子罗式刚,曾搜集过先生的著作,准备编他的全集,在中国文学史方面,有下面一些论稿:

中国文学史概要(中山大学油印本,1928年)

文赋义证(中山大学排印本,1928年)

中国文艺论(浙江大学油印本,1931年)

宋十一家选词(北京大学排印本,1932年)

中国文学史概要笔记(北京大学排印本)

中国古代文学史笔记(北京大学排印本,1932年)

中国文学史(二)(北京大学排印本,1932年)

中国文学史(三)(北京大学排印本,1932年)

诗甄(北平大学女子文理学院油印本,1934年)

李诗编目三种(北京大学排印本)

歌谣的补字与泛声(北京大学《歌谣周刊》2卷7期,1936年)

陈子昂年谱(北大《国学季刊》5卷2期,1936年)

词甄札记(手稿,一册)

宋词札记(手稿,二册)

《淮海集》注(二厚册)

汉魏六朝诗选二卷(西南联大油印本,1938年)

汉魏六朝诗札记(手稿,1945年)

唐诗选(手稿,1945年)

杜诗选读(手稿,1945年)

中国古代文学史纲要及选例四讲(同上,油印本)

历代文选札记、昭明文选札记、近代文选札记(手稿二册,1942—1945年)

楚辞导论

陶诗系年

陶渊明(西南联大文史讲演会讲稿,1943年)

屈赋抉微(手稿,1944年)

陈子昂感遇诗说(上)(昆明中央日报《读书周刊》7期,1939年)

九歌解题及其读法(罗常培《恬庵语文论著甲集》附录)

读杜举隅(《国文月刊》第9期)

古乐杂记(《国文月刊》第15期)

六诗古谊(稿本)

读陶三篇(稿本)

少陵诗论(收入《鸭池十讲》一书)

阮嗣宗咏怀诗选注(稿本)

中国文学史上的几个新问题与新见地(云南《教育通讯》第2卷719期合刊,1939年)

文学史与国文教学(《国文月刊》第1期)

诗人(《国文月刊》第18期,1942年,收入《鸭池十讲》)

诗的境界(《国文月刊》第22期,收入《鸭池十讲》)

国文教学与人格陶冶(云南《教育通讯》第6、7期合刊,收入《鸭池十讲》)

中国文学史话(手稿,1942年)

诗的欣赏(手稿)

诗的前途(手稿)

中国文学源流(七讲)(在昆明明德中学讲授)

中国文学史导论(载五华书院《五华月刊》2—6期,1947年)

这些论著,多数是先生的手稿,有些是在报刊上发表或正式出版的。从这些残存的目录中,可以看出先生研究中国文学史的功力。这使我想起他关于采花酿蜜的比喻,也使我悟出了先生在病危时为什么会焚毁大量手稿的原因。他做学问一定要做到家,直到得出满意的结论,才算告一段落,反之,许多还在探索中的教学大纲、笔记,决不轻易拿去正式出版。因此,罗先生虽然在中国文学史的研究方面做了大量工作,写了不下百万言的笔记札记,也已经勾画出了中国文学史的详细蓝图,但是他还不满意。如果天假以年,他会继续这项研究的,可是后来因为大病一场,自知不能复起,不能完成这项工作。当时他在重庆北碚卧病,身边又没有可以委托这一艰巨工程的入门弟子,便只得将这些他自认为尚未最后完成的宝贵的手稿付之一炬,以免后人误会。我想,只有这样的解释才能说明这个谜。这在一般人看来,似乎不可理解,但若真正了解罗先生的做人为学之道,就不会觉得奇怪了。

由于这些珍贵书稿焚毁,因而从这一领域近四五十年的情况来看,就出现了上述一个令人不解的现象:近年来陆续出版的一些中国文学史著作,分明可看出罗先生讲稿的影子,但作者并未明白说出。可以肯定,假使没有罗庸这位披荆斩棘的开路者,当前的中国文学史研究绝不会达到现在的水平。据我所知,罗先生的文学史讲稿笔记,西南联大第一届中文系毕业生、四川师范学院的郑临川教授,还保存着二、三两段的完整笔记,冯明叔教授(云南师大)的笔记也保留了一部分。我想,如果有人写学术发展史时,应该把这一点写进去。至于现在和今后在这一方面作研究的青年人,更应该了解罗先生走过的道路,这样才能完成罗先生尚未做完的工作。

二

要把中国文学史写到什么程度,才算满意的成果呢?从罗先生已经发表的论著来看,有下面几个方面是他自信的:一是关于《论语》《孟子》的研究;二是关于《楚辞》的研究;三是关于陶渊明的研究;四是关于杜甫的研究。在这几个方面,他写了大量论著,作过多次专题讲演,提出了独特的见解,有很多论点,至今还闪耀着智慧的光芒。

我手边有一篇《九歌解题及其读法》,是先生的手稿影印本。我曾反复读过几次,现在把我的想法写下来,当作研究罗先生治文学史方法的注脚。

这是罗先生研究《楚辞》的一篇专题文章。《楚辞章句》中的"九歌",王逸《九歌章句序》说:"九歌者,屈原之所作也。"研究文学史的人多以此说为准。但是屈原怎么会写出那么多祭鬼神的内容?楚国的歌辞中怎么会有"河伯"这样的神名?游国恩先生已有怀疑,罗先生经过仔细考察得出结论说:

> 著者于此蓄疑有年,今因讲论之便,比次旧稿,略呈条贯,以为《九歌》者,秦汉以来汾渭群巫丛祠旧曲,汉武帝时采集而毕奏之,命以九歌篇名。刘向收入《楚辞》,王逸因而作序,历世渐远,昧其由来,遂以为屈原之作。兹申新证,以著于篇。

这篇文章原有五万余字,为了适应当时编演讲集的篇幅,缩写成14000余字的"提要"。文章的目次如下：

缘起

一　九歌名原

二　楚辞中之九歌

 （一）楚辞年历

 （二）燕齐方士与秦汉丛祠

 （三）甘泉祠仪及其乐章

  （1）甘泉竹宫与太一坛

  （2）壁画及巫祝

  （3）祝饷祠与郊祀歌

 （四）论九歌所祠鬼神

  （1）东皇太一

  （2）云中君

  （3）湘君湘夫人

  （4）大司命少司命

  （5）东君

  （6）河伯

  （7）山鬼

  （8）国殇

  附论礼魂

 （五）九歌之结集及毕奏

三　九歌读法试探

 （一）祠仪之具省

 （二）乐章之组织

(三) 四言与三言

(四) 独白与对话

这是一篇至今仍令人心服的杰出论文。文章分为三大部分：第一、二两部分从古代典籍中钩稽出"九歌"实来源于夏朝及其后的九招、九韶、九夏、万舞、九辩、九奏等名，而《楚辞》中的《九歌》乃是陕西、山西汾渭丛祠群巫祀祠时的旧曲，根本不是楚地的歌词。这个大胆的论断，实在是前无古人的创新之说。罗先生详细考察了秦汉祠祀的沿革及制度。文章说：

> 始皇二十八年东巡海上，礼祀名山大川及八神……有丛祠百余。汉高帝六年，天下已定，诏御史令谨治枌榆社，长安置祠祀祝官女巫……其晋巫所祠有东君、云中君、司命，荆巫亦祠祀名，河巫祠河于临晋，此皆见于楚辞九歌而不见于楚祀。
>
> 自汉武帝信方士言，始祠太一，九歌所谓东皇太一者也……
>
> 原鼎五年，于甘泉立太一祠坛。六年，祷祠太一后土始用乐，郊祀歌之制作自此始……
>
> 后宣成两世，诸祠祀兴废不常，哀帝时尽复诸祠，凡七百余所。

接着，又详细描绘了祠祀的情状，进而谈到巫祝，祝饗词与郊祀歌，进而论九歌中所祠鬼神的性质及地域，用以证明《九歌》乃齐方士所集结：

> 盖自汉高祖六年……六国群巫萃于汾渭,乐神歌曲,本有流传。迨武帝元鼎六年采诗夜诵,而民间祠之鼓舞乐,萃于乐府,集而歌之者李延年,整齐而润饰之者齐方士,以九歌九辩之名见于《离骚》、《天问》,遂独取九篇而命之"九歌"以配享太一。故九歌之数,当以"吉日良辰"、"成礼会鼓"为迎送神曲,而以东皇太一为主神……《云中君》《湘君》《湘夫人》《大司命》《少司命》《东君》《河伯》《山鬼》《国殇》九篇乃所谓"九歌",《郊祀歌》所谓"九歌毕奏斐然殊"者也。

文章至此,把"九歌"的来源考证得清清楚楚,不但解决了《楚辞》中的这一大疑案,而且使汉代的郊祀制度、祠祀时的乐舞歌辞都得以恢复历史的原貌。

最后提出了《九歌》的读法,这一部分有两个精彩的论述:

一是论《九歌》的四言与三言。王逸旧说以为《九歌》之文,"章句杂错"。罗先生仔细分析了《九歌》的首句,发现只有三言、四言、九言三类,并列出三类的篇名及其来源:

> 四言源出诗颂,犹存北方文学旧型。《东皇太一》《云中君》《大司命》及《吉日》《礼魂》各篇,去其句中"兮"字及句首衬字,皆整齐之四言。明此数篇为齐晋巫歌,但略被楚风影响而已。
>
> 三言与《郊祀歌》《天马》诸篇为类,亦即高祖《大风》、项籍《垓下》之体,此源于楚风而小变,《山鬼》《国殇》属之,此秦风也。

> 独《湘君》《湘夫人》《少司命》《东君》《河伯》各篇,错综三言四言,曼衍其辞,与《离骚》为近,此真楚辞也。
>
> 大抵楚风北渐,齐晋皆有取资,而旧规未能尽革,故《九歌》之文,于统一色彩中仍有其本来之面目如此。

这一段分析,不但理出三类章句的分别,也说明了三类诗体的不同来源。

另一个重要发现,是关于《九歌》的"独语"和"巫祝对语"。古代巫之祭神,有的只是一巫独舞独歌,有的是二巫合舞对唱。《九歌》的《东皇太一》《云中君》《湘君》《湘夫人》《礼魂》都是一巫独语。《大司命》《东君》《河伯》《山鬼》《国殇》都是巫祝二人对语。若不了解这一点,许多文句便读不通。

根据上面的考证,于是"重为写定《九歌》之文,正其错简,厘其乐章,别其句式,析其对语,使纲目昭然,文从字顺",于是《九歌》本文恢复了原来的面目,过去的许多曲解和不可解处,大部扫除,而盛行于秦汉的设祠祀鬼神的歌舞形象,也得以知其详情。

这一篇论文可以看作罗先生中国文学史专题研究的典范。从北大的学风来看,文学研究、语言研究都重视历史的发展,这种风气是同19世纪以来用历史唯物主义观点观察社会现象的潮流相一致的。胡适先生的文学史研究、哲学史研究,沈兼士先生的文字学训诂学研究,罗莘田先生的中国音韵学研究,都有这个色彩。罗膺中先生研究文学史,也是走的这个路子,他给自己订下的标准很高,凡是尚未达到标准的笔记、讲稿,他自己只当作尚未完成的素材。

这篇文章收入1942年罗常培先生的《恬庵语文论著甲集》附录《文史讲坛》第一辑（香港书店影印本，1972年）。在这一辑论文中同时收录了闻一多先生的《什么是九歌》一文。两位先生在北大文科研究所讲演，两人都谈《九歌》，见解很不相同，但两人的文章都各有卓见，绝无互相攻讦之意。罗常培先生在序中说："闻一多和罗膺中两位先生关于九歌的新见解，观点虽然不同，却都是发前人所未发的，我们连续请两位先生自由发挥，并继之以多次座谈，不厌反复地研求真理，正足见北大文科研究所治学态度的一斑。"闻先生的这篇文章已收入《闻一多全集》，不必再作介绍。从莘田先生的简短序言中，可以看出当年两位大师在研究中国传统文化时"研求真理"的治学态度和西南联大的令人神往的学术风气。这种风气和治学态度，在今天的大学文科似乎很难看到了。

三

有些人因为膺中先生在北大和西南联大只讲授中国文学史，便以为他只研究文学。其实是一种误解，膺中先生的研究领域，还包括儒家哲学、道家哲学、佛学、考古学等方面。据我们所知，他曾写过下面的书稿：

尹文子校释（在北京大学研究所时的论文，1922年）

模制考工记车制记（历史博物馆丛刊，1926年）

钜鹿宋代故城发掘记（历史博物馆丛刊，1926年）

太平天国玉皇考略（历史博物馆丛刊，1926年）

敦煌写经目录（历史博物馆丛刊，1926年）

馆藏贞石录(历史博物馆丛刊,1927年)
考古学论丛发刊词(东方考古学协会印刊,1927年)
《论语》本证(一卷,中山大学油印本,佚)
《老子》新次(一卷,中山大学油印本,佚)
《墨子叙录》(一卷,中山大学油印本,佚)
三礼名物研究(三厚册,中山大学油印本,佚)
中国考古学小史(未完稿,中山大学油印本,佚)
魏晋思想史稿(三厚册,中山大学油印本,1930年)
治学态度及其方法(一册;中山大学油印本,1930年)
史籍校读法(排印本,同上)
汉魏六朝史笔记(北平大学女子文理学院油印本,1933年)
孟子比谊(七卷,昆明中法大学石印本,1943年)
习坎庸言(手稿,1942年,现存武汉华中理工大学中文系)
唐人打令考(北京大学四十周年纪念论文集上册,1940年)
鸭池十讲(开明书店,1943年)
我与论语(《国文月刊》第18期,1942年)
儒家根本精神(《国文月刊》第21期)
国文教学与人格陶冶(《云南教育通讯》第6、7期合刊)
任达与清谈(收入《陶渊明》一书)
孔学十讲(昆明中法大学史学会讲授,1943年)
读经问题(昆明五华学院讲授,1946年)

从上面这个很不完备的目录中,可以看出先生研究领域之广阔。但他的学问也并不是一般的博学,据我的看法,他研究的领域,可以总括为对中华民族传统文化的探讨与发扬,可以用"国学"

或"中华学"加以概括。

膺中先生对儒家、道家、佛教以及程、朱、陆、王的哲学,都有深入的研究。他最为自信,并且经常加以阐述的则是以孔子为中心的儒家思想。他的《鸭池十讲》是一部在国内外影响很大的著作,这里讲的许多问题,都是以这种思想为核心的。他分析孔子谈论"仁"的论述,强调个人的修养,要克己,不为外物所动,这样的人叫做仁人,做人要做这样的人。做人与做学问是一致的。在日本军国主义侵入中国以后,更加激发了他对国家民族命运的关心和热爱之情。他在1939年应老舍先生之约,在抗战通俗刊物《抗到底》上发表了许多用评书、快书、太平歌词写的通俗文学作品。《汉奸自叹》《老妈辞活》《一门全节》等,都曾广为流传。当时很少人知道这些唱词竟会出自一位大学者的手中。仔细一想,这一点也不奇怪,罗先生研究孔孟之学,绝不是复古派,不是为研究而研究,他的着眼点是在探讨,提倡中华民族赖以生存并能在危难中奋发图强的精神力量。他在孔子思想中找到了这种精神的源头,便从各方面加以发扬。

罗先生多次谈到做人和做学问的关系。他认为孔子的"仁人"是做人的最高目标,学校培养学生的主要目的也是如此。梁漱溟先生在重庆北碚办了一所中学和大学,取名"勉仁",这个名称是1946年梁先生在昆明罗先生家中商定的。罗先生做学问也是"仁"的一个方面,他研究孔子及诸子、佛学、历史、文学都可看出这一点。他研究佛学但取其能与儒家思想融合的一面。他精通程、朱、陆、王的哲学,但并不钻研其脱离现实的心学。他研究学问的路子,基本上属于重考据重历史的当时所谓"京派",但是他有明确的宏观目标,没有"见木不见林"的弊病。他敬重梁漱溟先生,一直执弟子礼甚恭,两人对中欧文化对比的看法基本一致,但罗先生对中国传统文化的功力要深厚得多。

1946年西南联大解散,北大、清华、南开三校复员后,原来的师范学院改名为昆明师范学院,罗先生暂留昆明,担任中文系主任,在与先生共事的三年中,我深切体会到,先生实在是一位可敬的仁者,他的言行完全一致。这里可以举几个例子。

有一个西南联大师范学院毕业的学生,曾交给罗先生一篇作业,文章是批判孔子的,写得比较尖刻,观点是当时颇为流行的"左"的观点。罗先生看了大怒,在原稿上逐条批驳,措词严厉,罗先生拿给我看,指着文稿涨红了脸说:"怎么会这样看孔子?"我很少看到他这样生气。后来这个学生想到师院中文系任职,要我去找罗先生,我知道这个学生人很好,思想进步,又是少数民族的杰出青年,便硬着头皮去见罗先生,不料罗先生竟答应了:"叫他来当个助理吧。"于是他便做了中文系的助理。这件事过去很久,我才逐渐理解。

第二件是罗先生和徐梦麟先生的关系。徐先生是云南大学教授,研究民间文学及云南历史,是很有名气的进步人士,1947年忽然被解聘。当时全国的解放战争正在激烈进行,昆明正笼罩在白色恐怖中,解聘事小,却等于宣布已经列入了被迫害的黑名单。当时特务密布,想离开昆明也难。在这种危急关头,罗先生毅然聘请徐先生到昆明师范学院中文系任教,这在当时的昆明是件了不起的大事,因为罗先生名气大,又素非"危险人物",所以这件事算是暂时过去了,但因此颇遭当局之嫉,以致成为他不得不离开昆明的一个原因。

第三件是他营救被捕进步学生的活动。1947年间,昆明学生运动继承了一二·一运动的传统,又出现了一次高潮,许多学生被捕,在狱中受尽酷刑。罗先生那一阵寝食不安,利用各种社会关系进行游说营救工作。有一次当局派遣一个头头儿去拜访罗先生,目的是试探他对学生运动的态度。罗先生拍着桌子说:"他们是我的学生,学生有什么罪?"声泪俱下。那个头头儿曾听过罗先生的讲演,对罗先生有几分敬畏,见先生如此发怒,只好答应尽量想法放人。

另外,他和齐燕铭同志的师生关系也是耐人寻味的。齐燕铭是他在中国大学教过的得意弟子,一直关系亲密,后来齐加入共产党,抗战后到延安,家事都由罗先生照料。罗先生并不信仰马克思主义,他的"仁者爱人"的思想同马克思主义的阶级斗争学说很难调和,但是他对中国共产党反对帝国主义,反对国民党的斗争是赞许的。许多共产党和进步人士的革命活动,其目标都是为了救国,他认为这些人也都是志士仁人。

还有,罗先生和鲁迅先生的友谊一向鲜为人知,从两人写的文章和研究的领域看,很难看出两人的共同点,但是两人的友谊确实既久且笃。1926年,罗先生在当时的教育部任职时和鲁迅共事,两人就建立了友谊。1927年应鲁迅先生之邀,到广州任中山大学中文系教授兼系主任,可知两人的友谊非同一般。在两人共事时,谈论过哪些学术上的问题,彼此在学术思想上有什么共同点和互相影响处,还不见有任何文字记载。鲁迅先生曾写过一篇谈魏晋文人的杂文,题目是《魏晋风度及文章与药及酒之关系》。这是一篇很难懂又很有分量的杂文,文章的主题是写20年代中国知识分子的处境的,借古事说今人,若对魏晋时期的历史不熟悉,不深入,绝不可能写出这样的文章。从两人的研究领域来看,罗先生在这方面恰好下过很大功夫,写过不少书稿,如《汉魏六朝史笔记》、《中国文学史》(二)、《汉魏六朝诗选》、《汉魏六朝诗札记》、《阮嗣宗咏怀诗选注》等,我想,两人在谈论这一话题时,可能彼此互有启发,两人写出的文章却各尽其用,鲁迅用以"讽今",罗先生则考订当时的历史、诗文,以探讨中国文学在那个特定时代的特点。从表面上看,两人的文章全然异趣,实际上都是为了寻觅振兴救亡的真理。

以上这些事,好像彼此并无联系,但合而观之,便可看出罗膺中先生的为人。他不是一个只从事考证之学的专家,而是一位博古通今的通人,一位对中国传统文化有深刻了解并且予以发扬光大的国学大师;他不是为学术而学术的读书救国论者,而是从传统文化中探讨鼓舞人心、发奋图强精神的志士。他对人对事的评判,不是以某些观点的异同为标准。他的学术主张,做人做学问的态度、言行是一致的。

我想,我对罗先生的这些看法,将会有助于研究他的著作。不仅如此,也会有助于研究那个特定的时代。为什么在那样艰苦的环境下,西南联大的许多知名的大师,竟然能培养出那么多出色的人才,竟会写出那么多至今还闪耀着灿烂光辉的著作?他们不是单纯的教授、教师,他们是在战斗,为中华民族的前途而战斗。他们是不拿枪的战士,那是一个特殊的战场,罗膺中先生就是他们中的一位。现在且把膺中先生为西南联大撰写的校歌歌词抄录在下面,当作了解罗先生以及西南联大这个战斗群体的证词:

万里长征,辞别了五朝宫阙;
暂驻足衡山湘水,又成离别;
绝徼移栽桢干质,九州遍洒黎元血;
尽笳吹弦诵在山城,情弥切。
千秋耻,终当雪,
中兴业,须人杰。
便一成三户,壮怀难折!
多难殷忧新国运,动心忍性希前哲。
待扫除仇寇复神京,还燕碣。

读了这首调寄《满江红》的校歌,再看看膺中先生的著述与志趣,这首词无异是他自己情怀的抒发,也是西南联大这个战斗集体的共同心声。"中兴业,须人杰,便一成三户,壮怀难折!"是誓言,是抱负,也是振兴中华大业的预言。罗先生早在日寇还在中国国土上肆虐的时候,已经看到中华民族中兴的曙光了,"绝徼移栽桢干质"一句中的"绝徼"指边疆,云南为我国西南边区,这里特指云南。"桢"为树名,即女贞子树,木质坚硬,耐寒,这里指当时迁至云南的西南联大。鲁迅的杂文《文化偏至论》(《坟》)一文中说:"惟有刚毅不挠,虽遇外物而弗为移,始是做社会桢干",校歌此句正是采用了鲁迅的这句话。"多难殷忧新国运,动心忍性希前哲",前句有两层意思:一为多难兴邦,不要对国难悲观失望,一为忧国忧民,不谋个人幸福;后句是勉励学生要继承前人救国图存振兴中华不屈不挠的精神。这里的"前哲"指中华民族历代的思想家、政治家、革命家以及无数的优秀儿女。

读读这些掷地有声的诗句,再想想当时西南联大师生的艰苦生活以及令人神往的校风、学风,可以使现在的年轻人得到一些启发。

当时的西南联大,所有的教室、宿舍,全是泥土平房,屋顶无瓦,用薄铁板盖顶;有窗无玻璃,听课者屋里坐不下,可以在窗口站着听。学生没有读书自习的地方(图书馆太小光线太暗),便在附近茶馆里做功课,读书,讨论。附近十几家小茶馆,每天晚饭后都是清一色的联大学生,许多人还记得杨振宁穿一双破皮鞋一拖一拖出入茶馆的形象。

教授们的生活是今人难以想象的。闻一多先生因为孩子多,联大的薪金无法生存,除了在一所中学兼课以外,还以刻章为副业。闻师母为了节约钢炭费,常常在学校树林中捡柴代炭。膺中先生只和师母二人生活,但要按时给老母寄钱,又遭过一次火灾,衣物、书籍被烧光,困窘与闻先生相差不多。但是他们"动心忍性希前哲",仍然坚守在岗位上,为中华民族来日的中兴培养人才,丝毫不为外物所动。

联大校长梅贻琦先生有一句名言:"大学者,非有高楼大厦之谓也,有大师之谓也。"的确如此,西南联大没有一座像样的房子,现在设备最差的大学,也没有那样的简陋,但是在抗战八年内培养了大批人才,这些人遍布国内外,有些人已成为中华中兴大业的栋梁,有些已成为赫赫有名的专家学者,有些人虽身居海外,仍然不忘自己为炎黄子孙,用种种办法为中华民族的振兴献计献策。在国内,有不少人曾受到不公平的待遇,身心遭到摧残,但在平反改正后,把个人的不幸抛掉,重理旧业,重新挑起自己应该挑起的担子蹒跚前进。

回忆这些往事,再看看今天,国家强大了,大学高楼大厦林立,教授夫人们没有哪一个像闻师母那样捡柴度日了。大学生再也不用到茶馆里去做功课了,比起当年的西南联大,是不可同日而语了。但是,在一些优美华贵的大学校园里,缺少了联大那种埋头苦干,探讨真理的学术空气,却多出了在改革开放过程中刮进来的歪风邪气。教授卖馅饼,一度为某些报刊所称道,大学教师不会"创收",曾被视为跟不上时代要求,有位大学校长曾公开声称,谁能给学校创收一百万,就请他当副校长!……所有这些,都是值得深思的。膺中先生在联大校歌中所期望的"中兴"时代已经开始,当时所提倡的"桢干"质,不为外物所动的奋发图强精神,做人与做学问的根本道理,现在是不是不需要了呢?我看,不但现在需要,而且明天后天仍然需要。现在提出科教兴国这个口号,非常好,教育是科学的基础,大学教育又是教育阵地的要塞,要办好大学教育,最重要的是要能够有一群德才兼备、有卓识、有才学、有献身精神的教师队伍,在这个队伍的影响下,形成一个学校的优良校风,才能培养出真正能够为振兴中华而矢志不移的人才。

膺中先生在联大校歌中所表达的殷切之情,今日重读,仍然很有必要。

四

最后谈谈膺中先生的身世和逝世时的情景。

罗庸先生,字膺中,号习坎。"坎"是《易经》卦名。《易坎·初六》:"习坎,人于坎,窞,凶。""坎,陷也。""陷"字甲骨文作⚐,象人落陷阱中。"习"又为重复,"习坎"是多次落陷阱中,"窞"当是臽、陷的异体,全句的意思是,人落在坎井中,陷、凶。膺中先生一生多次遭到不幸,因而取此卦名为号。也有另外一层意思,习是习以为常意,一生坎坷习以为常,故名为习坎。这两层意思都有。

膺中先生1900年生于北京,是清初扬州八怪之一两峰山人罗聘的后人,因自称为江都人。1917年考入北京大学国学门,1921年在北大研究院国学门继续攻读。毕业后在历史博物馆工作,研究考古学,曾根据《考工记》等书的记载,自己制作了周代古车的模型,我在北大读书时曾在先生书斋中看到过这具模型,用深黄色木制成,尺寸、车上零件,都按比例缩小,一丝不苟。1926—1928年,在当时的教育部任职,与鲁迅同事,同时兼任北大讲师,女师大、北师大教授,1927年赴日本东京帝国大学讲学。同年鲁迅邀请他任广州中山大学中文系教授兼系主任。1931年任浙江大学教授,1932年任北大教授。1937年,北大、清华、南开在长沙组成临时大学,先生任中文系教授。1938年任西南联大教授、系主任,直到1946年三校复员。昆明师范学院成立后,任中文系主任。1948年离昆明到重庆北碚勉仁文学院任教。1950年逝世,年五十。

膺中先生之所以离开昆明,由于前面已经谈到的原因,是不能再留下去了。有几个在云南省政府供职的人,因为敬仰先生的为人和学问,不愿看到他遭到不幸,便劝他离去。地下党在大学领域的负责人马曜教授,也力促他离昆,就这样他到了重庆勉仁学院。在罗先生走后不久,昆明果然来了又一次白色恐怖,用"整肃"大学的名义解聘了一批教授、教师,代替罗先生做中文系主任的徐梦麟先生是黑名单上的前几名,罗先生的得意学生董庶副教授也在其中。徐先生因为是昆明人,熟人多,地下党负责人护送到了朱家壁的游击区,没有被捕,董庶藏在郊区,也躲过了灾难。若是罗先生不走,那就很难说了。

罗先生在1949年得了一场病,是脑溢血,半身瘫痪。昆明年底解放,徐先生又回到昆明师院,董庶也带着半尺长的胡须重见天日。大家在欢庆之余,第一件事是关心罗先生的病,但那时昆明刚刚解放,川滇间交通断绝,只好焦急地等待时机。

1950年初,由学校的五个群众组织共同选出徐梦麟(家瑞)为院务委员会的主任委员,选出我和一位学生会的负责人任副主任委员,决定叫我去重庆看望罗先生,如有可能,迎接他回昆明师院,或者回北京大学,就这样,我坐了军管会的一架运输机到了重庆。勉仁中学在北碚缙云山山麓,学校设备简陋,膺中先生和师母赵纫秋夫人住了一间半平房。先生当时早已瘫痪在床,右手臂蜷曲,不能讲话。看见了我,左手握住我,泣不成声,我也忍不住泪流满面,好容易才平静下来。师母告诉我,卧床已经两三个月。那时勉仁文学院已经解散,梁漱溟先生去北京,几位主要教授也已各就他业,学校里又没有医生。那时齐燕铭先生在人民政府做秘书长,曾给西南军政委员会的负责人刘邓两位首长发来了长达五六百字的电报,陈述罗先生的道德学问,希望尽力加以照顾,这件事交给文教部办理,文教部曾派干部到家中探望。但是先生坚持不愿去医院,师母也感到一人陪住医院有困难,因而就这么拖着。

后来我同文教部的刘飞同志商妥,罗先生首肯,暂到北碚医院治疗。因为当时从北碚到重庆,交通很不方便,公路崎岖不平,病人很难忍受颠簸之苦。在医院住了些天,病情曾一度好转,情绪也不像过去那样低沉。他非常关心解放几个月来的各种变化,我便每天给他读报,读《新民主主义论》,读《论联合政府》;又详细谈了昆明解放前后的情况,徐梦麟先生和董庶的情况,他听得很认真,常常露出笑容,不断点头。我问他,病好了愿意到哪里去?师母说,郑振铎先生约他到故宫博物院,也仍然兼任北大的教授。他听了只是沉思,露出兴奋的眼光。他是多么想在中华中兴的大业中继续他对传统文化的研究工作啊!

但是,先生终于被病魔夺去了生命,6月25日逝世,享年仅50岁。

罗先生的丧事办得很隆重,后事由北碚军管会主持,灵堂设在北碚公园,墓地选在缙云山勉仁文学院附近的松林坡,那里一片苍松,风景宜人。师母和几位同去查看的好友都很满意。罗先生年幼时乳名松林,逝世后葬在松林坡,竟是一种巧合。罗先生的墓碑是云颂天先生写的,云先生是梁先生的入门弟子,罗先生的好友。但是,罗先生的墓却在文化大革命中被毁。我那时正处于危难中,连扫墓的可能也没有,直到1979年,我同昆明师院的两位同事同去扫墓,已找不到墓的踪影,只有耳边的松涛声,似乎仍在为这位大师的一生演奏着令人缅怀的乐曲。

近20年来,吴晓玲、阴法鲁、罗式刚和我,还有严学宭、郑临川,曾数次谈论编辑罗庸全集或文集的计划,罗式刚那里有些材料,主要是著作目录。在《中国当代社会科学家》(第6辑)一书中登载的《罗庸教授年谱》(1984年北京图书馆《文献丛刊》编辑部编),部分是根据罗先生自编的年谱由我改写的。我在勉仁中学罗先生家中发现了那本年谱手稿,曾抄录了一册,先生逝世后,罗莘田先生因为要在北大为膺中先生开追悼会,嘱我写有关材料,我便用当时昆明师院中文系六个同事的名字改写了年谱,六个人都是罗先生的学生,后面的"附录",是阴法鲁学长和罗式刚写的。另外,郑临川教授的《薪尽火传忆我师》一文(载1985年中华书局古典文学编辑室编《学林漫录》一集),记载了罗先生指导学生做学问的生动情景。

但是要想编辑先生的文集,还有很多事情要做,晓玲兄和严子君(学宭)兄已先后去世,阴法鲁近来身体也不好,我已是85岁老翁,文史方面的知识所知甚少,关于古代思想,古代文化的探讨,虽有兴趣,但也只是初学,又没有这方面的助手,心有余而力不足,想起来常常难过。式刚弟也无暇多做这方面的工作,他有自己要做的事。……我这个无能的学生,自己确实不知应该怎么办。最近有位朋友将膺中先生的《习坎庸言》复印手稿寄给我,这是《鸭池十讲》的姊妹篇,是罗先生仅存的重要文稿,书中共谈了十六个问题,分内篇和外篇两部分,内篇:一、勉学,二、识仁,三、六艺,四、诸史,五、九流,六、理学,七、经学,八、文章;外篇:一、种族,二、文化,三、质文,四、礼乐,五、乡党,六、学校,七、儒侠,八、风俗——从这些题目,已可看出范围的广阔。今天我们在大力倡导精神文明,认识到传统文化研究的重要性,罗先生的这部手稿实在应该出版了。如果同《鸭池十讲》一起当作"罗庸文集"的第一册,然后设法把他在报刊上发表的文章搜集复制出来,编成第二册三册,最后把当年几位学生的笔记加以整理作为最后一册,这样做起来也并不难。不过我也只能在这里提出个希望。

膺中先生已经离去快50年了。先生的遗物,只有一根病前常用的手杖还在。1939年我曾患腰脊椎尖盘突出症导致右腿萎废,使用这手杖支持着跛行。后来腿已痊愈,但已成习惯,所以至今仍杖不离手。每当我的手握住这水牛角杖柄时,心中便感到一阵温暖,膺中先生像是随时在勉励我,在"中兴"大业中多做些应该做的事。

1998年3月26日
重庆西南师范大学

记魏建功先生两件事

记得1935年我在北大中文系读书时，曾在《天津·益世报》副刊《读书周刊》上发表了一篇谈王若虚的文章。这个副刊由北大文科研究院主编，北大文学院师生的一些短小论文，多半在这个副刊上发表。这是我考入北大后的第一篇文章。有一天，忽然接到魏先生的一封信，信中告诉我，北大图书馆藏有王若虚的墓志拓片，可以参考。

这件事本来很平常，算不了什么大事。但至今记忆犹新，这有两个原因：一是因为魏先生是个大学者，竟然对一个学生的学习如此关心，实在令人敬佩。二是第一次感受到北大学风的温馨。因此，这件小事一直未曾忘记，现在回想起来，我之所以选择了教师和研究语言这一条终生不渝的道路，正是在北大的这种学风熏陶下逐渐决定的。

后来，一直到1955年，我在北京参加现代汉语规范会议时，才又见到魏先生。我算是他的老学生了，自然感到欣喜。他说，这些年除教课外，大部分时间是在编订《新华字典》。后来这部字典在1957年出版，是新中国成立后最早出版的汉字字典，也是销量最大的一部字典。可是这部字典只标明为商务印书馆出版，却没有编辑者的姓名,只有少数人知道主编者是魏先生。

初次见面,我拿自己刚写完的一篇文章请他看,题目是《从汉字演变的历史看文字改革》。那时刚刚开过文字改革会议,我在这篇文章中,从汉字发展历史的角度,提出汉字不可能发展为拼音文字的观点。对于这个观点,魏先生同意,并提出一些需要修改的意见。后来这篇文章在《中国语文》1957年第5期发表。这是我最后一次向魏先生请教,以后再也没有见到他。

后来听说,他在北大主持文献专业。文革结束时,又听说魏先生曾给江青讲过课,因而被定为"梁效"那个理论班子的成员。

后来魏先生去世后,他的遗书被华中工学院语言研究所购去。1985年我在武汉中国音韵学会主办的研究班讲课,曾去翻阅魏先生的藏书。大约40平方米的一间书室,排满了书架,书架上排满了图书,有许多图书馆找不到的语言文字珍本。我特别喜欢一盒唐写本顾野王《玉篇》残卷,整部书装裱成一卷长卷,装在一具精致的红木匣子里。因为一时找不到中华书局影印的原本《玉篇残卷》,无法与之对比;但印象中似乎比中华本的字数还多。当时在研究班学习的中华书局编辑刘尚慈同志,是此书的责任编辑,她当时也看到了这个长卷,因没能加以利用,深以为憾。至于其余的藏书,只能稍稍翻阅,无缘再读。看了这些藏书,看到书中的一些批注,仿佛又看到了魏先生。

我以为,魏先生是个学者。许多学者都难免书呆子气。书呆子在那变幻莫测的乱流中,一时进退失据,同那些唯恐天下不乱、在乱中谋取私利的"政痞"有本质的差异;前者使人惋惜,后者令人深恶痛绝。魏先生始终是我怀念的一位老师。

2000 年 5 月 30 日

梁漱溟先生的一生[*]

读了唐宦存、杜林同志评述梁漱溟先生一生事迹的《师足寻恩》一书,觉得这是一本好书,值得向读者推荐。作者让我写序,我作为一个读者,趁机谈谈我的一些感想,向诸位好友和读者求教。

第一点,一百多年来,是中华民族在困境中挣扎、寻觅出路的时代。在这个特殊的时代,出现了一些杰出的志士仁人,以不同的方式为救国图存而献身,做出了许多惊天动地的事业,使中国度过一个个难关,终于形成了今天蒸蒸日上的新局面。饮水思源,我们有幸生活在今天,对于那些杰出的人士,包括革命家、思想家、学者、文学艺术家……自然会产生怀念感激之情,对于他们尚未完成的事业,自然应当加以继承和发展。我们今天研究和纪念梁先生,也就是这个意思。

现在的青年人,对于梁漱溟先生的事迹和著述,多半不熟悉。有些人只听到过一些流传的故事。多数人没有读过他的著作,更谈不上他的思想影响和学术地位了。我觉得,应该让更多的人了解梁先生,这是第一个想法。

第二,梁先生是一个奇人,因而在社会上流传了一些令人称奇

---

* 唐宦存、杜林《师足寻恩》序,梁漱溟研究会印行,2003。

的奇事,这类奇事,有些是以讹传讹,走了样的,如果根据事实印证,可以简述为以下几项:

一是他十几岁时打算出家当和尚,吃斋,研究佛经。到24岁时,为一篇佛学著作《究元决疑论》而名声大噪,被聘为北京大学讲师,到北大讲授"印度哲学",这件事至今仍广为流传,成为高等教育史上的一件奇事。

第二件,梁先生在北大任教7年(1917—1924年),正是五四运动时期,这个时期是思想异常活跃的时期,政治上反帝、反封建的口号,思想路线上提倡赛先生、德先生(科学、民主),都是那时提出来的,在中国前途的路线问题上,以李大钊、陈独秀为代表提倡的马列主义,和胡适等人提倡的"西化"路线不同,但都是反封建的。反封建,包括反对中华民族的几千年的传统文化。那时提出了"打倒孔家店"这个口号,几乎成为分辨新旧思想的标志,当时在北大任教的教师,只有一两个被视为顽固不化的二三流人物还勉强上课,就在这种形势下,梁先生写出了《东西文化及其哲学》这部巨著。对西方文化、以孔子为代表的中国文化和印度文化作了比较,并大胆预言,下个世纪(即今21世纪)将是中国文化昌盛的时代。这种观点,在当时的思想界自然引起轩然大波。

第三件,1924年他突然辞去了北大教席,到山东去创办乡村建设实验。并从此开始了他的这项研究,直至晚年,这在当时也是难以令人理解的奇行。

第四件,1953年在政协开会时跟毛泽东激烈辩论农民问题;1968年,"文革"期间,政协讨论"宪法草案",梁先生大胆反对在宪法中提出林彪的名字;1973年四人帮搞"批林批孔",梁先生明确提出:"我的态度是不批孔,但批林。"他用两天的时间,讲孔子对中国的影响,"中国历史上的任何一个古人都不能与孔子相比。""中国文化源远流长,世界独有,致使外来种种文化思想,都要经过消化熔炼,变成中国东西,才能得到发挥。这是世界上若干国家所不及的。"后来经过多次批判,硬逼表态,梁先生用孔子一句话"三军可夺帅也,匹夫不可夺志也"来回答,斩钉截铁,掷地有声。这种勇气,完全表现出了孔子所提倡的大智、大仁、大勇的气象,可谓举世无双。

以上这类奇言奇行,都可以说明梁先生的品格和人生境界。这是我的第二个想法。

第三,梁先生是个多方面都有所建树的人物。首先他是个教育家,在北大任教7年后,到山东、四川从事乡村建设实验。抗战后到四川,办勉仁中学、办勉仁文学院,培养了大批人才,在乡村建设方面开创了一条新路。

其次,梁先生又是一个很有影响的社会活动家,他热爱祖国和人民,在日本帝国主义发动侵华战争期间,他全力投入抗日活动;在抗战胜利后,他反对蒋介石发动内战,奔走和平。他赞成共产党的政治主张,把建设新中国的希望寄托在共产党方面,他的活动在当时发挥了重要作用。新中国成立后,他转而从事著述,但仍然关心国家大事,不断发表他的独特见解,他不做官,至死也还在牵挂着中国的前途,人类的前途。

其实,梁先生主要是一位思想家,一位终生关怀中国前途和人类发展前途的杰出思想家,他从佛家的出世思想中解放出来,转而成为孔子的信徒,他把佛教中的一些教义融入儒学中,与欧洲的一些主要思想家作比较,用以补充孔子思想中的一些弱点,于是形成了独特的现代儒学思想,他的著作《东西文化及其哲学》、《中国文化要义》和《人心与人生》,可以代表梁先生对这一重大课题不断思索,不断追求的历程。《人心与人生》一书,从1924年开始,构思、讲演,一直到1975年脱稿,历时50年,在成书之后,梁先生在"书成自记"中说:

> 若问其何以于自己所不能胜任的学术上根本性大问题——人心与人生——竟而勇于尝试论述者,则亦有故。第一,年方十六七之时对于人心便不胜其怀疑烦闷,倾慕出世,寻究佛法。由此而逐渐于人生有其通达认识,不囿于世俗之见,转而能为之说明一切,环顾当世,此事殆非异人任。第二,生当世界大交通之世,传来西洋学术,既非古人囿于见闻者之所及,抑且遭逢世界历史大变局,祖国历史大变局的今天,亦非生活在几十年前的前辈人之所及,当全人类前途正需要有一种展望之际,吾书之作岂得已哉!

一个世纪老人,经过50多年的学习、思索,在"文革"结束前的艰难日子里,写完了这部巨著,给他自己的学术思想作出了初步总结。这才是作为杰出思想家的梁漱溟。

最后,我们现在纪念梁先生,学习、研究梁先生的著作,主要还是为了中国和人类的今天和明天。中国的今天,已经发生了翻天覆地的变化,中华民族的振兴已经走出了一大步,这是近一两百年来的大变化。可是,下一步怎么走,应该如何继承和发展中华民族的优秀传统文化；现在世界上的战争问题、发展问题如何解决，中国传统文化中有哪些经验有助于解决这些大问题？——对这一类问题，有的已经提出，有的正在引起注意，有的还须努力讨论。新中国成立后，周恩来在雅加达会议上发言，提出孔子"己所不欲，勿施于人"这句话，阐明中国对待国与国之间关系的一项准则。2002年，人民政协主席李瑞环访问英国时引用了孔子"和为贵"这句话，阐明中国人主张和平协商反对战争的态度，现在联合国宪章中规定的"和平共处"，"不干涉别国内政"，也都是来自孔子的政治哲学。梁先生的这几部著作，对孔子的这类思想作出了深入的探讨和发展，现已陆续翻译成多种语言，在许多国家广为流传，影响很大。我们中国人为了中国和人类的现在和未来，应该在这方面作出更多的研究。这也是当前社会科学界应该注意的一个大课题。

我是个研究中国语言文字的人，十几年前因为给研究生讲《论语》，才进而钻研中国传统文化，学习孔子思想。梁先生的著作，过去也只是当作一般的著作加以浏览而已，近些年重新阅读，获益甚多。但是作为这一领域的一名新兵，要让我对梁先生的著述作出评价，还远远不够。这篇勉为其难的序言，也只能是谈点感想。如果因此而引发了读者的兴趣，有更多的朋友研究梁先生，那就是奢望了。

2003 年 10 月

谈谈孔子的仁学*

近十年来给汉语史研究生讲授"文献专书导读"课,每次都以《论语》为主要内容之一,因而对孔子的思想有些新的看法。这篇小文就是其中之一。现在写出来请大家指教。

一

"文献专书导读"这个课的目的是指导学生如何读上古典籍。同30年代中文系开设的"经学概论"属于同类课程。不过过去只讲儒家经典。有的则扩大到诸子。现在这个课又扩大为包括所有古代典籍。开设这类课程是很必要的。这些年的文、史、哲类研究生,多半失之于知识面过窄过"专"。拿语言文字来说,只读语言方面的著作,不读古代的重要典籍,就失去了一部分培养的目标和意义。研究语言文字的目的之一是培养青年人研究古代典籍的能力,通过古代典籍,探讨传统文化,并进而吸取传统文化的精华,用以充实现代文化,为中华民族的现代化服务,语言文字是文化的载体,又是研究传统文化的工具和手段。有些人缺乏这方面的知识,

---

* 《传统文化与现代化》邀稿,1998。

读不懂古书,常常误解古人的本意,对古人妄加非议或过加赞誉,都不是科学的态度。另有不少人,懂得了一些汉语、汉字的专门知识,却不肯精读古书,误认为那不是语言文字学家的任务,这实在是一种偏见。按照中国的传统图书分类法,把所有的古籍划分为经、史、子、集四大类。语言文字类(小学)隶属"经"类。《尔雅》、《说文》、《切韵》这些语言文字著作,都是读"经"的工具。后来这类学问"由经学附庸而蔚为大国",发展成文字学、训诂学、音韵学、语法学这类学科,因而使有关问题的探讨得以深入,这自然是好事。但因此而放弃了整理古籍、探讨传统文化这个主要任务,实在是个大缺陷。因为有这个看法,所以决定为我招收的汉语史研究生开设这个课程,用以弥补这方面的缺陷。

讲授这门课,有三种办法:

第一种,把古代典籍分门别类、全面概括地介绍一番,吸取前人"目录学"的框架,对我国古代典籍做一番鸟瞰,这个做法的好处是让人惊叹我国典籍的丰富。但这不是"读"书。充其量只是坐着汽车飞驰于旅游地区的导游。

第二种,在经、史、子、集中选取若干著作,作些介绍,或者选取其中的某些篇章,当做精读的样板,这样可以引导学生学习读书的方法,对古代典籍中的精品,有较深的理解。这有点像现在通行的导游方式,率领旅客把该地区的重要旅游景点都去一下,作些扼要讲解。这自然比鸟瞰或乘车观光的办法要好得多,但仍不免浮光掠影之嫌。用这种方法也不能培养学生整理古籍的能力。

我采用了第三种方法。从宏观上决定几部典籍为研读的重点,连带阅读与此有关的著作,通过这个课的讲授和练习,培养学生对传统文化研究的兴趣和识别能力。这个做法吸取了前人第一第二两种方式中的优点,又结合今天的时代特点而有所偏重。

这种方法的最大难点是以研读哪些典籍为重点,从我国三千年的文明史来看,以孔子为代表的儒家思想是中华民族传统文化中无可争议的影响最大的思想体系。而最能代表孔子思想的著作是《论语》。其次是老子和庄子的道家思想,《老子》同《庄子》虽都称道家,但二者并不相同。道家思想也是传统文化中很有影响的思想,中国的医学是从道家思想演化而成的,中医至今还很富有生命力,并且也逐渐被国际医学界所承认。另外,《诗经》也是选读的另一部书。其他相关的典籍,分别对待,或略读,或翻阅,或浏览。

现在只谈《论语》。

今本传刻宋本十三经,《论语》列为儒家经典的第十种。《周易》、《尚书》、《毛诗》、三礼、春秋三传都列在《论语》的前面。排列顺序自有过去的标准,按照今天研讨传统文化的标准来看,《论语》一书应该是研究的中心。因为孔子的言论,大都记录在这部书中。要研究儒家思想,不能不以孔子为主。要研究孔子思想就得研究《论语》。《易》、《书》、《诗》、《礼》、《春秋》这些古籍,都是孔子整理、编辑、编纂的。孔子"述而不作",他整理这些典籍的目的是为了推行他的学说;而这些学说都可以在《论语》中找到说明。从历史上看,中国从汉代以后,儒家思想一直是历代封建帝国的核心思想体系。当然,后来的儒家思想已有变化,例如,佛教思想融入儒家思想后的宋明理学,同孔子思想有很大的不同。但孔子思想的核心一直未曾抛弃。道家思想与孔子不同,但后来却形成了儒、释、道并存而以儒为主的局势。19世纪到20世纪的"西学东渐";五四运动后马克思主义在中国的传播和新中国的成立,这是中国传统文化同外来文化规模最大的一次交流、冲突与融化过程。时至今日,孔子思想并没有被淘汰,传统文化中的某些精华,仍然在当前发挥着积极作用。不但是炎黄子孙,连国外一些有识见的学者,也意识到这一点。一个生在两千五百多年前的思想家,经过这么长的时间,他的思想仍在影响人们的行动,而且至今还影响着人类发展的前途,这无疑是人类文化史中的一个奇迹。那么,什么思想是孔子思想的核心?要得到答案,只有到《论语》这部著作中才能找到。这就是我在讲授《文献专书导读》课时所以选取《论语》当作精读典籍之一的原因。

二

孔子思想的核心是什么?这是自五四运动以来一直争论不休的问题。五四运动的主要政治目标是反帝反封建,人民要求从"三座大山"的压迫下解放出来。自然要反对旧礼教,"打倒孔家店"。这是一次波澜壮阔的思想解放运动。胡适把这次运动叫做中国的文艺复兴运动。儒家思想演变到宋明理学,已经僵化到阻碍社会进步的程度,鲁迅在小说《祥林嫂》中描写的情景,就是当时社会的一个侧面,这同欧洲中世纪的情况有相似之处。文艺复兴和五四运动都是大规模的思想解放运动,但二者也有不同。欧洲文艺复兴的武器是希腊文明;五四运动的武器是西方的民主和科学,后来又加上马克思主义,正因为这一点,所以五四时期的反对旧礼教运动,进而发展到"打倒孔家店",全盘否定孔子。于是传统文化中的优良成分,也同脏水一块倒掉了。新中国成立后,本来应该对这一段历史进行清醒的反思。但是没有。几十年来,孔子一直是批判的对象,这种运动,一直延续到"文革"期间的"批林批孔"。直到1985年,匡亚明的《孔子评传》出版了,才在中国大陆上出现了正确对待孔子思想的著作,五四运动以后批判孔子的文章多不胜数,但真正有分量的东西不多。这方面的代表作是赵纪彬的《论语新探》。这部书于1948年以《古代儒家思想批判》的书名出版。1974年为了配合四人帮的"批林批孔",又作了补充修改。这是以学者身份撰写的批判孔子的著作,至今仍有不小影响。我在谈到《论语》和孔子思想时,经常要引用这部著作。

匡亚明在《孔子评传》中谈到了孔子思想的核心问题,他说:"仁的思想,就是孔子的政治思想、道德思想、教育思想、文献整理思想的理论基础和前提,四位一体,密不可分。"(179页)这并不是新观点。再早的不说,梁漱溟就早有这种看法。40年代他在重庆嘉陵江边创办了一所中学和大学,就叫做勉仁中学和勉仁文学院。"勉仁"即勉励师生做仁人之意。梁先生和匡亚明先生都对孔子关于仁的论述有所分析,我同意这个观点。批孔派则认为孔子思想的核心是"礼",不是"仁"。《论语新探》说:"孔丘不以'仁'改造'礼',而以'礼'限定'仁',因而'仁'是第二位,'礼'是第一位,此种以'仁'从属于'礼'的思想体系,乃是'复礼'路线反动实质的暴露。……所以与墨家及法家对立的儒家,显然是一个反动的学派。"(人民出版社1974年版第5页)

关于孔子论"礼"的论点,我将在另外的文章中加以分析,本文打算谈谈关于"仁"的问题。凡是前人(包括梁、匡两位先生)已经谈过我也同意的观点，就少说或不说，只谈我对这个问题的一些看法。

第一，孔子首先提出了"仁"的思想。

"仁"这个字是春秋时期才出现的。商代的甲骨文字、殷周铜器文字（西周），都没有"仁"字。《论语》以前的典籍，《尚书》只有一个"仁"字，《诗经》只有两个"仁"字，但都与"仁"字义无关，这里暂不多说（两个"仁"字分见《诗经·郑风·叔于田》、《诗·齐风·卢令令》）。《老子》有两个"仁"字（五章："天地不仁，以万物为刍狗，圣人不仁，以百姓为刍狗。"）。这两个"仁"字当解为"仁爱"。《论语》中的"仁"字大量出现，竟达一百多个，这可以说明，"仁"这个字大概是孔子创制的。或者老子时已有此字，孔子则反复使用，并建立了有关"仁"的思想体系。

《说文》在"仁"字下说："仁，亲也。从人，从二。忎，古文仁从千、心。"是个会意字，徐铉注说："仁者兼爱，故从二。"重文"忎"字更能表示兼爱义，从千、从心，表示一个人心里想着千千万万的人。这个"忎"字大概是战国期间出现的，后来因为用的人少而废弃了。

为什么到孔子时才出现了"仁"字和仁的思想？我认为，这跟社会制度的转变有关。春秋战国时代是商代和西周奴隶制度解体、封建社会逐渐兴起的时期。奴隶制社会的主要特点是奴隶主和奴隶的对立。奴隶虽然也是人，但没有"人"的权利。奴隶同牛马、财货一样，可以买卖、赏赠。甚至可以杀戮、祭祀或殉葬。这类材料在甲骨卜辞中可以找出许多。奴隶制度崩溃后，最突出的变化是奴隶的解放。孔子清醒地看到这一点，于是针对奴隶主不把奴隶当人看的现象，提出"仁者爱人"这个崭新的命题。这是人类文明史上第一次出现的新思想。《论语·颜渊篇》:"樊迟问仁。子曰:爱人。""爱人"这种思想是针对奴隶制社会不爱人的情况提出来的。

第二,"仁人"和"仁政"。

孔子的"爱人"思想不是个空洞的口号,他主张治理国家要推行"仁政",即建立在"爱人"基础上的政治,推行仁政,就可以避免战争,治国平天下,最后可达到世界大同的目标。要实行仁政,执政的人必须是仁人,要成为仁人,必须不断地进行自我教育,仁人有爱民之心,有治国安邦的志向,处处想着国家人民,只有这样的仁人掌握政治,才能实行仁政,这就是孔子思想的核心。

关于"仁政",《论语》中有很多精辟的议论,这里选录几段,并加以阐释:

《学而第一》:

> 子曰:道千乘之国,敬事而信,节用而爱人,使民以时。

"道千乘之国",即领导一个中等国家,那时有一千辆兵车的国家,是中等国家。"道"即"导","敬事"、"信"、"节用"、"爱人"、"使民以时",都是以仁政治国必须做到的事。"敬事"是尽心竭力地处理国事,"信"是对人民守信用,说到做到;政策法令下达后不朝令夕改,"节用"是节约开支,减轻人民的负担。"使民以时"就是使民服役时不要误农时。不能因劳役而耽误了耕种。现在看起来,这几项内容,不但封建国家的统治者应该注意,就是在现在,也仍有现实意义。

《颜渊篇第十二》：

> 子贡问政,子曰:"足食,足兵,民信之矣。"
> 子贡曰:"必不得已而去,于斯三者何先?"曰:"去兵。"
> 子贡曰:"必不得已而去,于斯二者何先?"曰:"去食。自古皆有死,民无信不立。"

"足食"是让人们解决温饱问题。"足兵"是有足够的武装保卫国家安全。"民信之"是得到人民的信赖,也就是得民心。在国家处于困难的时候,首先"去兵",以节用保民。在万不得已的时候,可以"去食",执政的人同人民一起共患难,紧紧腰带共渡难关。但不能失掉人民的信赖,失掉了民心,便失去了立国之本。这段话比前一段更加概括,更为精辟。两千多年来多难兴邦的历史事实,可以证明这个论断的正确,直到今天,世界各个国家的政治兴衰,仍然可以用这个标准加以解释。

《颜渊篇第十二》：

> 樊迟问仁。子曰:"爱人。"问知,子曰:"知人。"
> 樊迟未达。子曰:"举直错诸枉,能使枉者直。"
> 樊迟退。见子夏曰:"乡也吾见于夫子而问知,子曰:举直措诸枉,能使枉者直。何谓也?"
> 子夏曰:"富哉言乎!舜有天下,选于众,举皋陶,不仁者远矣。汤有天下,选于众,举伊尹,不仁者远矣。"

这段话说明行仁政必用仁人的道理。用人执政的原则是选举正直的仁人,把他们提拔起来使居于邪恶的人之上。这样做可以使邪恶的人变好,"选于众,举皋陶","选于众,举伊尹",这是"选举"一词的最早出处。要实行仁政,关键在于用人,用人的办法是"选"和"举"。"选于众"是从"众人"中加以挑选,选中了就举以为治国的大臣。这种选与举的制度,从汉代的举孝廉、举贤良方正,演变为后来的科举考试制度,都是孔子这种主张的延续。这种制度对于维护国家政权,发挥了重要作用。至于科举制度的日趋衰变,最后竟变成明清以来以八股取士的可恶局面,那是另外的问题,跟孔子无关。时至今日,人类已经走了两千多年的路程,但是,就各国政府而言,选用什么人掌握国政的问题,仍然是各国人民至为关心的问题。选用好人(直),置于邪恶的人(枉)之上,仍然很重要。孔子所说的"直"人,也就是他所提倡的仁人。

"仁人"是从哪里来的?从《论语》和当时的社会看来,"仁人"主要来源于"士"这个阶层。

"士"在奴隶制社会中,本来也是奴隶的一种,不过这类奴隶多掌握某些技能和文化,分别管理奴隶主的祭祀、占卜、技艺、生活等事务,比农业奴隶有较大的自由和权力,但身份仍是奴隶,可以由奴隶主任意买卖、赠赏或殉葬。这个阶层的奴隶,是在奴隶制解体后首先得到解放的人,他们中间的一部分优秀分子,逐渐成为社会上的重要力量。有些人著书立说,创立不同的学说,形成了春秋战国时代百家争鸣的局面。孔子就是其中的杰出人物。他招收学生几千人,成立了中国最早的私立高等学校。他主张"有教无类",但实际上大部分学生都属于"士"这个阶层,贵族子弟和农民子弟都极少。他的教育目标是把学生培养成"仁人",成为掌握国家命运推行"仁政"的高级官吏。如不能做官,就做"独善其身"的仁人。

孔子常以"仁"和"不仁"对比。

《里仁篇第四》说:

> 子曰:"不仁者不可以久处约,不可以长处乐。仁者安仁,知者利仁。"

"仁者安仁",仁者不论在穷困中或在安乐中都能处之泰然,因为他有远大的志向和抱负。"不仁者"没有这种理想,只贪图个人的享乐;所以不能长久过贫困节约的生活。在安乐中因欲望无穷,也不安心。又说:

> 子曰:"富与贵,是人之所欲也;不以其道得之,不处也。贫与贱,是人之所恶也;不以其道得之(应改为"去之"),不去也。君子去仁,恶乎成名?君子无终食之间违仁,造次必于是,颠沛必于是。"

孔子认为,富贵这类东西,是人人都愿意得到的,但仁人和不仁者对于富贵贫贱的取舍,态度极不相同。用不正当手段得来的财富和官职,"仁人"不要,宁肯受贫处贱。"不仁者"则唯利是图,不择手段地夺取富贵。

为什么要这样限制自己的行动呢?《泰伯篇第八》说:

曾子曰:"士不可以不弘毅,任重而道远,仁以为己任,不亦重乎?死而后已,不亦远乎?"

弘是弘大、宽广;毅是刚毅,有毅力。为什么"士"要培养这种品德呢?因为士的任务重而道路又很远。士把实现仁政、推广仁道当做自己的任务,终生从事,死而后已,所以说是任重而道远。

"仁人"的品德,孔子也说得很具体。

《阳货篇第十七》说:

子张问仁于孔子。孔子曰:"能行五者于天下为仁矣。"
请问之,曰:"恭、宽、信、敏、惠。恭则不侮,宽则得众,信则人任焉,敏则有功,惠则足以使人。"

恭敬,宽厚,守信,勤敏,宽惠,都是人际关系的品德,是仁人品德的修养,也是对从政者品格的要求。

至于成为仁人的具体做法,则是要"克己"。

《颜渊第十二》:

颜渊问仁。子曰:"克己复礼为仁。一日克己复礼,天下归仁焉。为仁由己,而由人乎哉?"
颜渊曰:"请问其目。"子曰:"非礼勿视,非礼勿听,非礼勿言,非礼勿动。"
颜渊曰:"回虽不敏,请事斯语矣。"

"克己"就是克制自己，严以律己。在社会大变动的时代，总有些新事物出现。新事物有好有坏，要经常克制自己，不受邪恶事物的引诱，如声色淫乐、金钱、地位等。"克己"要有个标准，不是禁欲主义。这个标准就是"礼"，不符合"礼"的言论、行为都自觉地加以克制。"礼"是礼俗、礼仪以及当时的规章制度。《论语新探》的作者，根据这句话，说孔子主张恢复周礼，目的在维护奴隶制度，完全是无中生有，这里暂且不说。

人的行为，无非受感情和理智的支配。感情有与生俱来的感情，也有因教育而培养的高尚的感情。"食，色，性也。"这是与生俱来的感情，人和动物都有这种感情。"富与贵，人之所欲也"，也属于这种感情。孔子主张对这种感情、欲望加以克制。"不义而富且贵，于我如浮云。""义"是应该不应该。凡是符合当时礼俗的就可以做，不然就不应该做。这是说，要用理智限制感情。例如，你做了官，有财权，经常经手大批大批的钱财，可以贪污，以满足自己的私欲。你如果能克制这种私欲，懂得这是不应该得的钱财，你在这一点上就符合仁人的最低要求。如果随时随地，一切言行，都能这样做，就可以成为仁人。

"仁人"、"仁政"，用仁人推行仁政，以达到世界大同的最终目标，这就是孔子学说的核心。

第三，关于"人"的考证。

《论语新探》一书，用阶级分析观点，反复考证，认为《论语》中所说的"人"指的是奴隶主贵族。孔子所说的"仁者爱人"，只是爱奴隶主，不是爱一切人（见原书《释人民》篇）。

我们赞成用阶级分析的方法，分析孔子时代的阶级和阶级变化,并用这个方法分析孔子的学说。但是,用乱扣帽子的办法,硬把"恢复周礼"、"反动"等词加在孔子身上,而且盗用考证的手法,使这类罪名得以成立,却不能不加以分辨。

首先,"仁者爱人"这个观点是孔子提出来的。前面已经说过,在商代和西周的奴隶制度时期,还没有"仁"这个字,不会有"仁者爱人"这个命题。到了孔子时,奴隶制度已经到了"礼崩乐坏"的崩坏地步,这时提出这个命题,是新兴封建社会中"士"这个阶层的觉醒与呼声。这个"人"包括在奴隶制度下曾被奴役的所有的人。如果说"人"只指奴隶主贵族而言,那么,孔子所倡导的仁人、仁政,就只是爱奴隶主了。岂不荒唐可笑。

《论语》有两条记载,可以证明"仁者爱人"的"人"泛指一切人。《乡党篇第十》:

> 厩焚。子退朝,曰:"伤人乎?"不问马。

这里"伤人乎"的"人",明明指的是养马、喂马的人,"厩焚"是指孔子家中的马房失火。孔子本人并不是贵族,但因为经常与贵族交往,家中只有一辆马车(见《先进篇》:"颜路请以子之车以为之椁,子曰:'……吾不能徒行以为之椁。'")。养马的人不过一两个,这一两个马夫绝不会是什么贵族。《新探》的作者,为了证明这个"人"是贵族,竟然说《周礼》中的"牧人"、"校人"、"圉人"、"圂人"等都属于贵族阶级,用以证明为孔子养马的人也是贵族,真是荒唐。这里的"伤人乎?不问马"明明用"人"与"马"对言,说明孔子只关心养马的人是否伤亡,而不问马是否烧死。这正可说明孔子"仁者爱人"的心态。

《孟子·梁惠王上》引:

> 仲尼曰:"始作俑者,其无后乎?"为其象人而用之也。

这句话虽不见于《论语》,但孟子加以引用,当有根据。"俑"是用陶土制作的人像,现在地下出土的陶俑,多为奴仆、乐伎形,用以殉葬,是东周以后用人殉葬的代用品。"用"字的本义为杀之以祭,商代甲骨卜辞中"用羊"、"用牛"和"用羌"常见。用奴隶祭祀祖先或殉葬是奴隶制度常见的礼俗。孔子提倡爱人,主张彻底废除殉葬制度。因为陶俑的形状像人而又用以殉葬,所以孔子对"作俑者"加以诅咒,骂他断子绝孙("无后")。地下出土的陶俑,全是奴仆或伎人装束,没有一个作贵族打扮。而且,用贵族来殉葬是从来没有也不可能有的事。

《论语》中还有一条和"仁者爱人"这句话可以相互印证的话。《学而篇第一》:

> 子曰:"弟子入则孝,出则悌,谨而信,汎爱众,而亲仁。行有余力,则以学文。"

"汎爱众"就是博爱众人。这里的"众"和"仁者爱人"的"人"都指众人,而且主要是指贵族以外的人。

《论语》中说到贵族的时候,有一些专用的词,如"公"(哀公、昭公等),"家"(三家,指鲁大夫孟孙、叔孙、季孙),"公子"(公子纠、公子荆),君,尹夫人,大夫等。

以上三条,是我关于孔子仁学的理解和考证。

从上面的分析,可以得出与《新探》相反的结论。首先,孔子学说的核心是"仁",不是"礼","礼"是仁人自修和施行仁政的手段。"仁"是第一位的,"礼"是第二位的。"礼"也不是奴隶制度的礼,"复礼"不是恢复周礼。其次,孔子"仁者爱人"的思想,是人类从奴隶制度解放出来以后的第一次关于恢复人的尊严、建立新的人际关系的进步思想,决不是《新探》一书中所说的"反动实质的暴露"。孔子的儒家学派,在当时也不是"一个反动学派"。最后,《新探》一书中关于《论语》一书中的"人"字都是指奴隶主贵族的考证,貌似言而有据,其实是用"科学方法"的伪装,把莫须有的罪名强加于孔子。这种假科学必须加以揭露。

孔子关于"仁"的论述还有很多,这里不能一一列出,将来再谈。

三

最后,谈谈孔子仁学对后世的影响及其现实意义。

先谈仁学对两千多年来中华民族造成的影响。

孔子虽然在春秋战国时代已经是个出色的思想家、政治活动家、教育家,但是他的主张并没有得到实施的机会。他在鲁国曾做过司空、大司寇,做过几个月的"摄相事"——相当于现在的"代理首相"。以后周游列国,没有哪个国君请他执政,只得回到鲁国,从事整理传统文化和教育工作,一直到汉武帝实行独尊儒术的政策,孔子的思想才成为两千年封建国家的统治思想。这中间虽然也有一些变化，但主流没有变，以至成为中华民族传统思想的主要成分，两千年来有一系列传统观念，在中国人民的心目中一直不变。例如：

历代的史学家和人民群众，都把有仁德的皇帝叫做仁君，把残害人民的君主叫做暴君，孟子曾把商纣叫做"一夫"，"闻诛一夫纣矣，未闻弑君也。"历代的暴君，在位时尽管作威作福，为所欲为，但在死后却免不了历史家和人民群众的口诛笔伐。

中国两千年来的知识分子，大都向往做"君子"，做"志士仁人"，最怕人骂他是"小人"。孔子所说的"君子喻于义，小人喻于利"，还没有把"小人"同坏人等同起来，后来这两个词变成"好人"和"坏人"的对立。宋代的大史学家、大政治家司马光在《资治通鉴》中给君子、小人、圣人做出极明确的规定："德胜才谓之君子，才胜德谓之小人，德才兼备谓之圣人。"这不仅仅是司马光一个人的观点，实际上是对传统观念的总结。中国人最崇拜的人物，也都符合这个标准。他们不谋私利，以国家人民的利益为重，"忧国忧民"，"国家兴亡，匹夫有责"，"先天下之忧而忧，后天下之乐而乐"，这些格言、名言，妇孺皆知。清正廉洁的官吏，在人民群众中享有很高的地位，岳飞、文天祥、林则徐、谭嗣同以及辛亥革命时及其以后的许多英雄人物、志士仁人，有一个共同的特点，他们都有爱国、爱人民的高贵品德，这种品德的培养与流传，追本求源，不能不说是来自孔子的仁学思想。

第二个问题，谈谈孔子仁学同社会主义中国的精神文明。

前面已经谈过，新中国成立后的三十多年，孔子思想一直处于被批判的地位,但是孔子思想实际上并没有被清除,国家领导人的言论有不少同孔子的某些主张相合,有时引用孔子的语汇,有时直接引用孔孟的话,用以勉励共产党员和人民。例如,"全心全意为人民服务",这个口号至今仍是对从事所有工作的人员的基本要求。《论语·学而》说:

> 曾子曰:"吾日三省吾身:为人谋而不忠乎?与朋友交而不信乎?传不习乎?"

"三省"是从三方面反省,总结一天的行为是否得当。第一方面是"为人谋"是不是"忠"。邢昺《论语注疏》解为"为人谋"为"为人谋事"。朱熹《论语集注》此语未加注,近人杨伯峻《论语译注》译为:"为别人办事是否尽心竭力了呢?",比前人理解的较为切近。但把"为人谋"的"人"理解为"别人",似乎不很妥当。我以为,这个"人"当指众人而言。"谋"字译为"办事",很好,"为人谋"就是"为众人办事","忠"是尽心竭力,"忠"字从中从心,是个会意兼形声字,把心放在正中,没有一点私心,不偏心,这就是全心全意。这句话同孔子说的"道千乘之国,敬事而信,节用而爱人,使民以时"一段话可以互相注释。"敬事"就是小心谨慎(全心全意)处理国家的事,国家的事也就是众人的事。现在我们所提倡的"敬业"精神,也与此同意。

改革开放政策的贯彻,使中国焕发了民族振兴的青春,但是有些干部经不起金钱的引诱,以致贪污腐化,堕落成人民的罪人。人们重温孔子关于"克己"、"修身"、"节用爱人"这类教导,觉得两千五百多年前的教导,今天仍然并未过时。

再举个例子。

1955年,周恩来在万隆亚非会议上,向亚洲非洲国家提出并通过了著名的促进世界和平与合作的五项原则,在会议上反复阐述了"互相尊重主权和领土完整,互不侵犯,互不干涉内政,平等互利"这五项和平共处原则的内容。他用孔子的"己所不欲,勿施于人"这句话来表明中国政府对待其他国家的态度,因而赢得了亚非国家的信任。这是把孔子仁学中的恕道应用于国际关系的范例,这种精神已成为当前国家与国家间交往的原则之一。

这类事例,还可以举出很多。

从五四运动以来,一般的观点认为,孔子思想是封建思想的基础,这种思想同马克思主义是水火不相容的两种思想体系;在社会主义的精神文明中,没有孔子的地位。因而对于前面所列举的事例,或则不敢明白指出;或则不愿深究。因为这类问题,在三中全会以前,都属于思想"禁区"的范围。

第三个问题,孔子仁学思想与当前的精神文明建设。

要谈这个问题,要从中华民族的历史特点谈起。中华民族有两个特点:一是历史悠久。这一点,当今没有哪个国家能比得上。二是屡经沧桑,善于从失败中吸取教训,吸取新的东西,得到复兴。这一点非常重要,没有这个特点,恐怕在中国这块土地上,早已不是现在的主人了。

我认为,从春秋以来,中华民族经历过四次思想解放运动。第一次是以孔子思想为主体的春秋时期。第二次是唐代以大规模吸收佛教思想的儒佛融化运动。第三次是以五四运动为标志的新文化运动。第四次是近20年改革开放以来正在创立的有中国特色的社会主义文化运动。

这四次运动,有一个共同的特点,就是打破旧制度、旧思想的僵化、禁锢,吸取或创立新思想,使民族得到新生。"山穷水尽疑无路,柳暗花明又一村",一个民族,一个国家,在山穷水尽之时,往往是国家民族生死存亡的关键时刻,如果此时不知反省,不知吸收新的事物,就要灭亡。反之,就会得到新生。中国的四次运动,都有这样的共同点。

这里只谈五四运动以来的这两次运动中应该探讨的一些问题。

五四运动是一次伟大的思想解放运动,那时统治者提倡的是一套僵化了的以宋明理学为基础的旧思想。新思想的两个口号是民主和科学,是一百多年来对"西学"的总括。以后又引进了马克思主义。最后,在中国建立了社会主义中国。中华民族又一次获得了新生。但是,有些新思想并没有消化。从苏联引进的一套,有的也不适合中国的国情,搞了二十多年的"以阶级斗争为纲",最后反对封、资、修,思想文化一片混乱,于是中华民族面临又一次的危机,于是一次新的思想解放运动开始了。

这一次思想解放运动的特点是反思,是对五四运动以来诸多问题的反思。

为什么这么说?因为这次"运动"并没有引进什么新思想,一切属于精神文明的东西,都是五四或更早就有的,过去认为是新的,现在已经不新了,比如,马克思主义,五四时期是新思想,现在我们却要认真总结反省了。对于欧洲传来的科学知识和民主,也要重新衡量，加以吸取。至于中国传统文化中的宝贵财富，过去批判的太多，肯定的不足，更要进行反思。一百多年来，一切外国进来的东西，我们都了解得比较多了，在长时间的实践检验中，我们积累了很多经验教训，逐渐懂得，我们应该吸取哪些东西，抛弃哪些东西，应该从中国的实际出发，从世界文化宝库中吸取营养，建立起有中国特色的社会主义精神文明。

在这个新的精神文明画卷中，中国的传统文化应该是画卷的基调，孔子思想中的核心思想——仁学，应该在基调中占一定的地位。我们过去对孔子学说批判太多，肯定不足，对孔子学说的核心——仁学，研究的更少，现在应该补课。当然这不是说，让孔子思想充当当前社会主义精神文明的主体。我们不是21世纪的新儒家学派，而是为了中华民族的振兴，为了使中华民族在21世纪以更加成熟和更加生气勃勃的姿态为人民为人类作出更大的贡献。

十年来，除了仍继续钻研文字训诂学以外，在给学生上《文献专书导读》课讲《论语》时，对学生讲了上面的一些看法。有些人对在当前市场经济转变过程中产生的某些现象不理解，对"一切向钱看"的歪风缺乏抵御能力，听了这些观点很受启发，十余年来都能坚守教学岗位，没有人"下海"弃教。我想，这也是一种检验吧。

1998年9月21日

《论语》"三十而立"解

《论语·为政篇》"吾十有五而志于学"章的"三十而立",历代注释多释"立"为"成立"义,以至这一章的经义不得其解。我在幼年读《论语》时,也只能按照旧说,人云亦云,后来读书多了点,渐生疑问,近十几年来因为全力攻治文字学,才知道这个"立"字当为"位","三十而立"当读为"三十而位"。这个解释,在给研究生讲《论语》时首次提出,并鼓励他们加以讨论。现在试以此说对这一章作出全面解说。先看原文:

> 子曰:"吾十有五而志于学。三十而立。四十而不惑。五十而知天命。六十而耳顺。七十而从心所欲,不逾矩。"

这一段话是孔子自己一生学历的六个阶段。"十五而志于学"是第一个阶段,孔子是颜氏女和叔梁纥野合而生的私生子。孔子生下不久父亲就死了,十岁左右,母亲又死了。十五岁以前,大概常在专门为大户人家办理葬婚事务的礼乐班子里混饭吃,(现在京剧《金玉奴》中还有这种班子的形貌)因此而喜欢上礼乐,到十五岁,开始学习,不甘心终生做那种"小人儒"的勾当。在孔子时,"士"这个阶层的人已获得择业的自由。争取到士的地位,就与一般市民不同。大概在十二三岁时,"季氏飨士,孔子兴往,阳虎绌曰:'季氏飨士,非敢飨子也'。孔子由是退。"(《史记·孔子世家》)大概这类事也是促进他求学上进的动力。因此,十七岁便成为颇有名气的私学先生。鲁国贵族孟釐子病死前嘱咐儿子说:"吾闻圣人之后,匡不当世,必有达者。今孔子少好礼,其达者与?吾即没,若必师之。"后来懿子和南宫敬叔果然去向孔子学礼。从这些记载,可以看出"十五而志于学"的情况。那时学习的内容非常广泛。礼、乐、射、御、书、数这六个方面叫做"六艺"。礼乐用于祭祀、婚丧、聚会等方面,射御用于军事狩猎,书数用于国家及贵族家务的管理。孔子在这些方面都用功学习过,他曾做过看管仓库的"委吏",又做过饲养家畜的"司职吏"。他自己说:"吾少也贱,故多能鄙事。"(《子罕篇》)可见他从十五岁立志学习以后,曾在各个方面都探索过。他一面收学徒,一面探索。后来的主攻方向又回到学"礼"上来。他曾奉鲁君之命,专程去拜见老子,向老子学礼。孔子的学说以礼乐为本,以至成为旷世宗师,同他十几年志于学的经历密切相关。

"三十而立"是孔子学历的第二个阶段。经过十五年的学习探索,到了三十岁,孔子找到了他的位置。"三十而立"应读为"三十而位"。在春秋时,汉字中还没有"位"字,"立"字就是"位"字。《论语》中的"立"字有两种用法,一读为"位"(wei),一读为"立"(li),一字两读。汉字中这类一字两读的现象不少。汉代才出现了"位"字。因而《说文》对这两字分别解说。"立,住也。从大立一之上。"是个会意字。"位,列中庭之左右谓之位,从人立。"也是会意字。《说文》"位"字的解说来自《尔雅》。《尔雅·释宫》说:"两阶间谓之鄉,中庭之左右谓之位。"《说文》:"列中庭之左右谓之位。"两阶,堂的东西阶。国君上朝时,位在两阶的中间,面向南方,所以叫鄉(嚮)。中庭的左右是群臣的位列。"位"即位子,位次。《水浒传》梁山好汉排列位次,推晁盖为山寨王,坐第一位交椅,吴用第二位,公孙胜第三位……共十一位首领。(第二十回)这里的"位"就是从朝廷位列模仿来的,甲骨文的"立"字作𐅛,象人立于—上。当是"位"字初文。《说文》:"立,住也。从大立—之上"。段玉裁改为"位也"。"立"的本义当为官职位次,引申而用为职位、位置、地位、岗位等义。孔子所说的"三十而立",意思是到了三十岁,才摸索到自己的岗位。所以说"三十而位"。从十五岁到三十岁,共十五年。从十五岁起,孔子立志学习,不甘心做那类当吹鼓手之类的"鄙事",他从学习中逐渐树立了救国救世的大志,并逐渐创立了为完成这个大志的实施方案。这个方案是,对士大夫加以教导,使他们参与政治,教育人民,使天下政治进入美好的境地,成为以天下为公的理想社会。所以他的"位"不是谋求自己的职位,而是在当时社会中担负的责任和抱负,至于他的具体职业,当教师,谋官职,周游列国,对当政者游说,都是他分内应做的事。这就是"三十而位"的真正涵义。历代注疏家多未知"立"字应读为"位",一意在"立"字上加以曲解。《汉书·艺文志》云:"古之学者耕且养,三年而通一艺……三十而五经立也",以"立"为"立五经"。《论语注疏》何晏注:"有所成也。"邢昺疏:"三十而立者,有所成也。"朱熹《论语集注》解为:"有以自立。"刘宝楠《论语正义》说:"诸解谓立于道、立于礼,皆统于学,学不外道与礼也。"——众说纷纭,都从"立"字立说,前人也曾一一加以批驳。若用新解,孔子学历中"三十而位"之为第二阶段,文理通顺,真相大白。

由"三十而位"到"四十而不惑",从顺序上说,衔接甚密,人在四十岁左右是容易动摇的年龄段。在职业选择和学业爱好上表现最为突出,至今为然。现在许多高中毕业生,选择科系时,往往受当代时尚的影响,多选读某些热门专业。入学后,逐渐发觉自己并不适合这专业,但限于学校规定,又不能改变专业,因而勉强毕业。工作后很难"敬业"。这样的人三十岁不能找到适当的岗位,四十岁时自然惶惑失据,悲观失望,白白浪费了一生。反之,如三十岁左右确立了人生目标,到四十岁仍坚持这目标,不动摇,就必然会有所成就。这大概是一切人功业成功与否的两个关键性阶段。孔子经历的这两个阶段,用于今天,仍有很重要的现实意义。如果把"三十而立"解为自立、立经、立礼等义,便很难和下一阶段的"不惑"联系起来。自立、立德、立五经,都没有惑不惑的问题,因而"不惑"这个阶段便没有着落。所以,"三十而立"着实应读为"三十而位"。

"四十而不惑"是第三个阶段。三十岁到四十岁是十年。三十岁左右找到了自己的人生岗位和目标,下一步以此为准,坚信不移,不为外物所动,就像孟子说的:"富贵不能淫,威武不能屈,贫贱不能移",这就是"不惑","三十而立"和"四十而不惑"这两个阶段密切结合,才能有大成就。孔子三十岁以后,本打算辅佐鲁君、齐君以实行他的政治理想,但因他的主张同当时的两国贵族的利益相左,而又坚持自己的理想,毫不妥协,所以在鲁国只得到短期的信任。从三十岁到四十多岁,处境很不顺利。但是他不屈不挠,坚持信念。后来因为无法实践他的理想,便改变方略,把主要精力放在培养学生和整理传统文化两个方面，终于成为一个掌握中华民族发展前途命运的大思想家，可见"不惑"的重要性。

"五十而知天命"是第四阶段。

旧注多以"上天的旨意"释"天命"，实则孔子谈到天和天命时，另有他意。《阳货篇》："子曰：'天何言哉'！四时行焉，百物生焉；天何言哉！"可见孔子说的天，并非天神，只是指的大自然。《季氏篇》："君子有三畏，畏天命，畏大人，畏圣人之言。小人不知天命而不畏也，狎大人，侮圣人之言。"以"天命"同大人、圣人并列。若解天命为上天的旨意，也不妥当。因此，似当解为时势，即时代发展过程中呈现出来的时代特点。人们生在这个时代，必然受到这个时代特点的制约。例如，19世纪、20世纪上半叶的中国知识分子，有许多在自然科学方面很有成就的人，却因为生在备受欺凌的旧中国，英雄无用武之地，便有的转向，有的终生默默无闻，通常说是命运不好，其实是时代特点使然。孔子当时正值社会大动乱时期，旧社会崩溃，新社会在动乱中尚未形成。列国终年处在战争中，孔子在这时提出他治国平天下的思想体系，一方面必然受到极大的阻力，一方面又的确是应时代需要而产生的"天命"。《子罕篇》说："子畏于匡，曰：'文王既没，文不在兹乎？天之将丧斯文也，后死者不得与于斯文也；天之未丧斯文也，匡人其如予何？'"孔子的学问，以继承传统文化为己任，认为这是时代赋予他的使命。这种使命也像自然界的现象一样，有其内在的规律。不过很难辨识这种规律，所以用了命运、天命这类字眼儿。孔子到五十岁左右时，周游列国，力图说服各国君王采用他的政治改革方案，希望他的政治理想得以实现。但结果到处碰壁，后来自知这条路走不通，便又退而致力于教育和整理传统文化方面，寄希望于未来，希望他的学生继续他的事业，使中华文化得以发展，他认为这是他的历史责任，是时代赋予的使命。所以，"五十而知天命"实际上包括两方面的意思：一方面知道他的理想在当时还不能实现；另一方面毫不气馁，仍要继续完成这一使命。这就是孔子治学修养的第四个阶段。

"六十而耳顺"是第五个阶段。

前人对"耳顺"的解释多种多样，不必一一详列。杨伯峻《论语译注》释为："六十岁，一听别人言语，便可以分别真假，判明是非"，较为通行。其实，"耳顺"不仅在于明辨他人言语的是非。孔子的言行、理想，在当时影响广泛。在士大夫圈子里，有的敬重，有的嫉妒，有的反对，有的加以嘲笑，有的加以陷害，各种不同的言论常常可以听到。在六十岁以前，听到某些议论，还觉得不舒服，难免怄气，到了六十多岁，从某些言辞中看出各人的地位不同，修养各异，自然看法也大不相同，因而听到某些非议，也并不以为怪，照样走我自己的路。这就叫耳顺，其实这种情况，每个时代都有。

"七十而从心所欲，不逾矩。"这是孔子修身的最后阶段，也是一个最高的境界，按照孔子的学说，士人应该努力成为"仁人"。仁人是知识分子做人做学问的最高修养目标。"仁者爱人"，仁人的必要条件就是要爱人，要爱一切人。但是爱人和爱己经常发生矛盾，爱己是人的天性，如不能克服自私之心，便很难成为仁人。所以孔子又说："克己复礼为仁"。"克己"就是克制自己的欲望，使自己的欲望符合礼俗的规范。不是完全不爱己，而是要克制自己。事事如此，日日如此，经过四五十年的修习，到了七十岁，终于达到了习惯成自然的境地。"从心所欲"就是纵心所欲、随心所欲，心里愿意做什么就做什么,愿意怎么做就怎么做,但想的做的都符合言行的规范,不会越出这规范。做到这一点很不容易,孔子七十岁才达到这个境界。每个时代都有这样的人。我们今天提倡的全心全意为人民服务的精神,也就是这样的人。现在,各行各业、各个岗位都有这样的仁人。

以上就是对孔子这六个修养阶段的解释。其中"三十而立"一句是个难点。旧注因为不得其解,以至连后面的"四十而不惑"都不好讲,"五十而知天命"也前无联系。我经过多年思考和查考,提出这一新解,或许对这一段话的解读有所助益。

下面再补充几条书证,用以证明"三十而立"的新解。

《论语》中的"立"字,还有几处应读为"位"。例如:《公冶长章》:"赤也,束带立于朝,可使与宾客言也。"旧注释"立"字为站立,误。"束带立于朝"当读为"束带位于朝",意思是公孙赤这个人,可以让他在朝廷中任职,担任接待外宾的职位。这个"位"字正合《尔雅·释宫》"中庭之左右谓之位"的位。束带是朝廷官员的礼服,"位于朝"即朝廷中的官位,若读为"立",便觉可笑。

又,《乡党》:"入公门,鞠躬如也。立不中门,行不履阈。过位,色勃如也,足躩如也,其言似不足者。摄齐升堂,鞠躬如也,屏气似不息者。出,降一等,逞颜色,怡怡如也。没阶,趋进,翼如也。复其位,踧踖如也。"这一段话描写孔子出入朝廷时的形貌。用了一个"立"字,两个"位"字。两个"位"字的用法都与《说文》"列中庭之左右谓之位"的解说相符,不过,"过位"的"位"当是国君的位子,"复其位"是孔子的位子,至于"立不中门"的"立"其实也应是"位不中门",是说孔子的位次应该在"中庭之左右",不应该在中门。以上这三个字,原本都应写作"立",到了汉代,经师把"过立"、"复其立"两个"立"字改为汉代通行的"位",改得对。但"立不中门,行不履阈"的"立"却没有改,大约因误以为"立"与"位"相对为文,所以不改。

又:《雍也》:"夫仁者,己欲立而立人,己欲达而达人。"旧注都释"立"为自立,杨伯峻释为:"自己要站得住,同时也使别人站得住。"都似是而非,其实这个"立"也当读为"位"。"己欲位"即自己愿意得到合适的职位,"位人"即帮助别人得到合适的职位,孔子经常把自己的弟子推荐给当政者,可以验证这句话。

又:《卫灵公》:"子曰:'臧文仲其窃位者与?知柳下惠之贤而不与立也。'"这是孔子评论鲁国大夫臧文仲的话。他明明知道柳下惠是个贤良的人,却不肯给他官位,"立"应读"位",俞樾在《群经评议》中已经考证过。

以上这些例证都可作为"三十而立"应读为"三十而位"的旁证。一个字的考订,往往可以解释多年不得确解的谜团,还它本来面目。因而写了这篇札记式的小文。

2003 年 4 月 3 日 90 岁记

吴宓先生的贡献*

吴宓先生逝世20年了。近几年来纪念吴先生的文章出了不少,作者极为广泛,有吴先生的学生和熟人,有青年学者。有少数是"炒名人"的无聊人物。前两类文章,有的怀念吴先生的为人,有的指出吴先生的学术成就,有的分析吴先生对传统文化的见解及得失。虽所见不同,但都有助于研究吴宓先生。我觉得,这项研究还有待深入。我想,吴先生是五四时期文化界群星灿烂中的名人之一,我们今天纪念他,应该从宏观上,从那个不平常的历史背景下来研究他,这样或可有助于认识吴先生所作出的贡献。

吴先生曾把他的一生划分为三个阶段,三个二十八年。解放后的二十八年,大部分时间都是在西南师范大学(原西南师范学院)度过的。1952年我到西师任教,同吴先生同事二十余年,同为院务委员会委员。文革期间,当两派"革命小将"酣战时,同他编在一个学习组,在三教学楼的资料室里"学习"。有了这些机缘,我对吴先生的了解日渐深入。把我的一些看法说出来,也许有助于研究的深入。

吴先生在东南大学、清华大学、西南联大一直在外语系教课或

---

* 吴宓先生逝世二十周年纪念大会上的发言,1998年,重庆。

做系主任，对外语系的课程设置、培养目标，设计了一套行之有效的框架和方法。这个框架为全国各高等学校的外语系所采用，至今没有本质性的改变。吴先生在这方面的贡献，已经有文章谈到，为人所公认。

其次，吴先生在清华大学开始讲授比较文学，用中国文学和欧美文学作对比研究，是这项研究的开创者。20年代，有好几位学者都曾用欧洲的文学观点研究中国文学，例如，梁启超、王国维关于中国文学的论著，胡适的《白话文学史》和研究《红楼梦》的文章，都从不同的角度对中国文学研究有所创新。吴先生则从中外文学比较的角度，开创了文学研究的新领域。他用《红楼梦》同欧洲的文学作品比较，认为《红楼梦》的价值当居世界文学之最。他同当时的胡适、蔡元培都是20年代的红学家，但研究的角度不同。吴先生对《红楼梦》的艺术手法、人物描写、语言艺术，都有深入细致的研究，有许多独到的见解。他在这方面的研究一直没有间断，但40年代以后的成果都未能问世。记得1944年，他在云南大学曾作过关于《红楼梦》的讲演，听众甚多，我没有去听，据听者说他是用佛学的观点来谈这部名著的，可惜这部讲稿没有留下来。解放后，有人问他关于红学的问题，他一直闭口不谈，这是可以理解的。他是不是还有一些关于这方面的遗稿，尚等查询。

总之，吴先生是中国比较文学的开创者，而且用这种方法研究《红楼梦》，成为卓有成就的红学家，这是可以肯定的。他的学生钱钟书，在比较文学的研究方面，硕果累累，吴先生也多次称赞他这个学生，他曾两次对我说，他的学生钱钟书和他的老友陈寅恪，两个人都是"人中之龙"，我们则是普通的人。这自然是吴先生肺腑之言。我想,一个真正有成就有贡献的学者,总是希望这项研究后继有人、后来居上,这样,学术才会发展,人类才会进步。

除了比较文学以外,吴先生还对中国传统文化的研究有许多贡献。1924年清华大学成立国学研究所,吴先生任所长,聘请梁启超、王国维、赵元任、陈寅恪诸先生任导师,培养了不少语文、历史、文学等方面的著名学者。在这几位导师中,陈寅恪是吴先生力主聘请的,当时陈先生尚在英国,并没有关于国学的论著,国人知者甚少,吴先生力促其成,使陈先生得到展示才华的环境。我想,这一点应该算是吴先生对传统文化研究的一个贡献。这件事可以同蔡元培先生聘请梁漱溟、熊庆来任用华罗庚为清华数学系研究助理相比,成为20世纪鉴识和举荐人才的学术界佳话。人才之所以是人才,当然主要是本人的努力和成就,但人才若没有伯乐式的人物的鉴识与推许,得不到发展才华的环境和机会,却极可能被埋没。梁漱溟先生如果不去北大任教授,华罗庚如果不到清华和国外学习,陈寅恪如果不能到清华作导师,是不是能成为大师,那是很难说的。因此,吴先生在这一件事上的贡献,不宜轻视。

吴先生对以儒家思想为中心的传统文化有深挚的信服之情,这种感情,在他的文章中随处可见。他酷爱汉字,反对汉字简化,写字一笔不苟。他喜欢古文,曾反对写白话文。他在文革期间反对"批孔",并因此而遭到严厉的批判。他在文革期间,曾在日记中对文革中的许多疯狂的做法加以激烈的抨击,因而被带上"现行反革命"的帽子。

在这些方面,吴先生的主张和表现,是非功过,有的似乎很难判断。鲁迅先生曾经在他的杂文中点过吴先生的名,这本来不算什么大不了的事，但这似乎成为人们看待吴先生的基调，这自然很不公平。五四时期是思想非常活跃的时代，不同的思潮，甚至在同一思潮阵营中的某种误会，都会引起相互攻击。关于这个问题，如果从宏观上重新加以反思，也许有利于这类问题的讨论。

五四新文化运动的内容和历史意义是很复杂的，这是旧中国寻找救亡图存之路的政治运动，又是中华民族如何吸取新文化以便获得新生的文化创新运动。胡适把五四运动叫做中国的文艺复兴运动。欧洲的文艺复兴和中国的五四运动不完全相同，前者是努力摆脱中世纪的封建和宗教压迫，为资本主义的兴起鸣锣开道。五四运动也有摆脱宋明理学笼罩下的封建礼教的作用，但更切要的任务，是觅取救亡图存、挣脱三座大山压迫的道路。按照这个标准，当时的政治路线，主要的只有三派，一派是主张学习欧美的全盘西化派；另一派是学习苏联十月革命路线的马克思主义派；当时的统治者对这两派都持反对态度，在文化界也有一些顽固的守旧派为之服务，这是第三派。

有些人误以为吴先生是守旧派的代表人物，误以为《学衡》杂志是守旧派的刊物，这个看法需要重新探讨。

五四时期的新文化运动，对摧毁封建道德、旧礼教，如三纲五常、三从四德之类的旧思想有巨大的功绩，这是应该肯定的。那些旧思想不清除，无论什么新思想都无法吸取，一切改革都不可能。这已经为历史所证明。

但是，在这种声势浩大、迅猛无比的运动中，极容易产生某些过火的言论，在倒脏水的时候连"孔子"也一块倒掉了。例如，当时为了反对旧文化、旧礼教，曾提出过"打倒孔家店"这个口号，因而产生了全盘否定孔子的论点。现在对这段历史加以反思,孔子实在是代宋明理学家受过,五四时期反对的旧礼教,跟孔子的思想并不相同。例如,《祝福》是反对封建礼教残害妇女的小说,但孔子并没有女子必须守节这类思想。孔子是个私生子,母亲死了,不知父亲的葬处,因而把母亲葬于"五父之衢",可说明孔子在这一方面思想很开放,根本没有那一套从一而终的贞节思想。孔子"君君、臣臣、父父、子子"的思想,是讲君臣、父子关系的,要处理好这两者的关系,对君、臣、父、子各作出对等的要求,不像宋儒那样,只强调臣服从于君,子孝父母。所以,孔子的思想同五四时所反对的旧礼教并不完全是一回事,那时因反对旧礼教、旧思想而扩大化到打倒孔子,是一种过火的言论。

当时梁漱溟先生已经看到了这一点,他在《中西文化及其哲学》一书中,从比较文化学的观点,用孔子的思想、印度的佛教思想同欧洲的文化作对比,指出三者的区别,并强调了东方文化的重要价值。梁先生是新儒学学派的代表人物,他也是五四时期颇负盛名的思想家,也在为中国的发展前途寻觅出路。但他不是从国外引进新思想,而是从传统文化中寻觅出路,他以孔子的政治教育思想为中心,提出了乡村教育建设的设想并加以实验,成为独树一帜的思想家。

吴先生的推崇孔子,同梁先生的新儒学不是同一来源。吴先生不是哲学家,但对先秦经典是熟悉的,对佛学也有所领悟。他在美国、英国、法国留学多年,在哈佛大学、牛津大学和巴黎大学学习,对欧美文化有广泛的接触,但是他回国后却日益倾向于以儒家思想为核心的传统文化,这绝不是顽固。

从中国历史上看,孔子思想有一个特点,当社会大变动的时候,孔子思想便不走运;到社会安定的时候,孔子思想就兴盛起来了。春秋战国时期是奴隶社会解体、封建社会兴起的大变革时代,那时的显学是军事学家、法家和外交家,孔子的仁道和以礼仪治国的主张不可能施行。一直到秦始皇建立了统一的封建帝国,孔子创立的儒家一直处于被压抑的地位。到了汉代,社会趋于稳定,儒学才得到重视,汉武帝确定了独尊儒术的政策,因而汉代得以维持了四百年的统治。从汉代以后,凡是社会变动的时候,为了改变旧制度,儒学便会被抨击,历次大的农民起义,都是如此。但起义成功的头头当了皇帝,就又把孔子请出来。五四运动时期是封建社会已告崩溃,新社会尚待建立的大变动时期,儒家思想受到了最大的冲击。正是在这次冲击中,一方面那些极不人道、极不合理的旧思想体系得以大部清除,但是另一方面,孔子思想中的精华,如仁者爱人的博爱思想,己所不欲、勿施于人的人际关系思想等等,也同脏水一道被倒掉了。

现在我们国家正处于民族振兴的时代,邓小平提出了建立有中国特色社会主义的目标。什么叫中国特色? 我看,吸取传统文化中的精华,吸取国外文化中有用的东西,在马克思主义的基础上加以融会贯通,这就是中国特色。从世界文化发展的趋向看,联合国提出了两个原则,一是和平,二是发展,在和平的条件下发展,使人类走向更加文明的境地。从这一点看,发掘和发扬孔子思想,更具有世界意义。

从这个观点看梁漱溟先生的新儒学,看吴宓先生推崇孔子的言论,不应该说他们是开倒车,顽固派,只能说那时说这类话是不合时宜的。如果换一个说法,也可以说是一种超前思想。

吴先生反对白话文,喜爱古文,在他说来,有一种未能解决的矛盾。一方面,那个时代的文章,一般都用文言文,就连《新青年》杂志上的文章,在胡适、陈独秀提倡文学改良、文学革命以前,所有的议论文和大部分文学作品,也都是用文言文写的,以后才逐渐学写白话文。那时议论文中使用的白话文,写得实在不高明。我有一篇文章讨论过这个问题(见拙著《文字训诂论集》第253页《六十年来现代汉语文学语言的发展》一文,1993年中华书局出版),这里不多说。吴先生看不惯那种文腔,也在情理之中。但是他却给《红楼梦》以很高的评价,可见他并不是反对一切白话文。关于这个问题,还需要更多的材料来说明,不能根据鲁迅先生一句话,就把吴先生同当时的冬烘先生混为一谈。至于吴先生反对把汉字改为拼音文字、反对简化字,则是另外一个学术问题。

五四时期,有些教育学家和语言学家,曾提出过用拼音文字代替汉字,原因是认为汉字难学,不利于普及教育。这种主张,一直继续到解放后。1955年国务院召开了文字改革会议,主张拼音化的一派同反对的一派争执不下,最后周总理作了讲话,规定当前语言文字工作的三个任务,推广普通话、简化汉字和制定并推行拼音方案,因而制止了当时贸然废除汉字的主张。经过四十多年的实践证明,这个决定是正确的。

至于简化字,则是另一个问题。汉字的逐渐简化,是汉字发展历史的一条规律,但是如何简化,却要仔细研究。1956年公布的简化汉字,有的人拥护,有的人反对,有的人曾因为反对简化字被划为右派。但这个问题至今仍是学术上和现实中未解决的问题。

关于这个问题,我在《汉语汉字答问》(1997年商务印书馆出版)和《汉字发展史纲要》(与方有国合著,大百科全书出版社1998年出版)两书中有详细分析,这里不能多说。我的意见可归纳为三点:第一,简化字的方向不错,但有些字的简化有待研讨;第二,简化字已经推行了四十多年,不能轻易废止;第三,目前在不同情况下的繁简字使用仍会有一段时间,将来会做到真正的用字规范。用我的这些看法衡量吴先生对简化字的观点,只能说是失之绝对化,这种意见并不少见。

以上说的都是关于吴先生对学术上的贡献和功过问题。吴先生在比较文学、外国语人才培养、中国传统文化研究规划等方面的贡献,已逐渐为世人所公认。他在偏爱文言文和反对简化字方面的主张,一向过分地为人所强调。我对这个问题的分析,也许有助于改变多年来在左的思潮影响下对吴先生形成的有失公正的看法。

我认为,吴宓先生是20世纪学术界有影响的学者,深入地研究吴先生的学术贡献有助于了解我们的前辈所走过的道路,有助于我们今天如何从传统文化和国外文化中继承和吸取有用的东西,发展我们当前的精神文明和物质文明。中华民族是一个伟大的民族,总是在一些关键性的历史阶段进行反思,总结以前走过的道路,以便从新的起点上继续前进。中国共产党十一届三中全会上关于若干历史问题的决议,对50年代以后的历史进行了反思。20年来在这个理论指导下,中华民族已经走向中兴。我想,有一些学术问题,例如,上面提到的关于传统文化的继承与扬弃,关于五四时期有关学术的重新认识,都应该加以反思。从宏观上对20

世纪的历史、时代特点看清楚了,才能正确地评价这个时代的人物。在中国,20世纪的名人很多,吴宓先生是众多名人中最难评价的一个,最重要的一个原因,是用五四以来的传统看法衡量人物,因而往往不公正,不准确。我的这个观点是否可取,希望得到指正。

1998年5月27日

谈谈教学和治学

我做了四十多年教师,同时也不断研究汉语方面的问题,写了一百多篇论文,编过几本讲义。论成绩,微不足道;对汉语学有关的某些问题,所知甚少;就是自己认为站得住脚的一些心得,也还待继续作深入的探索。所以,让我来谈治学方法,实在不能胜任。不得已,只能谈谈我的一些体会。

先谈谈教学和科学研究工作的关系。

我也教过两年中学,深深知道中学老师——尤其是语文教师的辛苦,两班课,一百多本作文,实在难以抽出时间来读书,做研究工作。大学里要好得多。但事实上有些优秀的中学、小学语文教师,的确写出过一些很好的著作;反之,有些终生在大学里从事教学的人,却没有进行过任何认真的研究工作。我以为,这里有个基本认识问题:如果做一个教师而不能同时进行力所能及的科学研究,那就只能成为一个"教书匠",而不能成为一个优秀的教师。中小学的语文教学中有一些多年来没有解决的老问题,大学中文系和教育系的有关同志要研究。在中小学从事语文教学的有关同志更要研究。这些问题解决了,语文教师的负担可能大大减轻而教学效果则会大大提高。这可以归纳为三句话:在教学中发现问题,用科学研究解决问题,用研究成果提高教学。我认为,有不少教师是能够这样做的。

第二，谈谈怎么建立研究的基础。

一个具有一定水平的语言文学研究者，在学、识、才、德四个方面都要具有一定的修养。德是道德修养、人的品格，这是做人的基本要求，教师为人师表，更要注意及此，这里且不谈这个问题。

学、识、才这三者，学是第一位，是基础。学就是学习，学习不限于读书，这里只谈读书。一个中学语文教师需要读多少书，读哪些书，答案可能很不一致。我想，有些非读不可的书，要有计划地读一读。古代的典籍，经、史、子、集，近代现代的大思想家、大文学家、语言学家的影响很大而又和自己的工作有关的名著，都要有选择地、有计划地读。还要根据自己的爱好，比如，文学或语言，深入地研读一些专门的论著。这是做学问的基础。盖房子地基要打得宽而牢，才能盖起高楼大厦。现在大学文史系的学习方法很不好，学生在学校里只听二三十门课，记记笔记，读读课本，就算完成了学习任务。很多人没有读过十三经，没有读过四史，没有通读过随便哪一个文学家的全集。至于关于文学、汉语一方面的科学研究论著，更没有读过。这样的基础当然不行，需要在做了教师以后好好补课，把基础打好。

"学"有根底，才可以培养"识"。"学识"是一个合成词，细加分析，学是学，识是识，识就是识见，同样的现象，有的人有看法，有的人看不出问题；有的人识见高，有的人只能人云亦云。这就是识的不同。"识"从学中来，学不足就谈不上识。有些人并没有什么学问，却装出一副学者的架子，乱发议论，这不能叫识。也有些同志读书很多，记忆力强，一些名著可以背诵如流，但对于这一领域中所要研究的问题却提不出自己的见解,这叫做有学无识。这多半不是不用功,而是学习方法不对头,没有进行过认真地科学研究工作。

"才"是表达能力,把自己的研究成果、自己的见解说出来,写出来。这需要逻辑思维的能力和语言运用的能力。一个学术报告,一篇论文,首先看他讲的是否有内容。内容好,有新东西,能给人受些教益,这是最重要的。内容决定于你的学和识见。其次看你的报告、文章,思路是否清楚,语言是否准确、生动。这就是才的问题。一个人只喜欢写些词藻华丽的文章,并没有什么学识,那就是鲁迅先生骂过的所谓"才子"们写的东西。但是,真正好的内容,也需要写成结构严密、条理清楚、语言生动的文章。

所以,章学诚在《文史通义》一书里所说的学、识、才、德这四者的关系,应该是以德为做人的标准,以学为基础,力求提高识力,写文章则要有才华。

现在再谈谈怎样写论文。

在平时读书、教学中,常会发现这样那样的问题。小问题如一字一词的解释,一句话或一段文章的分析,大问题如中小学语文课应如何进行教学,怎样才能迅速地提高中学生作文的水平?目前语文教学应如何改革?……所有这些都可以当作研究的课题。

决定了课题,就要进行研究。第一步要根据课题搜集材料,把有关这个问题的原始材料集合在一起,加以分析比较。第二步是把前人和当代人对这一问题的论文、著作,尽可能读到。如果前人已经对这一问题的研究做出了有说服力的结论,而自己也没有新的看法,那就采用前人的说法,并且在必要时指出见于何人所著何书。如果前人的说法你都不同意或只同意某人的某一部分，那就可以根据自己的探索提出新的看法。

要在一个问题上提出新的看法，要有理有据。理是理论，据是证据或论据。这就要看一个人的学力和识力了。我自己有这个体会，有些问题是年轻时就注意到了的，对于旧说不满意，但又拿不出新说。有时由"灵感"产生了一点新意，但又感到理论不足而又缺乏证据，只好把它放在脑子里。以后看书遇到有关的材料就记下来，这样积累了几年几十年，把这些材料重新拿出来分析一番，忽然发现原来是这么回事，这才写出一篇自己比较满意的文章。王国维在《人间词话》中，描绘自己在苦学时的情景是"衣带渐宽终不悔，为伊消得人憔悴"（用柳永词《凤栖梧》句）；又描绘其有所收获时的喜悦为"众里寻他千百度，蓦然回首，那人却在，灯火阑珊处"（用辛弃疾《青玉案》词句）。一个比较困难的课题，要求得到解决，提出有说服力的新见，不经过苦学和苦思的阶段，是不可能做到的。有些人写文章的速度极快，一篇论文，东拼西凑，几天就写出来了，这不好，这种轻率的态度，根本谈不到治学，也不会写出有价值的文章。

1985 年 9 月 19 日

怎样培养汉语史研究生*

1981年中文系汉语史专业招收了两名硕士学位研究生,由我负责指导。1984年12月毕业。两人的论文由答辩委员会均评定为优等。

我过去没有培养过研究生。这是第一次,没有经验。我根据这两个研究生的具体情况,作了一些设想,然后一面做,一面摸索。现在谈谈3年来的做法和想法。

先谈谈怎样把研究生培养成德才兼备的高级建设人才。

按照《中华人民共和国学位条例》的精神,硕士研究生,应该德才兼备。导师不能只管业务,不管道德品质,这一点最容易忽略,但绝不应该忽略。

我在这方面做了两件事。

一是谈立志。这两个同志都是三十岁左右的人,经过十年动乱的考验。没有走歪路;考上了大学,又考上研究生,很不容易。至少可以说明,这样的青年有上进心,不甘落后,应该说,他们是这一代中的菁华。但另一方面,他们报考研究生的目的并不明确,对

---

* 载《治学纪事》,巴蜀书社,2002。

于汉语史这个专业的性质,跟国家的社会主义建设有什么关系,就更为模糊。有的可能只是希望将来能留在大学工作,有的可能松了一口气,认为可以捧着铁饭碗过日子了。

我根据这样的情况,就谈立志。根据汉语史这个专业的特点,谈汉语和中国文化在人类文化史上的地位。谈在这个领域的研究的落后情况,有的方面远远落在国外学者的后面,用以激发其爱国主义思想,进而树立在这个岗位上为四化而献身的雄心大志。这样就把自己的命运和我们的社会主义建设紧密地联系在一起了。学工学农的人,跟四化建设的关系很明显,看得见,摸得着。搞汉语史,大多数时间跟古书打交道,怎么联系？从宏观看,这个专业属于社会科学,属于精神文明,是有中国特点的社会主义的一个小小的方面。精神文明光这个方面也不行,但没有这个方面也不行。我们搞汉语的人,在这方面有责任。要坚守这个岗位,矢志不渝。

二是谈做人。

一个人不能光看他有没有才干,更重要的是看他人品如何,小孩子看电影都知道区别好人和坏人。古今中外评议人都要从德才两方面看,当然,"德"的具体内容、标准可以因时代和社会制度而异。我们则要努力把自己培养成社会主义德才兼备的人。用这个标准来衡量人,有这么四类:一是德才兼备的人;二是德才都不行的人;三是德胜于才的人;四是才胜于德的人。

宋代的大史学家司马光,在《资治通鉴》中把第一种人叫做圣人,第二种叫做庸人,第三种叫做君子,第四种叫做小人,他的分法很有道理。用我们今天的标准来说,所谓"君子",就是正派人,全心全意为人民服务,为社会主义建设而奋斗的人,这些人不一定有才,可能专业差一点。所谓"圣人",就是不但有"君子"的道德修养,而且有建设社会主义之才,可以为四化作出巨大贡献的人。"庸人"无德无才,对社会没有多大好处,但危害也不大。"小人"就非常糟,因为他有点本事,有影响;做坏事影响就更大,我们培养研究生,希望他们将来能成为社会主义的"圣人"。如果专业差一点,至少应是正派人,千万不要堕落成社会主义的"小人"。林彪不能说没有才,姚文元的文章单从文采上看,不能说他没有"才",但是他们都缺乏个"德"字,所以都是小人。

三是谈幸福。

什么叫幸福。林彪,四人帮,他们都是追求个人幸福的,金钱、地位、权力之争都是他们要追求的,他们的幸福都是建立在人民群众的痛苦上。我们既然决心在这个岗位上为四化献身,能做出成绩就是最大的幸福。个人的成绩,在振兴中华这个极为雄伟的光辉事业中,只是沧海一粟,但这一粟水珠是发光的,因为大海的万里波涛是闪闪发光的。我们理应为这些成就而感到幸福。有所得必有所失,有所坚持就要准备必要的牺牲,一个人一辈子总不能事事都如意。有些事情要看得淡些。在这个大前提下,金钱、地位甚至爱情,都可以少用心或者放到次要的地位上,这样,才能在学术上有所成就,才能求得真正的幸福。

以上这些谈话,有的是在讲课时谈的,有的是在平常谈话中用以互相勉励的。事实证明,这些谈话多能打动他们,对于他们今后如何做人,如何做学问,都有好处。

下面谈谈业务培养的问题。

怎样把他们培养成合格的汉语史专业人才,第一能从事古代汉语教学,第二能胜任古籍的整理工作,第三能独立从事汉语史方面的研究工作。要达到这一水平,我考虑并试验了几个做法。

第一,制定一个切实可行的计划。

培养研究生,大体有三种做法:第一种以开课为主,课开得多,教师讲得多,跟目前大学本科的做法差不多。第二种,完全不开课,研究生根据个人情况在本科选修一些课程,由导师或研究室签字;导师只负责指导研究生做论文。第三种,少开几门课,重点是指导研究生读书,做论文。

我们采取了第三种办法。一共开了四门专业课程,两门带补课性质,两门是研究性质的课。讲课时主要是指导学生读书,查资料,了解当前这一领域的研究情况,并讲述这一学科的研究方法。总结为两句话就是明信息,学方法。

培养计划不一定十全十美,中间有些改变;根据实践,有时也会受条件限制。但有个计划要好得多,师生都根据计划行事,免得放任自流。三年时间很短,第二年就开始写论文,第五学期定稿,第六学期论文答辩、教学实习。如果不按计划做,必然会搞得前松后紧,手忙脚乱。

第二,教学方法采取启发式,研究生试讲和师生讨论问题等形式,逐步培养其独立钻研的能力。

这些年大学本科的教学,基本上都是注入式。老师讲,学生听。除了讲义,很少读书。中文系学生,古代许多重要典籍,都没有读过,也不会写文章。上研究生课头一个月,我看到一个语言刊物上把"未可厚非"这句话讲错了,我拿来让他们看,让他们查考一下,这句话应该怎么讲,错在哪里,要他们写一篇五百字的小文章,反复修改了三四道,有一个人写成了。这是一次摸底测验,从这个基础做起。

我给研究生讲课是指导式的,即指导他们自己读书。开始两个月我讲,他们听。讲完了一章,就告诉他们我看了哪些论著,有哪些是前人已讲过的,哪些是我个人的看法,这些论点是怎样得出来的。这样,就在讲课时,向他们谈了读书做学问的方法。过了一段,该讲新的章节了,我不讲,只告诉他们,我下章讲什么问题,根据哪些材料、著作,这一章有什么值得讨论的问题。要他们根据这个线索去读书,然后写出来,下次上课让他们讲,我再补充纠正。他们说,这个办法很好,逼着自己读书、思考问题,还要写出来。我想,这样培养研究生的独立阅读和钻研能力,是行之有效的,不过这还是第一步。

研究性质的课,有些课题还试用了民主讨论的方式。指定一些主要参考书,或者根据课题要他们自己查询有关的资料,然后据以提出他们自己对这一课题的看法。观点不同,师生共同讨论,互相补充和辩难。有的课题可以得出结论。如果意见不一致,便鼓励他们继续思考。在讨论时,一方面要指出他们看问题的片面性,培养其分析问题的能力,一方面又努力做到学术上的民主,鼓励他们不要盲目附合我的看法,对前辈和前人要尊重,不能对古人妄加菲薄;但不能拜倒在古人、名人的脚下,固步自封。骄傲自大,目空一切而自己又没有真才实学叫做"妄";人云亦云,不敢越前人雷池一步,叫做"庸"。妄人和庸人都不会有所成就。要脚踏实地,充分利用前人的研究成果,才能有所前进。逐渐学会用历史和辩证唯物主义的方法研究汉语史,论人论事。

以上是我在教学中应用的方法,现在教育界许多人都在提倡启发式,反对注入式,这当然很对,但启发这个提法还不够。古人说过,"善学者,师逸而功倍","不善学者,师勤而功半",很有道理,叶圣陶先生说过,教为了不教。我认为这些话都很有道理。元好问有两句诗:"鸳鸯绣罢从教看,莫把金针度与人。"我则相反,绣了鸳鸯要教人看,更要把金针度与人,使他自己能绣出更美的花鸟。

第三,指导研究生写论文。

研究生要在一定的期限内写一篇论文,然后据以作为授予学位的主要依据,这是中外的共同方法。这里姑且不谈这个办法的利弊。就汉语史专业来说,有一个大的矛盾,就是需要读的书太多,时间太短。第一年要打基础,要补课,读些必要的书,翻一些书,扩大知识面。第二年就要选题目做论文,选定了题目,读书,找资料就只能限定在这个范围,只好如此。这就像打仗,先占领一个滩头阵地,然后以此为基础,向四周延伸。在选题时要注意,一定要从全面的角度来考虑,以后才有发展的余地。比如,一个研究生决定做《释名》的评注。《释名》是一部专讲声训的词书,历代学者对这部书毁誉不一,要评得有说服力,得有个科学的标准。这就牵涉到词族学,文字学。要弄清楚刘熙对每条词义训释的根据,然后评论其是非得失。一两年的功夫,不可能把这部书注完,只能注一卷,可以根据这一卷的结果加以总结,据以写成论文。这部书的全部评注工作可以留在以后做。

事实证明这样做是对的,他对《释名》卷一全部词条的解释一一作了分析,评定哪些条是对的,哪些条是错的。哪些条的解释虽然是错的,但是保存了古代语音或风尚。——这样做很不容易,开始时困难重重,后来掌握了方法,越做越顺手,最后终于完成了论文。

初学写文章的人,有一个毛病,总想把所有的问题都在这一篇文章里写完,题目太大,面太宽,这样的论文一定写不好。要劝说他在大题目中集中谈一个较小的问题,要小题大做,材料要丰富,分析要深入。做完了这个小题目,再做和它相关的另一个题目。另一个研究生最初打算把"六书"中的假借彻底弄清楚,把前人的有关学说都弄清楚。我曾写过一篇《论假借》(见《罗常培纪念论文集》),只从正面谈我自己的看法,对前人的种种说法,叙述得不完整,也没有一一加以评论。他想做这个题目,对我那篇文章加以补充。但是这个题目太大,材料太多,我建议他把范围收缩一下,他舍不得,因为他已经搜集了很多材料,抄了几千张卡片。后来时间紧,写不下去了,还是采纳了我的意见,决定先研究段玉裁对假借的看法,这样就缩短了战线,分析还比较细致深入,发现了一些前人没有发现的问题,也给以后的研究铺了底子。

可见在一定的时间内写出一篇质量较高的论文而又照顾到知识面和今后的发展,是可以做得到的。选题是很重要的一环。题目不能选得太死。

第四,引导研究生做学问。

写论文本身并不是目的,而是一种手段。目的是引导他如何做学问,也就是培养他独立进行科研的能力和修养。

章学诚在《文史通义》中说的学、识、才、德这四个治史的修养,可以说是治学的基本要求。本来,刘知己在《史通》中已经谈到了学、识、才,章学诚又有所发展。我认为,他的说法加以新的解释,仍然可用以指导我们今天的科研工作。

"学",是学问,学习。一靠读书,二靠访师问友。前人和今人的论著不读不行。"独学而无友,则孤陋而寡闻",不向人请教,不跟同行朋友讨论问题,就会孤陋寡闻。我带着他们参加了几次学会活动,对与会的名家一一加以介绍,并鼓励他们登门求教。一个研究生的论文题目定了,但资料不足,心里没有底。我让他到北京、武汉、成都等地转了一圈,拜访了几位专家,复印了一些资料,回来觉得收益很大,论文初稿很快就写出来了。

"识",是分析问题,认识问题的能力。这一方面的修养很不容易。没有学问谈不到"识",但是只有"学"而没有识见的人却也很多。博闻强记,知识渊博,但自己拿不出见解,或者只是重复前人的陈旧观点。在政治上有卓越见解的人,我们称之为有识之士,做别的学问也要有"识"。所谓"识"就是能够用历史唯物主义和辩证唯物主义的方法分析事物,驾驭材料,从中得出有规律性的东西。这两个研究生的论文,两位外校的专家都一致认为有新意,《释名》是东汉时的著作,段玉裁的《说文解字注》也是170年前的著作,研究这两部书的人不少,说这两篇论文有新意,就是说能够用新的观点看出一些前人没有注意或没有说到的地方,这也就是做学问的"识"。

"才",是表达能力,包括逻辑学、文章学和语言应用等方面的问题,总之是会写文章,文章要条理清楚,文从字顺,还要有点文采。现在许多大学生,还有一些专家,文章不讲章法,不讲语法,不注意写法,别字连篇,这不行。许多科学家、文史学家,文章都写得很好。对研究生应该严格要求。一个研究生初来时写文章如跑野马,这一个问题没谈完,一下子跳到另一个问题,又跳到第三个问题,"天马行空",放出去收不回来。写字也不注意,每页必有错别字或不规范的简化字。对这方面我要求很严,一是删、砍,二是打叉,一个错别字用红笔打个大叉,是个刺激,很有效。最后这两个人的论文都是自己工笔誊写,一笔不苟,文章通顺,没有发现语法错误。答辩委员会说,文章写得不错,能让人一口气读完。

"德",除了前面说过的德才之德以外,还要讲求做学问的德。我常常对研究生谈这个问题,提出一些要求和他们共勉。

一是做学问要老实,不懂就是不懂,不要装懂。一个人的知识在人类知识的海洋中,只是沧海一粟,九牛一毛,不能认为自己有了点知识,就以为天下学问尽在斯矣。(当然一个人也应当力求多知道一点,尤其是在自己的专业方面),知识面窄,知道的少,"一毛"、"一粟"并不可笑,可笑处是把"一毛"当做九牛,"一粟"自以为是沧海。

二是有了点知识不要拿来当本钱,当学霸、学阀,也不要嫉妒别人。一个人越是有学问就越不满足,越谦虚,也越不会嫉妒别人。做学问不是为了个人,而是为了建设社会主义,成就再大一些,可以为国增光。你如果喜欢金钱,权力,最好不要做学问。一门学科不是一两个人包办得了的,要靠大家来做。多出几个人才为什么不好?拿汉语史这门学科来说,日本学者在这方面做了许多工作。比如编了好多引得,汉和词典有好几种,我们耽搁了好多年,打了多少年的棍子,自己不干,也不让别人干,这种局面应该改变了。我们应该立足于中华民族,努力多培养出一些人才,团结起来。在科学阵地上,每一个学科都能有一大批真正的专家,既有真才实学,又不压人不整人。在学术上要讲民主,地位高一点,不能盛气凌人。现在社会上对研究生看得比较高,但不要自以为了不起,更要谦虚。当然在学术上也要敢于坚持自己的主张,成就大了可以建立学派,但永远不要搞宗派。

尊师而不要局限于师说。要青出于蓝而胜于蓝。我常常鼓励他们,将来不超过我不是我的好学生。把我这一套学到手,然后博采众家之长,自然可以超过我,这才是真正的尊师。

总之,要真正成为一个专家、学问家,学、识、才、德这几个方面都得有严格的要求。四者缺一不可。

以上谈了两个方面:一是思想认识方面,是德的问题;一是业务培养方面,是才的问题。其实二者关系非常密切。总的来说,就是把研究生培养成有社会主义觉悟的高级建设人才。我们没有经验,做了一点工作,不知对不对,请批评指正。

1985 年 4 月 9 日

我的一个建议*

按：刘又辛先生，西南师范大学中文系教授，我国著名语言学家。多年来，刘先生作为中国少数民族双语教学研究会顾问，一直对中国少数民族双语教育事业颇为关心，1988年曾参加中国少数民族双语教学研究会第六次全国学术研讨会（西昌），为大会作学术报告。2002年当刘先生得知研究会第十次学术研讨会召开的消息，因年事高不能莅会特写书面发言稿"我的一个建议"，表现了先生对大会的支持和对民族教育事业的无限深情，令后学敬佩。刘先生的"建议"不仅具有重要的学术价值，对双语教学研究亦具有指导意义。在此谨向先生致以崇高敬意并祝刘先生健康长寿。

各位学友、各位同志：

得知双语教学研究会第十次学术讨论会在兰州召开，我因年老体弱，不能到会，深感不安，特匆匆写了这个发言稿向大会提出一个不成熟的建议。

许多同志在少数民族地区从事汉语教学和研究工作，作了极

---

* 载《双语教学与研究》，民族出版社，2002。

大的贡献,解决了许多在汉语教学中遇到的特殊困难,这些贡献利在当今,功在千秋,必将为有关著作所总结。近十几年来我常常思考这方面学术研究的一个新问题。

我想,我们不妨把眼界放宽一些,用宏观的视野审视我们过去在这一领域的研究工作。现在的世界形势错综复杂,我们只拿民族关系这个问题来粗略地观察一下第二次世界大战结束后的国际纠纷,一个突出的问题是民族间的矛盾,例证比比皆是。其实这是个老问题,是人类在发展过程中经常发生的现象。古今中外,概莫能外。但是,拿中国民族史的发展同其他国家相比,似乎有很明显的不同。中国是个多民族的国家,历史上也多次发生过民族之间的矛盾斗争,但是,经过四五千年的发展变化,从诸华、诸夏为中心的多民族逐渐形成了一个包括几十个民族凝聚而成的中华民族。这个民族共同体共同生活在中国的土地上,虽然也不断出现过分裂,出现过"分久必合,合久必分"的局面,但从主流来看,"合"是主流,"分"是支节,几十个民族长期共处,"轮流"主持中央政权,始终保持着大一统的国家组织。这同其他地区的国家比较起来,有着非常明显的特点。研究这个特点,把中国文化中各民族相互融合、相互影响的事实和经验一一加以总结,无疑会有助于当前国际上民族矛盾问题的解决,也有助于我们国内民族政策进一步提高和理论化。

这项研究牵涉到许多学科,与人类社会学、民族学、民族史、语言学、民俗学、宗教学等学科都有关联。要把这个问题研究清楚,需要各方面的专家从不同角度进行考察。例如历史学家蒙文通曾对上古民族的起源作过研究,陈寅恪对隋唐时北方各民族间的融合发展作过研究,费孝通对中华民族的历史和现状提出了"多元一体化"的概括。如果认真统计一下,关于这一课题的论著,可以开出一个长长的单子。可是,我们语言学工作者,在这方面做的工作还比较少。

按道理说,语言学者应该在这方面多做些工作。我们这个学会的许多同志,有比较好的条件可以从事这方面的工作,因为,许多同志在少数民族地区从事汉语教学工作,对当地少数民族和汉族共处的情况比较熟悉,关于"双语"的使用情况比较熟悉,如果能把这些情况记录下来加以提高,就可以从中归纳出规律性的东西。语言是民族特征的主要标志,又是民族文化的载体。所以说研究民族语言间的融合变化情况,是研究民族历史的门径。记得马学良先生在抗战期间跟李方桂先生在云南调查彝语的时候,并不只调查语言,同时还注意到风俗习惯、文学艺术的调查。80年代,有些语言学家因为马先生主编了少数民族文学研究的著作,认为他路子走得太宽,甚至说他"不务正业"。我不同意这种看法,现在看来,马先生的观点是对的。其实,语言本是人类社会学研究的一部分,一个分支。这个分支,既有独立研究的必要,又不要脱离主干。我现在提倡的这项研究,同马先生的做法一致,而目的更为明确。就是说,要从民族文化的角度,观察民族语言与汉语接触时的发展变化。

从这个角度研究各地区双语的变易情况,是一项很重要的课题。一切民族之间的接触、吞并或融合,一定会伴随着语言之间的接触,民族与民族语言的接触常常因诸多原因形成不同的结果。蒙古族公元1280年夺取了宋朝的中央政权建立了元朝帝国,在一百年左右同中国各民族（主要为汉族）的密切接触中，几百万蒙古族人全部完全融入中国。语言、文化也完全融入中国。我50年代在重庆结识了一位好友云颂天先生，可以说明这种融化的程度。云先生是海南人，近代儒学大师梁漱溟的弟子，研究宋明理学和中国古代史，为人宽厚善良，颇有中国学者风度。妻子是海南黎族人。我和他相识几年后，才知道他是蒙古族人，祖先是忽必烈派到广州驻扎一支军队的军官。从他的语言、风度、文化修养上看，早已看不出蒙古人的影子，只是相貌堂堂，还保留着祖先的某些基因。至于他的黎族夫人，语言夹杂了广东话的腔调、黎语的少数词汇和一些四川方言，很不好懂，但做人处事则颇有中国传统士人家庭出身的风范，也完全融化在中国社会的氛围中了。我想，从民族史和人类社会学的角度看，云先生的家史是个典型。再举个例子，罗常培先生是满族人，他小时的同伴老舍也是满族人，一个是语言学家，一个是作家，两人又都是学识渊博的中国学者。解放前，许多人不知道他们是满族人。清朝政权延续了近三百年，几乎全部满族人都融入汉族中，只在文化上留下些零星的事物，在语言中也相应地留下少数词语，如女人穿的"旗袍"，有一种叫"萨琪马"的点心是从满语中留下的。现在散居国内各地的"旗人"（满族人）大部分说一口地道的"京腔"（即普通话），他们都误把北京方言当作自己的母语了。

　　以上这几个例子，是中国历史上语言融合的例子，这在语言接触中是一种常见的类型，正是由于这种类型的语言接触，有些语言消失了，而汉语则日益发展。不过，所谓"语言消失"，情况也不一样。例如，蒙古族至今仍在内蒙古自治区生活着，蒙古语言也仍在发展。相形之下，满族在东北居住的人数则为数甚少。至于现在的其他少数民族，情况各不相同，大概在前二者之间。

对当前民族杂居、邻居的接触情况加以全面调查，对中华民族的发展史有很大的价值，对汉语与民族语接触的历史更有重大的学术价值，可以举一个例子说明这个道理。《孟子·离娄》有一段话：

> 孟子曰："王者之迹熄而《诗》亡，《诗》亡然后《春秋》作。晋之乘，楚之梼杌，鲁之春秋，一也。其事则齐桓、晋文，其文则史"。孔子曰："其义则丘窃取之矣。"

这段话记载了春秋战国时期几种语言中"史书"这个词语的不同叫法：晋国把史书叫做"乘"，楚国叫做"梼杌"，鲁国叫做"春秋"。晋国在山西，属周族贵族封地。楚国当时以彝族为主。史书称"梼杌"，在古籍中还有所保存。"春秋"则因孔子做《春秋》一书而历代通行。至于"梼杌"一词，直到近几十年因民族语言调查研究的深入，才知道原是彝语里的词，至今仍存。于是两千多年前孟子记录的这个词才有了着落。像这一类的例子，在古书记载和汉语词汇中还有很多。这类研究，罗常培先生曾作过一些，收入《语言与文化》一书中。我们如果进行各地区民族语言与文化的接触研究，一定会发现更多的词语材料，继承发展罗先生在这方面的研究。进行这项研究，要拟定一个调查提纲，拟出调查的主要内容。内容应包括下列诸项：

1. 地区名称。

2．地区民族人口及杂居、邻居情况。

3．双语使用情况——少数民族使用汉语是否普遍？是否只在同汉族人交际时才用汉语,平时用母语？有的地区民族语消失或趋向消失(如湖北四川接境的土家族),可调查老年人是否还会说母语,或注意是否还在口语中残留着个别词汇？

4．与汉族通婚后的双语混杂情况——是否普遍？婚后使用语言情况。

5．语言接触后的双语混杂情况——是否已形成双语混和的洋泾浜语(pidgin)或混合语(lingna Franca)？或者以民族语为主,加入较多的汉语词语？或以汉语为主保留民族语的一些语法、词汇？在语言调查中,这是一项重要内容,要多记录一些实例,详加叙述。

6．各种交际场合的语言使用情况,如开会发言用语,商业交际用语,庆祝吊唁用语,歌舞习俗用语等,各地情况不尽相同。

7．关于民族历史的传说、记载,民族间相处关系的大致情况、宗教情况。以上项目还可增加,内容应逐项加以规定。这样,才便于对各地调查的材料作出全面的比较分析,得出规律性的东西。

如果我们做好这项工作,再同其他有关民族史、文化史的研究成果结合起来,就可以看出四五千年来中华民族的全部发展历程。可以看出,在当前新中国的土地上,50多个民族是如何经过长期接触,才创造出今天这种相互依存、和谐共处的民族关系。我们作为中国人,长期生活在这块土地上,如果不同外界比较,往往不能发现自己的优点。过去一百多年,发现自己的缺点很多,对于自己的优点,往往习而不察。民族问题是其中之一。请大家想一想,现在世界上有哪个国家哪个地区在这方面能与中国相比？我们如果能在这方面总结出一些经验,一方面可以加强我们对当前民族政策的信心,使各族人民更加团结,一方面一定会在世界上产生积极影响,有利于各国民族问题的协调和解决。这就是我提出这个建议的原因。

谢谢!请大家批评指正。

2002 年 7 月 9 日

编 后 语

这是我的第二部语言文字论文集。第一部是1993年出版的《文字训诂论集》(中华书局出版)。那是从1985年以前的70多篇文章中选出来的，共30篇。50年代以前，大约写过三四十篇，曾在北大文学院主编的《益世报·读书周刊》以及抗战后期的《云南论坛》、《中央日报·史语周刊》等报刊上发表，在这部集子里已收了一篇，补充改写了两篇，其余的都没有收。因为有些文章的内容同语言文字没有直接联系，有些并无新意，不愿谬种流传。

近几年有几位学友多次劝我把1985年以后的文章编成第二本文集。迟迟没有动手，一个原因，是想多听听同行友好和读者的意见。这些年，我有幸熬到改革开放后的新岁月，中华民族在历经灾难后，开始伟大的复兴。我这棵历经风霜的枯木，也得到春风春雨的拂润得以复苏。因而这20年是我一生著述较多的一段，1988年出版了《通假概说》，1989年出版《训诂学新论》；《文字训诂论集》以后，又出版了《汉语汉字答问》，然后是和方有国合写的《汉字发展史纲要》(2000年)。除此外，还写了几十篇论文。在这些论著中，我提出了一些与时论很不相同的观点。有些观点得到认可，有些读者则提出非议。例如，《通假概说》出版后，一位中学语文教师曾写信给我，批评我的说法同王力先生《古代汉语》中的论点完全不同,让语文教师无所适从。——当然这只代表一部分读者的看法。我对这类看法并无反感,因为一种新的观点,总会引起人们的思考,不同的反馈是一种理论、一种假说在实践中被检验的正常现象。我这些年一直在注意着这些反馈。反复思考,对自己的"假说"加以更深入的考查。可坚持者更具信心,应修正或放弃者毫不犹豫。经过这些年来的思考,我心里有了底。觉得有必要把这第二个集子编出来,因为这个集子中的大多数文章都同几本专著有直接关系。我做学问,很欣赏几位老师的做法,先写论文,后写专著。例如,关于汉字发展史这个题目,过去有些专著。材料很丰富,很像一部著作的样子。但仔细一看,很多关键性的问题或则沿袭旧说,了无新意;或则一笔带过,避而不谈。我从二十多岁起就对这个课题感兴趣。听了沈兼士先生和唐兰先生的文字学课,对他们提出的新观点很感兴趣,但觉得还不满足。于是初萌"雄心",试验着钻研一两个关键问题,以"假借"这个问题为突破口,进而展开整个汉字历史的探讨,按照这个思路,写出了《论假借》等论文和《通假概说》一本小册子。

《通假概说》出版后,何志华先生和龚念涛(几位名家的笔名)曾倍加赞赏。何文说:"《通假概说》从文字发展史的角度,指出假借字的大量应用,是表意文字的标志,代表了文字发展的一种趋势。这一观点,对传统观念的冲击是很大的"。龚念涛在介绍中说:"这是迄今为止我国学者撰写的第一部全面阐述汉字假借问题的专著。这部书的出版,一定会在学术界产生极大影响。"马学良是研究彝语彝文的专家。他对彝文的性质问题,很多年没有论定,早年认为彝文是表意文字,同好友陈士林的表音文字说针锋相对。

后来把我关于假借的观点用于彝文，于是形成了他晚年对彝文性质的论点。我自己又花了两年的功夫用甲骨文同纳西文字作比较，于是对假借的认识又深入了一步，也更增加了信心。回想一下，我在1957年提出的汉字发展三阶段说，当时心里还没有底。其中的一个关键问题是把假借字当成一个发展阶段。这在当时的确有点"惊世骇俗"。这个大胆的假设能不能成立，必须加以验证。所以，我写的专门讨论假借字的论文或专著，都是为了写好"汉字发展史"这部专著。果然，后来撰写时，便觉得心里踏实得多。汉字发展史的轮廓自然浮现出来了。回想起来，我这个研究汉字史的突破口选得不错，这种先做专题论文再写专著的治学方法好。这种方法至今仍需要继承。我这次编成的第二本论文集，大部分文章都是这一类。一些讨论文字的文章，都是为《汉字发展史纲要》这部书作准备的。论文偏重于专题的微观考查，《纲要》则着眼于宏观的发展规律。

这本集子共选了47篇文章，有些可有可无的没有收入，还有几篇找不到或忘记的，以后再说。大致分为四部分：

一、文字篇——收13篇

二、词源篇——收6篇

三、书序篇——收13篇

四、治学篇——收16篇

分这四篇，只是为了读者翻阅的方便，不是严格的学科分类。例如，"书序篇"的序，包括门类不一。"治学篇"中的文章也是如此。这些都不必计较。

编辑这个集子的目的有三：一是结一结账。今年已经90多岁了,做了60多年的书生。应该给自己结个账,作个交代。二是希望同行学友和读者对我的一些观点提出批评、指正,我自知见闻浅陋,有许多应该掌握的知识和工具都不懂,这已无法补救。但对于自己一生辛勤耕耘的一小片田畦的收获,却非常执着,希望得到助益,以期达到"至善"。关心者的批评和不同的见解,都会使我受益。三是对后来者有所期待。从当前的时代来看,我们中华民族正处在全面复兴的盛世。这个盛世来之不易。我1913年出生,长期处在民族危亡的时代。作为一个中国的知识分子,能熬到这个盛世可真不容易。一个知识分子,无论从事什么行当,总要在自己选定的岗位上,发挥各自的才能,作出无愧于这个盛世的贡献。当前语言学界的人数很不少,有许多人学有专长,已经作出了很多贡献。许多中青年学者正在步入这一领域。这一学科的重任,已经落在这些人身上。21世纪一定会出现各学科的大师级人物,这些人就出在现在的青年学者中。有许多具有中国特色和中华民族复兴气魄的学术著作将会完成。在语言方面,有几项巨大的工程必须完成。例如,关于汉字的规范问题,目前正准备开展讨论,然后制定规范——达到在海内外14亿华人"书同文字"的目标。这需要做一些认真的调查研究。这是一项非常紧迫的任务。目前我们国家正在一日千里地前进,影响越来越大,汉语汉字研究的成果,不能不跟上去。汉字是全世界华人共同的书面交际工具,是共谋中华振兴、交流心声的凝聚力的重要工具。两千多年前的李斯,在秦国建立了统一的封建帝国之后,实行了"书同文字"政策。这是历史上实行汉字规范的成功先例。在这方面,我们将会做得更好。

在汉语方面,我们需要编一两部高水平的大型汉语字词典。

这个问题我谈得很多,这里就不多说了。当然,还有别的重要项目。

为了现在中青年语言学者完成时代赋予的使命,我想在此提出几点建议:一是要把自己的前途同国家人民联系起来,时时注意提高自己的人生境界,使自己具有一种向上的精神面貌。这种精神面貌是一切真正投入民族振兴大业的人都应该具有的。这本文集中的《怀念罗庸先生》一文,请大家读一读,罗庸先生给西南联大做的一篇校歌歌词,很能说明那个时代的学者们的心态和人生境界。那种忧患心情,那种对中国前途的企盼和信心,正是那个时代大多数知识分子的精神。现在的情况变了,知识分子精神面貌也大为不同。但仍然应该具有一种"精神",这种精神正是在中华民族传统文化五六千年肥沃土壤中培养出来的自强不息的精神。

其次,在做学问的方法和态度上要吸取前人的经验,"温故"而又能"知新"。在对待同行方面,应该力戒"以己之长,轻人之短"。现在搞语言文字的人,师承不同,专业各有所偏,应该发扬学术民主的风度,反对拉党结派。前天(10月16日)中国载人飞船神舟五号胜利返航成功。我们在振奋之余,还应该学习他们上下一心,互相支持,成千上万的参与者为了一个伟大的目标共同努力的精神。

第三,我们要吸取国外语言学之长,总结我国传统语言学的成就,创造有中国特点的语言学理论。

在这方面,过去一个多世纪,中国向外国学习,有几个阶段。最早是外国传教士用罗马字母拼注汉语,引起汉字注音方法的改革。以后是马建忠的《马氏文通》出版,形成了一波又一波的语法研究热潮。在文字方面,欧洲语言学界是一个弱项,因为他们对拼音文字的研究比较深入,但对于埃及圣书字、苏美尔文字、汉字这些古文字的研究很肤浅,他们把拼音文字以外的文字一概加以贬斥。实在不应该全盘接受这种理论。在那时的时代气氛下,我们一直跟在国外谬说的后面,亦步亦趋。那是时代使然,不能责怪哪一个人。最近一些年,有眼光的语言学家,逐渐有所觉醒。比如,有些人批评《马氏文通》是"拉丁语法汉证",说黎锦熙先生的《国语文法》是"英语语法汉证"。这种批评实在过分,但也包含着一种觉醒,对于照搬国外理论的办法不满,感到应该从汉语汉字的特点出发,对中国传统语言学理论加以整理,参考国外理论中的合理因素,创立中国特点的语言学理论。这是一个认识上的飞跃。这种趋势,在当前人文社会科学研究的好多领域都可以看出来,我们应该自觉地把握这个趋势。

我这本集子里,有几篇文章谈到上述三方面的问题,这里又重新写出,表示一个老兵的希望。

我虽年过九十,精力渐衰。但多年来养成了以读书、写作为乐的习惯,至今还能写点东西,也还打算稍稍扩大一点读书的范围。因此,这本文集不是最后一本,在日益壮大的语言文字队伍中,一个一瘸一拐跟在队伍后面的老兵还会含笑前进。眼下还有两三本小册子要写,日益强大的祖国,使我忘记了老年。

这本文集是张博同她的两位学友编辑打印、校对的。2003年1月,我突然生病,住了五个月的医院。去年出院后,坐了几个月的轮椅。后来逐渐恢复,能在旁人扶持下散步,能打太极拳。"故态复萌",每天又可以写点东西了。曾写了一首打油诗,诗云:

病中梦到丰都城,阎君出郭笑相迎:
"《录鬼簿》中名未列,缘何孟浪来鬼城?
中华万事皆兴振,书生何得当逃兵?"
梦闻此言如雷震,天命未答愧此生。
一生坎坷志未舒,幸逢盛世得笔耕;
案头觅得小毛锥,日书千言一老翁。

病愈后,幸喜还能做点事。又可跟在诸位的后面做个拉拉队员了。

2005 年 6 月 1 日
92 岁于重庆西南师大苍槐书室